Otto Speck
Chaos und Autonomie in der Erziehung

Jan Steen: Die Schule (um 1674)

Otto Speck

Chaos und Autonomie in der Erziehung

Erziehungsschwierigkeiten unter moralischem Aspekt

Zweite, überarbeitete Auflage

Ernst Reinhardt Verlag München Basel

Prof. em. Dr. phil. Otto Speck,
Ludwig-Maximilians-Universität München

Die Deutsche Bibliothek – CIP-Einheitsaufnahme

Speck, Otto:
Chaos und Autonomie in der Erziehung : Erziehungsschwierigkeiten unter moralischem Aspekt / Otto Speck. – 2., überarb. Aufl. – München ; Basel : E. Reinhardt, 1997
ISBN 3-497-01439-7 Pp

Printed in Germany

Inhalt

Meinen Freunden

Vorwort zur zweiten Auflage

Es war meine Absicht gewesen, mit diesem Buch die pädagogische Diskussion auf eine neue Spur zu bringen, nachdem die tiefgreifenden Veränderungen und Erschwerungen in der Erziehung heute eher Resignation und Hilflosigkeit nach sich zu ziehen scheinen. Dabei war ich mir angesichts der "Globalität" der Bedingtheiten darüber im klaren, wie sehr ein solches Unternehmen dem Versuch gleichen muß, ein Menschheitsproblem auf die Größe erzieherischer Fragen reduzieren und damit simplifizieren zu wollen. Andererseits scheint mir der fast zum Schlagwort gewordene Begriff der Globalität eher dazu angetan, ein Weiterdenken und Überwinden der gegenwärtigen Krisen zu behindern, weil man nur noch vom "Globalen" her Antworten erwartet. Komplexität bildet keinen Widerspruch zum eigenen, wenn auch eingeschränkten Blickwinkel und zum nur bedingen Versuch, das Ganze in den Blick zu bekommen, auch nicht zur eigenen Verantwortlichkeit, hier bezogen auf eine Neuorientierung der Erziehung.

Durch die Resonanz auf dieses Buch sehe ich mich bestärkt, den eingeschlagenen Weg der Reflexion der je eigenen Verantwortlichkeit, hier bezogen auf Erziehung, im Verbund mit Verpflichtungen gegenüber den Gemeinschaften, in denen Kinder und Jugendliche zusammen mit Erwachsenen leben und Halt und Orientierung suchen, fortzusetzen. Dabei kann ein solcher Versuch nichts anderes als einen Teilbetrag zu einer umfassenderen Diskussion darstellen. Er geht im übrigen auch aus Studien anderer Fachaspekte hervor, um den Dialog über die engen Fachgrenzen hinaus zu ebnen.

Die hier vorgelegte 2. Auflage ist an einigen Stellen überarbeitet und ergänzt worden, vor allem unter Berücksichtigung neuerer Literatur. Dabei kam es mir u. a. darauf an, den Aspekt der verpflichtenden, aber zugleich die Autonomie des einzelnen achtenden Gemeinschaften stärker herauszuarbeiten. Damit soll zugleich der Bindungscharakter des Autonomiebegriffs deutlicher zum Ausdruck kommen, ist doch Autonomie immer nur relative Autonomie und von Abhängigkeiten nicht zu lösen.

München, November 1996 *Otto Speck*

Vorwort zur ersten Auflage

Sich mit Chaos und Autonomie zu beschäftigen, könnte einen leicht in die Nähe von "Chaoten" und "Autonomen" bringen. Davon kann natürlich keine Rede sein; aber um eine Gratwanderung geht es schon. Es ist die Spur vieler kritischer Diskussionen um den Sinn und die künftigen Chancen von Erziehung und Erziehungshilfe angesichts einer chaotisch wirkenden und immer schwieriger werdenden Erziehungssituation. Chaos und Autonomie sind Themen, die sich im Gespräch allzu leicht verknoten. Bilder können da plastizierend weiterhelfen. So wirkte auf mich tröstlich und korrektiv zugleich das Gemälde von *Jan Steen,* das mir nach Abschluß des Manuskriptes unter die Augen kam, und das "Die Schule" (!) vor mehr als 300 Jahren darstellt. Ich bin dem Verlag dankbar, daß er es noch vorn im Buch unterbringen konnte. Auf den ersten Blick meint man, vor einem einzigen Chaos zu stehen. Bei näherem Hinsehen und Nachdenken aber entdeckt man, welche Fülle von Eigeninteressen (und Autonomie?) sich doch pädagogisch vereinigen läßt, ohne daß eine Schule zum "Tollhaus" wird, in welchem Zerstörung dominiert, und ohne daß Kultur vom Verfall bedroht wäre. Man stelle sich zum Vergleich die straffe, soldatische Ordnung einer Schulklasse zu Beginn dieses Jahrhunderts vor!

Ebenfalls historisch reizvoll und aufschlußreich für die typische Pädagogen-Divergenz über das Thema "Autonomie" fand ich einen Bericht über einen Besuch von *J. H. Pestalozzi* bei seinem Kollegen *Carl Aug. Zeller.* Er ist mündlich überliefert und findet sich in *H. Scherpners* "Geschichte der Jugendfürsorge", 1966, 124f.: "Bei seinem Besuch in Beuggen 1826 wanderte *Pestalozzi* auf dem Hof umher und sprach nach seiner Gewohnheit einen kleinen Buben an, der die Hände im Sack, dastand: Wie heischt denn, Büebli? Der Junge antwortete ihm nicht und auf eine neue freundliche Frage hin sagte er endlich: Du sagscht au nit, wie du heischt. *Pestalozzi* eilte freudig erregt zu *Zeller*: Vater Zeller, do drunte stoht e Büebli, do steckt e ungehüri Chraft i. *Zeller* hörte sich den begeisterten Bericht gelassen an und sagte: Do steckt e ungehüri Chrobheit i!"

Ich möchte mich bei Studenten und Kollegen bedanken, die sich an all den Gesprächen engagiert beteiligt und mir viele Anstöße und Hinweise gegeben haben. Viel gelernt habe ich auch von meinen Kindern und Enkelkindern. Mein besonderer Dank gilt Dr. *Günter Opp* und Dr. *Angelika Speck-Hamdan* für die sicherlich nicht unstrapaziöse Durchsicht des Manuskriptes und für eine Fülle von Anregungen. – Die Mühe, das Handgeschriebene in eine formalisierte Schrift zu bringen, hatte Frau *Rosemarie M. Bayer.* Es war nicht das erste Manuskript, das sie für mich schrieb, und sie hat es nicht nur abgeschrieben. Ihr sei für das viele Schreiben in den vielen Jahren herzlich gedankt.

Otto Speck

1. Erziehung am Ende?

Erziehung als Weghilfe für die nachwachsende Generation in deren Zukunft ist nach meiner Einschätzung heute besser als ihr Ruf. Wie sehr es dem Menschen gelingt, sich auf die bisher nicht gekannten Herausforderungen einer sich verändernden Welt einzustellen, wird wohl deshalb nicht genügend gewürdigt, weil es keinen Vergleich gibt für das, was der Mensch heute an Lebensaufgaben zu meistern hat. Daß diese durch Erziehung – was auch immer darunter zu verstehen ist – zu meistern sind, ist dem Menschen vollauf bewußt. Noch nie hat es Zeiten gegeben, in denen sich Erwachsene so differenziert Gedanken über Erziehung und Lernen gemacht haben wie heute. Bei aller Kritik an den auftretenden Unzulänglichkeiten wird zu wenig beachtet, wie unvergleichlich komplex das Pensum geworden ist, das Kinder heute bewältigen müssen. Zu wenig gesehen wird, welche erstaunliche Tüchtigkeit junge Menschen heute entwickeln, um sich in die neuen Realitäten einzuarbeiten. Nicht genügend beachtet wird auch, wie sie bei den vielen Sozialisationszwängen, denen sie dabei ausgesetzt sind, und bei dem offenkundigen Wandel tradierter und allgemeingültiger Orientierungswerte eigene Positionen ausbilden und sich in der normativen Pluralität zu behaupten wissen. Dabei muß auch herausgestellt werden, daß für Familie und pädagogische Institutionen die Beachtung der Selbst- und Mitbestimmung von Kindern und Jugendlichen längst – nicht überall und nicht hinreichend – zum pädagogischen Prinzip geworden ist. Im großen und ganzen gäbe es demnach eigentlich hinreichenden Grund zu prinzipiellem Vertrauen in die soziale Evolution.

Diese generelle Feststellung bedeutet aber nicht, daß es bei diesem Prozeß keine Probleme gäbe, daß der Evolutionsgewinn nicht auch schwere Opfer kostete, und daß er ohne Verunsicherungen, Verwirrungen und Leiden abliefe. Viele mögen sich erfolgreich den neuen Herausforderungen stellen, viele aber eben nicht. Was heute Eltern und professionellen Erziehern zugemutet wird, schaffen die einen, die anderen aber nicht. Die "Reibungsverluste" sind ohne Zweifel groß. Wo einst "erzieherische Ordnung herrschte", wird heute "Unordnung" oder *Chaos* gesehen. Von dieser Rückseite her ist zu konstatieren, daß die heutige Erziehungssituation auch von einem Ausmaß an Verhaltensstörungen, also *Erziehungsschwierigkeiten,* gekennzeichnet ist, wie es bisher nicht beobachtet worden ist, und dies trotz eines Heeres von Kinderspezialisten und eines früher höchstens nur geträumten Ausbaues von Institutionen der Erziehungshilfe und Kindertherapie.

Das, was noch vor etwa 40 Jahren als seltenes Fehlverhalten von Kindern galt, ist heute zum üblichen Erscheinungsbild geworden. Verhaltensstörungen als Abweichungen von einer geltenden Norm scheinen zur Normalität geworden zu sein. Da sich allgemein akzeptierte Verhaltensnormen weithin aufgelöst haben, kann "auffälliges Verhalten" zu authentischem Verhalten des von äußeren Erziehungsnormen freigesetzten oder des sich emanzipierenden Individuums aufgefaßt werden.

Schon *1955* hatte *Max Picard* in einem Aufsatz über den professionellen analytischen "Einbruch in die Kinderseele" die Tendenz kritisiert, die Probleme der Erziehung fast nur vom "anormalen" Kinde her zu sehen, und das normale Kind als einen Sonderfall zu betrachten *(25)*. Er führte diese Verkehrung der Sichtweise darauf zurück, daß sich die Fachleute mehr für das Überdeutliche, das Anormale und Krisenhafte interessierten, und er deutete zugleich an, daß unter den vermehrten, analytischen Blicken der Kindertherapeuten sich auch mehr Kinderprobleme zeigten bzw. wahrgenommen würden.

Die gegenwärtige Erziehungskrise läßt sich aber auch an den veränderten gesellschaftlichen Erziehungsbedingungen objektivieren. Sie haben zu einer verbreiteten *Rat- und Hilflosigkeit* der zur Erziehung beauftragten Personen, vor allem der Eltern und Lehrer, geführt. Normative Unsicherheiten, Überforderungen, Widersprüchlichkeiten, Ängste, Resignation und Kapitulationen sind die Folgen.

"Eine allgemeine Müdigkeit hat ... das erzieherische Denken in Deutschland befallen, und träge nur, ohne irgendwelche nennenswerte neue Impulse, schleppt sich die Pädagogik unserer Tage dahin". Dies stellte *1956* der Pädagoge *Otto Friedrich Bollnow* fest. Er tat dies in einem Vergleich mit dem ungeheuren pädagogischen Enthusiasmus, den es in den zwanziger Jahren gegeben hatte. Es sei nach dem verlorenen ersten Weltkrieg ein gewaltiger Glaube an die guten Kräfte im Menschen gewesen, die durch Erziehung wieder freigelegt werden sollten. Dieser Glaube sei noch ungebrochen gewesen. Hinter ihm habe das Menschenbild des deutschen Idealismus gestanden.

Besagte pädagogische Lethargie gilt in sicherlich gleichem Maß für heute. Ihr war ebenfalls ein mitreißender pädagogischer Optimismus vorangegangen, nämlich in den siebziger Jahren. Auch er war geprägt von einem Idealismus, einem sozialen Idealismus, der auf die Verwirklichung gleicher Bildungschancen für alle ausgerichtet war. Er erhielt einen sehr starken Schub von Seiten der ökonomischen Aufwärtsentwicklung und von einem parallelen empiristischen Glauben an die Machbarkeit aller "Bildung". Ein "wissenschaftsorientiertes Lernen" sollte sie ermöglichen.

Auch dieser Glaube ist inzwischen geschwunden. Dies hat dazu geführt, daß das öffentliche Interesse an pädagogischen Fragen merklich abgenommen hat.

Umso mehr wird die Öffentlichkeit von *exzessiven Gewaltakten* von Kindern und Jugendlichen aufgeschreckt. Deren *anomisches* und *destruktives* Verhalten bringt eine negative Qualität in die verschiedenen Erziehungsfelder, der gegenüber auch Fachleute zunehmend hilflos werden. Wir können vieles an diesen Kindern nicht mehr verstehen, können uns nur schwer in sie hineindenken und erleben, daß die bisherigen Mittel von Erziehung und Therapie einfach versagen, und daß Erziehung hier am Ende zu sein scheint.

Was hier sichtbar wird, hat etwas mit der geplatzten Illusion zu tun, man könne in einer sich gründlich verändernden Umwelt die eintretenden Funktionsstörungen des Einzelnen durch professionelle Vorkehrungen und Eingriffe (Therapien etc.) beseitigen, quasi "reparieren". Es handelt sich vielmehr um Probleme in einer ökologischen Dimension, d. h., es ist *mehr* angesprochen als nur die Erziehung selber. Es wird dabei deutlich, wie ökologisch schwach die Erziehung ist, und wie sehr sie von gesellschaftlichen Prozessen abhängig ist *(Speck 1988)*.

Daraus erklärt sich, in welchem Maß zermürbend und entmutigend pädagogische Versuche der Erziehungshilfe sein können, einer heftiger gewordenen *Aggressivität* Herr zu werden. Was immer häufiger beobachtet werden kann, erscheint als faktische Unerziehbarkeit, d. h. als ein Zustand, der unter den gegebenen Bedingungen mit pädagogischen Mitteln nicht mehr beeinflußbar ist. Die als Folge eintretende Demotivationswirkung auf Pädagogen ist unübersehbar.

Nicht übersehen werden kann aber auch die Hilflosigkeit der *Wissenschaften* vom Kind. Sie haben gewissermaßen die letzten Verzweigungen und Knoten der kindlichen Entwicklung analysiert und auch entsprechend spezifische Interventionsansätze zur Beseitigung von Funktionsstörungen als Möglichkeiten aufgezeigt, die Hilflosigkeit aber nicht beseitigen können. Das eigentliche Problem aber scheint anderswo zu liegen, nämlich in einer Dimension, die dem wissenschaftlichen Kausalansatz entzogen ist: in der Dimension der Nicht-Determiniertheit des Menschen, seiner Freiheit und seines Entwurfs zur Selbstregulation seiner Angelegenheiten in einer komplexer werdenden Welt.

Ich gehe davon aus, daß die hier angesprochene Problematik einer chaotischer werdenden bzw. sich sektoriell auflösenden Erziehung im Zusammenhang mit der Frage nach einer neu zu begründenden Moral zu sehen ist, daß es sich also auch um eine *moralische Krise* handelt, die nicht allein von der Erziehung her lösbar ist. Ich hielte es für einen verhängnisvollen Weg, wollte "die Gesellschaft" auf ihrem Weg nach vorn sich ihrer belastenden und störenden sozialen Nebenprodukte durch ein Deponieren in Sonderinstitutionen, also durch professionelle Einkapselungen, also Auskoppelungen, entledigen. Es ist immerhin auffallend, wie wenig "Handlungsbedarf" durch noch so alarmierende Berichte über eine zunehmende Destruktivität und Anormativität erzeugt wird. Es drängt sich der Vergleich der Blindheit gegenüber dem immer größer werdenden ökologischen Problem der "Abfallbeseitigung" oder Entsorgung auf.

Beim Fragen nach einer Erklärung für die heute chaotisch werdenden Erziehungsphänomene und unter Bezugnahme auf moralische Begründungsprobleme stieß ich auf den Schlüsselbegriff der *Autonomie*. Er verspricht auf der einen Seite Akzeptanz in verschiedenen ideologischen Lagern und eignet sich deshalb für eine breitere Diskussion, um eine neue Grundlage für pädagogisches Umdenken zu finden. Auf der anderen Seite läßt er sich im Sinne eines begrifflichen Hohlspiegels verwenden, über den relativ verschiedene aber zentrale Erziehungsauffassungen zusammengefaßt und focussierend geklärt werden können. Es handelt sich um einen Begriff, der sich sowohl deskriptiv als auch präskriptiv anwenden läßt. Vor allem enthält er eine moralische Dimension, die mir für die Klärung einer chaotisch werdenden Erziehung für besonders wichtig erscheint. In diesem Sinne ist er ein Bindungsbegriff und bedeutet immer nur relative Autonomie.

Die Absicht, diesen aus meiner Sicht zentralen pädagogischen Fragen nachzugehen, ist für mich im besonderen durch die Erfahrung einer Erziehungswirklichkeit bestimmt, die trotz konzeptualer Fortschritte zunehmend kritischer wird, und die es für mich aus der Sicht wissenschaftlich-heilpädagogischer Lehre immer fragwürdiger erscheinen läßt, ob die bisher vertretenen Theorien und Konzepte tatsächlich für eine adäquate Qualifizierung hinreichen, und ob es verantwortbar ist, es darauf beruhen zu lassen, was sie versprechen und vorgeben, nämlich wirksame Erziehungshilfe zu bringen für zunehmend orientierungslose und sozial und normativ entkoppelte Kinder und Jugendliche.

Ich gehe bei meinen Ausführungen von der subjektiven Erfahrung aus,

- daß die erzieherische Hilflosigkeit immer größer und kritischer wird angesichts eskalierender Erziehungsprobleme,
- daß die immer differenzierter und anspruchsvoller werdenden Konzepte und Modelle der Erziehungshilfe und Therapie in ihrer Wirkung weithin Endlosschrauben gleichen, und
- daß die Vernachlässigung oder Ausklammerung der moralischen Dimension dem Ansatz von Erziehungshilfe und Therapie den Boden entzieht und nicht länger hingenommen werden kann.

Ich gehe zum anderen von wissenschaftlich objektivierenden Befunden aus und versuche

- zu erklären, was als immer kritischer werdende Erziehungssituation heute beklagt wird,
- deren komplexe Zusammenhänge mit sozio-kulturellen, insbesondere sinnbezogenen Veränderungen aufzuzeigen,
- der Unzulänglichkeit bisheriger fragmentierender Erklärungs- und Handlungsansätze durch eine sinn-erschließende Integration verschiedener Teilsichten zu begegnen, und
- die Bedeutung und Notwendigkeit einer moralischen Erziehung als Autonomiebildung auf der Basis einer neu zu reflektierenden Ethik zu begründen.

Die Komplexität dieser Fragestellungen ist evident, ebenso die Fülle der Schwierigkeiten, die sich einem Versuch entgegenstellen, sie zu reduzieren. Die Gefahr ist groß, daß man ermüdet oder in bloße Details ausweicht. Ich meine, es ist Zeit, dieser Neigung zur Ermüdung zu widerstehen, weil wir einen Punkt erreicht haben, von dem ab wir uns um der Zukunft des Menschen wegen keine weiteren Ausflüchte leisten können. Die erzieherische Komplexität, die hier von verschiedenen Aspekten her angesprochen werden soll, ist im Grunde eine elementare und wirklichkeitsnahe. Sie spiegelt die Alltagssituation von Menschen, die beauftragt sind, Erziehungshilfe für normativ und sozial entkoppelte Kinder und Jugendliche zu leisten, und dabei immer häufiger zu kapitulieren drohen. Zugleich ist es der Versuch, in die Alltagswirklichkeit dieser Kinder ein wenig Licht zu bringen. Dabei kann nicht erwartet werden, daß hier Lösungen für deren Probleme angeboten werden. Viel ist schon erreicht, wenn das, was wir *vermissen,* deutlicher ins Bewußtsein tritt. Damit wäre eine Voraussetzung dafür gegeben, daß gemeinsam das Wesentliche angegangen werden kann, die pädagogische Arbeit also nicht in bloße, d. h. selbstgenügsame Betriebsamkeit degeneriert.

Für die Darstellung und Reflexion der hier anzusprechenden Zusammenhänge erscheint ein methodologisches Vorgehen für angebracht, das im wesentlichen als *phänomenologisch* zu bezeichnen ist und zwar in der Weise, daß von der Erziehungswirklichkeit als Lebenswelt von Kindern und erziehenden Erwachsenen ausgegangen wird. Empirische Befunde werden einbezogen, soweit sie zur Erhellung der anzusprechenden kritischen Sachverhalte notwendig und wichtig sind. Es kommt also nicht nur auf bloße, objektivierbare Fakten an sich an, sondern darauf, sie unter dem Anspruch einer Sinn-erhellung zu durchschauen, und neu zu ordnen. Die angestrebte Reflexion überschreitet die als wirksam erkannten Fakten und versucht, auf dialektischem Wege unzulänglich erscheinende Konzepte infrage zu stellen, und über die These von einer notwendigen Einbeziehung der moralischen Kategorie und damit der Autonomiebildung in das Konzept der Erziehungshilfe zu einer neuen Synthese und Sinnfindung für (heil)pädagogisches Handeln zu gelangen.

2. Chaotische Entwicklungen in der Erziehung

Unter dem Einfluß sozio-kultureller Veränderungen, insbesondere als Folge eines grundlegenden Wertewandels und einer pluralen Sozialisation, ist Erziehung in ein kritisches Stadium getreten. Die Auswirkungen erstrecken sich von gravierenden Verunsicherungen bis zur völligen Wirkungslosigkeit von Erziehung. Sie äußern sich sowohl in auffallend kritischen Entwicklungsverläufen als auch in generalisierbaren kritischen Zuständen in den verschiedenen Erziehungsfeldern.

Das dabei Auffallende sind nicht partielle oder temporäre Unregelhaftigkeiten sondern generalisierbare und allgemein beunruhigende Zustände einer nicht mehr tolerierbaren, destruktiven *Unordnung*. Dabei wird unter dem Gegenbegriff *Ordnung* durchaus kein Zustand starrer Leblosigkeit gemeint. Die Ordnung des Lebendigen ist nie eine statische; alles Lebendige ist auf Grund seiner Komplexität und seiner Dynamik vielmehr stets auch von einer gewissen Unordnung, z. T. sogar auch von Zerfall, begleitet.

Der hier gemeinten Unordnung wird eine *kritische Qualität* zugeschrieben. Mit *Krisis* ist die alte Bedeutung von *Durchgang* gemeint. Durch ihre Dynamik, die auch Angst hervorruft, erhält sie eine spezifisch negative Deutung, nämlich die der *Bedrohung*. Für Zustände, die als auffallend durcheinandergeraten gelten, wird heute das Wort "Chaos" verwendet. Damit ist zunächst der allgemeine Sprachgebrauch gemeint: eine unerwünschte und bedrohliche und deshalb zu überwindende Unordnung. Wenn dieser Begriff auch kein pädagogisch "einheimischer" ist, so eignet er sich doch für eine grundsätzliche Diskussion von Zuständen, die global als kritisch, also nicht nur als innerpädagogisch durcheinandergeraten, anzusehen sind.

Wenn hier von *Chaos in der Erziehung* die Rede ist, so ist damit ein vom gesellschaftlichen Ganzen her begründeter kritischer Zustand von Erziehung gemeint, der als tiefgreifende Herausforderung angesehen wird, jedoch – als ein Zustand im Umbruch – auch neue und bessere Lösungen eröffnen kann *(Henning 1993)*. Von Chaos redet man heute in verschiedenen Bereichen des öffentlichen Lebens, so von einem "Chaos im Gesundheitswesen", einem "Chaos im Steuerwesen", von einem "Verkehrschaos", oder auch von "Chaos-Tagen", von dem "ganz normalen Wies'n-Chaos" (auf dem Oktoberfest in München) ganz abgesehen.

Das Wort *Chaos* ist im allgemeinen Sprachgebrauch negativ besetzt. Es steht für Durcheinander, Wirrwarr, Anarchie. "Chaoten" gelten als Zerstörer des Bestehenden schlechthin. Auch die eilige Assoziation mit dem Teufel, dem Diabolos, also dem Durcheinanderwerfer, liegt für mehr ängstliche Gemüter nahe. Chaos in geistiger Beziehung wird dann zur Auflösung aller Werte.

Die ursprüngliche Bedeutung aber ist wohl die der ungeformten Urmasse, aus der die Welt in ihren Gestalten hervorgegangen ist. In Chaos liegt also sowohl das Gestaltlose, Undurchdringliche, Leere und Finstere als auch das schöpferische Potential für ständig neu zu Bildendes.

Der Begriff *Chaos* ist alt. Das Wort stammt aus dem Griechischen und bedeutete den Urzustand des Abgründigen, Aufklaffenden, Regellosen und Ungebundenen aller Kräfte und Formen des Kosmos und zwar *vor* aller Ordnung. Diese ist demnach erst aus Unordnung hervorgegangen, könnte aber jederzeit wieder hervorbrechen.

2.1. Chaotische Systeme

Der Begriff Chaos wird gegenwärtig im Bereich der Naturwissenschaften und der Mathematik thematisiert *(Davies 1988; Briggs; Peat 1990; Cramer 1993).* Wenn sich auch diese Chaos-Forschung im eigentlichen auf Naturphänomene bezieht, die mit hier zu erörternden kaum vergleichbar sind, so könnten einige ihrer Erkenntnisse doch auch philosophisch-anthropologisch von Bedeutung sein, ist doch der Mensch auch ein Naturwesen. *Cramer (1993)* weist darauf hin, daß es sich bei potentiell chaotischen Systemen stets um solche handelt, die – wie soziale Strukturen – nichtlineare, also rückgekoppelte oder zirkuläre sind. Die Ergebnisse solcher Prozesse sind nicht vorhersagbar. Chaos und Ordnung stünden zueinander in einem dialektischen oder funktionalen Verhältnis. Durch Zufall von Ordnung kann Chaos entstehen, aber nach Durchschreiten einer chaotischen Phase oder Situation können sich neue und höhere Ordnungen neu ausbilden *(158).* Teile des Ganzen könnten immer wieder in Chaos eintreten, auch das individuelle Leben, letztlich durch den Tod, aber "das Ganze der Welt bleibt immer unchaotisch, formenbildend. Das Chaos ist im wahrsten Sinne eine Rand-Erscheinung" *(268).*

Die Erkenntnisse der heutigen naturwissenschaftlichen Chaosforschung zeigen auf, daß in der Natur Chaos ein quasi normaler Zustand ist, und daß Chaos und Ordnung generell aufeinander bezogen sind, die Wirklichkeit also eine offene ist. Selbstverständlich können und sollen hier aus der Chaos-Theorie keine pädagogischen Schlußfolgerungen abgeleitet werden. Unter dem Aspekt eines nur bedingten Wertes im Sinne globaler Zusammenhänge soll kurz auf einige dieser Erkenntnisse eingegangen werden.

Die Chaos-Theorie geht von der Erkenntnis aus, daß die beobachtbare Wirklichkeit nicht nur Determinanten, also Gesetzmäßigkeiten einlinearer Ordnung aufweist, die in der gleichen Weise immer wieder auftreten, sondern auch Indeterminanten, also unvorhersehbar andere Gestaltungen, Unregelhaftigkeiten oder Regellosigkeiten. Der Zufall kommt ins Spiel, ohne die Notwendigkeiten an sich aufzuheben. Die Chaos-Forschung versucht, eine Brücke zwischen Zufall und Notwendigkeit zu bauen.

Wenn *Davies* vom "Prinzip Chaos" spricht, so will er damit deutlich machen, daß die fortgesetzte dynamische Neuschöpfung von Strukturen für die immer komplexer werdende Welt und damit ständig in "Unordnung" geratende Evolution eines Ordnungsprinzips bedarf, und daß dem Auftreten des Chaos, also einer dynamischen Unordnung im Durchgang, eine gewisse Ordnung zugrundeliegt. Der nächste Schritt, das nächste Ereignis ist nicht total vorhersagbar, aber es ist eine neue – relative – Ordnung nötig und möglich.

Es gibt Systeme, natürliche und soziale, die mehr oder weniger situationsabhängig nicht wie Uhrwerke, also vorhersehbar und berechenbar, funktionieren; es sind dies nicht-lineare dynamische Systeme. Nicht beobachtbare "Störungen" können hier zu gänzlich anderem als vorherberechnetem Verhalten führen. Das Wetter ist z. B. ein solches System. Man spricht auch vom "Schmetterlingseffekt": Eine letztlich geringfügige Störung, wie das Geflatter eines Schmetterlings, kann für die Zirkulation der Atmosphäre den Ausschlag geben und das künftige Wetter bestimmen. Andere Beispiele sind der Herzschlag oder die pulsierenden Sterne, aber auch das menschliche Gehirn. Es arbeitet nicht wie eine Maschine oder ein Computer. Unser Leben wäre entsetzlich langweilig, wenn unser neuronales System wie ein Automat funktionierte. Es gäbe keine freien Assoziationen, keine kreativen Gedankensprünge und Ideen.

Das Phänomen der Unregelhaftigkeit in der Ordnung des Universums ist seit längerem bekannt. Der beispielhafte Hinweis auf *Heisenbergs* "Unschärfe-Relation" mag hier genügen. *Karl Popper* hatte *(1973)* unter dem Titel "Über Wolken und Uhren" dieses Phänomen ins Erkenntnistheoretische übertragen und von physikalischen Systemen geredet, die "wie Gase in hohem Maße ungeordnet und mehr oder weniger unvorhersehbar sind" *(231)*. Wolken seien eben keine Uhren, und auch alle Uhren sind mit einer gewissen Ungenauigkeit und Unvollkommenheit ausgestattet. – Es liegt auf der Hand, daß dieses Phänomen nicht nur für Physik und Biologie von Bedeutung ist sondern auch für das Handeln des Menschen, seine Vernunft, seine Freiheit, seine Kreativität, seine Moral.

Die moderne Chaos-Forschung versucht, von der Mathematik aus gewisse Klärungen in die bisherigen Unbegreiflichkeiten des sinnvoll Unregelhaften zu bringen. Für einen Nicht-Mathematiker wird mit dem Terminus "Chaos" das Verständnis nicht gerade erleichtert; aber der Begriff steht nun einmal und besitzt – wie ich meine – für soziale Systeme sogar einen bemerkenswert aktuellen Signalwert.

In diesem Verständnis sind soziale Systeme als menschlich gesteuerte dynamische Systeme weitestgehend von Indeterminanzen bestimmt, sind also *chaotische* Systeme. Gemeint ist, daß sie offene Systeme sind, für die unvorhersehbares Agieren und Reagieren gewissermaßen normal oder typisch ist. Unsere Alltags-Aufmerksamkeit für diese Tatsache wird im allgemeinen erst bei auffallenden Abweichungen und Störungen des Gewohnten erregt. Obwohl jede Schulklasse streng genommen ein chaotisches System im Sinne einer geordneten Unordnung darstellt, sprechen wir erst von einer chaotischen Klasse, wenn es total "drunter und drüber geht".

Das pädagogische Interesse gilt der relativen Regelbarkeit chaotischer Systeme, seien es persönlich chaotische Verhältnisse oder soziale. Eine wichtige Größe in diesen regulatorischen und zugleich schöpferischen Prozessen bildet die *Selbstorganisation,* das Vermögen und die inhärente Tendenz des Einzelnen, seine Verhältnisse selber in eine neue Ordnung zu bringen. So gesehen ist Chaos als ungeordnete Ordnung bzw. als sich neu gestaltende Ordnung ein notwendiges Phänomen menschlicher Potentialität und sozialer Evolution. Es tritt uns in einer Zeit grundlegender gesellschaftlicher, ökonomischer, ökologischer und kultureller Veränderungen besonders ins Bewußtsein. Einige meinen gar, die Welt träte "aus den Fugen" und fiele auseinander.

Situativ kann dies für Teilsysteme zutreffen, und es können erzieherische Systeme (Einzelfamilien, einzelne Schulklassen, einzelne Kindergruppen) in völlige, d. h. destruktive Unordnung kippen, z. B. wenn die auftretenden Störfaktoren in der momentanen Situation nicht mehr regulierbar sind, und wenn sie nicht mehr kontrollierbare Folgewirkungen auf das Ganze ausüben, z. B. wenn eine Familie zerbricht oder eine Schulklasse terrorisiert wird.

Anders verhält es sich mit der pädagogisch durchaus legitim geordneten Unordnung in einer pädagogischen Institution, die dadurch zustandekommt, daß der einzelne Schüler aktiv auch die Regeln innerhalb seines sozialen Systems mitbestimmt und in seinem Verhalten immer wieder auch seinen eigenen Sinn und seine Eigensituation einbringt. Die Dynamik des Zusammenlernens bleibt bestimmt von der dynamischen Spannung zwischen Individuum (Autonomie) und Gruppennormen (Gemeinschaft). Diese wird heute von der Fülle der Variablen, von denen das Verhalten im Erziehungsfeld bestimmt wird, verschärft. Sie ist für den Einzelnen nicht mehr voll überschaubar und definierbar; und sie wächst mit der Zunahme der Informationsmengen, die ständig produziert werden. Man benötigt immer mehr Computer-Kapazität, erfährt aber immer weniger an verwertbarem Inhalt. Und doch vermögen solche chaotischer werdenden Systeme, sich selber zu regeln. Und umgekehrt: Das zugrundeliegende Prinzip der Selbstregulation der Systeme bedingt auch Chaos.

Dabei kommt dem Einzelsystem als autonomem System eine wichtige Regulationsfunktion zu; denn "nicht so sehr das, was ein System ist, sondern das, was es tut, macht seine Komplexität aus" *(Davies 1988, 112),* und daran ist die "subjektive Qualität" unausweichlich beteiligt. Diese ist es, die allzu oft als "Ordnung störend" diskriminiert wird, nicht selten aber auch als schöpferischer Stifter völlig neuer Ordnungen sich darstellen kann – auf dem Weg der Ontogenese und Ko-ontogenese.

Den geistigen Prozessen kommt also beim Ordnen von Chaos reale und kreative Kausalwirkung zu. Menschen sind keine bloßen Automaten. Man kann sogar sagen, daß gerade in chaotischen Prozessen die angeborene Kreativität und die Willensfreiheit ihre Chancen erhält (vgl. *Davies 1988, 270f.*). Damit soll zum Ausdruck gebracht werden, daß die sprunghaft angewachsene und für die Erziehung zum kritischen Problem gewordene Komplexität der

Wirklichkeit zwar zu vermehrten “chaotischen” Verhältnissen (Systemen) geführt hat, daß die Ausschöpfung ihrer Chancen – und wir glauben an den Sinn fortgesetzter schöpferischer Aktivität der menschlichen Welt – nicht ohne die Aktivierung der subjektiven kreativen Möglichkeiten geleistet werden kann. Das stärker gewordene Autonomie-Bewußtsein ist die Antwort des Menschen auf die übermächtig gewordene Fremdbestimmung der immer komplexer werdenden Umwelt. Er wehrt sich dagegen, lediglich gelebt zu werden, und sich damit bloßen Determinismen auszuliefern. Die Erziehung hat Grund, in der geordneten Unordnung eine Chance zu sehen.

Die Qualität der gegenwärtigen *Erziehungsschwierigkeiten,* worunter hier *Schwierigkeiten in der Erziehung* verstanden werden, läßt sich durch zwei Phänomene besonders kennzeichnen: durch

- die kritische Zunahme chaotischer Verhältnisse und
- die Zunahme destruktiver Aggressivität.

Unter *chaotischen Verhältnissen* wird – zunächst rein deskriptiv – eine kritische Ungeregeltheit erzieherischer Situationen, Prozesse und Gruppen verstanden, wie z. B. der störende Kontrast zwischen erzieherischen Erwartungen und Maßgaben einerseits und Eigenaktivitäten der Kinder andererseits oder eine zur Regel gewordene Unregelhaftigkeit des Verhaltens von Kindern in Familien und Schulklassen, oder die erzieherische Orientierungs- und Ratlosigkeit, die aus der freigesetzten Aktivität der Kinder hervorgeht und zu einer normativen Diffusion im Alltag führt.

“Chaotische Verhältnisse” sind für den betroffenen Erzieher beunruhigend und vielfach auch entmutigend. Sie können das Gelingen von Erziehung gefährden. Sie sind aber im wesentlichen als krisenhafte, d. h. durch sozionormative Veränderungen bedingte Schwierigkeiten anzusehen, die bei einer entsprechenden Einstellung und Umstellung auf die grundlegend veränderten Bedingungen hinreichend gemeistert werden können. Was den unmittelbaren Ausschlag für die erzieherisch-normative Diffusion gibt, dürfte das Vakuum sein, das nach Ende der vorausgegangenen, weitgehend von Tradition und Autorität geprägten Erziehung noch nicht hinreichend mit einer neuen und praktikablen erzieherischen Konzeption aufgefüllt werden konnte. Dabei erweisen sich als zentrale kritische Punkte die noch nicht genügend geklärten Eigenpositionen der am Erziehungsprozeß Beteiligten, ihre Autonomien. Autonomie aber ist von Kindern, Jugendlichen und Erwachsenen in einer bisher ungewohnten Weise herausgefordert.

Die Zunahme *destruktiver Aggressivität* steht zwar in einem normativen Zusammenhang mit chaotischen Verhältnissen; sie kann auch diese mitbedingen; sie muß aber auch als eigene Qualität gesehen werden. Diese bezieht sich darauf, daß sie nicht – einfach – aus den alltäglichen und soziologisch erklärbaren normativen Veränderungen und Neuorientierungen hervorgeht, sondern in ihrem Kern als Absage an Normativität und Moral im bisherigen Verständnis in Erscheinung tritt. Der Akzent solchen erzieherisch nicht mehr zu tolerierenden Verhaltens liegt nicht auf der Aggressivität an sich sondern auf den destruktiven Tendenzen, u. U. auf der Lust an Zerstörung. Als das erzieherisch Beunruhigende an diesem Verhalten wird die *Entkoppelung* aus den bisher üblichen sozialen Normen und Tabus und damit die Nicht-erreichbarkeit durch Erziehung empfunden. Unter normativem oder moralischem Aspekt ist nicht eine Diffussion und Krisis (als Durchgang) der erzieherischen Orientierung kennzeichnend, sondern die aktive Verneinung moralischer Verbindlichkeit durch eine Absolutsetzung bzw. Vereinzelung des eigenen Ich, das in oft skrupelloser, gewalttätiger Zerstörung Befriedigung und Sinn sucht. *Destruktion* ist der essentielle Widerspruch zu normativer Verbindlichkeit, also zur Moral (vgl. *Fromm 1977; Steinvorth 1990*). Sie stellt eine gefährliche Perversion von Selbstbestimmung (Autonomie) dar. Die radikale soziale Entkoppelung ist als chaotischer Zustand zu verstehen, der sich einer Regelung von außen grundsätzlich widersetzt.

Kritisch chaotische Entwicklungen können sich einerseits auf den Einzelnen, auf die Gefährdung seiner inneren Integration durch Desintegration beziehen; man spricht dann von einem inneren Chaos. Andererseits kann das Verhältnis zur Umwelt chaotisch werden; es wird auffallend ungeordnet, unberechenbar und nimmt sozial destruktive Züge an.

Eine Entwicklung in chaotische, also in kritischem Maße ungeordnete Verhältnisse, ist von zentralem pädagogischem Interesse. Die normative Gültigkeit von Erziehung ist tangiert und infragegestellt. Es geht um die Einkoppelung von Erziehung an sich.

2.2. Chaos in Erziehungssystemen

"Tollhaus Schule" lautete der Titel eines *"Spiegel"*-Heftes *(Nr. 15, 1988),* das Einblick in chaotische Verhältnisse an deutschen Schulen geben wollte. Darin heißt es u. a. aus dem Unterrichtsprotokoll eines Hauptschullehrers aus Berlin-Kreuzberg (*J. Köhler,* S. 30):

Vertretungsstunde Deutsch, 9. Klasse.

Als ich reinkomme, sitzt eine große Blonde auf der Heizung. Die Jalousien sind runtergelassen. Ein Sitzenbleiber, der mich von früher kennt, ruft: "Ach, du Scheiße!", trotzdem ist's eigentlich friedlich.

Drei sitzen manierlich auf einem Sofa hinten: "Ham wer jetzt bei dem?" – "Ja, bei mir!" Die Schüler sollen sich nun an ihre Tische setzen.

Das tun sie nicht. Zwei, die am Tisch gesessen haben, gehen zum Sofa. Ich nicke der Blonden freundlich zu und sage, sie solle sich doch bitte an ihren Tisch setzen. Sie antwortet, während jemand zur Tür reinkommt, ihr sei kalt, und als sich der Hereingekommene auf einen Stuhl setzt, schreit sie ihn an, das sei ihr Platz. Der wiederum antwortet: "Du spinnst wohl." Ein anderer fragt: "Was machen wir heute?" Lars ruft wieder: "Ach, du Scheiße!" Einer in meiner Nähe empfiehlt, man solle den Hausmeister holen, um die Jalousien hochziehen zu lassen.

Ich gehe zum Schalter und knipse die Neonlichter an. Kaum auf meinem Platz, geht das Licht wieder aus.

Der Junge, der es ausgeknipst hat, schlendert in Turnschuhen und Jogginghosen zum hinteren Platz zurück, alle Schüler sehen zu ihm hin. Für einen Augenblick ist es still, es geschieht nichts.

Wieder knipse ich das Licht an und frage, ob jemand wisse, was ein Filmexposé sei. Der Inhalt eines Films, den wir uns gemeinsam ausdächten, solle aufgeschrieben werden, nur die Handlung, knapp. Sofort allgemeines Palaver: Sie seien Filmstars; der und der sei natürlich Rambo; ein Porno müsse gedreht werden. Ich entgegne, es gehe erst mal ums Aufschreiben, und male das Wort "Exposé" an die Tafel, dabei prallt ein Tennisball an die Wand. Zwei Sekunden später fällt ein Schüler vom Stuhl: Alle grölen, und der Hingefallene klettert theatralisch umständlich wieder auf seinen Platz.

Als ich blöderweise die Blonde noch einmal anspreche, sie solle sich doch endlich hinsetzen, schreit sie mich an, ob ich taub sei, ihr sei kalt.

Alles Weitere geht wie am Schnürchen. Einen Schüler werfe ich wegen irgend etwas raus, er soll sich beim Rektor melden. Eine Türkin ruft: "Leise, leise!", eine andere macht sich über sie her, beschimpft sie ganz unverschämt und will damit nicht aufhören. Worauf ich mit dem Schreihals zur Tür hinausgehe und den anderen, der dort grinsend herumsteht, gleich mit ins Rektorzimmer nehme. Es ist aber nur die Sekretärin unten. Also muß die Bestrafung improvisiert werden, und unter peinlichem Geschrei verlange ich von beiden, die Inhalte der zuletzt betrachteten Fernsehfilme aufzuschreiben.

In der Zwischenzeit sind zwei Schülerinnen aus dem Klassenzimmer heruntergekommen und berichten, oben seien sie so frech, der Rektor solle hochkommen. Atemlos im dritten Stock wieder angekommen, ist mir jetzt heiß, ich öffne ein Fenster und muß sprachlos mit ansehen, wie ein Schüler es wieder schließt. Danach fängt er ein Geschrei mit mir darüber an, wie kalt oder wie heiß es sei. Meine Antwort ist nur noch Gebrüll: "Was für eine Unverschämtheit", warum sie sich nicht benehmen können, ich sei "auch nur ein Mensch". Dann fängt auch die Blonde an zu schreien, für mich nicht zu verstehen, weil mehrere rumbrüllen und mir die Ohren schon voll sind vom eigenen Geschrei.

Es ist dies sicherlich ein extremes Bild einer destruktiv chaotischen Erziehungssituation. Generell könnte man dreierlei Typen von pädagogischem Chaos unterscheiden:

1. *Destruktives Chaos:* Eine ganz offensichtliche Willkür und Ungeordnetheit bestimmt das Zusammenleben. Es kommt zu dominant antisozialem Verhalten. Eine pädagogisch ordnende und inhaltlich konstruktive Arbeit ist kaum möglich, bzw. sie wird nur zufällig wirksam. Das herrschende Gesetz des Stärkeren nötigt jeden dazu, sich um seine nackte Selbstbehauptung zu sorgen. Normative Aggressionshemmungen entfallen, so daß es zu gefährlichen Verletzungen und Zerstörungen kommen kann. Angst herrscht vor.

2. Von dieser Art eines mehr oder weniger "hoffnungslosen" und in sich selbst drehenden Chaos zu unterscheiden wäre ein *kreatives Lern-Chaos.* Man kann es z. B. in einer hochmotivierten Schulklasse vorfinden, im "freien Arbeiten", wo jeder einzelne Schüler – u. U. auch mit anderen in der Gruppe – seinen Interessen nachgeht, und wo die sogenannte Ordnung, wie man sie vom Frontalunterricht her kennt, geradezu zerstörend wirken würde. "Ein bißchen Chaos" kann heute durchaus ein pädagogisches Gütezeichen sein. Es ermöglicht als "ungeordnete Ordnung" jedem Schüler seinen Lernfreiraum. Da geht es mehr oder weniger "lebendig" zu. Die Schüler können ihre Initiativen entfalten. Beispiele wären die *Freinet*-Schulen, die Schule nach dem Jena-Plan *(P. Petersen),* die *Montessori*-Schulen oder auch "Die Schule" von *Jan Steen* (1674).

3. Von einem kritischen Chaos kann man in jenen Klassen oder Heimgruppen reden, in denen sich vorwiegend sozialauffällige und emotional gestörte Kinder und Jugendliche zusammen sind, und wo durch diese immer wieder, oft explosiv, ein *aktuelles psychodynamisches Chaos* entstehen kann. Beispiele dieser Art schildert *T. Hayden (1982, 61):*

"Plötzlich packte er (Thomas) den Stuhl, schwang ihn wie ein Lasso über den Kopf und ließ ihn durchs Zimmer in den Vogelkäfig sausen. Aufgeregt flatterten die Vögel ... Nicky flüchtete unter den Tisch, und Bo gab kleine Schreie des Entsetzens von sich ... Zerstörungswut packte ihn (Thomas). Wie eine Furie stob er durchs Zimmer und fegte alles, was ihm in die Hände fiel, zu Boden. Bevor ich richtig realisierte, was geschah, wirbelten Bücher, die Sachen auf meinem Pult und Bos Arbeitsmappe wie Konfetti in der Luft herum. Ein zweiter Stuhl flog durchs Zimmer. Hilflos war ich der Raserei ausgesetzt."

In meinen Aufzeichnungen über eine Klasse mit schwierigen Kindern (1954) fand ich einen Eintrag, der sich auf einen sozial auffälligen und zugleich psychisch gestörten Jungen (E.) bezog. Der Anlaß für die chaotische Situation war ein geringfügiger:

Der hinter E. sitzende Schüler hatte festgestellt, daß E. ißt. E. schlägt sofort hart nach diesem. Ich ermahne ihn ruhig. Es folgt ein Fluchausbruch. E. schlägt unvermittelt noch einmal und noch wütender zu. Ich stelle E. scharf zur Rede. Er schleudert den Inhalt seines Schulranzens durch die Klasse und brüllt und schimpft drauf los. Ich muß physisch zupacken, um den Rasenden, der mit den Beinen um sich stößt, zum Verlassen des Schulzimmers zu bewegen. Er reagiert mit gröbsten Flüchen. Als E. beim Verlassen des Raumes die Tür zuschlagen will und daran von einem Mitschüler gehindert wird, stößt er wütend mit aller Gewalt den Fuß dagegen, rennt hinaus und schlägt die Haustür derart fest zu, daß eine Glasscheibe zersplittert. Draußen geht sein Toben weiter. Es beginnt eine regelrechte Belagerung der Schule mit Steinwürfen. Gehe ich hinaus, läuft er weg, kehre ich zurück, geht das wütende Bombardement gegen die Klasse weiter. Um die Fensterscheiben zu schonen, lasse ich die Fenster öffnen. Die Mitschüler nehmen Anteil und ducken sich bei jedem Steinwurf. Während ich zum Telefon laufe, halten stärkere Schüler E. auf Abstand. Als ich zurückkomme, gehe ich ruhig auf ihn zu und versuche ihn zur Vernunft zu bringen. Er läßt es schließlich zu, daß ich ihn, der am ganzen Körper bebt, am Arm fasse und in einen anderen Raum bringe.

In ihrem Bericht über "Sheila" *(1984)* schildert *T. Hayden* einen Vorfall:

Sheila hat die Goldfische im Aquarium der Klasse nacheinander gefangen und ihnen mit einem Bleistift die Augen ausgestochen. Einen hielt sie noch "in der rechten Faust und zückte mit der anderen den spitzen Bleistift. Eine Helferin hüpfte nervös vor ihr herum, hatte aber zu viel Angst, Sheila zu entwaffnen. Sarah jammerte laut, Max tobte durchs Zimmer, fuchtelte wild mit den Armen und kreischte ... Plötzlich zerschnitt ein hohes Kreischen die Luft. Susanne war hereingekommen. Sie hatte psychotische Angst vor Blut, vor jeder roten Flüssigkeit, fiel in irrsinnige Schreikrämpfe und schoß sinnlos hin und her ... Anton lief ihr nach, und ich benützte den Überraschungseffekt, Sheila zu entwaffnen ... Sie hieb mir mit solcher Wucht den Bleistift in den Arm, daß er einen Augenblick steckenblieb, schwankte und dann erst herunterfiel. Ich war vielzu durcheinander, um den Schmerz richtig zu spüren. Freddy raste nun gemeinsam mit Max durch das Zimmer. Tyler heulte; Guillermo versteckte sich unter dem Tisch; William stand weinend in einer Ecke. Whitney versuchte, Max und Freddy zu fangen, die kreischend an den Wänden entlangrasten. Der Lärmpegel war unerträglich" *(35f.).*

Viel häufiger als allgemein bekannt, ereignen sich ähnliche chaotische Situationen in Schule und Heim. Man könnte sagen, sie gehören zum Alltag in

Erziehungssituationen, auf die man gefaßt sein muß. Sie ergeben sich aus den verzweifelten Versuchen von Kindern, denen die Befriedigung ihrer sozialen und emotionalen Grundbedürfnisse versagt blieb, und die sich doch behaupten wollen. Sie leben normativ reduziert auf der Stufe der nackten *Selbsterhaltung*. Sie verfügen über keine seelischen Polster, um Puffe anderer oder des Schicksals abfangen zu können. Ich stimme *T. Hayden* zu, wenn sie feststellt, daß es sich eigentlich nicht um Kinder mit einem *schwachen* Selbstgefühl handelt. Wenn sie alles das, was ihre Vergangenheit belastet hatte, überstanden hätten, so müsse das ein Beweis ihrer Stärke sein. "Allerdings lebten alle von ihnen chaotisch und brachten durch ihre Krankheit Chaos in das Leben anderer. Ich glaube nicht, das Recht zu haben, dieses Chaos zu vergrößern, indem ich sie raten ließ, was ich von ihnen erwartete. Ich fand das Einführen von Regeln eine nützliche und produktive Methode für alle Kinder, weil sie die Verschwommenheit unserer Beziehung klärte. Schließlich hatten sie ja schon gezeigt, daß sie nicht ohne Hilfe mit sich selbst fertig wurden, denn sonst wären sie ja nie in meine Klasse gekommen. Sobald aber die Zeit reif war und sie es konnten, begann ich damit, ihnen nach und nach Macht zu geben" *(27)*.

Chaotische Situationen sind in Erziehungsfeldern nicht eo ipso etwas Bedrohliches und deshalb strikt zu Unterbindendes, sind also kein Widerspruch schlechthin zur Erziehung. Das wäre in jedem Fall ein Lernen in Exerzierplatz-Manier. Noch zu sehr verhaftet sind gelegentlich pädagogische Vorstellungen von einer "wohlgeordneten" Schulklasse. Noch zu kurzschlüssig werden einem Lehrer, einer Lehrerin, die nicht die übliche Disziplin halten können, pädagogische Unzulänglichkeit nachgesagt. Ein Außenstehender kann sich da keinen rechten Begriff machen, und es passiert nicht alle Tage, daß in einer Klasse einer Schule zur Erziehungshilfe der zuständige Schulrat leibhaftig miterleben kann, wie es dazu kommt, daß ein Schüler bei geschlossenem Fenster durch die Glasscheibe ins Freie springt und verschwindet.

Wenn chaotische Situationen kritische Durchgänge sind, so heißt das nicht, daß sie sich einfach "von selber" lösen, daß man also die Kinder sich selbst überlassen könnte. Es nehmen sonst die destruktiven Kräfte überhand, und die Stärkeren setzen sich bei einem solchen Kampf um nackte Selbstbehauptung gegen die Schwächeren durch. Chaos in Erziehungsfeldern ist vielmehr eine pädagogische Aufgabe. Die Kinder brauchen Hilfe. Durch sie wird es möglich, daß sich Vernunft durchsetzt und der Einzelne ein neues Stück von dem findet, was man als Autonomie bezeichnet.

Voraussetzung ist ein Erzieher oder Lehrer, der von eigener Autonomie bestimmt ist, dem es also nicht gleich-gültig ist, wie die Kinder miteinander umgehen, und ob die schwächeren unter dem Terror der stärkeren leiden, ob also jedes Kind zu seinem Recht kommt. Es ist nicht jede Klasse, in der Chaos herrscht, schon deshalb eine Klasse mit einer fortschrittlichen, freien Erziehung auf der Basis von Selbstbestimmung der Schüler. Es kann genauso der glatte Widerspruch zu Erziehung sein: ein Ort des erzieherischen Leerlaufs und des verdeckten oder blanken Terrors. Der Unterschied zu einem konstruktiven oder kritischen Chaos läßt sich dadurch bestimmen, daß unter den gegebenen Bedingungen eine pädagogische Steuerbarkeit und eine gegenseitige Achtung generell nicht mehr gegeben, eher Zufall sind. In einem konstruktiven Chaos fühlt auch ein schwaches Glied, daß es dazugehört, willkommen ist und zu seinem Recht kommen kann, auch wenn es mal "drunter und drüber geht." Eine erzieherische Ordnung ist allemal eine ungeordnete Ordnung.

2.3. Gewalt durch Kinder und Jugendliche

Im Sinne unseres Ansatzes wird Gewalt hier verstanden als *entkoppelte* Gewalt. Man könnte auch von bösartiger Gewalt sprechen *(Fromm 1977)*. Diese wird abgehoben von einem Sprachgebrauch, nach welchem es auch eine gebundene Gewalt gibt, z. B. in der Form natürlicher Aggressivität oder auch der früheren "elterlichen Gewalt". Etymologisch hängt "Gewalt" immerhin mit "walten" zusammen, so daß es auch eine *sorgende* Gewalt geben kann. Durch die historische Belastung des Begriffes "Gewalt" ist aber dieser Sprachgebrauch zurückgetreten und obsolet geworden. Dies aber kann nicht ohne weiteres bedeuten, daß auch der Inhalt und die Notwendigkeit dessen, was unter sorgender und gebundener "Gewalt" verstanden werden könnte, überflüssig geworden sei.

Gewalt an sich bedeutet zunächst ganz allgemein Anwendung von physischem und/oder psychischem Druck oder Zwang gegenüber Personen und Sachen, um eigene Absichten durchzusetzen oder die anderer zu unterbinden. Zum Beispiel:

Eine Mutter verhindert handgreiflich, daß ihr Kind einen Metallstift in eine elektrische Steckdose schiebt.

Oder: Sie hält ihr widerstrebendes Kind fest, um ihm ein notwendiges Medikament zu verabreichen.

Oder: Ein Kleinkind schlägt wütend mit einem Hammer gegen eine Tür, um sich gegen diesen Widerstand Einlaß zu verschaffen.

Pädagogisch relevant wird solches aggressives Verhalten erst, wenn man es unter einem Erziehungsaspekt wertet, und Erziehung muß werten. Gemeint ist die Frage nach der Akzeptierbarkeit eines solchen Verhaltens. Das bedeutet, daß ein pädagogisch tolerierbares Gewaltanwenden zu unterscheiden ist von einem nicht zu rechtfertigenden oder pädagogisch kritisch zu bewertenden Gewaltanwenden. Übereinstimmung dürfte jedenfalls dahingehend bestehen, daß ein Mensch nicht in jedem Falle Gewalt anwenden darf, um sich gegen Widerstand zu behaupten, oder seinen subjektiven Willen durchzusetzen. Die sich sogleich stellende Frage nach den Kriterien, nach denen die Legitimiertheit zu bewerten wäre, macht freilich sogleich deutlich, daß hier das eigentliche Problem erst beginnt. Generell läßt sich hier lediglich feststellen: Das Anwenden von physischem/psychischem Druck gegen Widerstand muß als dem Leben dienlich und im Erziehungsprozeß unter dem Aspekt und den Maßgaben der Erziehung, d. h. der Hilfe zum Werden des noch "unmündigen" Menschen im Sinne einer gelingenden Existenz in Koexistenz gerechtfertigt werden können.

Es gibt eindeutig eine lebens- oder selbsterhaltende Funktion der Aggression, wenn auch deren Abgrenzung zu asozialer Gewalttätigkeit nicht eindeutig möglich ist. Es gehört geradezu zum Erziehungsalltag, daß er auch von Aggressionen bestimmt wird. Sie werden z. B. beobachtet als "verständliche" Reaktionen auf eine permanente Einengung des Bewegungsspielraumes und der Freiheit, auf Versagen und Demütigungen, auf Vernachlässigung, Isolierung und verweigerte Zuwendung, auf feindselige Gefühle und Attacken, auf Betrug oder auf ausweglose Konflikte (vgl. *Büttner 1988*).

Es kann auch zu Abreaktionen der erlebten Frustrationen an Ersatzobjekten kommen, z. B. zur Zerstörung von Gegenständen: Ein Schüler zerfetzt das Heft seines Nachbarn oder zertrümmert in einem affektiven Schub die Reagenzgläser im Chemieunterricht oder schleudert einen Stuhl blind gegen die Wand. Unter Eltern ist es – angesichts der Überlegenheit und Selbstdurchsetzung anderer Kinder – üblich geworden, das eigene Kind zur Aggression, zu Selbstbehauptung, zu ermuntern: Laß dir nichts gefallen! Schlag zurück!

Kindliche oder jugendliche Aggressionen dieser Art sind also psychologisch erklärbar und bis zu einem gewissen Grad auch pädagogisch legitimierbar als subjektive Akte der Selbstbehauptung. Das bedeutet nun nicht, daß es gleichgültig sei, Konflikte mit oder ohne Gewaltanwendung zu lösen. Das prinzipielle Verletzungsverbot bleibt bestehen!

Dies gilt auch im Falle der sogenannten *strukturellen Gewalt,* eines allerdings auch diffus verwendeten Begriffes. Jedenfalls kann eine persönliche Auffassung, sich "vom Staat bedroht oder terrorisiert" zu fühlen, also an der Entfaltung seiner individuellen Bedürfnisse gehindert zu sein, keine Rechtfertigung für die Anwendung von Terror und Gewalt gegen Personen und Sachen dieses Staates darstellen, wenn nicht das Chaos eintreten soll.

Dies heißt, daß der Einzelne nicht in bloßer Subjektivität "Gewalt" gegen Personen und Sachen anwenden kann, daß sein Handeln vielmehr sich an der Verbindlichkeit des allgemein, d. h. transsubjektiv Gültigen orientieren muß. Bei *nackter* Gewalt entkoppeln sich Subjekt und Objekt, Selbst (autos) und allgemein Verbindliches (nomos). Der Einzelne setzt sich selbst absolut und tritt aus seiner Koppelung an den intersubjektiven Wert der Unverletzlichkeit des anderen. Sie setzt sich über seinen Selbstzweck hinweg und macht ihn zum Mittel für eigene Zwecke. Pure Gewalt ist entkoppelte Gewalt. Sie ist destruktiv und unverantwortbar. Die Verbindlichkeit des normativen und existentiellen Zusammenhangs von Selbst und Mit-Selbst geht zugunsten der reinen Selbstdurchsetzung verloren. Es entsteht Schaden auf beiden Seiten.

Das letztliche Ergebnis von sozialer Entkoppelung ist Isolation oder Beziehungslosigkeit. Um ihre Unerträglichkeit zu kompensieren, wendet sich der Einzelne mit seiner physisch/psychischen Energie (Kraft, Gewalt) gegen das vermeintlich Befremdende, Isolierende, Feindliche des anderen, des Nicht-

Selbst. In diesem Sinne wird Gewalt gegen andere und anderes zur Befriedigung oder Genugtuung, zur Lust oder zur bloßen Abreaktion sich stauender Selbstunerträglichkeit, der andere dagegen bloßes Objekt (Opfer) der Destruktion (vgl. *Fromm 1977*). Gewalt, die aus basaler sozialer Entkoppelung hervorgeht, ist letztlich von außen her kaum mehr kontrollierbare Gewalt. Sie ist asoziale Gewalt. Ihr fehlt ein human verbindlicher Bezugspunkt. Das Soziale hat keine normativ bindende Wirkung. Das Normative an sich tritt außer Kraft. Das Handeln wird von nackten Eigenbedürfnissen bestimmt. Erziehung hat hier versagt. Das normativ Bindende wurde nicht als verbindlicher Wert erlebt. Bestimmend wurde der nackte Eigenvorteil, das rücksichtslose Sich-selbst-durchsetzen.

Das Paradoxe der gegenwärtigen kritischen Erziehungssituation liegt darin, daß zugunsten einer pointierten Erziehung zur *"Selbständigkeit"* und "Selbstverantwortung", also im Sinne einer gewissen Autonomie-Vorstellung, die als Ergebnis eintretende Selbständigkeit auch zur Vereinzelung führen kann, und Auto-nomie als Selbsteinbindung in allgemein Verbindliches auflöst und damit Gewalt freisetzt. Eine derartige nur auf sich selbst bezogene "Selbständigkeit" tritt ein, wenn im Erziehungsprozeß die Selbstbezüglichkeit dominiert, wenn das Kind einen Erwachsenen als nächste Bezugsperson erlebt, die im Grunde auch nur sich selbst sucht, sich nur an ihrem Ich orientiert. In einer "narzißtischen Gesellschaft" überwiegen Werte des eigenen Nutzens und Vorteils. Durch den bloßen Selbstbetrug (vgl. *Lasch 1980*), wird gerade das verhindert, was als "Selbstverwirklichung" angestrebt wird.

Das Ergebnis einer narzißtischen "Erziehung" kann im Grunde wiederum nur ein narzißtisches sein. Die dabei wirksame Maxime wird vermeintlich als Erziehung zur Freiheit und Selbstbestimmung angesehen. Sie ist im Grunde "Erziehung" zur Ungebundenheit und Unverbindlichkeit. Sie "verpflichtet zu nichts". Was dabei vielmehr wirksam wird, ist ein "emotives Selbst" *(MacIntyre 1987),* das sich selber sucht, das sich "entpflichtet" und den anderen im wesentlichen als Mittel für die eigenen Zwecke benutzt – der glatte Widerspruch zu *I. Kants* Kategorischem Imperativ in seiner letzten Fassung: "Handle so, daß du die Menschheit sowohl in deiner Person, als in der Person eines jeden anderen, jederzeit zugleich als Zweck, niemals bloß als Mittel brauchst" *(Kritik der Prakt. Vernunft, Bd. VII, 61).* Menschen, die sich an lediglich subjektiven Prinzipien richten, sehen "in der sozialen Welt nichts als einen Treffpunkt individueller Willen, von denen jeder seine eigenen Haltungen und Vorlieben hat, und die diese Welt nur als Arena zur Befriedigung ihrer eigenen Wünsche verstehen" *(MacIntyre 1987, 43).* Was dabei entsteht, ist gewissermaßen eine Ansammlung von privaten Moralen.

Eine bloße Orientierung am eigenen Selbst ist letztlich Ausdruck einer Mißachtung des anderen, seiner Würde, seines unaustauschbaren inneren Wertes. Die Achtung der Würde des Menschen erweist sich als Grundlage humanen Zusammenlebens und Handelns *(Speck 1996).* Sie setzt Autonomie voraus, d. h. das Sich-selbst-einbinden in das verbindlich Rechte, also in das gute Ziel der Moral. Willkür des Selbst ist also nie Autonomie.

Die soziale Entkoppelung des Selbst führt zugleich zu einer eigenen, also inneren Entkoppelung. Das Kind, das keine hinreichend haltgebende Umwelt erfährt, gewinnt keinen eigenen inneren Zusammenhalt, keine Balance zwischen Ich und Über-Ich, zwischen Lustprinzip und Realitätsprinzip. Bei einer entsprechenden eigenen Dynamik entlädt sich diese innere Ungebundenheit oder Ungehaltenheit in Angriffe gegen andere – oder gegen sich selbst.

Das gegenwärtig zu beobachtende Ansteigen des Aggressionspotentials steht auch im Zusammenhang damit, daß der Einzelne infolge des Geltungsverlustes von Tabus und normativer (moralischer) Verbindlichkeiten und Zwänge mehr auf Selbstbehauptung angewiesen ist. Das Zusammenleben gerät dabei u. U. zur alltäglichen Zerreißprobe des gegenseitigen Sich-aushaltens.

Dabei ist zu beobachten, daß aggressiv werdende Kinder durchaus wissen, was ihre moralische Verpflichtung wäre. Das einzelne Kind will natürlicherweise das Gute, aber es will – wie *Pestalozzi (1947, 66)* bemerkte – "dabei auch wohl sein". Wenn der Mensch "böse" ist, so hat man ihm sicher den Weg verrammelt, auf dem "er gut sein wollte"; und dieses "schreckliche" Wegverrammeln sei so allgemein, daß der Mensch so selten wirklich gut sei.

Es ist auffallend, wie häufig Kinder, die sonst als friedlich gelten, in bestimmten Situationen, vor allem wenn sie sich in einer momentanen Gruppe vorfinden, zu unberechenbaren und gefährlichen Gewalttätigkeiten gegen andere, auch völlig Unschuldige, hinreißen lassen. Die rationale Selbststeuerung geht verloren. Es kann zu – nachträglich kaum erklärbaren, für unmöglich gehaltenen – Exzessen von Quälereien und Mißhandlungen, zur sinnlosen Zerstörung von Einrichtungen, z. B. Fernsprechkabinen, oder u. U. auch zur Tötung von Personen kommen. Die bekanntesten Ausschreitungen dieser Art werden immer wieder von Fußball-Rowdies gemeldet. Hier liegt aber vielfach auch eine organisierte Absicht vor.

2.3.1. Destruktive Aggressivität als Verneinung von Moral

Was heute besondere Besorgnis und Schwierigkeiten in den verschiedenen Erziehungsfeldern bereitet, ist eine über eine "gesunde" Aggressivität *(Fromm)* hinausgehende exzessive Gewalt, eine Qualität von Aggressivität, die vor allem durch ihre Zentrierung auf bedenkenlose Zerstörung und Verletzung, durch ihre Brutalität, durch das Fehlen normativer (moralischer) Verpflichtungen und durch eine auffallende Lust an der Zerstörung gekennzeichnet ist. "Zerstör', was Dich zerstört – zerstör' Dich selbst!"

Destruktive Aggressivität kann als Ausdruck einer blanken Verneinung des Wertes und Sinns humanen Zusammenlebens und damit als schwere Herausforderung erzieherischer Intentionen angesehen werden. Es ist Gewalt, die gezielt Schrecken (Terror) verbreitet, massiven Schaden hervorruft, vielfach keinen dahinterliegenden "Sinn" erkennen läßt und oft geradezu als subjektiver "Wert" empfunden wird. Das Interesse, die Legitimität der eigenen

Gewalthandlung zu überprüfen, ist gering bzw. kaum vorhanden oder herstellbar. Es ist einfach aufgestaute *Wut,* die aus einem Gefühl der Gereiztheit und dem Erleben von Sinn- und Bedeutungslosigkeit nach Zerstörung dessen drängt, was stört. Diese Zerstörungswut kommt z. B. in den Sprüchen aus der Jugendszene zum Ausdruck *(Müller-Thurau 1983):*

Was lange gärt, wird endlich Wut.
Seid furchtbar und wehret Euch!
Wie es ist, ist es Mist.
Ich bin gegen alles.
Überall, wo wir sind, herrscht Chaos,
aber wir können nicht überall sein.

Destruktive Gewalt hat den Charakter des bewußt *Anomischen,* des inneren Losgelöstseins von Gerechtigkeit und von Achtung vor der Menschenwürde, kurz gesagt: der Normlosigkeit als des Fehlens von Normen und Werten. Anomie kann als ein psychischer Zustand verstanden werden, "in welchem der Sinn des Individuums für soziale Bindungen – die Hauptquelle seiner Moral – gebrochen oder gefährlich geschwächt ist" (*R. MacIver,* bei *Dreitzel 1972, 53.*) Dem Typus des Anomischen läßt sich der Typus des Autonomen gegenüberstellen (vgl. *Riesman 1958*). Wir sprechen hier im wesentlichen von einer Qualität von Gewalt, die mit solchem anomischem Zustand einer Person in Verbindung steht.

Diese sinnlose und destruktive Gewalt unterscheidet sich von Gewalt im Verständnis "natürlicher" oder unbeherrschter, explosiver Aggressivität, über die beispielsweise *Bettelheim (1980)* seinen Aufsatz mit dem bemerkenswerten Titel "Gewalt – eine gerne verleugnete Verhaltensweise" schrieb. Die Neigung zum Leugnen der Realität von Gewalt wird darauf zurückgeführt, daß der Mensch im allgemeinen seine eigene Anlage zum aggressiven Verhalten verneine, weil nicht sein kann, was nicht sein darf. Es fehle die richtige Einstellung zur Gewalt als einem Teil der menschlichen Natur, und es mangele an einer Erziehung, über die der Mensch lernen könnte, seine aggressiven Neigungen zu beherrschen. Hinzu komme die Faszination von Gewalt, wie sie durch die Medien verbreitet werde. Es ginge in einem mühsamen und langen Prozeß darum, einen "sparsamen Umgang mit Gewalt" zu erlernen, und sie auf relativ harmlose Weise abzureagieren (216).

Tatsache ist, daß trotz einer allgemein anerkannten und auch weithin praktizierten Gewaltlosigkeit *als Prinzip* und trotz einer (partiellen) Verbesserung der Lebensbedingungen als Voraussetzung für weniger Gewalt (Demokratisierung etc.) die Gewalt gegen und durch Kinder und Jugendliche zunimmt. Was steht dahinter?

In einem Essay von *J. Strasser (1987, 3)* mit dem Titel "Die neue Lust an der Destruktion" heißt es u. a.:

"Die Anhänger des neuen Subjektivismus/Vitalismus legen Wert darauf, ihr Verhalten aus keinem übergreifenden moralischen, pädagogischen, therapeutischen, politisch-strategischen Kontext heraus rechtfertigen zu müssen. Ihnen geht es gerade darum, sich dem Begründungszwang zu entziehen; alle Fragen nach dem Warum und Wozu, alle Rücksicht auf Gesprächs- und Interaktionspartner lehnen sie ab, um in unmittelbarer Subjektivität und ungehemmter Aggressivität die Freiheit als Willkür neu zu entdecken. Der Sinn der Konfrontation ist die Konfrontation".

R. Musil schrieb im "Mann ohne Eigenschaften": "Man ist gewalttätig, weil die Gewalt nach langem, ergebnislosem Reden wie eine Erlösung wirkt."

Man könnte noch die geradezu exzessive Darstellung von Gewalt im Fernsehen nennen und das ihr zugrundeliegende große Abnehmerinteresse. Gewalt ist ohne Zweifel en vogue! Den Hintergrund bildet eine Wirklichkeit, die für heranwachsende Menschen mehr und mehr an Sinn verloren hat. Natürlich kann mit Recht eingewandt werden, daß dies für den großen Teil von ihnen nicht zuträfe; sie würden mit den neuen Herausforderungen schon irgendwie fertig.

Dieses Irgendwie kann uns nicht genug sein, und es geht uns hier gerade um diejenigen Kinder und Jugendlichen, die eben nicht im üblichen Sinne "damit fertig werden", für die die verfaßte Ordnung "nichts mehr hergibt", und die deshalb Lustgewinn aus deren Zerstörung beziehen. Schon *Nietzsche* hatte in seiner "Genealogie der Moral" auf die zunehmende Lust an der Grausamkeit hingewiesen, die sich durch die ganze Geschichte der höheren Kultur hindurchziehe *(1988, 56),* und die ein Pendant der "Sklavenmoral" sei, d.h. der abendländischen Moral schlechthin. Ihr Zusammenbrechen wäre dann als Aufbrechen einer "Herrenmoral" zu verstehen, die vom Stärkeren, vom aggressiven Menschen bestimmt sein werde. Mit der "Umwertung aller Werthe" wäre dann auch eine Entkoppelung von Gewalt verbunden. Die Lust an der Grausamkeit, meinte *Nietzsche,* sei dem Menschen eigen. "Leiden-sehn tut wohl, Leiden-machen noch wohler". Dies sei ein "harter Satz, aber ein alter mächtiger menschlich-allzumenschlicher Hauptsatz" *(a.a.O.).* Diese Lust am Leiden-machen wird negativ konstitutiv, wenn ihr Boden das Nichts ist, das Nichts im Menschen, für den "nichts wahr und alles erlaubt" ist, wenn also der Nihilismus bestimmend wird.

Die immanente Realität menschlicher Destruktivität in der Form "bösartiger Aggression" hat aus psychoanalytischer Sicht *Erich Fromm (1977)* analysiert. Die Zunahme von Gewalttätigkeit und Destruktivität führt er darauf zurück, daß die in der durchstrukturierten Gesellschaft vorgefertigten Modelle, dem Leben Sinn zu geben, die fehlende innere Mitte nicht ersetzen können und deshalb verfremdend wirken *(302).* Generell läßt *Fromm* keinen Zweifel, daß die Geschichte der Menschheit, verglichen mit der biologisch adaptiven Aggressivität der tierischen Vorfahren, von einer "Hyperaggression", von einer "außerordentlichen Destruktivität und Grausamkeit" geprägt sei, deren Qualität und Intensität von den spezifischen Bedingungen der menschlichen Existenz bestimmt sei *(207f.).*

Die Sozialforschung hat einen Zusammenhang zwischen Auswüchsen einer "Lust an der Destruktivität" und einem rapiden Zerfall traditioneller Wertsysteme festgestellt. In Verbindung mit bedeutsamen soziostrukturellen, ökonomischen und technologischen Veränderungen sind Systemirritationen eingetreten, die das Verhältnis des Einzelnen zur Sozietät erheblich belasten *(Kmieciak 1976, 461)*. Tiefgreifende Verunsicherungen, Selbstwertstörungen und Orientierungsverluste können als Folgen angesehen werden (vgl. auch *Keupp / Bilden 1989)*. Unter besonderen Umständen können diese in extremen, "sinnlosen" Handlungen eskalieren. Die gegenwärtige Krise ist als Umstrukturierungsprozeß in Anbetracht des Verfalls tradierter Ordnungsmaximen anzusehen, nicht als Zerfall des kulturellen Systems an sich. Neue Wertorientierungen haben sich bisher nur in – wenn auch beträchtlichen – Teilen der Bevölkerung durchgesetzt. Eine Neuinstitutionalisierung von Werten wird durch die relativ verbreitete Möglichkeit des Mißbrauchs bloßer individueller Entfaltung im Sinne eines egoistisch-hedonistischen Handlungsstils zu Lasten der Mitmenschen infrage gestellt *(Hillmann 1986, 87)*.

2.3.2. Verbreitung und Formen destruktiver Aggressivität

Schon seit längerem wird eine zunehmende Verbreitung destruktiver Gewaltanwendung in Erziehungsfeldern beobachtet. Psychischen und physischen Provokationen und Verletzungen sind sowohl Kinder und Jugendliche als auch Erwachsene ausgesetzt. Was bei der verbreiteten Aggressivität als destruktive Aggressivität zu gelten hat, ist nicht eindeutig unterscheidbar. Letztere fällt vor allem durch ihre Schwere, ihre Bedenkenlosigkeit und ihre normative Entkoppelung auf. Die Zunahme der Zahl und der Schwere aggressiver Akte deutet auf eine sich ausbreitende Destruktivität hin.

Bei einer Befragung von Eltern und Lehrern an Grundschulen *(Thalmann 1971)* waren bei 30% der Schüler (150 Jungen) aggressive Affekte ausgemacht worden. 24% waren als "störend aggressiv" eingestuft worden. "Aggressive Selbstbehauptung" als Störungssyndrom wurde bei 24 Jungen (16%) festgestellt, und als dazugehörige Symptome wurden Negativismus, Aggressivität, Sadismus, übersteigerte Selbsteinschätzung, Unempfindlichkeit und Zerstörungslust ausgemacht *(a.a.O. 115)*.

Eine sozialmedizinische Studie *(Frederking 1975)* an 10jährigen Kindern in Mannheim erbrachte folgende Aggressionssymptome:

Bei 15% aggressive Umweltbeziehung,
43% werden leicht wütend,
40% haben häufig Wutanfälle,
4% zeigen Wutanfälle und destruktives Verhalten,
13% gebrauchen Schwächeren gegenüber ihre Überlegenheit.

Wichtig an dieser Untersuchung ist die Geschlechtsabhängigkeit: Bei allen Aggressionssymptomen überwiegen Jungen signifikant!

In einer jüngeren Flächen-Untersuchung von *Bach u. a. (1984)* an allen rheinland-pfälzischen Schulen wurden *psychische Aggressionen* in auffälliger Form angegeben bei

7,2% der Schüler an Grundschulen,
5,2% der Schüler an Hauptschulen,
15,1% der Schüler an Sonderschulen,
2,9% der Schüler an Realschulen und
1,8% der Schüler an Gymnasien.

Verbale Aggressionen (Beschimpfungen von Schülern und Lehrern) wurden in auffälliger Form ermittelt bei

8,5% der Schüler an Grundschulen,
10,4% der Schüler an Hauptschulen,
21,9% der Schüler an Sonderschulen,
7,5% der Schüler an Realschulen und
5,3% der Schüler an Gymnasien.

Von Bedeutung sind wiederum Geschlechtsunterschiede: Ein deutliches Überwiegen der Aggressionssymptome in Jungenklassen und zwar in Realschulen etwa drei- bis viermal so viel wie in Mädchenklassen *(a.a.O. 148)*.

Destruktive Gewalt kann in verschiedenen Formen auftreten:

- Schlägereien und Zerstörungslust,
- Mißhandlungen, Körperverletzungen,
- Einbruch und Raub,
- Zerstörung von Eigentum und sonstige Sachbeschädigungen,
- körperliche Belästigungen und/oder Sexualvergehen,
- Entführungen,
- gewaltsames Eindringen in schützende Räume,
- Erpressungen, Verleumdungen und destruktive verbale Attacken,
- Tötungsabsichten, Totschlag,
- Mordabsichten und Mord (nach *Esser 1978, 13f.*).

Speziell auf die Schule bezogen ließen sich folgende Kategorien physischer Gewaltanwendung von Kindern und Jugendlichen unterscheiden (nach *Esser a.a.O.*):

- Brutale Roheitsdelikte gegenüber Mitschülern
- Absichtliches Stören des Unterrichts
- Mutwilliges Zerstören von Schuleinrichtungen
- Aggressives Verhalten gegenüber Lehrern
- Sittliche (sexuelle) Verfehlungen
- Diebstahl und Bandenbildung.

Da es ansonsten an großräumigen wissenschaftlichen (epidemiologischen) Untersuchungen mangelt (die Schulverwaltungen sind häufig nicht interessiert), ist man auf anderweitige Recherchen angewiesen. So ermittelte *1976* die Redaktion der Zeitschrift *"betrifft: erziehung"*, welche großen Summen an Geld deutsche Großstädte aufbringen müssen, um die Schäden von Zerstörungen und Gewaltanwendungen ("Vandalismus") wieder zu beseitigen: mutwillig zerstörte Fensterscheiben, Einrichtungsgegenstände, verstopfte Abflußrohre u. ä. (vgl. *Klockhaus/Habermann-Morbey 1986*).

"Geht man durch die Schule, finden sich auf Schritt und Tritt die Folgen von Gewaltanwendungen. Fast in allen Klassenzimmern sind die mit Dübeln eingelassenen Wandhaken für Landkarten herausgebrochen – dafür stehen jetzt wieder die bekannten Kartenständer herum, die sich wiederum als Zerstörungsinstrumente einsetzen lassen. An Wänden und Decken befinden sich große Löcher, die in jeder Pause ein Stückchen erweitert werden. Schwere eiserne Garderobenvorrichtungen sind verbogen und aus der Wand herausgerissen. Die Alarmanlage der Schule ist meist abgestellt (vor allem in den Pausen): sie setzt sich sonst – durch Einwirkung von außen – zu häufig in Aktion" *(betrifft: erziehung Nr. 143, 52).*

"Manchmal kommt im Monat der Krankenwagen drei- oder viermal. Schüler schlagen sich Cola-Dosen ins Gesicht, prügeln sich, haben schwere Bißwunden" *(a.a.O.).*

Von einer Eskalation der Gewalt an den Schulen sprach die Bezirksregierung von Rheinhessen-Pfalz (zit. von *Fellsches 1978, 57*). Erschreckend sei die zunehmende Brutalität und Abartigkeit der Angriffe gegen andere Schüler:

"Es werden dabei kriminelle, sadistische Grundtendenzen in ihrer Anlage und Entwicklung unverkennbar. Die früher auch üblichen Raufereien unter Schülern werden mehr und mehr ersetzt durch gefährliche Körperverletzungen mit Knochenbrüchen, ausgeschlagenen Zähnen und Schädigungen der Sehfähigkeit".

Im *Jahresheft V (1987)* des Friedrich Verlags (Seelze) unter dem eher unauffälligen Titel "Unterrichtsstörungen" findet sich u. a. der Brief einer Lehrerin an ihr Kollegium *(B. Maubach).* Darin heißt es u. a.:

"Aggressionen, die sich in Zerstörungen, Dreck, Müll, Wandschmierereien und häßlichen, nicht gestalteten Klassenräumen äußern, (sind) wohl die Grunderfahrung vieler Schüler" ... "Der Umgang der Schüler miteinander ist derartig aggressiv und rüde, wie ich das noch an keiner anderen Schule erlebt habe. Gegenseitiges Beschimpfen, Ärgern, einander Prügeln sind an der Tagesordnung, Unterdrückung und die Gewalt des Stärkeren das alltägliche Erscheinungsbild ... Auf den Fluren und auf dem Hof, in den Toiletten und der Cafeteria, während des Schulweges und der Busfahrt, immer werden die schwächeren Schüler bedroht und unterdrückt." Ähnlich spielt sich der Umgang mit den Lehrern ab: "Was müssen die Kollegen unserer Schule sich an Aggressivität und Widerstand gefallen lassen. Von der Bedrohung bis zum körperlichen Angriff ist alles möglich, wobei sich auch hier eindeutig das Gesetz des Stärkeren durchsetzt" *(40).*

Gerade Aggressionen rufen Unterrichtsstörungen hervor, die Lehrerinnen und Lehrer ganz besonders empfindlich treffen und verunsichern können. Sie werden ebenso wie blankes Uninteresse vielfach als affektiver Widerspruch zu den pädagogischen Absichten, also als Provokation erlebt. Sie schaffen eine Atmosphäre emotionaler Erregung, von der das unterrichtliche Handeln nicht unberührt bleibt. Vielfach muß direkt eingegriffen werden, um Schäden und Verletzungen zu verhindern. In Extremfällen sind "Leib und Leben bedroht", wie es einmal im Psychiatrischen Gutachten eines meiner früheren Schüler hieß.

Auffallend ist die Neigung, selbst geringe Differenzen mit anderen aggressiv zu lösen. Vielfach lassen sich gar keine einsichtigen Gründe für das destruktive, zerstörerische Verhalten ausmachen. Da werden dem Tischnachbarn – aus welchem Anlaß auch immer – die Farbstifte zerbrochen, da wird das Arbeitsheft im Zorn vom Tisch gefegt, da wird ein Magenschwinger ausgeteilt, da wird ein Stuhl total zertrümmert. Auf die Frage des Lehrers, was denn solches Tun für einen Sinn haben solle, erklärte der betreffende Schüler knapp: "Weeß ick doch nich!" (zit. in *Spiegel Nr. 15, 1988, 46*). Eine drastische Zunahme der Gewalt an Schulen in einigen Teilen der Bundesrepublik, vor allem in den großen Städten, ergab auch eine Umfrage der Deutschen Presse-Agentur 1990 *(Südd. Z. Nr. 101, 1990)*. So seien in Berlin allein innerhalb eines Monats an 29 Schulen insgesamt 95 Straftaten registriert worden, darunter einfache und schwere Körperverletzung, räuberische Erpressung und Diebstahl. Lehrer würden massiv bedroht, müßten Jugendlichen auf dem Schulgelände fünf Mark "Wegegeld" zahlen, um ungehindert passieren zu können, erstatteten aber aus Angst vor Repressalien keine Anzeige. Ähnliche Gewaltakte und Tyranneien gegen Lehrer und Schüler werden auch aus anderen Landesteilen gemeldet. Dabei wird seitens der Polizei- und Schulbehörden von einem "Spaß an brutalem Auftreten" und von einem "exzessiven Gebrauch des Rechtes auf Selbstverwirklichung" gesprochen. Die Verbindlichkeit von Normen nehme ab und zwar nicht nur bei Jugendlichen aus kaputten Familien sondern auch aus "gutbürgerlichen".

Was sich Lehrer an *verbalen* Angriffen, an Drohungen und Beschimpfungen gefallen lassen müssen, ist für Außenstehende kaum nachvollziehbar. Die unmittelbar Betroffenen sind im allgemeinen hilflos. Die Folge ist, daß derartige Attacken immer häufiger geduldet, d. h. üblich werden.

Es handelt sich sicherlich um keine Einzelakte bloßer Disziplinlosigkeit, so wie man sie seit je als "normal", d. h. als üblich auch in der Schule kennt; wir haben es vielmehr mit einem schulischen Phänomen zu tun, das andere Qualitäten aufweist, Qualitäten, die dazu angetan sein könnten, Schule zu destruieren.

Pädagogisch beunruhigender als die antisozialen Tätlichkeiten selber ist eine auffallende *moralische Unberührtheit* bei diesen Kindern und Jugendlichen, das Fehlen jeglicher Skrupel und jeglichen Schuldbewußtseins (vgl. *Lickona 1989, 15*). Da wird zugeschlagen, gequält, erpreßt oder verbal verletzt, ohne daß man den Eindruck hätte, dahinter stünde ein Bewußtsein davon, daß hier Unrecht getan wird. Solche Kinder und Jugendlichen sind deshalb auch kaum in der Lage, "sich zu entschuldigen" oder zu erklären, es täte ihnen leid. Im Gegenteil: Sie rechtfertigen sich damit, daß auch andere Kinder dies täten oder gar damit, daß es ihnen Spaß mache. Mit einem Zur-Rede-stellen können sie deshalb nichts anfangen und betrachten einen solchen Versuch eher als Zeitverschwendung. Ganz offensichtlich ist hier eine Gewissensentwicklung, eine Erziehung zum Gewissen, ausgeblieben. Dies kann auch Eltern geschehen, die sich (über)betont um die Bedürfnisbefriedigung ihres Kindes bemühen, es also keine sozialen Grenzen und Widerstände erleben lassen.

Man fragt nach Erklärungen für das verbreitete zerstörerische und verletzende Verhalten an Schulen und ist ziemlich hilflos. Es mangelt an deutschen empirischen Untersuchungen zur Klärung des Phänomens. Eine differenzierte Studie zum "Schulvandalismus" liegt von *Klockhaus / Habermann-Morbey (1986)* vor. Die Autorinnen verstehen darunter einen Komplex von Verhaltensweisen, der sich im besonderen in der absichtlichen Zerstörung und Beschädigung von Sachen äußert. Es wurden Jugendliche befragt, um die Merkmale und Zusammenhänge zu ermitteln, die für dieses Verhalten maßgebend sind. Dabei wurde ein Merkmalskomplex ermittelt, der sich aus größerer Spontaneität, häufigeren sozialen Kontakten, Interesse an stimulierenden Unternehmungen und aus erhöhter Aggressivität zusammensetzt. Diese mehr extravertierten Jugendlichen handelten letztlich deshalb vandalistisch, weil es ihnen Spaß mache und die Langeweile vertreibe.

Die von außen her maßgebenden Einflüsse seien sehr unterschiedlich und komplex zugleich. Einfache Erklärungen seien nicht möglich. In Betracht kommen vor allem Verbindungen zu Cliquen, Verhaltenseigentümlichkeiten und Arbeitsbedingungen der Lehrer, die räumliche Gestaltung der Schulen, die Massenhaftigkeit des Schulbetriebs sowie eine begrenzte elterliche Kontrolle. Diese externen Einflüsse stehen in Wechselwirkung mit Persönlichkeitsmerkmalen der Jugendlichen, wobei Vandalismus vor allem dann zu beobachten sei, wenn eine geringe Orientierung an Regeln (Gewissenhaftigkeit), ein schwaches Selbstbild (mangelnder "innerer Halt") und eine erhöhte Neigung zur Aggressivität vorliegen. Über die Gewalt durch Gruppen berichtete *Ohder (1992)*.

Soziologische Erklärungsansätze beziehen sich auf größere Zusammenhänge. So könnten in der "Risikogesellschaft" gerade in Großstadtschulen viele Schüler kaum noch "Chancen für's Leben" sehen. Für sie sinke die Autorität der Schule, die ihnen u. U. solche Chancen sogar vorenthalte *(Beck 1986, 246)*. "Anomische Reaktionen" von Jugendlichen seien deshalb aktuell und geradezu vorgezeichnet. Die ansteigende Gewalt gegen Lehrer sei das extremste und sichtbarste Zeichen dafür.

Eine schulisch typische Aggressivität ist vielfach mit penetranter *Schulunlust,* d. h. mangelnder Lernmotivation und auffallender Unaufmerksamkeit, gekoppelt (vgl. *Hanke u. a. 1976*). Man kann davon ausgehen, daß zwischen schulischer Aggression und Lernunlust ein Zusammenhang besteht, und daß beide eine gemeinsame Entstehungsgeschichte haben. Offensichtlich ist der Bezug zum schulischen Lernen zum Problem geworden. Dieses kann von beiden Seiten her bedingt sein: von Frustrationen im Lebensalltag oder von frustrierenden schulischen Situationen, z. B. Lernanforderungen. Die Wechselwirkung zwischen beiden Bedingungsgefügen verstärkt das Problemverhalten. Nach Aussagen von Lehrern hat das *Schule-Schwänzen* Ausmaße angenommen, die früher nicht für möglich gehalten wurden. Es wird von Schülern – zumal aus sozial benachteiligten Lebensbereichen – berichtet, die nur gelegentlich in der Schule erscheinen, von nicht wenigen Schülern an Sonderschulen, die im Laufe ihrer neunjährigen Vollzeit-Pflichtschule ein Jahr und mehr der Schule fernbleiben.

Die vielfach kaum mehr steuerbaren Disziplinprobleme verunsichern die Lehrer. Ihre Angst vor den Kindern *(Brück 1978; Rather 1982)* belastet und erschwert ihr erzieherisches Verhalten. Sie resignieren vielfach als Erzieher und beschränken sich auf die Rolle des bloßen fachlichen Instruierens. Sie gleichen darin der Rolle eines "Tankwarts", der Unterrichtsstoff abfüllt, unbekümmert von der Frage, ob dieser aufgenommen wird oder nicht. Oder: "Die Lehrer lesen nur aus dem Buch vor." Zur Verdeutlichung seien Auszüge aus dem Brief einer Lehrerin wiedergegeben:

"In der Anonymität des riesigen Massenbetriebs können Schüler ihre Aggressionen richtig austoben, ohne daß sie befürchten müssen, entdeckt zu werden oder ... unangenehme Konsequenzen zu erfahren" *(Maubach 1987, 40).*

Ähnlich wie ihr Umgang miteinander sei auch der Umgang der Schüler mit den *Lehrern.* Dabei setze sich das Gesetz des Stärkeren durch: Frauen und Männer ohne kräftige Statur würden eher "fertig gemacht". Die Gefahr der eigenen Verrohung sei sehr groß. Hilflosigkeit führe zu Druck, Angst schlage in Aggression um, und allmählich entstehe ein Prozeß der Selbstentfremdung. Es stimme nicht, heißt es weiter, daß die Ideologie von der Gleichheit der Schüler und Lehrer zu einer besseren Schule führe, in der der Lehrer keine Normen zu setzen brauche, sie schon gar nicht durchsetzen müsse, und in der er es ablehnen könne, Anforderungen an die Schüler zu stellen und konsequent zu sein. Hinter einer solchen Haltung stehe vielmehr der Versuch, sich aus der Lehrerrolle stehlen zu wollen, indem man keinen Widerstand setzt und keine Ansprüche stellt. In den Auswirkungen eines "gesetzesfreien Zustandes" – wir würden sagen: einer ungesicherten Normativität – liege der Grund für die "Erschöpfung" vieler Lehrer. "Trauer und Resignation, Freudlosigkeit und Flucht aus der Schule" seien die Folgen *(Maubach 1987, 40).*

Gewalt durch Kinder wird auch in der *Familie* zu einem wachsenden Erziehungsproblem. Das hier anzusprechende neue Phänomen läßt sich als *Tyrannei gegen Eltern* bezeichnen. Es ist sicherlich komplex bedingt, hat aber eine wesentliche Begründung in einer geschwächten, genauer gesagt in einer schwerwiegend verunsicherten Elternposition. *Prekop* hat erstmals 1988 aus psychologisch-analytischer Sicht und aus Erfahrungen in der Erziehungsberatung heraus dieses Phänomen des "kleinen Tyrannen" beschrieben. Es liegen ansonsten kaum Untersuchungen vor. Einen Bericht auf der Grundlage von Aussagen verschiedener Fachleute veröffentlichte der *"Stern" (1991, H. 2, 56–62).* Darin heißt es, daß Kinder heute immer häufiger ihre nackten Ich-Forderungen aggressiv durchzusetzen versuchten. Mit rücksichtslosem Auftreten, buchstäblichem Terror und extremer Aggressivität zwängen sie ihre hilflosen, ebenfalls häufig im eigenen Ich verhafteten Eltern, ihnen zu Willen zu sein, und sie sich gefügig zu machen.

In den USA ermittelten *Strauss, Gelles u. Steinmetz* (1981), daß etwa 10% der Drei- bis Achtzehnjährigen ihre Eltern attackierten. *Harbin u. Madden* (1979) sprechen von "Battered Parents" als einem neuen Syndrom und führen diese Tätlichkeiten gegen Eltern nicht in erster Linie auf deren eigene Gewalt gegen das Kind zurück sondern vor allem auf erzieherisches Fehlverhalten: Verleugnen der eigenen Probleme, Nicht-Markieren von Regeln und Grenzen, Vermeiden von Konfrontationen, Diskussionen und Bestrafungen, inkonsistente Reaktionen oder Weigerung, von außen Hilfe zu holen. *Barcai u. Rosenthal* hatten bereits 1974 das Phänomen des "Tyrannical Child" beschrieben.

Über die Zunahme gewalttätiger Handlungen von Kindern und Jugendlichen liegen wegen des Fehlens von Längsschnittuntersuchungen zwar keine eindeutigen empirischen Befunde vor. Sie ergibt sich aber indirekt und deutlich aus Befragungen, die in deutschen Großstädten und in einem Bundesland durchgeführt worden sind (vgl. *Dettenborn / Lautsch 1993; Niebel et al. 1993).* Sie beziehen sich auf Befragungen von Schülern und Lehrern. Sie sind deshalb weithin subjektiv geprägt, ergeben aber insgesamt doch aufschlußreiche und wichtige Tendenzen. So wird allgemein eine niedrigere Hemmschwelle und eine schnellere Eskalation von Gewalt in Konfliktsituationen beobachtet. In der zunehmenden Verrohung des Umgangstones und der häufigen Verächtlichmachung von Mitschülern wird eine riskante Verbindung zu potentieller und realer tätlicher Gewalt gesehen. Im einzelnen läßt sich folgendes feststellen:

1. Zugenommen hat offentsichtlich vor allem die verbale und psychische Gewalt und die Brutalität. Die Hemmschwelle liegt niedriger, und die Gewalt eskaliert schneller.
2. Die beobachtete Zunahme von Gewalt bezieht sich deutlich auf die Schulzeit; es besteht also ein Zusammenhang von Gewalt und schulischer Sozialisation.
3. Pädagogisch zu beachten ist der Anteil von 30% der Schüler, die Angst vor Gewalt in der Schule haben. Sie bezieht sich vor allem auf die Pause (siehe *Korte 1993).*
4. Gewalt gegen Lehrer ("Fertigmachen") haben mehr als 50% der Schüler beobachtet. 13% nennen dabei tätliche Gewalt (nach *Niebel u. a. 1993).*

Die vorliegenden Befunde bedeuten, daß man von einer ernstzunehmenden Zunahme psychischer Verrohung und Gewalttätigkeit in den Schulen auszugehen hat (siehe auch *Struck 1994*), jedoch nicht in einem Maße, daß man sagen könnte, in unseren Schulen "herrsche die Gewalt".

2.3.3. Gewalt in nordamerikanischen Schulen

Geradezu katastrophal stellen sich die Gewaltakte an Großstadt-Schulen in den USA dar. *Herndon (1972)* faßte die Situation in der Quintessenz eines Schulleiters in Los Angeles zusammen: "Für Lehrer wie für Schüler geht es leider nicht mehr ums Lernen, sondern ums Überleben" *(zit. bei Grauer et al. 1983, 162).* Im Bericht eines Unterausschusses des US-Senats von 1975 über "School violence and vandalism" heißt es u. a.:

"Es ist alarmierend deutlich, daß schlechtes Betragen und Konflikte sich nicht mehr auf Boxkämpfe zwischen Schülern oder bei einem besonderen Anlaß auf gelegentliche Gewaltanwendung beschränken. Stattdessen erleben unsere Schulen ernsthafte Verbrechen, wie brutale Angriffe auf Lehrer und Schüler, Vergewaltigungen, Erpressungen, Einbrüche, Diebstähle und eine beispiellose Welle von mutwilliger Zerstörung und Vandalismus. Der Grad von Gewalttätigkeit und Vandalismus hat solche krisenhaften Ausmaße erreicht, daß die Fähigkeit des Erziehungssystems, seine vorrangige Funktion wahrzunehmen, ernsthaft bedroht ist" *(a.a.O. 163)*.

Nach *Packard (1984, 86)* veranschlagt die US-Regierung die jährlichen, durch Vandalismus verursachten Schäden in den Schulen mit einer halben Milliarde Dollar. *Packard* zitiert, was das Ausmaß an Gewalt gegen Personen betrifft, die offizielle Verbandszeitschrift der National Education Association, die Ende der siebziger Jahre feststellte: "Im vergangenen Jahr haben amerikanische Schüler 100 Morde, 1200 bewaffnete Raubüberfälle, 9000 Vergewaltigungen, 204 000 schwere Tätlichkeiten ... verübt. Sie waren verantwortlich für 207 000 Diebstähle in der Schule."

Die beobachtete Destruktivität und Brutalität wächst mit der Größe der Schule und der Größe der Stadt. Auf den Straßen der Großstadt fühlen sich die Schüler sicherer als in den Schulen. *Packard* zitiert eine amerikanische Untersuchung, nach welcher etwa ein Viertel aller Schüler an weiterführenden Schulen das Aufsuchen der Schul-Toilette möglichst vermeidet, um den Angriffen rabiater Schüler dort nicht ausgeliefert zu sein. Manche machen lieber in die Hose oder urinieren in einer Ecke des Schulkorridors, als aufs Klo zu gehen *(a.a.O., 87)*. Immer häufiger gehen Schulen dazu über, uniformierte Sicherheitspolizei auf den Schulhöfen zu stationieren, oder mit Funksprechgeräten ausgerüstet durch das Schulgebäude patrollieren zu lassen. Schulleitungen und Klassenlehrer seien mit Notruf- und Alarmanlagen ausgerüstet.

Alle diese Zahlenangaben sollen lediglich das wachsende Ausmaß an Erziehungskonflikten belegen; sie bedeuten nicht, daß die Schule ausschließlich oder generell nur durch diese Zustände zu charakterisieren sei. Die *Zunahme* von Erziehungsnot ist das Alarmierende. Während amerikanische Lehrer (zit. bei *Grauer et al. 1983, 164*) noch zu Beginn der sechziger Jahre nur 3% der Schüler als disziplinschwierig einschätzten und 70–80% als im Betragen gut bis ausgezeichnet einstuften, stieg allein zwischen 1970 und 1973 das Ausmaß an

Mord/Totschlag	um 18,5%
Notzucht/versuchter Notzucht	um 40,1%
Raub	um 36,7%
Tätlichkeiten gegen Schüler	um 85,3%
Tätlichkeiten gegen Lehrer	um 77,4%
Einbruch(diebstahl) in Schulgebäuden	um 11,8%
Übergriffen auf dem Schulgelände unter Drogen- und Alkoholeinfluß	um 37,5%
Schulabbruch (dropouts)	um 11,7%.

Von einer psychologisierenden Einstufung dieser Schüler als "verhaltensgestört" im Sinn von verhaltensmodifikatorischer Therapierbarkeit oder von Beratungsbedürftigkeit könne nicht mehr die Rede sein. An einer derartigen Betrachtungsweise hielten nur noch Psychologen und Schulberater fest *(Grauer 1983, 164)*.

2.3.4. Mobbing

Als auffälliger Typ verletzenden und entwürdigenden Verhaltens gegen andere gilt seit einer alarmierenden Publikation von *Heinemann (1972* bei *Juul 1990)* das *"Mobbing"* (Olweus 1995). Es handelt sich um wiederholte physische und/ oder psychische mutwillige Attacken gegen andere und damit gegen geltende Normen des sozialen Umgangs. Der Ausdruck *mobbing* ist aus dem englischen "Mob" abgeleitet, was wiederum vom lateinischen "mobile vulgus" (Pöbel) herstammt. Beobachtungen und Berichte über dieses Phänomen jugendlichen destruktiven Verhaltens stammen insbesondere aus Skandinavien; es ist aber wohl in allen industriell fortgeschrittenen Ländern anzutreffen. Eine direkt passende Übersetzung des Terminus "mobbing" ins Deutsche gibt es bislang nicht. "Anpöbeln" wäre ein zu gelinder Ausdruck für die ganze Schwere, die solche Attacken erreichen können. Man könnte von Mob-Verhalten sprechen.

Gemeint sind gezielte Aktionen, die einen anderen durch verbale Unflätigkeiten, Zoten, Verspotten, durch erniedrigende Gesten oder durch Stöße, Schläge, Fußtritte, Ohrfeigen oder Festhalten gegen den Willen des Opfers verletzen sollen. Es handelt sich um keine Reaktionen auf entsprechende Aggressionen anderer, sondern eher um eine gewisse Lust an der Aggression, an der destruktiven Absicht, den anderen zu verletzen und zu demütigen. Beteiligt an solchen Attacken sind jeweils zwei oder mehr Personen, die sich zu gemeinsamen (Mob-)Aktionen zusammenrotten und zwar öfters oder nur gelegentlich.

Der Terminus "mobbing" wird hier in einem weiten Sinne verstanden und sowohl auf Attacken durch einzelne wie durch Gruppen bezogen. *Pikas (1989)* hat darauf aufmerksam gemacht, daß dieser Bedeutungsgehalt mißverständlich sei, und daß eine Unterscheidung von Attacken durch einzelne und durch Gruppen in Bezug auf ein therapeutisches Konzept wichtig sei. Er benutzt deshalb den Terminus "mobbing" nur in Bezug auf verletzendes Verhalten durch *Gruppen.* Ein solches Verhalten durch Gruppen *und* Einzelne wird im Sinne eines Oberbegriffs als "bullying" bezeichnet. Dieser Ausdruck sei im Englischen in diesem Sinne gebräuchlich und bedeute ein unterdrückendes, zumeist verletzendes Verhalten gegen andere, sprachlich ursprünglich bezogen auf den Hund (bull).

Verletzendes Anpöbeln ist in den Schulen relativ weit verbreitet. Untersuchungen in Skandinavien, über die *Juul (1990)* berichtete, weisen Quoten von 5–10% der Schüler als Mobber aus. Entsprechende Befunde aus Deutschland liegen bislang nicht vor; sie dürften aber die skandinavischen Daten eher überschreiten. Aufschlußreich sind die in Skandinavien ermittelten Bedingungs- und Begleitvariablen: Die betreffenden Schüler stammen in der Regel aus konfliktbelasteten, sozial desorganisierten Familien mit negativen emotionalen Attitüden, mit fehlender Pflege und Kontrolle, in denen also das aggressive Verhalten des Kindes gebilligt wird, und in denen gewalttätige Erziehungsmethoden praktiziert werden. Die gewalttätig werdenden Schüler weisen als typische Charaktermerkmale ein starkes "Selbstbewußtsein", eine auffällige Neigung auf, andere zu beherrschen, und impulsiv und aggressiv zu agieren, und sie verfügen im allgemeinen über ansehnliche Körperkräfte.

Umgekehrt stammen die Opfer aus Familien mit engen und emotional positiven Beziehungen und sind mehr durch Ängstlichkeit, ein schwaches Selbstbewußtsein, körperliche Schwäche und durch Passivität gekennzeichnet.

Die Auftretensquote von Mobbing schwankt von Schule zu Schule. Sie ist also auch abhängig vom Schulkonzept und vom Verhalten der Lehrer. Eine entscheidende Bedeutung kommt der Kontrolle der schulischen Spielräume durch die Lehrer zu. Es wurden Schulen ermittelt, deren Mobbing-Rate fünfmal so hoch ist wie in anderen Schulen.

Versucht man, die *Beweggründe* dieses verbreiteten Mob-Verhaltens und ihren Zweck zu erkunden, so läßt sich vermuten, daß es sich um Jugendliche mit einem sich selbst durchsetzenden Ich handelt, das aus sozialen Verbindlichkeiten und übergreifenden Sinnzusammenhängen ausgekoppelt ist und den anderen, der lediglich Nicht-Ich ist, zum Zweck des eigenen Handelns benutzt. Dem puren Ich ist ein anderes Ich nur Mittel zum Zweck oder im Wege. Für das verarmte Ich, dem ein Sinnhorizont fehlt, das beziehungslos geworden ist, wird der andere als Negation erlebt. Wo aber nichts gilt als das eigene Ich, gibt es auch keine Menschenwürde, die zu achten wäre. Das Entwürdigen des anderen wird zum Zweck eigenen Handelns.

Es wäre gefährlich und pädagogisch destruktiv, wenn diese moralische Dimension verletzenden und erniedrigenden Verhaltens gegen andere aus der pädagogisch-psychologischen Reflexion ausgeklammert würde und stattdessen im wesentlichen inhalts- und wertfrei lediglich "Sozialisation" und "Sozialisationsprobleme" zur Diskussion stünden, nicht aber pädagogisch eigentlich Werte und Lebensinhalte selber, mit denen "Verhalten" gefüllt werden müßte. Es entsteht der Eindruck, als sei verletzend aggressives Verhalten eine schiere individuelle Notwendigkeit, über die der Weg der Selbstverwirklichung nun einmal laufen müsse, gegenüber der die Verletzung und Entwürdigung des anderen als Beiläufigkeit, als Pech oder gar als soziales Opfer *für* den unbefriedigten Aggressor zu bewerten wären. Mit lediglich psychologischen und soziologischen Erklärungen allein ist der Erziehung nicht geholfen. Diese Feststellung schließt die Notwendigkeit psychologischer und soziologischer Ursachenforschung und Sinnerschließung von Verhalten nicht aus.

Gegen die bloße ("ontologisierende") Beschreibung destruktiv-aggressiven Schülerverhaltens könnte eingewandt werden, sie sei einseitig, weil sie den reaktiven und interaktionalen Aspekt vernachlässige. Es sei nur die halbe Wahrheit, wenn man "Störungen" nur bei Kindern und Jugendlichen festmacht, nicht aber zugleich bei den verantwortlichen Pädagogen und den gegebenen schulischen und gesellschaftlichen Bedingungen.

Dieses interaktional-kausale Erklärungsmuster ist en vogue und auch weithin berechtigt. Es versagt aber, wenn die Erklärungen pädagogisch nicht mehr weiterhelfen, wenn destruktive und chaotische Verhältnisse eintreten, die pädagogisch-therapeutisch nicht mehr steuerbar oder revidierbar erscheinen. Meine These läuft darauf hinaus, daß wir es im Raum der Erziehung mit einer Kategorie von Störungen zu tun bekommen, denen auch mit einer fachqualitativen Verbesserung der Professionalität und der entsprechenden Dienste – nach bisher üblichem Muster – nicht beizukommen sein wird. Das Problem, das hier angesprochen wird, ist im besonderen von einer Dimension bestimmt, die an sich eine pädagogisch zentrale ist, die aber im Rahmen der mehr psychologisch und soziologisch orientierten Kausalerklärungen für Störungen und Abweichungen weithin ausgeklammert wurde: Es ist die *normative* oder *moralische* Dimension menschlichen Handelns, d. h. seine Orientierung an allgemeinverbindlichen Werten und Normen. Durch Destruktivität wird das moralische Verletzungsverbot überschritten, wird die Integrität und Würde des anderen mißachtet, werden moralische Grundlagen des Zusammenlebens angegriffen. Mit der Zunahme solchen Verhaltens stellt sich verstärkt die Frage nach der ethischen Begründung erzieherischen Handelns.

2.4. Gewalt durch Erwachsene gegen Kinder und Jugendliche

Zunehmende Bedeutung hat in den letzten Jahren die *Gewaltanwendung gegen Kinder,* zumal im häuslichen Lebensbereich, erhalten, die nach allgemeiner Einschätzung meistens unentdeckt bleibt. Da die Mißhandlung von Kindern – in welcher Form auch immer – ein uraltes Phänomen darstellt, die Geschichte der Kindheit immer auch schon eine Geschichte der Mißhandlung von Kindern war, ist es schwierig, sie als spezielles *aktuelles* Erziehungsproblem zu gewichten. Ohne Zweifel aber ist ein Ausmaß an Mißhandlungen von Kindern ins öffentliche Bewußtsein und in die wissenschaftliche und pädagogisch praktische Diskussion getreten, das eine erschreckende Erziehungsnot markiert *(Engfer 1986).* Offensichtlich sind neben gesellschaftlich bedingte nun erhöhte familiale Belastungen getreten – *Wolff (1990)* spricht von der "Zwickmühle des familialen Modernisierungsprozesses zwischen Desintegration und Intensivierung des Familienlebens", und es hätten sich neue Wert-Sensibilitäten und neue Bewertungsmaßstäbe für erzieherisches Handeln gebildet *(590).* Die gewandelte Sensibilität wird sichtbar, wenn man die breite Rezeption von Publikationen registriert, die zur Anklage gegen "erzieherische" Gewalt wurden. Es begann mit der "Geschichte der Kindheit" von *Philippe Ariès* (deutsch *1975*) und dem Buch von *Lloyd de Mause* ("Hört ihr die Kinder weinen?" *1977*) Besonderen Nachhall hinterließen Publikationen zur "Schwarzen Pädagogik" oder "Antipädagogik", zu denen vor allem *A. Millers* "Am Anfang war Erziehung" *(1983)* zu rechnen ist (vgl. auch *v. Braunmühl 1976, [5]1988*). Daß sich Gewalt in der Familie nicht nur auf Eltern bezieht, die ihre Kinder schlagen und verletzen, sondern auch auf das gegenseitige physische Attackieren der (Ehe-) Partner und der Geschwister und zwar in einem erheblichen Ausmaß, hat für die USA die Untersuchung von *Strauss, Gelles u. Steinmetz 1981* ("behind closed doors") bestätigt.

Inzwischen liegt ein breites Band wissenschaftlicher und praxisnaher Literatur zum Thema "Kindesmißhandlung" vor. Darin wird ein weiter und ein enger Begriff von Kindesmißhandlung vertreten:

- Im engeren Sinne, vor allem im Bezug auf sozialpädagogisches und therapeutisches Handeln, ist eine "nicht-zufällige bewußte oder unbewußte gewaltsame körperliche und seelische Schädigung" gemeint, "die in Familien und Institutionen . . . geschieht, und die zu Verletzungen und Entwicklungshemmungen oder sogar zum Tod eines Kindes führt, und die das Wohl und die Rechte eines Kindes beeinträchtigt oder bedroht" *(Wolff 1990, 591).*
- Im weiteren Sinn ist "Kindesmißhandlung nicht allein die isolierte gewaltsame Beeinträchtigung eines Kindes". Sie umfaßt "vielmehr die Gesamtheit der Lebensbedingungen, der Handlungen und Unterlassungen, die dazu führen, daß das Recht der Kinder auf Leben, Erziehung und wirkliche Förderung beschnitten wird" *(Wolff a.a.O.)* Dieser erweiterte Begriff ist vor allem unter sozialpolitischem und präventivem Bezug von Bedeutung.

Das Ausmaß von Kindesmißhandlungen – welcher Art auch immer – läßt sich nicht ermitteln. In der Bundesrepublik Deutschland werden jährlich ca. 30 000 Mißhandlungsfälle durch die Polizei ermittelt *(Wolff a.a.O., 592).* Die Größe der Dunkelziffer ist wissenschaftlich nicht bestimmbar. Man kann davon ausgehen, daß die Zahl der schwereren Mißhandlungen mindestens doppelt so hoch ist wie die der gemeldeten Fälle. Andere Schätzungen gehen weit darüber hinaus.

Auch das bisher wohl am strengsten gehütete Tabu des *Inzests* ist aufgebrochen. *Packard (1984)* berichtet, daß dieses in den USA bereits offen als Antiquiertheit diskutiert wird. Nach Schätzungen habe man gegenwärtig in den USA mit mindestens einer Viertelmillion Fällen inzestuöser Handlungen zu rechnen. Es überwiegen dabei sexuelle Aktivitäten zwischen Vätern und Töchtern; diese beginnen im allgemeinen, wenn das Mädchen acht bis elf Jahre alt ist.

Vergleichbare Angaben liegen auch aus der Bundesrepublik vor *(Backe u. a. 1986).* Sie werden gegenwärtig unter der Thematik "Gewalt in der Familie" in die Öffentlichkeit gebracht, ohne daß man den Eindruck hätte, daß diese dadurch besonders beunruhigt würde.

In der Anwendung von Gewalt gegen Kinder kommt ein erhöhtes Spannungsverhältnis zwischen Kind und Erwachsenen zum Ausdruck, das sich im übrigen auch in der Aggressivität zwischen Kindern widerspiegelt. Der Erwachsene als der Stärkere versucht, sich im Konflikt gegenüber dem Kind, dem Schwächeren, zu dessen Schaden durchzusetzen, weil er keine andere Möglichkeit sieht, sich in seiner Hilflosigkeit zu behaupten, oder von seinem Handlungsziel abzulassen. Verständigung und Kompromiß werden als Lösungsmöglichkeit nicht wahrgenommen oder nicht akzeptiert.

Die Kindesmißhandlung als relativ verbreitete Realität im Erziehungsalltag und in der öffentlichen Diskussion heute bringt – so gesehen – in einem Extrem zum Ausdruck, wie sehr sich das erzieherische Grundverhältnis gewandelt hat, bzw. wie groß für viele die Probleme sein können, die sich aus den veränderten, individualisierenden Bedingungen ergeben: Selbstdurchsetzung gegen andere um jeden Preis, Unverständnis für die Würde des Anderen, des Schwächeren, fehlende Muster und Sicherheiten im Toleranz- und Verständigungsverhalten. Welche Gründe dafür im einzelnen maßgebend sind, ist eine weitere Frage. Wir konstatieren hier zunächst lediglich ein Extremphänomen des Mißbrauchs pädagogischer Fremdbestimmung, der in aller Regel affektiv, also unkontrolliert zustande kommt und in einem konflikthaften Komplex gescheiterter Identitätsbildungen und Beziehungen im familialen, beruflichen, kulturellen und gesellschaftlichen Bereich begründet ist.

Zusammenfassend ist festzustellen, daß sich heute eine zunehmende Gewalttätigkeit sowohl *gegen* Kinder wie *durch* Kinder und Jugendliche beobachten läßt. Sie belastet und erschwert wegen ihrer auffallend *asozialen* und *antisozialen* Formen in empfindlichem Maße den Erziehungsprozeß. Die entstehenden Erziehungsschwierigkeiten – sie beziehen sich vor allem auf *männliche* Kinder und Jugendliche – führen in den verschiedenen Erziehungsfeldern (Familie, Schule u. a.) zu chaotischen Verhältnissen, die immer schwerer pädagogisch zu steuern sind. Von den Extremen der hier besonders hervorgehobenen destruktiv-aggressiven Verhaltensweisen kann auf eine insgesamt hohe Verbreitung sozialer und normativer Verunsicherung und extremer Erziehungsprobleme heute geschlossen werden. Das, was seit etwa einhundert Jahren als *Erziehungsschwierigkeiten* beschrieben wird, hat sich deutlich gewandelt und wirft in struktureller und dynamischer Hinsicht völlig neue Fragestellungen auf.

3. Erziehungsschwierigkeiten im sozio-kulturellen Wandel

Um deutlich zu machen, daß die hier angesprochenen Verhaltenseigentümlichkeiten mit ihren aggressiv-destruktiven und anomischen Akzenten eine neue Qualität von Verhaltensstörungen darstellen, ist es nötig, sich in einem kurzen *historischen Rückblick* zu vergegenwärtigen, wie sich innerhalb des letzten Jahrhunderts das Bild kindlicher und jugendlicher Norm- und Regelabweichungen gewandelt hat. Es wird sich zeigen, wie sehr diese von den jeweiligen sozio-kulturellen Lebensbedingungen bestimmt waren. Zu beachten ist dabei, daß diese insgesamt noch von einem relativ allgemeinverbindlichen pädagogischen Normenkonsens – implizit – geprägt waren. Er erlaubte es, relativ plausibel das zu deklarieren, was – relativ selten – als auffällig (anormal) an Kindern und Jugendlichen in Erscheinung trat: Kinderfehler, Verwahrlosung, neurotische Fehlentwicklungen u. ä. Relativ übereinstimmende Akzeptanz fanden auch die entsprechenden pädagogischen und therapeutischen Hilfekonzepte. Sie waren darauf gerichtet, den zutagegetretenen Dysfunktionen als Abweichungen von anerkannten Verhaltensstandards so zu begegnen, daß eine Wiedereingliederung in das bestehende soziale Gefüge möglich wurde. Die moralische Ordnung an sich stand für die Erziehung nicht zur Disposition. "Erziehungsberatung" hatte im allgemeinen keine normativen Probleme.

Eine Änderung zeichnete sich erst ab, als in den sechziger Jahren unter dem Stichwort "Emanzipation" zusammen mit einer grundlegenden Gesellschaftskritik neue Erziehungsziele den pädagogischen Horizont bestimmten. Der pädagogische Normenkonsens, dessen Brüchigkeit sich schon länger angedeutet und in der Nazi-Zeit zu verheerenden Folgen ("nach Auschwitz") geführt hatte, brach immer deutlicher auseinander. Die bisherigen pädagogischen Autoritäten büßten an Gültigkeit ein. Neue meldeten sich an. Im Zuge der sich etablierenden Individualisierung wurde Selbstbestimmung als Grundwert geltend gemacht. In der Folge dieser Entwicklung wurden *Konflikt* und *Konflikterziehung* zu bestimmenden psychologisch-pädagogischen Themen. Das Maß der Verbindlichkeit und Verpflichtung von/durch allgemeine/n Normen nahm ab und damit zugleich das Maß der Differenz zwischen Norm und Abweichung. Auf diesem Boden pluraler Sozialisation wurde es für den Einzelnen zunehmend schwieriger, sein Handeln nach einem bestimmten Wertesystem zu orientieren. Die dabei durch kritische Konstellationen bedingt entstehenden Unsicherheiten, Belastungen und Gefährdungen zeigten sich in verschiedenen Formen. Eine von ihnen ist jenes destruktive und anomische Verhalten, von dem hier im besonderen die Rede sein soll. Wie tiefgreifend dieses Phänomen die pädagogische Situation verändert hat, geht u. a. daraus hervor, daß inzwischen auch die auf wissenschaftlicher Grundlage etablierten therapeutischen Konzepte weitgehend nicht mehr greifen.

3.1. Kinderfehler in der autoritär geordneten Gesellschaft

Erziehungskonflikte stehen im Zusammenhang mit den jeweiligen gesellschaftlichen Bedingungen. Was gegenwärtig als Erziehungsnot bezeichnet werden kann, läßt sich in diesen Formen unter anderen Lebensbedingungen, also z. B. früher, generell nicht vorfinden. Umgekehrt ist das, was man z. B. um die Jahrhundertwende, also noch in einer autoritär bestimmten, normativ relativ einheitlichen Gesellschaft als "Kinderfehler" einstufte, kaum vergleichbar mit dem heutigen Bild.

Aufschlußreich für diese strukturelle Unterschiedlichkeit ist u. a. die *1890* (*^{4}1910*) erschienene "Pädagogische Pathologie" als "Lehre von den Fehlern der Kinder". Ihr Autor, der Pädagoge *L. v. Strümpell,* legte zwar keine statistischen Daten, aber ein Verzeichnis von 300 verschiedenen *Kinderfehlern* vor, die man in der damaligen Zeit als "pädagogische Fehler" bzw. als "Störungen der Bildsamkeit" vorfand. Die alphabetisch geordnete Liste reichte von "abergläubisch" bis "Zwangshandlungen". Dazwischen fanden sich Fehlerhaftigkeiten, wie

Albernheit	Pennalismus (schulischer Oppositionsgeist)
Begehrlichkeit	Roheit
Bequemlichkeitsliebe	schamlos
Bosheit	scheinheilig
Egoismus/Eigenliebe	Schüchternheit
flegelhaft	starrköpfig
gefallsüchtig	taktlos
gefräßig	Toben
Geldgier	unanständige Gewohnheiten
hinterlistig	unbändig
kaltherzig	Ungehorsam
Lügen	Unkeuschheit
Mäkeln	Vagabundieren
Muskelunruhe	Wehleidigkeit
Naschen	zänkisch.

Man sucht vergebens nach Auffälligkeiten, wie sie heute vorherrschen, z. B. nach "aggressiv" oder "Vandalismus". Bestimmend war eine andere Dimension: die verfehlte, ansonsten kategorisch anerkannte sittliche Ordnung, also die gefährdete Sittlichkeit in ihrer damaligen Gültigkeit für die Erziehung. Pädagogischer Ausgangsbegriff war die "sittliche Bildsamkeit", von der es hieß, daß sie bei diesen Kindern von außen verschüttet oder erstickt werden könne, also durch ungünstige und nachteilige Einwirkungen. "Das, was Millionen Kinder schon während ihrer ersten Lebensjahre nach der hier in Frage stehenden Seite von den älteren Personen, selbst von der Mutter erfuhren, ist oft nur ein Gemisch von gefühllosen Roheiten und zärtlichen Äußerungen eines mit dem Kinde spielenden Naturtriebes, wobei die schädlichen Wirkungen der ersteren den guten Einfluß der letzteren überbieten. Schon in dieser Zeit beginnt in solchen Familien die unermeßliche Summe des Unrechtes, dessen sich die Erwachsenen durch ihr Betragen gegen die Kinder schuldig machen" *(v. Strümpell 1910, 96)*. Das "sittliche Gefühl" werde beeinträchtigt, so daß die sittliche Entwicklung Schaden nehme. "Kinderfehler" galten als sittliche Entwicklungsstörungen.

Es gab auch den Begriff "verwahrlost". Er galt zwar auch als eine sittliche Gefährdung, bezog sich aber mehr auf Verstöße gegen die verfaßte öffentliche Ordnung. Zur "Rettung" der "gefallenen" und sittlich gefährdeten Jugend wurde "Zwangserziehung" angeordnet. Welche "Vergehen" oder "Verbrechen" dafür maßgebend waren, geht u. a. aus einem Bericht des Königlich-Bayerischen Statistischen Landesamt von 1914 *(Arnold)* hervor. Dort werden aufgelistet:

Diebstahl, Betrug, Unterschlagung,
Hausfriedensbruch, Körperverletzung,
Hehlerei, Urkundenfälschung,
Sachbeschädigung,
Bettel, Landstreicherei, Arbeitsscheu,
Gewerbsunzucht,
Schulversäumnisse,
unerlaubter Wirtshaus- und Tanzmusikbesuch,
Ruhestörung und grober Unfug,
verbotenes Waffentragen u. a.

Es handelte sich vielfach um strafbare Handlungen, also um Kinder- und Jugenddelinquenz. Wie minimal sie – trotz damaliger relativer Zunahme – verbreitet war, zeigen die statistischen Zahlen: Im gesamten Königreich Bayern wurden 1904 noch 440 Kinder und Jugendliche in *Zwangserziehung* eingewiesen, während es dann 1912 bereits 1174 waren. Von letzteren waren

10,1% noch nicht schulpflichtig,
52,4% in der Werktagsschule,
32,1% in der Sonntagsschule oder einer Mittelschule und
5,4% nicht mehr schulpflichtig.

Als maßgebend für die zunehmende sittliche Gefährdung wurde der soziale Notstand vieler Familien als Folge der damals in Gang kommenden Industrialisierung angesehen, von der es hieß, daß sie die Eltern immer mehr zur Arbeit im fremden Betrieb zwinge, den Schwerpunkt der täglichen Arbeit in die Fabriken verlege, damit das Vorbild der Eltern dem Gesichtskreis der Kinder und Jugendlichen entrücke und ihnen "den Segen eines geordneten Familienlebens raube" *(a.a.O. 282)*.

Der Begriff "sittliche Gefährdung" zur Kennzeichnung erziehungsschwieriger Kinder hielt sich übrigens noch lange: Noch im ersten Entwurf des Bayerischen Landtags zum Erlaß eines Sonderschulgesetzes (1963) war eine "Sonderschule für sittlich Gefährdete" vorgesehen, und noch bis in die siebziger Jahre gab es in Baden-Württemberg offiziell eine "Sonderschule für erziehungsschwierige und sittlich gefährdete Kinder und Jugendliche".

3.2. Psychische Fehlentwicklungen als kindliche Ohnmachtssymptome

Nach dem letzten Weltkrieg blieb die große Jugendverwahrlosung aus, die man von außen her als Folge des staatlichen Zusammenbruchs erwartet hatte. So hatten die Amerikaner in Erwartung einer großen Jugendnot den in den USA bekannten Leiter der *Boys Town,* einer erfolgreichen Jugendgemeinschaft und Siedlung für verwahrloste Jugendliche, *Father Flanagan,* nach Deutschland geschickt. (Er starb 1948 in Berlin.) Er bekam überraschend wenig zu tun. Der innere Zusammenhalt der Masse der deutschen Familien hatte sich als stärker erwiesen als deren äußere Bedrohung (vgl. *Schelsky 1954*).

Das heilpädagogische Augenmerk richtete sich stärker auf *psychische Fehlentwicklungen.* Die Theorien *Sigmund Freuds* und *Alfred Adlers* fanden erste größere Beachtung im Erziehungsfeld. Die Erziehungsberatung konstituierte sich als System. *J. Berna,* ein damals bekannter Erziehungsberater in der Schweiz, konnte feststellen: "Die wirkliche Verwahrlosung liegt uns Schweizern im allgemeinen fern, sie ist in Großstädten unter dem Proletariat zu finden" *(1946, 52).* Im Vordergrund der heilpädagogischen und psychologischen Diskussion standen Neurosen der kindlichen Persönlichkeit, wie sie vor allem als Folgen innerfamiliärer Beziehungskonflikte gesehen wurden (vgl. *Eyferth 1950; Seif 1952*).

Man konzentrierte sich auf Symptome der Fehlhaltungen, wie Trotz, Ängstlichkeit, Gehemmtheit, Einnässen, Unkonzentriertheit, Lügen, Stehlen, Eßstörungen, Geltungsbedürfnis, Fortlaufen u. ä. Kindliche Fehlentwicklungen, wie sie damals u. a. *Hans Zulliger (1958)* aus psychoanalytischer Sicht als Psychotherapeut und Lehrer in zahlreichen Büchern beschrieb, wirkten auf Lehrer, wenn sie davon Kenntnis nahmen, eher als seltene Curiosa. Als auslösendes und betroffenes Erziehungsfeld stand die *Familie* – mit ihren wachsenden Problemen in einer sich verändernen Gesellschaft – im Vordergrund, weniger oder fast gar nicht die *Schule.* Die Zunahme von Schulschwierigkeiten wurde im wesentlichen als Folge störender familialer Entwicklungsbedingungen und als Behinderung des priorisierten Leistungsfortschritts gewertet. Die Schuldisziplin war insgesamt noch so sehr gefestigt, daß nur relativ wenige Schüler auffielen. Es waren dies am ehesten "Störenfriede" und "Rüpel" in den Großstädten, wie eine Erhebung in Hamburg *(Wagner 1959)* ergab. Die Schule registrierte insgesamt einen so geringen Anteil schwieriger Schüler, daß sie glaubte, diese in ihrem eigenen pädagogischen Ansatz vernachlässigen zu können.

Ärztlicherseits registrierte vermehrte Auffälligkeiten bei Schulkindern blieben weithin von medizinischem Belang. Dies galt u. a. für eine Untersuchung an Hamburger Schulkindern, die *von Harnack (1953)* durchgeführt hatte. Er hatte dabei einen relativ großen Anteil von Kindern mit motorischer Unruhe, nervösen Schlafstörungen und pathologischen Gewohnheiten (Nägelbeißen, Daumenlutschen u. ä.) und sonstigen Auffälligkeiten (Appetitstörungen, Einnässen, Stottern etc.) festgestellt. Von Symptomen neurovegetativer Hyperreagibilität war die Rede, die sich in vermehrten Kopf- und Leibschmerzen ausdrückte, z. B. in der Schule oder bei den Schulaufgaben. Unter diesen Kindern fanden sich vermehrt solche aus belastenden familiären Verhältnissen, aber auch Kinder *nervöser* Eltern.

Man geht sicherlich nicht fehl, wenn man in diesen nervösen Störungen zu Beginn des ökonomischen Aufschwungs der Gesellschaft mit den damit verbundenen höheren Leistungsbeanspruchungen die ersten Anzeichen einer generellen *Ohnmacht* und *Überforderung* der Kinder in psychischer Hinsicht sieht, gegen die sich der kindliche Organismus auflehnte, denen gegenüber aber die Pädagogen relativ hilflos blieben. *J. Berna* beschrieb "Schulschwierigkeiten als Folge seelischer Störungen" *(1961)*. Die schulischen Anforderungen konnten insgesamt gesteigert werden. Die "wenigen" verhaltensgestörten oder nervösen Kinder wurden noch nicht zum generellen Familienproblem, es sei denn, ein Kind besuchte das Gymnasium. Ein Slogan damals lautete: Geht es Ihnen gut, oder haben Sie ein Kind auf der Höheren Schule?

4. Gegenwärtige Sozialisationsbedingungen

4.1. Soziale Entkoppelungsprozesse

Wir gehen von der These aus, daß die gegenwärtig zu registrierenden Erziehungsschwierigkeiten größeren Ausmaßes auf *soziale Entkoppelungsprozesse* in der sich fortschreitend ausdifferenzierenden Gesellschaft zurückzuführen sind. Wir verstehen darunter ein kritisch zu beurteilendes Loslösen von Verhaltensstilen, von Personen oder von sozialen Gruppen aus einem lebensförderlichen, humanen (normativen) Zusammenhang oder Kontext. Eine entkoppelte Einheit ist eine sozial isolierte Einheit mit interaktional und innerpsychisch isolierender und/oder destruktiver Wirkung.

Der Sachverhalt der Entkoppelung läßt sich auch an seinem positiven Gegenbegriff, der *sozialen Koppelung,* verdeutlichen. Sie beinhaltet eine strukturelle Gemeinsamkeit von Organismen oder sozialen Teileinheiten, bei der durch dauerhaften kommunikativen Austausch die Ontogenese als Ko-Ontogenese zustande kommt bzw. erhalten wird. Wichtig ist daran, daß bei diesem "gemeinsamen strukturellen Driften" *(Maturana/Varela 1987, 196)* jede der beteiligten Teileinheiten ihre Anpassung und Organisation, also ihre Identität, bewahrt. Pädagogisches Elementar-Beispiel wäre die Mutter-Kind-Beziehung.

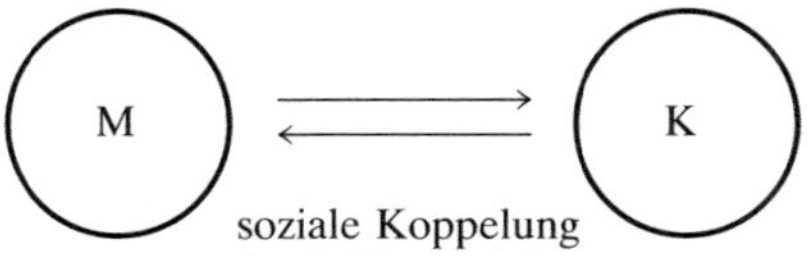

Die Qualität dieser Koppelung muß eine gegenseitig zuträgliche, also konstruktive sein. Sie ist es dann, wenn jedes System dabei seine Eigenart entfalten kann; umgekehrt gilt: Diese seine Eigenart kann es nur in sozialer Koppelung oder Bindung verwirklichen.

Wann diese Qualität gegeben ist, wann also eine lebenszuträgliche soziale Koppelung wirksam ist, läßt sich letztlich nur von den Beteiligten selber her bestimmen. Es handelt sich also um eine sozial-normative Größe. Das gleiche gilt für das Gegenteil, für die soziale *Entkoppelung.* Sie wird im eigentlichen *subjektiv* erfahren. Sie beinhaltet den Verlust von Verbindungen, die für das eigene System lebenswichtig sind, z. B. die Auflösung der Beziehung zwischen Vater und Kind oder das Nichtzustandekommen einer Beziehung und eines entwicklungsförderlichen Kontaktes zwischen professionellem Erzieher und

Kind. Entkoppelungen werden qualitativ als Verlust, als beeinträchtigende Defizite des Sozialen wahrgenommen. Es ist also nicht der objektive Tatbestand des Nicht-Kontaktes oder des physischen Verlustes einer Person entscheidend, sondern die dabei erlebte Qualität der Veränderung mit ihrer Auswirkung auf Entwicklung und Interaktion. Es kann zu ökologischen Gefährdungen der Erziehung kommen (vgl. *Speck 1987*).

Entkoppelungen lassen sich auf das Verhältnis des Einzelnen zu seiner Umwelt und auf innerpsychische Prozesse beziehen. Bei letzteren wird ein Verlust der Selbstkontrolle, also eine kritische Unverbindlichkeit zwischen Ich und Über-Ich auffällig. Diese steht in aller Regel im Zusammenhang mit entwicklungsstörenden Turbulenzen in der Auseinandersetzung mit der Umwelt oder mit einem gefährdenden Auseinanderdriften von System und Umwelt. *Luhmann (1988)* hat aufgezeigt, daß es dabei angesichts der wachsenden Ausdifferenzierung von Funktionssystemen beim Einzelnen zu einer Störung seiner (ökologischen) *Resonanz* kommen kann, d. h. zu einer Beeinträchtigung der Fähigkeit, auf Störungen von außen angemessen zu reagieren. Entkoppelungen bewirken ökologische Resonanzstörungen (vgl. *Speck 1989a*).

Dabei kann die normative Pluralität und die damit verbundene verwirrende Fülle der sozialen Problemlagen, in die der Einzelne gerät, und die er zu bestehen versucht, entweder dazu führen, daß er *zu wenig* Resonanz aufbringt, nämlich dann, wenn er sich dem Anspruch entzieht, die eintretenden Turbulenzen abzuklären, und ihre verwirrenden Wirkungen durch eigene Anpassung, durch die eigene "Programmierung" aufzuarbeiten; oder es kommt zu *übermäßiger* Resonanz und zwar dann, wenn sich das eigene System zwar dem erhöhten Anspruch durch die Umwelt stellt, dabei aber überfordert wird (vgl. *Luhmann a.a.O., 220*).

Entkoppelungen können soziologisch als eine Folge der gesellschaftlich notwendig gewordenen "Ausdifferenzierung" von Funktionssystemen gesehen werden, ohne die die Komplexität der sozialen Wirklichkeit nicht reduzierbar wäre, jedenfalls nach unserem demokratischen Grundverständnis. Entkoppelung ist aber nicht gleichzusetzen mit Ausdifferenzierung. Ausdifferenzierungen von Funktionssystemen müssen nicht zu Entkoppelungen führen, tun es aber offensichtlich in einem steigendem Maße, wie sich dies in den anwachsenden Verhaltensproblemen der Kinder und Jugendlichen und in der zunehmenden Rat- und Hilflosigkeit der Erwachsenen angesichts der Pluralität der Sozialisationsbedingungen zeigt.

Die sich ergebende pädagogische Fragestellung wird zum einen darauf gerichtet sein, wieweit es gelingt und möglich ist, psychischen und sozialen Entkoppelungen *vorzubeugen* bzw. zu begegnen durch eine Unterstützung des Eigensystems, also der *Autonomie* für eine eigene neue Sinnorientierung und Handlungsfähigkeit in Form einer entsprechenden Kompetenzerweiterung bzw. durch Hilfen bei eintretenden Problemen; und zum anderen wird es darauf ankommen, das einzelne Kind und seine Primärgruppe einzuflechten in ein haltgebendes soziales Netz, also Verbindungen zwischen den Funktionssystemen zu knüpfen, in denen Kind und Jugendlicher Anteil haben (vgl. *Bronfenbrenner 1981*).

4.2. Individuum und gesellschaftliche Zwänge

Die veränderte und belastete Erziehungssituation ist auch vor dem Hintergrund der Stellung des Einzelnen in der modernen Gesellschaft zu sehen, die als "Risikogesellschaft" *(Beck 1986)* ihn zu überfordern droht. Soziologischerseits wird der hier anzusprechende Aspekt des Zivilisationsprozesses (Industrialisierung, Modernisierung, vgl. *Elias 1976*) als *Individualisierung* beschrieben. Diese läßt sich in drei Dimensionen beschreiben (vgl. *Beck 1986, 206f.*):

- als *Herauslösung* aus historisch gegebenen Sozialformen und -bindungen ("Freisetzungsdimension"),
- als Verlust an traditionellen *Sicherheiten* in Bezug auf Handlungswissen, Leitnormen und Glauben ("Entzauberungsdimension"),
- als eine neue Art der *sozialen Einbindung* oder Kontrolle ("Kontroll- bzw. Reintegrationsdimension").

Beck führt nun in dieses recht allgemeine Modell eine wichtige Differenzierung ein. Bei jeder dieser Dimensionen der Individualisierung sei zu unterscheiden, ob sie sich auf (objektive) Lebenslagen oder auf (subjektives) Bewußtsein (Identität, Personwerdung) bezöge. Was sich als Individualisierung in den drei genannten Dimensionen vollzieht, also z. B. als "Freisetzung" oder als "Stabilitätsverlust", sei jeweils von den äußeren (objektiven) Bedingungen und Lebenslagen *und* von der subjektiven Art und Weise des Umgangs mit diesen Gegebenheiten her zu beschreiben.

Auf das Subjekt bezogen könnte *Individualisierung* auf größere Chancen für die Autonomiebildung hindeuten. In Wirklichkeit kommt es bei diesem Wechselwirkungsprozeß mit gesellschaftlichen Veränderungen und neuen soziokulturellen Zwängen auch zu neuen Belastungen und Abhängigkeiten des Einzelnen. Diese nimmt es aber in Kauf, da es real tatsächlich eine Verbesserung der Chancen für die Selbstgestaltung seiner Lebensbedingungen erlebt. Es hat den Anschein, als ob das vermehrte Gewicht der Außengesetzlichkeiten (Verrechtlichung, Organisationszwänge im Arbeitsleben, Massenkonsum, Freizeitindustrie, Marktgesetzlichkeiten u. ä.) zu einem vermehrten Beschäftigen "mit sich selbst", zu einer u. U. verkrampften Suche nach der eigenen Identität, nach "wahrer" Selbstverwirklichung und zu einem Hunger nach "ausgefülltem" Leben führten. *Beck*'s Analyse geht dahin, daß diese forcierte, neue Suche nach Selbstfindung und Selbstbestätigung in ein Labyrinth bzw. in einen unendlichen Regreß von Selbstbefragung, Selbstvergewisserung und Selbstverunsicherung führe *(a.a.O., 156)*. In der Suche nach Selbsterfüllung, der auf der anderen Seite die verschiedensten "Märkte für Experten, Industrien und Religionsbemühungen" entsprechen, "reisen die Menschen nach Tourismuskatalog in alle Winkel der Erde. Sie zerbrechen die besten Ehen und gehen in rascher Folge immer neue Bindungen ein. Sie lassen sich umschulen. Sie fasten. Sie joggen. Sie wechseln von einer Therapiegruppe zur anderen. Besessen von dem Ziel der Selbstverwirklichung reißen sie sich selbst aus der Erde heraus, um nachzusehen, ob ihre Wurzeln auch wirklich gesund sind" *(a.a.O., 156).*

Wenn wir also Autonomiebildung analysieren, so sind nicht nur diese subjektiven Aspekte maßgebend, sondern auch die *von außen her* wirksamen Bedingungen. Durch den Abbau institutionalisierter sozialer Bindungen, z. B. an Ständeordnungen, an die Familie oder an soziale Klassen, ist der Einzelne genötigt, seine Existenz *selbst* zu sichern, und soziale Lebensweltlichkeit zu reproduzieren. Er *selbst* erlebt sich zwar als Akteur seiner individuellen Lebensführung, muß dabei aber hinnehmen, daß diese gleichzeitig von außen (von den Medien, vom Markt) *standardisiert* wird *(Beck a.a.O., 210).* Indem er sich also individualisiert, bindet er sich auch und wird von Institutionen und Regelungen abhängig. Durch diese neuen Abhängigkeiten (Institutionalisierung) entstehen neue Konflikt-, Risiko- und Problemlagen, die sich einer individuellen Einwirkung weitgehend entziehen. Die "Maschen des sozialen Netzes" geben nicht nur individuell gewünschte Sicherheit sondern engen auch Spielräume ein.

So kommt es – paradoxerweise – dazu, daß Individualisierung durchaus nicht schlechthin den Aktionsraum für Autonomie vergrößert sondern zugleich den Einzelnen auch an eine in ihrem Ausmaß bisher nicht gekannte Außensteuerung und Außenstandardisierung ausliefert *(Beck a.a.O., 212).* Es entsteht Vereinsamung innerhalb sozialer Bezüge oder das "standardisierte Kollektivdasein der vereinzelten Massen-Eremiten" *(G. Anders, bei Beck a.a.O., 213).*

Was sich als "Individualisierung" heute darstellt, mutet wie "eine Art Egoismus-Epidemie" an, wie "ein Ich-Fieber, dem man mit Ethik-Tropfen, heißen Wir-Umschlägen und täglichen Einredungen auf das Gemeinwohl beikommen" wolle *(Beck / Beck-Gernsheim 1990, 12).* Der Einzelne findet sich aus bisherigen Fortschrittsgemäßheiten entlassen, "in eine Einsamkeit der Selbstverantwortung, Selbstbestimmung *und* Selbstgefährdung von Leben und Lieben", auf die er nicht vorbereitet ist *(13).* Individualisierung heiße, die Menschen werden aus bisher verinnerlichten Rollen und Lebensformen *freigesetzt* und zugleich in neue Abhängigkeiten hineingezwungen: bildungsabhängig, arbeitsmarktabhängig, versorgungsabhängig usw.

Wichtig ist nun unter subjektivem und auch pädagogischem Aspekt, *wie* in der individualisierten Gesellschaft der Einzelne sein institutionell geprägtes Kollektivschicksal wahrnimmt. *Beck (216)* nennt zwei Wahrnehmungsweisen:

- Privatisiert eingeengt und ahistorisch, als drehe sich alles um die bloße Gegenwart und um die Achse des eigenen Ich, und
- reduziert unter dem Einfluß von Zwängen, so daß es zu einer Schrumpfung von Bereichen kommt, in denen der Einzelne sein eigenes Leben in gemeinsam verfaßtem Handeln als gesichert erfahren könnte.

Dessen ungeachtet nimmt die Zahl der Entscheidungen zu, die der Einzelne zu treffen hat. Das eigene Leben wird, obwohl es von außen weitgehend bestimmt (institutionalisiert, standardisiert) wird, immer mehr von eigenen Entscheidungen abhängig, es wird "selbstreflexiv" und damit risikoreich. Es wächst die Angst vor dem "Versagen", vor falschen Entscheidungen. Zugleich entsteht ein ichzentriertes Weltbild; das Verhältnis von Ich und Gesellschaft wird buchstäblich auf den *Kopf* gestellt.

Der Pädagogik fällt in dieser verstärkten Risikosituation des Menschen die Aufgabe zu, das Mitdenken des Individuums, seine Entscheidungskompetenz zu fördern. Sie lädt aber dem heranwachsenden Menschen zu viel auf, wenn sie ihm suggerierte, er sei tatsächlich individuell "autonom", seine Zukunft hinge tatsächlich von *seinen* Entscheidungen ab, *er* sei "seines Glückes Schmied". Die Pädagogik hat vielmehr auch die Aufgabe, die Abhängigkeiten sichtbar zu machen, in denen der Einzelne hängt; darüberhinaus aber wird es unverzichtbar sein, daß sich neue, überschaubare soziale Bindungen eröffnen, in denen er sich integriert, getragen, sinnerfüllt gehalten und sicher erlebt.

Eine Pädagogik, die in Anspruch nimmt, sich "am Kinde" zu orientieren, hat sich der Frage zu stellen, was sie unter "dem Kind", gar unter seinem *Selbst* zu verstehen gedenkt. Dieses ist heute als Folge der segmentierenden Teilhabe an verschiedenen und wechselnden, also multiplen sozialen Kontexten, genötigt, flexibel zu urteilen und zu handeln. Die dazu nötige Identität kann nicht eine einfache oder stimmige sein, z. B. im Sinne des prinzipienklaren "innengeleiteten" Menschen nach *D. Riesman (1958)*. Er muß heute vielmehr in der Lage sein, ständig auf wechselnde Situationen und normative Beanspruchungen umzuschalten, um mit der neuen Unübersichtlichkeit fertig und nicht kopflos zu werden, ohne auf einer klaren normativen Grundlage zu stehen. Dabei muß er erleben, daß der Erwerb von mehr Wissen über Erziehung nicht einfach zu mehr Erziehungssicherheit führt.

Das Kind oder der Jugendliche, die z. B. der Lehrerin in der Schulklasse alltäglich begegnen, zeigen sich diesem nicht in ihrer ganzen Identität sondern eigentlich nur mit einem bestimmten Ausschnitt ihrer "multiplen Persönlichkeit" *(Keupp 1989)*. Von den anderen Ausschnitten oder Dimensionen dieser einen, aber in sich segmentierten Identität weiß der Lehrer in der Regel wenig oder gar nichts.

Und doch ist und bleibt dieses Kind oder dieser Jugendliche das- bzw. derselbe, also ein Selbst, wenn auch ein multiples. Um bestehen zu können, muß es nicht nur "Baumeister seiner selbst" *(Montessori)* sondern auch Baumeister seiner sozialen Lebensbezüge oder seines sozialen Netzwerkes sein. Weil das Subjekt sich dabei auf Verschiedenes und Wechselndes einzustellen hat, baut sich in ihm weniger ein klares Bild der Welt und seiner Position zu ihr auf als vielmehr ein buntes Bild verschiedener Bezüge und Sinnsysteme. *Keupp (1989)* spricht vom "Paradigma des Fleckerlteppichs" (im Anschluß an *Th. Luckmann*).

Das derart divergenten Beanspruchungen ausgesetzte Subjekt bedarf einer inneren Verknüpfung der Teile, einer inneren Kohärenz, um die eigene Einheit zu wahren. Die dazu nötige "Identitätsarbeit" ist eine kreative Aufgabe der Selbstorganisation, die aber der Einzelne nicht für sich und mit sich allein leisten kann. Sie erfordert vielmehr *soziale Koppelung* ("embeddedness"), durch die Solidaritätspotentiale freigesetzt werden können. Sie werden in sozialen Netzwerken auf der Basis von gegenseitigem Vertrauen umgesetzt. Dies setzt voraus, daß die Subjekte sich nicht als Konkurrenten sondern als Partner begegnen.

Soziale Netzwerke haben die zentrale Funktion, die soziale Identität des Einzelnen aufrechtzuerhalten (*Keupp a.a.O.*, nach *Walker et al. 1977*). Dabei lassen sich zwei Typen von Netzwerken unterscheiden:

- Netzwerke mit geringer Größe, hoher Dichte, starken Bindungen, geringer Dispersion und hoher Homogenität, also Netzwerke, die die Bildung und Aufrechterhaltung eines relativ einfach strukturierten und sich wenig verändernden Identitätsmusters ermöglichen,
- und Netzwerke, die groß sind, eher schwache Bindungen, eine geringe Dichte, hohe Dispersion und geringe Homogenität aufweisen, die eine Identität aufrechterhalten, die für Veränderungen offen und komplexstrukturiert ist, also eine Konfiguration multipler Identität darstellt *(Keupp a.a.O., 55)*.

Die Sozialpsychologie geht von der Hypothese aus, daß die erstere Lebensform im Schwinden und die zweite im Wachsen begriffen ist. Angesichts der Tatsache, daß letztere aber als Nebenprodukt einer Überforderung all das hervorbringt, was als psychische und soziale Desorganisiertheit beklagt wird, bleibt die Frage offen, ob nicht nach der gegenwärtigen Durchgangsphase sich wiederum ein stärkeres Interesse an relativ überschaubaren und verläßlichen Netzstrukturen ausbildet. Jedenfalls ist die Reduktion von Komplexität ein durchgehend zu beobachtendes und unverzichtbares Bedürfnis. Zu denken gibt auch, daß der Begriff der "multiplen Persönlichkeit" immerhin aus der Psychopathologie stammt. In jedem Fall ist ein Subjekt nötig, das fähig ist, sich in den Turbulenzen der multiplen Realitäten als Einheit (Selbst) zu erhalten, und zugleich seine Beziehungen zu den anderen Subjekten aktiv regulierend und ordnend zu gestalten: Autonomie.

Die Integriertheit in kleinere oder größere Gruppen, z. B. in Selbsthilfegruppen, kann vor der inneren Vereinsamung und vor der Überforderung durch "Selbstverwirklichung" retten. Dazu wird der Einzelne lernen müssen, den Anderen neben sich als Partner wahrzunehmen und mitzudenken, und solidarisch zu handeln (vgl. *H. E. Richter 1974*): "Man muß lernen, einander nicht nur wechselseitig defensiv zur egoistischen Stabilisierung des eigenen Gleichgewichts zu manipulieren" *(70)*.

Da es nicht nur einen Individualisierungsdruck in der Gesellschaft sondern auch einen wachsenden Druck zur Überlebenssicherung gibt, ist zu erwarten, daß sich von den Individuen her ein Zugang zu neuen sozialen Bindungen erschließen läßt. Gegenwärtig wird im *familiären* Rückhalt ein hoher Stabilisierungswert gesehen. Ebenso ist ein wachsendes Interesse an ethischen Fragen zu beobachten.

Im vermehrten Fragen nach sozialen Verbindlichkeiten, nach Ethik und Moral über die einzelnen Teil-Normensysteme hinweg drückt sich m. E. das Bedürfnis nach Integration des Gesamtsystems aus. *Luhmann (1988)* ist dabei der Auffassung, daß die Ausdifferenzierung von Teilsystemen nach Maßgabe ihrer Differenz zueinander kein Symptom einer schlechthin negativen Entwicklung, also einer Entdifferenzierung der Gesellschaft darstellte, auch keine Beschränkung der Autonomie an sich. Das Gegenteil träfe zu: Die entstehenden wechselseitigen Abhängigkeiten, die durch die funktionale Differenzierung entstünden, trügen zur Integration des Gesamtsystems bei, weil jedes Funktionssystem auf andere angewiesen sei.

Das Bewußtsein und die Erfahrung dieser Interdependenz dürften aber kaum genügen. Wenn es heißt, daß vermehrt nach Moral und Ethik gefragt werde, so kann dieses Reflektieren auch als ein Teilsystem gesehen werden, das sich unter dem Druck der Ausdifferenzierung bildet. Man könnte von einem Metasystem oder auch einem Mesosystem sprechen, also einem verbindenden System. Das Interesse an diesem Reflexionssystem wächst unter dem unausweichlichen Anspruch von Autonomie.

4.3. Lockerung und Segmentierung der Lebensordnungen

Die Lebensformen und Sozialbeziehungen, innerhalb derer sich Erziehung und damit Autonomwerden vollziehen, haben sich seit Kriegsende grundlegend geändert. Die Sozialisationsbedingungen in der ersten Nachkriegsphase waren durch relativ einheitliche und starre Konventionen gekennzeichnet. Typische Merkmale dieser konventionellen Identität dominant innengeleiteter Subjekte waren Fleiß, Gehorsam, Ordentlichkeit, Sparsamkeit, Beharrungsvermögen und Ehrbarkeit *(Schülein 1977)*. Die Autoritätsverhältnisse waren noch klar bestimmt und zwar in allen sozialen Systemen, insbesondere in Familie, Schule und Betrieb. Die äußeren Kontrollmechanismen (z. B. elterliche Gehorsamserwartung bei Androhung von Strafen) waren weithin intakt. Durch ein "Machtwort" des Vaters, des Lehrers oder des Meisters konnten soziale Konflikte relativ rasch erledigt werden.

Die Autonomieentwicklung bezog sich auf relativ klare und übersichtliche Lebensordnungen und beinhaltete vor allem das Erlernen von Selbstbeherrschung und Selbstzwang im Sinne der hinter den klaren Regeln und Normen stehenden allgemeinen "Vernunft". Der Einzelne hatte zwar weniger freie, persönliche Entscheidungsmöglichkeiten, aber er war integriert in relativ stabile und haltgebende *Lebensordnungen*. Autonom werden bedeutete, Erwachsenwerden und lernen, seine Vernunft im Sinne des Erhalts der geltenden Ordnungen und der Verbesserung der ökonomischen Lebensbedingungen zu gebrauchen. Dieser Maxime des im wesentlichen innengeleiteten Menschen entsprachen die noch aufeinander abgestimmten übergeordneten religiösen, moralischen und politischen Normensysteme.

Seit den sechziger Jahren befinden sich diese Lebensordnungen in einem fortschreitenden Auflösungs- oder Entkoppelungsprozeß. Maßgebend dafür waren vor allem der entstandene Wohlstand, der Produktionsüberfluß sowie die dominierende Konsumbereitschaft und die Erfordernisse der entwickelten Produktivkräfte (Arbeitsmarktforderungen etc.). Damit änderten sich auch die sozialen Verhaltensstandards und -normen.

Erste Anzeichen für einen sich sammelnden Widerstand gegen die Gültigkeit der Erwachsenenmacht bildeten die Krawalle der *"Halbstarken"* (Jugendlichen) in den fünfziger Jahren *(Bondy u. a. 1957; Kaiser 1959). Muchow (1956)* beschrieb diese folgendermaßen:

"Frech, trotzig und herausfordernd schauen sie in die Welt; sicher, ja überheblich und mit plumpen Stolz treten sie in der Masse auf. Respekt haben sie überhaupt nicht ... Das eigentliche Kennzeichen ihrer Unternehmungen ist es, daß sie mehr gegen 'zivilisierte' Verhaltensnormen verstoßen, da sie die Anstands-, Peinlichkeits- und Schamgrenze verletzen und immer ungeformt, ungezügelt und verwildert, ja geschmacklos, roh und gemein sind" *(446)*.

Etwa zehn Jahre nach diesen "Halbstarken"-Krawallen, die in erster Linie von Arbeiter-Jugendlichen getragen wurden, entlud sich die Auflehnung der akademischen Jugend gegen die verhärtete geistige und politische Ordnung in Form der Studentenrevolte (APO = Außerparlamentarische Opposition). Gewalt wurde als Mittel zur Durchsetzung politischer Ziele bewußt eingesetzt ("Macht kaputt, was euch kaputt macht!").

In den siebziger Jahren setzte sich allgemein eine kritische Haltung der Jugend durch. Pädagogen verkündeten "Emanzipation" als oberstes Richtziel der Erziehung. Die Kinder wurden freier erzogen; die Jugendlichen zeigten ein wachsendes Selbstbewußtsein. Der Umgang zwischen Älteren und Jüngeren wurde freier bzw. das Mißtrauen gegen die Erwachsenen größer. ("Traue keinem über dreißig!") Kindheit und Jugend wurden als eigene Qualitäten – auch mit ihren Folgeproblemen – erkannt.

Das Erziehungsverhältnis wandelte sich. Die Gehorsamserwartung der Eltern war nicht mehr selbstverständlich, auch nicht das Vertrauen in die Richtigkeit ihrer Ansichten, Normen und Weisungen. Pädagogische Autorität mußte sich in zunehmendem Maße rechtfertigen. Die Eltern nahmen mehr Rücksicht auf die Bedürfnisse der Kinder. Es entwickelten sich mehr partnerschaftliche Umgangsformen. Viele tradierte Zwänge lösten sich auf. Die Machtbalance verschob sich zugunsten der Kinder (vgl. *Wouters 1979, 291*).

Die empirische Sozialforschung registrierte seit den sechziger Jahren einen ganz erheblichen Wandel der Erziehungswerte *(Kmieciak 1976)*. Gegenüber der bisherigen Repressivität setzten sich liberalere Erziehungshaltungen durch, die den Kindern größere Freiheitsspielräume brachten. Auf die Frage, auf welche Eigenschaften die Erziehung der Kinder vor allem hinzielen sollte, wurden bei einer EMNID-Erhebung (zit. *a.a.O. 316*) u.a. folgende Werte angegeben:

	1951	1957	1965	1969	1972
	%	%	%	%	%
Gehorsam und Unterordnung	25	25	19	19	14
Ordnungsliebe und Fleiß	41	48	53	45	37
Selbständigkeit und freier Wille	28	32	31	45	45

Auffallend ist die deutliche Abnahme von Gehorsamsforderungen zugunsten der Maxime der Selbständigkeit, also auch in Richtung vermehrter Autonomiechancen. Was hier zum Ausdruck kommt, wird als stärkere Orientierung am "Selbstaktualisierungs-Modell" bezeichnet.

Diese ist auch im Zusammenhang mit einem Wandel der Werthaltungen im Verhältnis der *Geschlechter* zueinander zu sehen. Die Entwicklung zu einer mehr partnerschaftlichen Elternhaltung hat eine entsprechend offene, aufeinander bezogene Einstellung zur Erziehung zur Folge gehabt, wodurch neue, mehr auf Selbstverwirklichung und gegenseitige Verständigung gerichtete Erziehungsmaximen zur Geltung kamen.

Die sich damit entwickelnde größere Freizügigkeit der Kinder und Jugendlichen erwies sich jedoch nur als scheinbarer Gewinn an Selbständigkeit. Die nahezu unbegrenzten Möglichkeiten der Bedürfnisbefriedigung sind im wesentlichen nur auf die Kindheit begrenzt und vor allem materieller Art. Die Relation zur Umwelt ändert sich drastisch, wenn es um die Vorbereitung auf das Erwachsenenleben geht. Während man als Kind in der Familie das Gefühl bekommen kann, fast alles zu dürfen, entdeckt der Jugendliche, daß er immer mehr Zwängen von außen her ausgesetzt ist, daß er sich dieser strukturellen Macht – in zumeist subtilen Formen – nicht entziehen kann, wenn er gesellschaftlich in(tegriert) sein will, und daß er wenig Orientierungshilfe erhält. Er/sie sieht sich genötigt, sich anzupassen, d. h. sich durch Selbstkontrolle und Selbstbeherrschung diesen sozialen Sanktionen anzupassen, um mithalten zu können. Der durch mehr Verhaltenstoleranz der Eltern gewonnene größere Verhaltensspielraum (Freiheitsraum) wird konterkariert durch Verpflichtungen und Beschränkungen neuer Art: Es muß mehr gelernt werden, nicht nur in der Schule sondern auch im Freizeitbereich. Die dafür installierten Institutionen (Schule, Kurse u. ä.) haben ihre eigenen Regelsysteme, denen sich das Kind unterwerfen muß, wenn es sein soziales Prestige wahren und verbessern will. Selbstkontrolle ist dazu zwingend nötig. Kinder und Jugendliche werden in erheblichem Maße von Sach- und Zeitzwängen beherrscht. Die einstige, persönliche Autorität ist abgelöst durch die institutionelle, die wiederum den Gebrauch der Vernunft fordert. "Die Realität" wird maßgebend.

Diese gestaltet sich mit ihren Qualifikations- und Selektionszwängen für den einzelnen jungen Menschen zu einer schwerwiegenden Herausforderung. Er wird zwar beteiligt, "darf" mitreden, diskutieren, seine Wünsche äußern, was er "lernen will". Seine Einsicht und seine "Selbständigkeit" werden in Anspruch genommen. Hat er aber mitentschieden, so wird er auch mitverantwortlich gemacht.

Diese Beanspruchungen sind ohne Zweifel hoch. Sie überfordern viele. Es kommt zu psychischen Spannungen, zu aggressiven Reaktionen und vermehrten sozialen Konflikten, vielfach auch zum Abbruch von Lernprozessen. Professionelle Hilfen und Stützen (Nachhilfe, Therapien) sollen Abhilfe bringen, erzeugen aber neue Abhängigkeiten und können das soziale Dilemma an sich nicht beheben. Viele wehren sich einfach gegen die Zumutung einer Ellbogen-Mentalität.

Besondere Aufmerksamkeit sollte der Tatsache geschenkt werden, daß die Zahl der verschiedenen Lern- und Lebenssektoren, denen das Kind oder der/die Jugendliche verpflichtet ist, zugenommen hat, daß diese für den Einzelnen ständig wechseln, und daß diese miteinander kaum in Beziehung stehen. Jeder von ihnen (Schule, Gymnastikkurs, Spielgruppe, Familie) beansprucht bestimmte Kompetenzen und hat sein eigenes Regelsystem. Unter Umständen hat man sich in jedem Funktionssystem nach anderen Normen und Regeln zu richten. Da der Einzelne nur in bestimmten Funktionen beansprucht wird, reduziert sich der Kontakt auf die pro Funktionssystem geltenden Kompetenzen und Verhaltensnormen und wird damit oberflächlich. Die bei dieser hohen Mobilitätsanforderung leicht entstehenden Friktionen führen zu einem höheren Grad an *Verletzlichkeit.* Mißerfolge schlagen stärker zu Buche. Die vermeintlich nur partielle Beanspruchung kann verschleiern, wieweit es dabei zu generalisierten funktionalen Anpassungen oder zur Ausnutzung kommt.

Die dabei leicht entstehenden Verhaltensauffälligkeiten lassen sich in ihrer ganzen Bedeutung für die Entwicklung des Kindes vor allem unter dem Aspekt der Lebensweltkonstruktion erkennen (vgl. *Werning 1989*). Wenn das Kind bei der Konstruktion seiner Wirklichkeit – und das ist der inhaltliche Aspekt seiner Entwicklung – in seiner unmittelbaren Lebenswelt zu wenig Eindeutigkeit und zu wenig konsistente Sinn- und Bedeutungsstrukturen erfährt, so kommt es zu einer undifferenzierten und diffusen Realitätsorientierung schlechthin. Solche Kinder wachsen mit konfusen und fragmentierten Bedeutungszuschreibungen auf und werden so am Aufbau einer sinnvermittelten und sinnvermittelnden Lebenswelt gehindert *(115)*. Wenn das Kind erleben muß, daß sein Verhalten ständig wechselnd bewertet wird, und wenn es ständig wechselnden Reaktionen seiner Bezugspersonen ausgesetzt ist, gelange es in seiner Entwicklung zu einer unberechenbaren und zusammenhanglosen Lebensweltkonstruktion.

Unter derartigen Lebensbedingungen, die sich geradezu als "Dschungel der gesellschaftlichen Realität" *(Büchner 1983, 203)* für den einzelnen darstellen, wird Autonomie ausdrücklich nötig, um die gebotenen Wahlmöglichkeiten nutzen bzw. den identitätsgefährdenden Einwirkungen begegnen zu können; andererseits ist eine beachtliche Portion Frustrationstoleranz und Abhängigkeitsbereitschaft erforderlich, um die Nachteile der Anpassung und die damit verbundenen Beschränkungen aufwiegen zu können. Um diese Spannung aushalten zu können, wird es darauf ankommen, daß zumindest in einem der vielen Funktionssysteme oder Lebensbereiche das Kind oder der Jugendliche heimisch ist und eine ökologische Nische findet. Es sind zweifellos erhöhte Autonomieansprüche.

Diesen erhöhten Anforderungen an eine stärker individualisierte Lebensführung sind nicht alle Kinder und Jugendlichen gewachsen. Im "Achten Jugendbericht" *(Bundesminister für Jugend, Familie, Frauen und Gesundheit 1990)* wird festgestellt:

"Die Offenheit von Lebenssituationen kann zu einem ganz erheblichen Risiko für Jugendliche werden, wenn sie durch die Komplexität und Vielfalt von Situationen überfordert werden, wenn ihnen keine klaren Maßstäbe mehr vermittelt werden, auf deren Basis sie Entscheidungen treffen können. Darüber hinaus kann eine solche Offenheit der Gestaltungsmöglichkeiten dazu führen, daß Beziehungen zu anderen Personen zunehmend beliebig werden und somit die personale Sicherheit ... gefährdet wird" *(30)*.

Für den Gewinn von mehr Selbstgestaltungsmöglichkeiten auf der einen Seite zahlt auf der anderen Seite ein Teil der Jugend mit Verunsicherung. Für sie wird die *Pluralisierung der Lebenslagen* zum Problem. Die eintretenden Risiken lassen sich insbesondere beziehen auf

- innerfamiliäre Unsicherheiten und
- auf die Institutionalisierung der kindlichen Lebenswelt.

4.4. Familiäre Entkoppelungen

Die Lebensform *Familie,* also das Zusammenleben von Eltern und Kindern im allgemeinen Sinn, wird trotz – oder wegen – allen sozialen Wandels nach wie vor als hoher Wert eingeschätzt *(Köcher 1985)*. Wenn die Bedeutung dieses pädagogischen Primärsystems als so sehr bedeutsam erfahren wird, muß ein Schrumpfen, Auseinanderbrechen oder der Verlust von Familie umso stärker als Belastung oder Entwicklungsrisiko gelten. Familie ist heute kein klarer Begriff mehr. Was darunter verstanden wird, ist im wesentlichen der Dauerverbund zweier Generationen, der u. U. auf das Minimum von je einer Person schrumpfen kann. Auch eine "Rumpffamilie" oder eine "Einelternfamilie" gilt noch als "Familie". Ihre Zahl steigt, ebenso die der Einkindfamilien. Nach *Beck / Beck-Gernsheim (1990, 54)* wächst in der Bundesrepublik heute jedes 10. Kind in einer Einelternfamilie auf. Hier zerfällt Elternschaft in ihre Bestandteile: Mutterschaft – Vaterschaft.

Eine empfindliche Entkoppelung bedeutet für das Kind die *Scheidung* seiner Eltern. In der Bundesrepublik wird in den Großstädten jede zweite und in ländlichen oder kleinstädtischen Gebieten jede vierte Ehe geschieden *(Beck 1986, 163)*. Die Tendenz ist weiter steigend.

Das Anwachsen der Scheidungsquote kann freilich nicht generell als Ausdruck eines Wertverlustes des Lebensbereiches "Familie" gedeutet werden. *Nave-Herz (1988)* stellt vielmehr fest, daß es sich eher umgekehrt verhält: Die Instabilität der Ehe heute ist Ausdruck der hohen subjektiven Bedeutung, die

Frauen wie Männer der Ehe beimessen; zugleich hat aber die Belastbarkeit durch unharmonische Partnerbeziehungen abgenommen, so daß sie eher als früher wieder gelöst werden *(a.a.O., 85).*

Sprunghaft gestiegen ist die Zahl der ohne Heirat bestehenden Partnerschaften. Während noch in den sechziger Jahren Ehe und Familie in ihren spezifischen Lebensformen, Werten und Normen weitgehend als allgemein gültig anerkannt waren, sind inzwischen viele dieser Verbindlichkeiten aufgebrochen und in jeder Hinsicht Wahlmöglichkeiten für den Einzelnen möglich und Realität: "Es ist nicht mehr klar, ob man heiratet, wann man heiratet, ob man zusammenlebt und nicht heiratet, heiratet und nicht zusammenlebt, ob man das Kind innerhalb oder außerhalb der Familie empfängt oder aufzieht, mit dem, mit dem man zusammenlebt, oder mit dem, den man liebt, der aber mit einer anderen zusammenlebt" *(Beck a.a.O., 163).* Alle Absprachen sind prinzipiell aufkündbar. Es wird immer schwerer, Ehe und Familie in Begriff und Wirklichkeit in Übereinstimmung zu bringen.

Packard (1984) berichtet aus den USA von der inzwischen nahezu epidemischen Ausbreitung des "Swingens", des "gebilligten Ehebruchs", auch der sogenannten offenen Ehen, des Trends zur "Ehe auf Zeit" und sonstiger polygamer Familienformen. Es habe sich weithin eine "Tue-was-dir-gefällt-Philosophie" ausgebildet. Referiert wird eine soziologische Untersuchung von *B. G. Gilmartin (1978),* nach der in Swinger-Familien für das Verhalten der Kinder in alltäglichen Situationen erheblich weniger feste Regeln zu bestehen scheinen als in traditionellen Familien. Die Eltern sind im wesentlichen damit beschäftigt, ihr eigenes Leben zu führen; um die Kinder kümmern sie sich weniger.

Die Entkoppelung primärer sozialer und familiärer Verbindlichkeiten zeigt sich auch in der Zunahme der Gruppe der *Alleinlebenden.* In der Bundesrepublik werden (nach *Beck a.a.O., 164*) bereits 30% aller Haushalte als Einpersonen-Haushalte geführt, während dieser Anteil noch 1981 bei nur 9% lag. *Beck* warnt sicherlich mit Recht davor, alle diese sozialen Entkoppelungsprozesse geradlinig als wachsende Anarchie und Bindungsflucht zu interpretieren. Es läßt sich vielmehr ebenso beobachten, daß die Jugendlichen in der Mehrzahl kein bindungsloses Leben anstreben, und daß nach wie vor das Ideal einer stabilen Partnerschaft seine Gültigkeit hat *(a.a.O., 165).* Treue wird allerdings ohne offizielle öffentliche oder kirchliche Legitimationen und Zwänge zu praktizieren versucht.

Die familiäre Entkoppelung bekommen Kinder in steigendem Maße auch dadurch zu spüren, daß sie Vater und Mutter zusammen nicht erleben können. In der Bundesrepublik wächst bereits jedes 10. Kind lediglich in der Obhut von Mutter oder Vater auf. Das bisherige "Heiligtum der Elternschaft" löst sich in seine Bestandteile auf. Dabei ist zu beachten, daß die *Einelternfamilie* nicht nur – wie einst – dadurch zustandekommt, daß die Frau mit dem Kind "sitzengelassen" wird, sondern immer häufiger als eine Wahlmöglichkeit im Sinne einer Selbstverwirklichung mit Kind bewußt realisiert wird.

Derartige innerfamiliäre Prozesse der Individualisierung und irrigen Autonomiesuche verändern die Qualität der Beziehung und Bindung zum Kind und damit seine Erziehung. *Beck (a.a.O., 193)* weist darauf hin, daß das Kind einerseits zum Hindernis im Individualisierungsprozeß wird. "Es kostet Arbeit und Geld, ist unberechenbar, bindet an und würfelt die sorgfältig geschmiedeten Tages- und Lebenspläne durcheinander." Es perfektioniert dabei seine "Diktatur der Bedürftigkeit" und "zwingt mit der nackten Gewalt seiner Stimmbänder und dem Leuchten seines Lächelns den Eltern seinen kreatürlichen Lebensrhythmus auf" *(a.a.O.)*. Bis zu welcher Machtgeschicklichkeit das Kind sich entwickeln kann, hat *J. Prekop (1988)* im Typ des "kleinen Tyrannen" beschrieben.

Auf der anderen Seite bzw. in direktem Zusammenhang mit der bestimmenden Rolle des Kindes ist seine Unersetzbarkeit für den verbliebenen Elternteil zu sehen. Es wird zur "*letzten verbliebenen, unaufkündbaren, unaustauschbaren Primärbeziehung*. Partner kommen und gehen. Das Kind bleibt. Auf es richtet sich all das, was in die Partnerschaft hineingesehnt, aber in ihr unauslebbar wird." Mit dem Brüchigwerden der Partnerschaft gewinnt das Kind "Monopolcharakter auf lebbare Zweisamkeit, auf ein Ausleben der Gefühle im kreatürlichen Hin und Her, das sonst immer seltener und fragwürdiger wird" *(Beck a.a.O.)*. Das Kind wird verzärtelt, "Kindheit" wird künstlich inszeniert. Um das Kind wird gegen den Partner gekämpft. Es wird Opfer der Selbstbehauptungsversuche seiner Eltern.

Packard (1984) berichtet vom Ergebnis einer demoskopischen Umfrage zum Strukturwandel in der amerikanischen Familie und zitiert eines der Ergebnisse, wonach sich in jüngster Zeit "ein ganz neuer, sehr viel weniger familienorientierter Elterntyp" entwickelt habe, dem es vor allem auf "Selbstverwirklichung" ankomme, weniger auf Pflichten anderen, auch den Kindern, gegenüber. Was diese Eltern (43% der befragten) ihren Kindern zu verstehen geben, laute im Grunde: "Ich will frei sein; warum solltet also ihr nicht auch frei sein? Wir werden uns nicht aufopfern für euch; denn wir wollen unser eigenes Leben leben. Dafür werdet ihr uns, wenn ihr erwachsen seid, nichts schuldig sein" *(a.a.O., 22)*. Kindern werden alle möglichen "Freiheiten" eingeräumt, so daß auch die Eltern sich "frei" von Verpflichtung und Verantwortung fühlen können. Man kann darin die utilitaristische Form eines "Gesellschaftsvertrages" sehen – zum vermeintlichen gegenseitigen Nutzen. Genau das aber ist letztlich die Frage. *Packard* vermutet auf Grund psychologischer Studien vielmehr, daß im Wegfall von Pflichtnormen auch eine Art von Vernachlässigung zu sehen ist, die zu einer moralischen Orientierungslosigkeit führt. Diese kann so groß sein, daß Kinder nicht in der Lage sind, in ihrem Gewissen betroffen zu sein: ein Gewissen konnte sich nicht ausbilden, denn es war nicht notwendig, eher hinderlich *(a.a.O., 43)*.

Es ist aber nicht allein und wohl auch nicht in erster Linie das Schrumpfen von Rückhalt und sozialen Erfahrungen im häuslichen Alltagsbereich, was zum Risikofaktor wird, sondern vielfach auch die damit verbundene Minderung der *ökonomischen Lebensbedingungen,* wie sie vor allem nach Scheidungen eintritt. Die alleinerziehende Mutter, die auch für den Lebensunterhalt zu sorgen hat, ist vielfach überfordert und wird zum Unsicherheitsfaktor für das Kind. Analoges gilt für Familien mit arbeitslosen Eltern oder Elternteilen.

Vor allem aber wird die Familie dann zum Risiko für die Entwicklung einer tragfähigen Eigenorientierung und selbstverantwortenden Handelns, wenn sie nicht in der Lage ist, sich auf den Wandel der *Einstellungen* und Rollen und auf die *Pluralität* der *Lebenslagen* konstruktiv und unterstützend einzustellen. Mögen die meisten Eltern dazu eine hinreichend große Anpassungsfähigkeit verbunden mit Sicherheit gebender Souveränität und wirtschaftlich-finanzieller Potenz imstande sein, eine Minderheit der Eltern ist es eben nicht! Die Individualisierung der Lebensentwürfe der Kinder und Jugendlichen wird dadurch behindert. Wenn die entstehenden Konflikte nicht aufgearbeitet werden können, kommt es zur Verhärtung der Abhängigkeit oder zum Bruch, d. h. vielfach zur sozialen Isolierung. Diese kann sich von der Familie aus auch auf andere Bereiche, wie z. B. die Schule oder den Freizeitbereich, auswirken (vgl. *Lauth / Viebahn 1987*) und die Selbstsicherheit reduzieren. Es kann auf der Suche nach Glück aber auch zu einer stärkeren unkontrollierten Partizipation an (jugendlichen) Subkulturen außerhalb der Familie kommen, auch zur Suchtgefährdung.

Familie kann gerade angesichts einer pluralen Sozialisation letztlich emotionalen Rückhalt bedeuten. Kommen aber emotionale Beziehungen nicht zustande und lösen sich soziale Verbindlichkeiten auf, so fallen die Lernmuster für die Bindung an Werte und Normen aus. Es kann sich kein hinreichend tragfähiger Sinn für ein Regelbewußtsein und für die eigene (freiwillige) Unterordnung unter Regeln ausbilden.

Hinzu kommen Veränderungen auf der Wertebene: Die erzieherischen Leitvorstellungen werden “immer weniger ... mit Pflicht- und Akzeptanz-Werten gekoppelt, sondern mit der Orientierung auf den Wert der Selbstentfaltung”, wie *Nave-Herz (1987, 24)* feststellt. Sie verweist in diesem Zusammenhang auch auf die damit verbundene stärkere Zuwendung der Eltern zum einzelnen Kind, also auf eine starke Emotionalisierung der Beziehung, die wiederum zu psychischen Belastungen führen kann.

Rückhalt kann schließlich auch Zuflucht oder Gehaltenwerden in kritischen Situationen bedeuten. Kinder oder Jugendliche, die Regeln durchbrechen, Verbindungen zerreißen oder sich in die Isolation begeben, wollen dies eigentlich nicht. Sie experimentieren oder sie riskieren einen verzweifelten Ausbruch aus einer Situation, die sie momentan nicht anders bewältigen können.

4.5. Disparate Normensysteme

Die normative Orientierung und Identitätsbildung und damit die Autonomiebildung werden dadurch erschwert, daß an die Stelle der einst relativ übergreifend gültigen, einheitlichen normativen Ordnung für Familie, Schule, Betrieb, Gemeinde oder Staat eine Ausdifferenzierung von relativ eigenstrukturierten Funktionssystemen getreten ist. Jedes dieser Teilsysteme, denen der einzelne Mensch im Laufe seiner Entwicklung angehört, ist durch ein eigenes Grundwertesystem konstituiert; denn jedes verfolgt eigene Zwecke, einen eigenen Sinn. Wäre dies nicht der Fall, so wäre das einzelne System auch nicht nötig.

Luhmann (1988) spricht vom "binären Code", der jeweils für das einzelne Funktionssystem gilt, und durch den es sich identifiziert *(86)*. Binär bedeutet, daß dem Verhalten im einzelnen System, z. B. in der einzelnen Familie oder im Sportverein, ein bestimmter Grundwert zugrunde liegt, der jeweils in der Spannung zu einem Gegenwert steht, und durch diesen widergespiegelt wird. Im Falle der Familie kann es z. B. die Harmonie des Zusammenlebens vs. Streit oder die freie Persönlichkeitsentfaltung vs. Unterdrückung, im Fall der Schule Lernerfolg vs. Schulversagen, im Sportverein Teamgeist vs. Eigensinn, im wirtschaftlichen Leben Haben vs. Nichthaben sein. Die Unterschiedlichkeit der je Funktionssystem zugrundeliegenden Grundnormen ergibt insgesamt disparate Normensysteme. Eine universale Moral ist für den einzelnen höchstens noch auf einer relativ abstrakten Ebene erfahrbar und wirksam. Die allgemeine Norm, auf den Anderen Rücksicht zu nehmen, kann in bestimmten sozialen Situationen Nachteile einbringen. Es kann unklug sein, moralisch zu sein, zum Beispiel, wenn man zur Testung für eine betriebswirtschaftliche Eignung folgende Frage vorgelegt bekommt:

> Nehmen Sie an, Sie seien ein Fabrikant, und seit Jahren habe eine kleine Firma Schachteln für Ihre Waren gemacht. Die Firma hat sich, um Ihnen zu dienen, so sehr spezialisiert, daß diese Schachteln ihr einziges Erzeugnis sind. Sie hängt völlig von Ihrem Geschäft ab. Jahrelang hat diese Verbindung zu beiderseitiger höchster Zufriedenheit bestanden. Da kommt eines Tages ein anderer Mann herein und sagt, er werde die Schachteln billiger machen. Was tun Sie? (nach *Whyte 1958, 119*).

Die Antwort, die betriebswirtschaftlichen Normen direkt adäquat ist, müßte lauten: Das neue Angebot wird ohne Zögern angenommen.

Die Reduzierung auf einen binären Grundcode schließt die gleichzeitige Gültigkeit anderer Werte innerhalb des einzelnen Funktionssystems nicht aus. Diese erhalten jedoch sekundäre Bedeutung, wie z. B. innerhalb einer an individueller Leistungsoptimierung orientierten Schule der Wert der Persönlichkeitsbildung oder im Kampfsport die Achtung vor dem Gegner.

Die Tatsache der Ausdifferenzierung verschiedener Funktionssysteme mit je eigenen, spezifischen Grund- oder Leitwerten, also disparater Normensysteme, ist pädagogisch von großer Bedeutung:

- Das Kind erlebt in den verschiedenen Funktionssystemen, denen es ständig wechselnd angehört, verschiedene, d. h. nicht kongruente Normensysteme. Diese Disparatheit erschwert ihm die Normenorientierung und Identitätsbildung. In jedem dieser sozialen Lebensausschnitte oder Teilsysteme erlernt es im wesentlichen nur die Verhaltensstandards und -kompetenzen, die es innerhalb dieses Teilsystems braucht. Die Differenz gegenüber den anderen

Funktionssystemen und deren Normen kann zu einem Problem der Überforderung werden. Der Normentransfer, z. B. aus der eigenen Familie in die Spielgruppe, ist schwierig und verlangt intellektuelle Geschicklichkeit und Flexibilität. Der Einzelne kann dabei verschiedene Iche für die verschiedenen sozialen Orte entwickeln oder an der normativen Disparität zerbrechen. Der Psychotherapeut *G. v. Minden* beobachtete das Phänomen des gespaltenen Zentral-Ichs bzw. der Teil-Iche, aus denen der "Bruchstück-Mensch" zusammengesetzt sei *(1988, 78)*. Es kommt zu einer Verzerrung der Wahrnehmung, so daß die Gefahr einer vereinfachten Weltsicht und einer ideologischen Anfälligkeit entsteht. Es kann aber auch zu einer Verabsolutierung eines bestimmten, nämlich des unmittelbar aussichtsreichsten Normensystems auf der Basis unmittelbarer Bedürfnisbefriedigung und Selbsterhaltung kommen und damit u. U. Verwahrlosung bewirken.

- Die einst zentralen Lebens- und Entwicklungsbereiche, wie die Familie oder die Schule, haben an normativer Gültigkeit für die Identitätsbildung eingebüßt. In ihnen sind nur in vermindertem Maße Wertsysteme von übertragbarer Bedeutung und allgemein tragender sozialer Resonanz wirksam. Im übrigen prägt sich eine immer deutlicher werdende Disparität von Einzelfamilie zu Einzelfamilie aus. Es gibt nicht mehr eine (relativ) einheitliche Familienmoral. Ebenso ist Schule längst kein pädagogisch einheitliches Normensystem mehr. Die verschiedenen Lehrer vertreten jeweils – auch – persönliche, also verschiedene Normensysteme.

- In dieser normativen Pluralität und Disparität sind Familie und Schule im wesentlichen Sozialisations- und Erziehungssysteme neben anderen geworden. Sie stellen sich überdies in sich als brüchig dar, gewähren nicht eo ipso Geborgenheit, Halt und Lebensorientierung. Immer mehr brüchige Lebenskarrieren beginnen hier.

Die Autonomiebildung erhält durch diese Unzuverlässigkeit erhöhte Bedeutung. Sie wird zwar schwieriger, aber sie wird zugleich immer stärker notwendig. Dem einzelnen Jugendlichen, dem einzelnen Kind wird immer mehr Verantwortung für sein Verhalten zugesprochen. Sie *müssen* lernen, sich unter disparaten normativen Bedingungen zu behaupten. Individualisierung ist pädagogisch stärker gefragt. Erziehung aber – im Sinne einer einheitlichen pädagogischen Moral – wird immer schwieriger. Dabei ist zu beobachten, daß die vom Einzelnen erwartete und geforderte Autonomie von den Institutionen, z. B. der Schule, im allgemeinen nicht direkt gestützt und verstärkt wird. Man könnte sagen, Autonomie deckt sich nicht – unbedingt – mit dem Grund- und Leitcode der Schule (Lernen nach Bildungsprogrammen). Die von *Giesecke* kritisierte "Pädagogisierung" durch die Erziehungssysteme führe eher zu Infantilisierungen. Die Folgen eigenen Fehlverhaltens im System würden von diesem selber neutralisiert. Für alle Fehler gäbe es Entschuldigungen durch Eltern und professionelle Pädagogen und Psychologen *(1990, 7)*. Für alle

Folgen von Fehlern sei gesorgt. Man kümmere sich um alles. Man praktiziere u. U. ein “fehlervermeidendes Lernen”.

Dieses Alles-entschuldigen-können bzw. der Verzicht auf ein Schuldzuweisen steht sicherlich im Zusammenhang mit der in diesen Teilsystemen nur begrenzt oder sekundär gültigen allgemeinen Werteordnung. Verstöße gegen Regeln, die nicht den eigenen Grundcode und damit das Funktionieren des eigenen Systems (Steigerung der Schulleistungen) tangieren, sind von untergeordneter Bedeutung, sind nicht direkt relevant. Wenn es um Geographie, Deutsch oder Biologie geht, so “geht es die Schule nichts an”, welche Persönlichkeiten und Probleme hinter den Lernenden stehen, und wie sie sich ansonsten verhalten. – Auf die praktische Irrelevanz pädagogisch zu vertretender Moral, vor allem wenn diese unter Vernachlässigung der Pluralität der in den verschiedenen Lebensbereichen geltenden Normensysteme mit Allgemeingeltungsanspruch auftritt, hat *Wigger (1990)* hingewiesen und Grenzen der Akzeptanz, der Geltung und der Wirksamkeit angesprochen. Sie können weithin das erklären, was man auch unter dem “Scheitern der Erziehung” versteht.

Unter der *Institutionalisierung* der kindlichen Lebenswelt ist die Tatsache zu verstehen, daß das Alltagsleben von Kindern und Jugendlichen immer stärker – zusätzlich – von Institutionen, d. h. von eigens organisierten Veranstaltungen und Diensten für Kinder und Jugendliche, bestimmt wird, seien es Tagesstätten, Schule, Freizeitclubs, sportliche oder musische Veranstaltungen oder sonstige spezielle Angebote. Dazu wären auch therapeutische Dienste zu rechnen. Diese Ausdifferenzierung kindbezogener, in der Regel professionell organisierter Institutionen kann nicht nur als Chance zur Erweiterung kindlicher oder jugendlicher Kompetenzen und Erfahrungen im Sinne der Individualisierung der Lebensinteressen und -entwürfe gesehen werden. Die mitenthaltenen Risiken dürfen nicht übersehen werden.

Es handelt sich um u. U. unterschiedliche Kontexte für das gleiche Kind, die miteinander nichts zu tun haben. Die einstige kindgesteuerte (ganzheitliche) Erfahrung (und Konstruktion) der Wirklichkeit im häuslichen und nachbarschaftlichen Lebensbereich wird durch organisierte und beaufsichtigte Alltagssegmente verschiedener Prägung bestimmt. Das Schulkind verbringt seinen “schulfreien” Nachmittag mit kindbezogenen programmierten Aktivitäten. *Zeiher (1983)* hat für diese Unverbundenheiten in der kindlichen Lebenswelt den Ausdruck “Verinselung” geprägt.

Die zunehmende Institutionalisierung droht den kindlichen und jugendlichen Lebensalltag zu zerstückeln. Sie trägt auch dazu bei, daß sich die kindliche Lebenswelt immer stärker aus der Erwachsenenwelt ausgrenzt. Generationenzusammenhänge, deren Bedeutung für die Identitätsbildung hoch zu veranschlagen ist, gehen dabei verloren. *Zimmer (1986)* spricht von einer “institutionell verstellten Sozialisation” *(25)*. Die entstehende Spannung zwischen häuslich-familiärer Lebenswelt und veranstalteter öffentlicher Erziehung und Beschäftigung stellt eine enorme Herausforderung für Kinder/Jugendliche und

Eltern dar, der nicht alle gewachsen sind. Das Maß an Abhängigkeit wird vergrößert; eine normative Diffusion kann eintreten, wenn innerhalb der verschiedenen Kontexte unterschiedliche Werte und Normen gelten. Wie schwierig es geworden ist, normative Übereinstimmungen sogar auf der gleichen religiösen Grundlage durchzuhalten, zeigen die spannungsreichen Erfahrungen zwischen kirchlichen Jugendgruppen und kirchlichen Instanzen.

Daß unter dem Einfluß wachsender institutioneller Abhängigkeiten und normativer Unverbundenheiten die Autonomiebildung leiden kann, daß die Gewinnung von Identität, Lebensperspektive und Sinnorientierung als aktiver Aufbau (Konstruktion) eigener Wirklichkeit Schaden nehmen kann, bedarf keiner weiteren Begründung.

4.6. Subkulturelle Verwilderung

In zunehmendem Maße kündigt sich in den Großstädten ein Phänomen an, das es in den Slums Nordamerikas, in den Ranchos Süd- und Mittelamerikas und in den Armenvierteln des asiatischen Subkontinents schon seit längerem gibt: die Subkultur der sozialen Verwilderung von Kindern und Jugendlichen. Es sind *Straßenkinder,* denen die Straße zum Ort des Lebens, genauer gesagt des nackten Über-lebens geworden ist. Die aus allen üblichen sozialen Gefügen entkoppelten Kinder, die z. T. nicht einmal ihre Herkunft oder ihre Familie kennen, sind im wesentlichen auf sich selbst bzw. auf ihresgleichen angewiesen. Armut und Arbeitslosigkeit sind die harten Dauerbedingungen dieses Elends. Banden wurden zur Zuflucht. Wer hätte ihnen sonst Schutz und ein gewisses Gefühl des Dazugehörens geben können? Für die Öffentlichkeit treten sie im wesentlichen als gefährliche Banden durch z. T. brutale anomische Akte in Erscheinung, die vor nichts zurückschrecken, und für die die übliche Moral außer Kraft gesetzt ist. Man kann diesen Zustand als *subkulturelle Verwilderung* verstehen. Ihr “wilding” (Wildern), wie es in den USA heißt, kann z. B. in einem brutalen Freizeitspaß bestehen, bei dem Jagd auf vereinzelte Spaziergänger gemacht wird. Nach Methoden gegen Diebstähle fragte mich eine Psychologin aus Mittelamerika: “In unserem Waisenhaus stehlen alle Kinder.” – Ich habe die Ranchos von Caracas von innen gesehen, wo Hunderttausende von Kindern in Wellblech- und Pappe-Hütten in der Nähe riesiger Müllhalden aufwachsen und Tag und Nacht streunen, um sich ihren Lebensunterhalt zu suchen und zu überleben. Mich haben diese Armensiedlungen an einen Ameisenhaufen erinnert, der von außen den Eindruck eines Chaos macht, in sich aber irgendwie funktioniert. Man bekommt nur schwer Zugang zu der “Ordnung”, die hier wirksam ist. Eine “Moral” muß es sein. Sie macht deutlich, was unter einer *relativen* Moral zu verstehen wäre, einer “Moral”, die von den unmittelbar wirksamen Lebensbedingungen, hier vom nackten Überleben, bestimmt sind. Die dazu nötigen Regeln und Normen werden von den einzelnen Gruppen eisern kontrolliert und deren Verletzung unerbittlich geahndet.

Zum wohl gefährlichsten Pflaster haben sich die ständig wachsenden Elendsviertel von New York entwickelt. Als das zuletzt spektakulärste und brutalste Ereignis wurde das bestialische Vorgehen einer Bande im Central Park bekannt, bei dem eine Joggerin mit Eisenstangen erschlagen und vergewaltigt wurde. – Einfach so! Es heißt, die "Schuldigen" hätten ungerührt ihre Tat gestanden.

Das kann nur bedeuten, daß sie von den elementaren humanen Werten und Normen nicht mehr berührt sind, daß sie für sie eben nicht gelten. Schuldgefühle können erst gar nicht eintreten. So scheint es jedenfalls.

Den Ausgang hatte das Elend im Stadtteil Bronx genommen, wo es nach dem zweiten Weltkrieg zu einer unkontrollierten und massenhaften Invasion verarmter Menschen aus Puerto Rico gekommen war. Ein ganzer Stadtteil verelendete und wurde zur Ruine, zum "Vorhof der Hölle": "Stätte der meisten Morde, der abscheulichsten Vergewaltigungen, der gewalttätigsten Überfälle, der dreistesten Diebstähle, der perfidesten Brandstiftungen, der größten Jugendkriminalität und, natürlich, der niedrigsten Aufklärungsrate, stellt *Sartorius (1980, 66)* fest und berichtet von einem Jungen, der versucht hatte, Mitglied einer Bande zu werden.

Die Banden waren "darauf spezialisiert, alte Leute in ihren verbarrikadierten Wohnungen zu terrorisieren, und die Ladenbesitzer in der Nachbarschaft des Southern Boulevard zu überfallen und zu erpressen. Man hat sie die Geißel des Ghettos genannt. Tony Gilbaldi bewarb sich um eine Aufnahme bei den Wilden Totenköpfen, aber deren Gestapo Squad, eine Art Polizeitruppe (der einen Bande), schleppte den Jungen in das Haus in der Fox Street, fesselte ihn und stopfte ihm ein rotes Tuch in den Mund. Dann banden die Henker der Bande einen dünnen Bindfaden um Tony Gibaldis Genitalien und schleiften ihr Opfer damit durch den Keller. Später begannen sie, seine Fingernägel vom Fleisch zu reißen, und anschließend taten sie das gleiche mit den Zehennägeln. Schließlich schlitzten die Mörder mit Messern den Körper des Jungen auf und erschossen ihn. Die Leiche übergossen sie mit Benzin und zündeten sie an. Die Mitglieder waren zwischen 13 und 19 Jahre alt, und den meisten von ihnen konnte trotz des Geständnisses (eines von ihnen) nichts bewiesen werden" *(Sartorius a.a.O., 67).*

Es ist ein kaum mehr nachvollziehbares Extrem-Beispiel sozial und moralisch völlig entkoppelter, hoffnungsloser Menschen, die nicht unter humanen Bedingungen leben und diese auch nicht zu erwarten haben; aber Extrem-Erscheinungen haben auch ihre Funktion über sie hinaus; sie markieren die Spitze eines Eisbergs, eine neue Dimension, die Dimension einer Wertleere. Was besonders ins Auge fällt, ist das mit der sozialen Entkoppelung direkt verbundene Außerkrafttreten elementarer Wertverbindlichkeiten. Das Überlebenwollen im Elend diktiert die Lebensformen. Diese werden von Haß und Gewalt beherrscht. Für Scham und Schuld fehlt der Resonanzboden. Ein Zugang von außen bleibt ein Eindringen einer fremden Welt. Eine Sozialarbeit, die diesen Kindern und Jugendlichen auf einen anderen, einen moralischen Weg, helfen wollte, kann auf sie wie der Versuch wirken, ihnen ihre Heimat zu nehmen. Die Sozialarbeit wird als "Faß ohne Boden", als "fruchtlose Sozialgärtnerei" empfunden, vor allem von der Öffentlichkeit.

Diese verelendeten Kinder *sind* bereits "in den Brunnen gefallen". Zur

Verhinderung war nicht das Notwendige geschehen. Im Vorfeld dieses Elends und dieser moralischen Entkoppelung befinden sich Millionen von Kindern an den Rändern der Großstädte. Sie besuchen zum großen Teil keine Schulen. Sie wachsen weithin "frei" von jeder Erziehung auf. Sie sind von einer totalen moralischen Verwilderung bedroht. Die Chance, daß sie Werte der Humanität und eine menschlich verbindende Moral doch noch akzeptieren, hängt davon an, ob es gelingt, ihnen akzeptable Alternativen anzubieten. Die Kosten dafür werden umso höher, je später sie zur Verfügung gestellt werden.

Zu welch ungeheuerlichen Konsequenzen die Hilflosigkeit einer Gesellschaft gegenüber der Massenarmut von Kindern führen kann, geht aus einem Bericht aus Brasilien hervor *(Südd. Ztg. 1991, Nr. 11, 8)*. Danach wurden 1990 allein in Rio de Janeiro 450 Straßenkinder *ermordet* und zwar von bestellten Killerbanden, hinter denen ein Komplott von Unternehmern, Militär und Polizei stehen soll. Jedenfalls konnte der Vorsitzende des Clubs der Unternehmer öffentlich erklären: "Wer ein Straßenkind tötet, tut der Gesellschaft einen Gefallen." Die Getöteten seien keine kleinen Kinder, sondern kleine Kriminelle. – Die Zahl der Kinder, die in Brasilien nur von der Straße, d. h. in totaler Armut, leben, wird auf sieben bis zehn Millionen geschätzt.

Man wird an das unbeschreibliche Elend der etwa neun Millionen verwilderter Kinder und Jugendlicher in der Sowjet-Union in den zwanziger Jahren erinnert, der "Besprisorny", die als Folge von Krieg, Revolutionswirren und Hungersnot in gefährlichen und gefürchteten Banden bettelnd, plündernd und mordend das Land heimsuchten, und denen dann *A. S. Makarenko* mit seinem Kolonie-Modell pädagogisch zu begegnen suchte (vgl. *Sensinow 1930*).

In einem nicht vergleichbaren, aber doch sehr beunruhigendem Maße steigt inzwischen auch in deutschen Großstädten die Zahl der "Straßenkinder".

5. Wandel und Vielfalt der Erklärungsversuche für Erziehungsschwierigkeiten

In ihrem Bemühen, die auftretenden Verhaltensstörungen zu erklären, um entsprechende Handlungskonzepte zu entwerfen, haben die Wissenschaften vom Kind immer wieder neue Erklärungsversuche unternommen. Sie wurden aus dem jeweiligen zeitgeschichtlichen oder gesellschaftlichen Kontext heraus erarbeitet, was zur Folge hatte, daß ein Aspekt sich an den anderen reihte, ohne daß eine insgesamt befriedigende Klärung erreicht worden wäre. Im Gegenteil: Es hat sich eine multiple Gültigkeit herausgebildet, die es offen läßt, wie im Einzelfall Erziehungsschwierigkeiten zu verstehen sind. Das kann im Grunde nur heißen, daß die *ganze* Wirklichkeit von einer Sichtweise allein nicht erreicht werden kann, und daß jede eine Reduktion der Wirklichkeit vornimmt. Es sind sehr verschiedene Sichtweisen und Erklärungsversuche in den letzten Jahrzehnten entwickelt worden. Ich will die wichtigsten hier nur kurz typisierend wiedergeben.

5.1. Entmoralisierung

Unter Entmoralisierung des Phänomens kindlichen oder jugendlichen Fehlverhaltens läßt sich der Versuch verstehen, den bis in die erste Hälfte dieses Jahrhunderts wirksamen moralistisch repressiven Erziehungsansatz und damit das moralistische Kriterium für "Kinderfehler" zu überwinden. Nach diesem wurde ein Kinderfehler, z. B. ein Diebstahl, im wesentlichen als Verletzung der herrschenden Moral angesehen, ohne besonders nach den individuellen und situativen Bedingungen zu fragen; die pädagogische Antwort war im wesentlichen die der "Besserung" durch entsprechende Erziehungsmittel, so vor allem durch die sittliche Ordnung einer Erziehungsinstitution, und vor allem durch Strafe. Eine moralistisch repressive Erziehungspraxis war für die damalige Zeit geradezu kennzeichnend (vgl. *Rutschky 1977:* "Schwarze Pädagogik").

Moral an sich ist ein unverzichtbarer Bestandteil der menschlichen Sozietät. In der Moral geht es um die für ein sinnvolles menschliches Zusammenleben notwendigen Werte und Normen. Das Problem liegt in der Praktizierung von Moral und in ihrer Begründung. Einer der schärfsten Kritiker von Moral war *Friedrich Nietzsche* ("Jenseits von Gut und Böse"). Die psychisch unterdrükkenden und krankmachenden Auswirkungen einer moralisierten Lebenspraxis (Unterdrückung der Sexualität, "doppelte Moral") hatte vor allem *S. Freud* aufgezeigt.

Es begann damit eine an sich notwendige Entmoralisierung der Erziehung in dem Sinne, daß das kindliche Verhalten in seiner eigenen Entwicklungsqualität gewertet wurde, und diese war nicht einfach mit moralischen Maßstäben bestimmbar. Das Problem, das hier angesprochen werden soll, bezieht sich auf die Ambivalenz dieser nicht moralistischen Erziehungsauffassung: So berechtigt sie im Prinzip war, kam es allmählich und zwar mit dem Fortschreiten des wissenschaftlich objektivierenden Ansatzes und unter dem Einfluß der Werterelativierung in der Gesellschaft immer deutlicher zu einer Ausblendung der moralischen Komponente bei der Konzipierung pädagogischer und therapeutischer Hilfen für Kinder und Jugendliche mit Verhaltensstörungen.

Die ersten Ansätze einer psychoanalytischen Erziehungshilfe oder Therapie waren deshalb deutlich auf die Zurücknahme moralischer Normen, z. B. im Falle eines jugendlichen Diebes, gerichtet, auf den Verzicht auf "Moralpredigten" und erzieherisches "Moralin". Da überdies Schuldgefühle vielfach als Auslöser für neurotisches Fehlverhalten ausgemacht wurden, kam es einer analytisch-psychologisch orientierten Erziehung und Behandlung auf die Ausklammerung moralischer Gesichtspunkte an, und damit auf die Aufhebung von Schuldgefühlen an sich. Sie waren in ihrer belastenden Wirkung auf die erzieherisch wichtige Beziehung zwischen Eltern (Erziehern) und Kind erkannt worden.

Es war deshalb ein Fortschritt, was *August Aichhorn (1971)* auf der Basis der Psychoanalyse – er war Schüler von *S. Freud* – als Um- und Nacherziehung verwahrloster Jugendlicher praktizierte. Sein Verdienst habe darin gelegen, schreibt *Kurt R. Eissler* in einer Kurzbiographie am Ende von *Aichhorns* Buch, daß es ihm gelungen sei, das Problem der Verwahrlosung "von allen religiösen, ethischen oder moralischen Vorurteilen völlig zu befreien, und sich mit ihm ausschließlich als einer Frage der Natur auseinanderzusetzen" *(a.a.O., 204)*. Eine derartige Feststellung muß man aus der damaligen Situation heraus beurteilen, und es bleibt offen, was hier unter "Vorurteilen" verstanden wird, wie auch aus heutiger Sicht es fragwürdig erscheint, Verwahrlosung allein auf der Ebene von Natur zu erklären. Wichtig ist in unserem Zusammenhang, daß die damalige Moral sich so sehr desavouiert hatte, daß ihre Ausklammerung aus pädagogisch-psychologischen Überlegungen und Konzepten nur eine folgerichtige Entwicklung darstellte.

Kritik am entmoralisierenden psychoanalytischen Ansatz übte u. a. der Psychotherapeut *M. Picard*. Er wies *(1955)* darauf hin, daß die üblich gewordene bloße psychologische Erklärung eines kindlichen Symptoms, z. B. eines Diebstahls, im Grunde einen Menschen zu einer Sache mache. "Ein deutlicher Akt gegen die Moral" wird "als Folge von zufälligen familiären Umständen hingestellt, fast so, als ob man die familiären Umstände mit dem Diebstahl vertauschen könne: der Mensch ist nicht mehr Ursache einer Situation, sondern bloß noch Folge; er verursacht nicht mehr selber, er *wird* bloß noch verursacht" *(30)*. Freiheit und damit Autonomie würden reduziert bzw. eliminiert, wenn die Handlung des Einzelnen zu einer Sache werde, für die er nichts kann, und für die er nicht haftet. Bei aller möglichen Berechtigung, psychische oder physische Gründe zur Entlastung geltend zu machen, könne nicht übersehen werden, was der Mensch auf diese Weise verliere: das Wählen-können zwischen Gut und Böse werde ihm durch die psychologische Erklärung genommen; seine Beziehung zur Welt der Werte werde dadurch gelockert, u. a. auch dadurch, daß er Schuld, Sühne und Leiden entzogen wird.

Gegenwärtig wird die Entmoralisierung durch die normative Pluralität unterstützt. Allgemein bindende und verpflichtende Moralprinzipien stehen dem Recht auf freie Entfaltung der Persönlichkeit entgegen. Kennzeichnend dürfte *Alice Millers* proklamativer Satz Nr. 1 zur "Befreiung von pädagogischen Tendenzen" sein: "Das Kind ist immer unschuldig" *(1983, o. S.)*. Zweifellos haben wir es heute mit einer Verwirrung um den Begriff Moral zu tun. Wegen ihrer Verflochtenheit mit Erziehung wird gar die Abschaffung von Erziehung gefordert. Konsequenterweise wendet sich die weithin applaudierte Kritik an der Erziehung letztlich nicht mehr lediglich gegen eine "Schwarze Pädagogik" sondern gegen jegliche Erziehung mit irgendwelchen normativen Zumutungen. So betont etwa *A. Miller (1983)*, daß sie sich "jeglichen Moralisierens" enthalte. "Ich möchte ausdrücklich *nicht* sagen, daß man "dieses oder jenes tun bzw. nicht tun soll" *(23)*. Worauf es vielmehr ankäme, und was das Kind für seine Entfaltung brauche, seien "der Respekt seiner Bezugspersonen, die Toleranz für seine Gefühle, die Sensibilität für seine Bedürfnisse und Kränkungen, die Echtheit seiner Eltern, *deren eigene Freiheit – und nicht erzieherische Überlegungen* – dem Kind natürliche Grenzen setzt" *(120)*. Dies sind im Grunde moralische Postulate an die Erzieher. Nichtsdestoweniger kann *Miller*, die unter "modernen" Eltern mit einer freiheitlichen Erziehungsauffassung viel Anklang zu finden scheint, dem Wort "Erziehung" keine positive Bedeutung abgewinnen.

Wenn sie diese radikale Absage damit begründet, daß im Namen der Erziehung zu viel Unrecht an wehrlosen Kindern geschehen sei, daß Erziehung im Grunde nicht dem Wohle des Kindes diene, sondern nur stattfinde, "um *Bedürfnisse der Erzieher nach Macht und Rache* zu befriedigen" *(281)*, so wird – aus einer bestimmten ideologischen und psychotherapeutischen Sicht – sicherlich unzulässig verallgemeinert. Es ist auch auffällig, wie aus dem einstigen Prinzip der *Reversibilität* im Erziehungsverhältnis eine *einseitige* Proklamierung der "Rechte" des *Kindes* geworden ist, bei der man erst *fragen* muß, ob es auch Rechte auf der anderen Seite gibt. Das Wichtige an der Position von *A. Miller* und der sogenannten Anti-Pädagogik ist aber, daß die mit dieser verallgemeinerten Ablehnung von Erziehung verbundene Absage an eine das Subjekt normativ bindende Moral die moralische Krise der Gegenwart, die eine *Krise der Erziehung* ist, eigentlich und letztlich verschärft.

5.2. Medizinierung

Mit Medizinierung ist die dominante Verlagerung des Verständnisses von kindlichem und jugendlichem Fehlverhalten in den Bereich des Krankhaften, des Pathologischen, gemeint. Diese drückt sich in der Feststellung aus: Das fehlentwickelte Kind ist ein *krankes* Kind. Um allen – heute völlig überflüssigen – Mißverständnissen vorzubeugen: Mit Medizinierung kritisieren wir nicht die Mitarbeit des Arztes an sich. Sie ist unverzichtbar notwendig, leider aber im allgemeinen für pädagogische Bedürfnisse zu wenig präsent.

Worum es uns geht, ist die Auswirkung des vornehmlich medizinischen Ansatzes und Verständnisses von Fehlentwicklung. Das Neuartige war weniger die Tatsache, daß nun Vater oder Mutter mit ihrem "mißratenen" Sohn oder ihrer "unbotmäßigen" Tochter nicht mehr zum Pfarrer oder zum Schullehrer gingen, sondern daß ein Arzt zuständig wurde, um "innere" Mechanismen in einer Weise aufzudecken, zu definieren und zu behandeln, wie sie bisher bei Erkrankungen, z. B. Entzündungen, Fieber oder Hautkrankheiten üblich war. Diese neue Sichtweise im Gewande einer medizinischen Terminologie trug zu einer differenzierteren Bewertung und zum Verstehen kindlichen (neurotischen) Fehlverhaltens wesentlich bei. Es konnten unbewußte und überflüssige Schuldgefühle freigelegt und abgebaut werden. Im besonderen wurden psychosomatische Zusammenhänge aufgedeckt, die bisher unbeeinflußbar erschienen. Wichtig war die Unterscheidung zwischen Symptomen und zugrundeliegenden Konflikten, so daß die Wirkungslosigkeit bloßer Bestrafung deutlich wurde.

Daß nun kindliche Fehlentwicklungen explizit oder implizit als Erkrankungsprozesse im Individuum gesehen wurden, bedeutete zum einen eine gewisse – vor allem moralische – Entlastung der Betroffenen und ein Relativieren moralischer Maximen. Es konnte aber sicherlich nicht *nur* von Erkrankungen die Rede sein, denkt man z. B. an die Verwahrlosung. Die Pädagogik sah sich allerdings wiederholt genötigt, diese als eine "Angelegenheit der Erziehung" zu reklamieren, da es immer wieder den Anschein hatte, "sie für eine Domäne des Arztes zu reservieren" *(Aichhorn 1971, 14)*. Es konnte das reduktionistische Mißverständnis von Fehlentwicklung in der Weise entstehen, als sei es mit der Verabreichung von Mitteln an den einzelnen "Patienten" möglich, sozial komplex bedingte Entwicklungsbehinderung oder -vernachlässigung zu steuern. Es wurde gemäß dem biologischen Ansatz der Medizin jedenfalls eine Spur ins Naturhafte gelegt, d. h. in einen Bereich, in dem eigene Gesetze gelten, z. B. die des physischen Organismus oder der Befriedigung der natürlichen Bedürfnisse, was zur Folge hatte, daß andere Bedingungen, z. B. gesellschaftliche Normen, aus dem Blickfeld gerieten (vgl. *Speck 1984*).

Gegenwärtig ist der medizinische Ansatz in besonderer Weise durch die Nachfrage nach *Psychopharmaka* herausgefordert. Medizinierung von Erziehungsschwierigkeiten würde dann bedeuten, diese vor allem als medikamentöses Problem zu sehen. Es wäre unverantwortlich, die Augen vor der großen

Versuchung zu schließen, die von der realen Möglichkeit ausgeht, das Problem der kindlichen Verhaltensstörungen durch Pillen zu lösen, es also zu einem dominant biologischen Problem zu machen (vgl. *Voß 1987*).

5.3. Psychologisierung

Als Psychologisierung läßt sich – aus pädagogischer Sicht – die Tendenz bezeichnen, das auffällige Verhalten von Kindern und Jugendlichen in erster Linie als psychologisches Phänomen zu erklären. Je nach den verschiedenen Theoriesystemen – Tiefenpsychologie, Verhaltens- und Lernpsychologie, Sozialpsychologie, Kommunikationspsychologie, Kognitionspsychologie u. a. – werden Auffälligkeiten von Kindern und Jugendlichen reduziert als Beziehungsstörungen, als Lernergebnisse, als spezifische Verhaltensweisen, als abweichendes Verhalten, als Kognitions- oder Interaktionsprobleme, als Signalverhalten, als systemisch adäquates Verhalten u. ä. beschrieben und behandelt, um nur einige zu nennen. Der Faktor Erziehung erscheint dabei als ein Bedingungsfaktor *neben* anderen, der der psychologischen Analyse und Deutung *unterworfen* wird. Jedenfalls wird nicht nach einem bestimmten Wertsystem gefragt oder die normative Frage generalisierend diskutiert. Man hat sich – offiziell – auf *alle möglichen* Wertesysteme einzustellen. Wieweit dabei die eigenen normativen Vorstellungen implizit ins Spiel kommen, bleibt ungeklärt.

Es begann mit der Entdeckung der frühen Kindheit als Entstehungsbasis für neurotische Fehlentwicklungen durch *Freud. Max Picard* beschrieb *1955* die Wirkung der analytischen Psychologie, die – noch vor aller Therapie – dazu angetan sei, die "Erlebniseinheit", die "geschlossene Welt", das Ganze und Runde der kindlichen Psyche, in Teile zu zerlegen, zwischen denen Kausalitäten gesucht werden. Es sei bereits der "zersplitternde Blick" des Betrachters, der ein reduziertes, ein zerrissenes Bild vom Kinde erzeuge. Dieses wiederum wirke sich auf das Verhalten des Kindes aus: Es wird nur in Teilen beansprucht und gewertet. Diese Zerteilung führe zur "Verstörung". Der Erwachsene hole das Kind aus seiner Welt in die Welt der Erwachsenen hinüber, in eine Welt, die selber von der fortschreitenden Aufsplitterung in Teile lebe. Wenn also der Erwachsene, der psychologische Fachmann, mit seinem analysierenden Denk- und Wahrnehmungsansatz dem Kind gegenübertrete, sei dies bereits ein Akt, der "gegen die Art der kindlichen Psyche" ist *(28)*. Das Kausalitäten erforschende Analyseprinzip sei uns offensichtlich so vertraut und selbstverständlich geworden, daß wir vergessen hätten, daß "Individuum" das Unteilbare heißt. Die normale Schutzreaktion des Kindes sei die *Scheu*. Durch den Zugriff von außen werde sie abgebaut. Und sie wäre doch eigentlich etwas vom Kostbarsten, was der Mensch besitzt und braucht, um Selbstachtung aufzubauen und zu bewahren. Der analytische Zugriff von außen, z. B. im Test, bevorteilt und prämiiert diejenigen Kinder, die bereits begonnen oder längst gelernt haben, ihre Scheu abzulegen. – Kritische Fragen zur Psychodiagnostik haben sich längst vermehrt *(Lang 1978; Speck 1996a)*.

Kindheit heute ist eine psychologisierte Kindheit. Sie ist damit eine reduzierte Kindheit, reduziert auf das, was sich psychologischen Methoden und Ansätzen erschließt oder ergibt. Soweit die psychologische Wissenschaft sich selber auf das Beobachtbare und Meßbare reduziert, verengt sich auch ihr Blick. So ist beispielsweise in der Entwicklungspsychologie, vor allem in der angewandten Entwicklungspsychologie, die beobachtbare Funktionsleistung im Bereich der Wahrnehmung und Motorik so sehr in den Vordergrund gestellt worden, daß die psychischen Zusammenhänge, die ohne Emotionalität, soziale Bindung und Selbstbewußtsein gar nicht denkbar sind, immer mehr in den Hintergrund getreten sind.

Eine psychologisierende Reduktion des kindlichen und jugendlichen Verhaltens ist auch in dem Versuch zu sehen, "sogenannte Verhaltensstörungen" als "sinnvolles Signalverhalten" zu deklarieren *(Wolff 1978)*. Mit diesem wertfreien und verstehenden Begriff soll der Zugang zu einem "verurteilungsfreien Phänomen" ermöglicht werden, um dem Kind oder Jugendlichen in seiner Situation, in seinem Lebenskontext wirklich gerecht werden zu können. Dieses Verstehen wird verstellt, wenn ein "beschuldigender" Begriff wie "Verhaltensstörungen" verwendet wird, der zugleich die eigentliche Schuld verschleiert, nämlich die der Erziehenden. "Unsere Grausamkeit lehrt die Kinder Grausamkeit, ... unsere Aggression ihr aggressives Verhalten" *(152)*. Das, was fälschlicherweise als "sog. Verhaltensstörung" bezeichnet werde, sei "sinnvolles, situationsangemessenes und u. U. das Überleben sicherndes Signalverhalten". Es sei "in der Regel immer not-wendig" und zeige an, "daß im sozial-emotionalen Interaktionsfeld eine Unverträglichkeit aufgetreten ist" *(a.a.O., 150f.)*.

So verständlich es auch sei, über eine entsprechende Begrifflichkeit das Verstehen dieser Kinder und Jugendlichen in ihrer in aller Regel belastenden Lebenswelt zu fördern, statt sie als "verhaltensgestört" abzustempeln, geht es doch wohl zu weit, jegliches kritische, z. B. grausame oder aggressive Verhalten *lediglich* als Signalverhalten zu bezeichnen. Natürlich ist es immer ein Signal. Wenn man will, ist jedes Verhalten gegenüber anderen ein Signal. Was ist aber damit gewonnen, nun ersatzweise von "Kindern mit Signalverhalten" zu reden. Im übrigen: Dieses "immer" als "sinnvoll" und "notwendig" zu deklarieren, müßte bedeuten, daß es immer zu respektieren sei, gleichgültig, welcher Schaden an Personen und Sachen angerichtet und die Menschenwürde verletzt würde. Selbst ein bestialisches Quälen eines anderen wäre dann zu "respektieren", lediglich als "Signal", sogar als stets "sinnvolles Signal", zu bewerten. Hier wird ohne Zweifel der Begriff "Sinn" pervertiert bzw. seiner Wertungsqualität – scheinbar enthoben, und die ist nach allgemeinem Sprachverständnis eine lebensfördernde. Das Reden von "Sinnsuche" *(V. Frankl)* verlöre seinen Sinn.

Die Psychologie hat mit ihren verschiedenen Erklärungsansätzen sehr wichtige Beiträge zum besseren Verständnis kindlicher und jugendlicher Verhaltensstörungen geliefert. Ihre Erfolge sind unbestritten. Wir verfügen heute über sehr differenzierte psychologische Verstehens- und Behandlungssysteme, so daß es überflüssig erscheint, sie hier im einzelnen aufzuzeigen. Festgestellt werden aber muß, daß sich die verschiedenen Erklärungsmodelle vielfach auch – jedenfalls in ihren ersten Ansätzen – zu widersprechen scheinen. Wie entschieden haben sich doch psychodynamische und verhaltenspsychologische Ansätze einst bekämpft! Es scheint so, daß jeder Ansatz nur einen Teilausschnitt der Wirklichkeit wahrnimmt, daß aber die Wirklichkeit selber unendlich komplex ist. Es verwundert deshalb nicht, daß immer häufiger theorieneklektisch und methoden-integrierend vorgegangen wird.

Gemeinsam aber ist allen psychologischen Erklärungs- und Handlungsansätzen, daß die *normative* Orientierung, d. h. die Frage nach den Normen- und Wertesystemen, nicht explizit zu klären versucht wird. Sie ist vielmehr in der ideologischen Grundposition des einzelnen Psychologen vorgegeben, sei es beispielsweise eine christliche oder eine sozialistische oder eine ökonomisch utilitaristische oder eine nihilistische. Im Grunde gibt kein psychologisches Theoriensystem *in sich* die normativen Maßstäbe dafür ab, was als menschlich gute Entwicklung, als rechtes Leben und was damit zugleich als Gefährdung oder als Verfehlen einer sittlichen Entwicklung zu gelten hat. Eine bloße und eher primitive Unterscheidung von "erwünschtem" und "unerwünschtem" Verhalten kann diese menschlich zentrale Frage eher verschleiern.

Insgesamt ist nach der ungemein differenzierten Entwicklung der Psychologie und ihrem außerordentlich hohen Engagement im Bereich der Kinder- und Jugendprobleme festzustellen, daß wir zwar über sehr viel psychologisches Wissen und psychologische Kompetenz verfügen, daß dieses aber offensichtlich nur einen Teil der Erziehungsnot, der Kinder- und Jugendprobleme heute erreicht. Es sieht eher so aus, als drehten wir an einer technologischen Endlosschranke.

5.4. Soziologisierung

Verhaltensstörungen sind auch Ergebnisse bestimmter Sozialisationsprozesse, wie sie im Ganzen einer Gesellschaft ablaufen: Der soziologische Beitrag zum Phänomen "Verhaltensstörungen" liegt darin, die sozialen Prozesse und Konflikte aufzuzeigen, die ihnen zugrundeliegen. So hat etwa der Soziologe *Dreitzel (1972)* eine Sozialpathologie entworfen, die die gesellschaftlichen Zusammenhänge erhellt, aus denen unangepaßtes Rollenverhalten hervorgeht. Verhaltensstörungen werden unter dem Begriff der "Anomie" gesehen. Sie lassen sich zurückführen auf pathogene Einflüsse einer – "kranken" – Gesellschaft, so u. a. auf bestimmte prägende Einflüsse des sozialen Lernmilieus und auf den Druck der gesellschaftlichen Anforderungen. Das soziale Lernmilieu kann insbesondere dadurch pathogen werden, daß nur in einem unzureichenden Maße oder in verunsichernder Weise Werte und Normen bereitgestellt sind. Der überzogene Leistungsdruck dagegen kann die Entfaltung der eigenen Persönlichkeit einengen. Entfremdungs- und Isolationsprozesse können auf diese Weise in Gang kommen, begleitet von normativer Orientierungslosigkeit und Perspektivlosigkeit. Sie können ihren Ausdruck u. a. in Aggressivität und Destruktivität finden.

Die hier angesprochenen Phänomene und Zusammenhänge sind an sich hinlänglich bekannt. Bekannt ist aber auch die allgemeine Hilflosigkeit, die dieses Wissen bei den Helfern hinterläßt. Sie resignieren vielfach, weil der makrosoziale Bereich so schwer zugänglich ist. Und doch sind es Zusammenhänge, die zentral wichtig sind, wenn man nur an die gesellschaftlichen Wertkonflikte denkt, innerhalb derer Kinder heute aufwachsen, oder wenn man an das Schulsystem denkt, das unter der Maßgabe normativer *Pluralität* erzieherisch immer weniger gültig wird. Zwischen Öffentlichkeit und Erziehung hat sich ein Mißverhältnis gebildet.

Wenn wir diese Überlegungen eingangs mit "Soziologisierung" überschrieben hatten, so sollte damit der ursprüngliche Ansatz gekennzeichnet sein, der sich in Form einseitiger und verabsolutierter gesellschaftspolitischer Forderungen artikulierte und Verhaltensstörungen primär als Ergebnisse verfremdender gesellschaftlicher Verhältnisse ansah, deren radikale Veränderung prinzipiell Vorrang vor individueller Therapie haben sollte. Konsequenzen dieses gesellschaftskritischen, soziologisch begründeten Ansatzes waren deshalb Forderungen nach grundlegenden Veränderungen der Gesellschaft, vor allem nach Verbesserungen der Lebensbedingungen der sozialen Unterschicht einerseits und nach der Abschaffung gesellschaftlich isolierender und benachteiligender Institutionen andererseits.

Wenn es heute auch stiller geworden ist um diese Forderungen ("Holt die Kinder aus den Heimen!"), so sollte man sich nicht darüber täuschen lassen, wie kausal wichtig die in der Gesellschaft wirkenden Werte- und Normensysteme und -prozesse für das sind, was wir Verhaltensstörungen bezeichnen, und daß es eine Illusion wäre, ihnen nur mit individuellen Interventionsmaßnahmen im Sinne einer Endlos-Reparatur begegnen zu wollen. Wir hätten es dann mit einer "Therapeutisierung" zu tun, d. h. mit dem Versuch, die sozialen Probleme der Menschen, die Nöte ihres immer komplizierter werdenden gesellschaftlichen Zusammenlebens, lediglich als Aufgaben von *Therapeuten* anzusehen.

Nicht zuletzt im Begriff *Sozialisation,* gegen den eine soziologisierte Pädagogik den bisherigen Begriff der *Erziehung* auswechseln zu müssen meinte, wird deutlich, worin die Reduktion durch eine Soziologisierung liegt: im transitiven "Sozialisieren": Die Gesellschaft sozialisiert den Menschen! Er stünde dann nicht auch als *Subjekt* sondern nur als *Objekt* seiner sozialen Umwelt zur Diskussion, d. h. zu ihrer Disposition.

5.5. Pädagogisierung

Natürlich gibt es auch eine Hypertrophierung des professionell *pädagogischen* Ansatzes. *Giesecke (1988)* setzt seine Kritik an der Pädagogisierung vor allem an der Schule an. Hier sei in unrealistischer Weise eine Machbarkeit von Lernen und Bildung vertreten worden, die vor allem auf der Annahme ("Mär") beruhe, man könne jeden Schüler zum Lernen *motivieren.* Die Pädagogen würden dabei immer mehr selber verantwortlich für das Lernen, für "organisiertes Lernen", und damit die Schüler für sich selber immer weniger. *Tenorth (1992, 197f.)* stellt das Dilemma heraus, in das sich gerade eine reformorientierte Pädagogik selber hineinmanövriert: Durch ihre Kritik an der öffentlichen Erziehung und durch ihr Plädoyer für eine alternative Pädagogik verstärke sie die Gefahr einer Pädagogisierung gesellschaftlicher Probleme. Das Forcieren der Aufmerksamkeit für alternative Pädagogiken fördere einen wachsenden pädagogischen Professionalismus, insbesondere bezogen auf eine zunehmende Verschulung von Kindheit und Jugend. Kritisch zu sehen sei dabei die Verknüpfung alles Pädagogischen mit staatlicher Organisation, Kontrolle und Finanzierung. Diese widersprechen an sich den Forderungen nach alternativen Sondermodellen, oder letztere bleiben beschränkt auf Teilinteressen innerhalb der Gesellschaft. Bekanntlich aber generalisieren auch alternative Pädagogiken.

Pädagogisierung läuft auf eine größere Abhängigkeit des kindlichen Subjektes von professionellen Pädagogen hinaus. Die verschiedensten kindlichen Probleme werden als pädagogisch anzugehende und zu lösende gesehen, zumeist als schulische "Disziplinprobleme" oder psychologisch verbrämt als "therapeutische". Pädagogisierung tendiert dazu, Fragen des Kinderlebens mit pädagogischen Maßnahmen zu beantworten. Wenn das Kind zum bloßen Objekt wissenschaftlich begründeter Pädagogiken – auch für Um- und Nacherziehung – wird, droht die Gefahr, daß seine Erfahrung mit sich selbst, d. h. mit eigenen Impulsen und Interessen zu kurz kommt. Dies geschieht vielfach auch dadurch, daß man dem Kind – aus einer falsch verstandenen Vorsorgehaltung heraus – negative Erfahrungen als Konsequenzen seines Handelns prinzipiell zu ersparen trachtet oder für alle seine Handlungen, seien sie noch so verletzend, Entschuldigungen findet. Es heißt fälschlicherweise, dem Kind sollten negative Erfahrungen erspart werden (mastery learning).

Pädagogisierung überbetont das Prinzip der *Zuwendung und Beziehung.* "Viel Liebe!" kann auch zu wenig sein; Kinder können nicht immer nur "Spaß haben". In der Pädagogisierung liegt außerdem die Gefahr, dem Kind nur (pädagogisch) präparierte Erfahrungen zu vermitteln. Die Folge ist eine Infantilisierung des Kindes. Seine Autonomieentwicklung wird behindert. Ebenso kommt es zu einer Infantilisierung und Selbstentmündigung der Erzieher, und damit zu ihrer Verantwortungslosigkeit.

Im Gefolge der Psychologisierung stellte sich eine Pädagogisierung der *Kindheit* ein. Seit dem Durchbruch des psychoanalytischen Ansatzes werden

Kinder bewußter und überlegter erzogen, jedenfalls in den "fortschrittlichen" Kreisen. Die Eltern sollen mehr von den differenzierten Zusammenhängen der Entwicklung wissen, heißt es, um es "richtig" machen zu können. Ihnen ist angstvoll bewußt geworden, daß sie es sind, die für die spätere Entwicklung des Kindes verantwortlich sind. Sie lesen und hören, daß ein falscher Schritt in der Erziehung zum Trauma für das Kind werden kann, aus dem Jahre später alle möglichen Störungen hervorgehen können.

Die Familie wird zum pädagogisch-therapeutischen Milieu. Die – eigentlich verunsicherten – Eltern filtern ihr Verhalten gegenüber den Kindern durch das, was sie als "richtige Erkenntnis der Pädagogik" zu verstehen meinen *(von Hentig 1975)*. Sie handeln nicht mehr spontan, sondern überlegt, also rational. Das Kind wird für sie ein schwieriges Erziehungs- und Behandlungsobjekt.

Ein Beispiel aus *M. Winn (1984)*: "Meine Frau und ich gehen in allem, was unsere Kinder betrifft, wahnsinnig durchdacht und überaus psychologisch vor. Es ist schon fast so, als wäre unsere Familie eine einzige Selbsterfahrungsgruppe. Wir überschlagen uns förmlich, um nur ja alles richtig zu machen, so daß wir genauso lange mit den Kindern darüber reden, was wir mit ihnen gemacht haben, wie wir brauchen würden, um konkret etwas mit ihnen gemeinsam zu unternehmen" *(151/152)*. – Eine Mutter mit zwei Kindern: "Die Hälfte der Zeit reden wir mit den Kindern. Praktisch therapieren wir sie – und gleichzeitig uns selbst. So haben wir es mit ihnen von Anfang an gehalten, haben ihnen ihre eigenen Empfindungen und Reaktionen erklärt, um ihnen verständlich zu machen, warum wir so oder so handeln" *(152)*.

V. Hentig resümiert: "Die ständige Vermehrung der pädagogischen Maßnahmen hilft nicht nur nicht; sie erzeugt einen Zustand besonderer Anfälligkeit und Ausgeliefertheit; mehr Institutionen und mehr Informationen belehren nur darüber, wie man mit diesen, nicht wie man mit sich und seiner Welt lebt" *(1975, 38)*.

Aus der kurzen Darstellung von Erklärungsversuchen für das Phänomen der sich ausbreitenden Erziehungsschwierigkeiten sollte hervorgehen, daß das in ihnen zu Recht wirksame Prinzip wissenschaftlich objektivierenden und kausalen Verstehens auch zu reduzierenden Teilsichten dieses Phänomens geführt hat, ohne es ganz in den Griff zu bekommen. Diese Fragmentierung wird verstärkt durch die zugleich in Gang gekommene Zurückdrängung der moralischen Dimension.

Sie ist in den Problemen begründet, die für die Weiterentwicklung einer "objektivierenden" Wissenschaft – zumal innerhalb einer normativ pluralen Gesellschaft – durch die Mitbeachtung ungriffiger moralischer Aspekte entstehen. Ein greifbarer Fortschritt erschließt sich – gerade für Wissenschaften mit einem betont szientistischen Anspruch – durch die Reduzierung der Fülle von Variablen. Was liegt da näher, als diejenigen Variablen auszuschließen, die nicht exakt faßbar und vorhersehbar sind! Bei einem solchen reduktionistischen Ansatz, der sich im übrigen im Sinne der – notwendigen – Spezialisierung immer mehr auf das eigene, immer enger werdende Fachgebiet beschränkt, also sich vereinseitigt, gehen in wachsendem Maße die Zusammenhänge verloren. Das einzelne Kind und seine Situation werden von jedem Spezialisten im wesentlichen durch die eigene Fachbrille gesehen. Wer sollte für das Ganze seiner Situation fachlich zuständig sein? Die Folge ist eine Vielfalt von Deutungen, denen auch eine Vielfalt von Lebensformen entspricht, verbunden mit einem Verlust an ganzheitlichen Aspekten. Die Gefahr wächst, daß dabei die Spezialisten sich entweder nur auf ihr begrenztes Territorium zurückziehen und damit auch ihre Verantwortung reduzieren, oder daß sie generalisieren, d. h. ihre Teilsichten als Gesamtsichten der Wirklichkeit ausgeben, ohne diese unzulässigen Verallgemeinerungen sehen und beurteilen zu können. Vor allem hat die wissenschaftliche Emanzipation von der Moral das Sehen und Klären der Wirklichkeit nicht erleichtert sondern verkürzt und verstellt *(Höffe 1993)*. Sinnverluste in kritischem Ausmaß sind zu verzeichnen.

Also auch im wissenschaftlichen Bereich "Chaos"! Eine kaum mehr zu überblickende und überprüfbare Vielfalt von Theorien und Befunden! Sie hat zu einem unübersehbaren Resonanzverlust in der Praxis geführt. Zusammenhänge und damit auch Sinn gehen verloren. Die Praktiker verselbständigen sich immer mehr und gehen ihre eigene Wege. Sie haben auch ganz andere Probleme als die, die die Wissenschaft thematisiert. Ihre unbeantworteten Fragen führen zu einem Verzicht auf Rückkoppelungen mit der Theorie. Es kommt zu vereinseitigenden Gewichtungen der Problemsichten und damit zu Reduktionen. Der einzelne verliert seinen metasubjektiven Kompaß. Kein Wunder, daß sich Fachleute und Eltern verstärkt an subjektiven Theorien und Irrationalismen orientieren. Die Esoterik boomt *(Bürli 1995)*. Die Astrologie wird zum Erziehungsberater *(Schindler 1994)*. Die fortschreitende Vereinsamung der Subjekte wird damit aber nicht aufgehalten *(Nuber 1993)*.

6. Autonomie und Moral – Aktualität und ethische Grundlagen

6.1. Autonomie im aktuellen Chaos

In der bisherigen Bestandsaufnahme wurden als chaotisch zu bezeichnende Verhältnisse im Bereich der Erziehung und zuletzt auch in der Wissenschaft aufgezeigt. Sie sind Ausdruck einer – z. T. kritischen – Vielfalt und Komplexität der Lebensformen und Lebensprinzipien in einer normativ pluralen Gesellschaft. Wenn diese Chaotik als die dynamische Seite von Komplexität auch nur Teile des Ganzen betrifft, so geben sie doch auch Anlaß zur Sorge und fordern ein neues Verständnis der Wirklichkeit und neue Wege des Vorgehens heraus.

Die Frage, die sich hier speziell stellt, ist die, wie sich Erziehung in einem als Chaos zu verstehenden Kontext zu verstehen hat, und wie dieses Chaos, soweit es als ein kritisches zu bewerten ist, gemeistert werden kann. Chaos in der Natur, z. B. ein Sturm oder eine Flutkatastrophe, regelt sich im allgemeinen "von selber", wie wir sagen. Nicht so in chaotischen sozialen Systemen. Es liegt an den Menschen, sie wieder – halbwegs – in eine neue Ordnung (ins Lot) zu bringen. Dabei sind vor allem zwei Formen von Chaos zu unterscheiden:

- ein destruktives und kritisches Chaos, das den Erziehungsprozeß strukturell bedroht, etwa durch Egoismus, Gewalt und Asozialität, und
- ein pädagogisch ganz normales Chaos als eine nicht bündig geregelte Ordnung des Erziehungsfeldes, die in hohem Maße produktiv ist und Eigenaktivität, Kreativität und Verantwortung freizusetzen und auch zu binden vermag.

Die Grenzen zwischen beiden sind fließend.

Eine dritte Form von Chaos kann sich temporär in Erziehungsprozessen durch aktuelle Verhaltensstörungen ergeben.

Aus der Geschichte – auch der Pädagogik – sind verschiedene Ansätze und Mittel bekannt, eine verlorengegangene "Ordnung wiederherzustellen". So war es (1) im allgemeinen "die erzieherische Autorität", die entweder öffentlich legitimiert war, etwa als "elterliche Gewalt", oder die als staatliche Gewalt in Funktion gesetzt wurde. Maßgebend war dabei eine Vorstellung von "Ordnung", die mehr von militärischen Vorstellungen und einem "absoluten Gehorsam" geprägt waren. Immer wurde aber auch (2) versucht, über persönliche Glaubwürdigkeit und allgemeinverbindliche Gemeinschaftswerte zu einem persönlich bejahten, konstruktiven und Sicherheit gebenden Zusammenleben zurückzufinden.

Beide Ansätze haben heute an Wirksamkeit eingebüßt. Appelle an überlieferte oder von irgendeiner Seite als "absolut unverzichtbar" propagierte Einheitswerte verhallen, da es diese einstige Werteeinheit nicht mehr gibt, bzw. weil Einheitsvorstellungen an Glaubwürdigkeit in der Allgemeinheit verloren haben. Dies trifft für ein christliches Menschenbild und Wertesystem ebenso zu wie für ein staatssozialistisches, wie es noch bis vor kurzer Zeit in einigen Ländern vertreten werden konnte. In der pluralen Gesellschaft stehen sie im Widerstreit zu persönlichen Grundrechten und Wertauffassungen, wie sie u. a. im Grundgesetz der Bundesrepublik verankert sind. Wenn also heute nach solchen Ordnungsmächten gerufen wird, wenn Eltern und Schule öffentlich aufgerufen werden, wieder entschiedener Werte und Normen in der Erziehung umzusetzen, so läuft dies entweder ins Leere oder es betrifft dann nur bestimmte partielle Gruppierungen. Dabei kann es insgesamt zu einer Verfestigung der divergierenden Wertesysteme kommen, wenn jede der verschiedenen Werteinseln ihr eigenes Werte- und Normensystem forciert. Ein markantes Beispiel liefern gegenwärtig die erstarkenden Sekten. Generell könnte ein solcher Ansatz auf die Verschärfung von *Kontrollsystemen* hinauslaufen.

Auch die persönliche Glaubwürdigkeit erzieherischer Autorität, nach der heute wieder verstärkt gerufen wird und zwar in einer geradezu auffallenden Dringlichkeit auch von nichtkonservativer Seite her (siehe *Kursbuch 113, 1993)*, kommt nur schwer zum Tragen, da sie in der normativen Disparität, in der die Kinder heute aufwachsen, kein hinreichendes Widerlager findet, und da Egoismus und Gewaltbereitschaft zur Durchsetzung eigener Nutzen-Ziele relativ weit verbreitet sind und Erfolg bringen. Das öffentliche Gewissen erscheint gelähmt *(Engler 1993)*. Sich allein gegen das Chaos zu stellen, dürfte wenig Aussichten auf Erfolg haben.

Auch Appelle an ein übergreifend wichtiges Gemeinschaftsbewußtsein als Quelle moralischer Verpflichtungen finden kaum Resonanz, und zwar auch deshalb, weil alles, was mit Gemeinschaft zusammenhängt, durch einen dominierenden *Individualismus* entweder verdrängt oder diskreditiert worden ist. *Beck (1986)* hat herausgearbeitet, daß dieser Individualismus dem Menschen durch die sozialgeschichtliche Entwicklung aufgezwungen worden sei, und daß er nicht einfach mehr Freiheiten sondern auch bisher nicht gekannte Risiken, Abhängigkeiten und Gefährdungen mit sich gebracht habe. Unter seiner Dominanz sind Moral und Verpflichtung gegenüber dem Gemeinwohl fragwürdig geworden *(Etzioni 1994)*. "Jeder ist auf sich selbst zurückgeworfen", schreibt *Lyotard* in seinem Bericht "Das postmoderne Wissen" *(1993, 54)*, fügt aber hinzu: "Und jeder weiß, daß dieses *Selbst* wenig ist."

In dieser von globalen Veränderungen bestimmten Erziehungssituation, die sich zum Teil als Chaos im Sinne einer bedrohlichen Krise darstellt, ist die Frage nach einem Ausweg keine einfache. Sie ist vielmehr eine komplexe, eine höchstdifferenziert "verflochtene". Chaotik ist die dynamische Erscheinungsform von Komplexität. Totalisierende Eingriffe von mächtigen Außeninstanzen, wie z. B. vom Staat, scheiden generell ebenso aus wie rigide ideologische Wertsysteme. Deren unheimliche und zerstörerische Macht wird gegenwärtig

u. a. im Fundamentalismus verschiedenster Prägung deutlich. Beunruhigend ist dabei die große individuelle Anfälligkeit für bloße Verheißungen, die eine kritische Schwäche des vernünftigen Subjekts in der Komplexität der Gegenwart bloßlegt. Zugleich aber drückt sich darin auch ein deutliches Bedürfnis der verunsicherten und vereinzelten Menschen nach Bindung und Sicherheit in einer haltgebenden Gemeinschaft aus.

Geht man von diesen Bestimmungsgrößen für die gegebene chaotische Situation aus, so sind von vereinseitigenden und rigiden Ordnungsgrößen, seien sie von totalisierenden Einheitsvorstellungen oder von einem radikalen Individualismus geprägt, keine konstruktiven Lösungen zu erwarten. Umgekehrt ist deutlich geworden, daß sowohl das *Individuum* als auch das, war wir nach wie vor *Gemeinschaft* (community) nennen, unumgehbare und unverzichtbare Ordnungsgrößen darstellen. Ein Ausweg aus dem bedrohlich empfundenen Chaos wird also nur auf der Grundlage dieser beiden Größen gefunden werden können. Er läuft auf die Überwindung von Vereinseitigungen und Entweder-oder-Lösungen hinaus und wird nur dann begehbar, wenn der Individualismus eingebunden wird in Selbstverpflichtungen für gemeinsam Wichtiges. Es geht also nicht um eine Verdrängung des Selbst zugunsten einer dominanten Gesellschaft und auch nicht umgekehrt um eine Etablierung von Gemeinschaften als bloßen Aggregaten von Ichen. *Etzioni (1994)* hat einen solchen Ansatz, der Ich und Gemeinschaft verbindet, als "deontologisches Ich+Wir-Paradigma" vorgestellt. Sowohl das Ich als auch das Wir (im Sinne von *M. Buber*) kommen darin zum Tragen, aber eben in einem komplementären und konstruktiven Verhältnis, und dies ist nur möglich, wenn dabei Verpflichtungen füreinander zur Geltung kommen (griech. deon = Verpflichtung).

Eine Verklammerung dieser beiden Größen sehen wir im Begriff der *Autonomie.* Dabei orientieren wir uns inhaltlich an seinem Ursprung und eigentlichen Sinn, und dieser ist in der *Selbstbindung* an das Gute, an das für alle, also auch für die Gemeinschaft ethisch Gültige, zu sehen.

Wenn im Zur-Geltung-bringen von Autonomie ein Ausweg aus dem bedrohlich gewordenen Chaos gesehen werden soll, so ist damit nicht eine Patentlösung gemeint, auch nicht "die Wiederherstellung der Ordnung" im Sinne eines starren und autoritär kontrollierten Wertsystems, auch nicht eine reibungslos funktionierende Erziehung. Eine gute Erziehung zeigt immer auch chaotische Züge als Ausdruck der unaufhebbaren Unverfügbarkeit des Menschen und der Kontingenz der erzieherischen Verhältnisse und Wirkvariablen.

Autonomie ist im übrigen ein Moral begründender Begriff. In der Ethik oder Moralphilosophie, insbesondere seit *I. Kant,* spielt das Autonomie-Prinzip eine entscheidende Rolle. Sich im Chaos bewegen erfordert Selbstorientierung, Selbstregelung und Selbstbindung, aber auch übergreifende Orientierungen an Prinzipien. Die sich am Ende der Moderne, der rationalistisch-aufklärerischen und einseitig technologisch bestimmten Fortschrittsphase auftuenden globalen Gefährdungen des Menschen und des Lebens insgesamt lassen sich nach heutiger Einschätzung nur durch Moral absichern. “Moral als Preis der Moderne” *(Höffe 1993)*.

Eine Wiedergewinnung des Moralischen in der Erziehung stellt eine klare Folgerung daraus dar. Ihrer Verwirklichung aber dürften erhebliche Widersprüche, Fehlmeinungen und Mißverständnisse entgegenstehen. Das weitestgehende Fehlen von Ansätzen einer moralischen Erziehung in Deutschland dürfte Ausdruck hiervon sein. Es spricht vieles für die Annahme, daß die Wurzeln für dieses Manko in der “Zerstörung des moralischen Selbstbewußtseins” durch den Nationalsozialismus liegen *(Forum für Philosophie 1988)*.

Der Begriff Autonomie gilt aber auch als ein umstrittener, z. T. entschieden abgelehnter Begriff: “Der autonome Mensch” wird als gefährliche Pervertierung gesehen, als ein Mensch, der sich selbst zum Mittelpunkt der Welt macht, der keine transzendierende Gültigkeit anerkennt, und der sich nach eigenen Maßgaben seine Umwelt untertan macht, sich also nur selbst sucht und die anderen als Mittel für seine Zwecke benutzt. – Ohne Zweifel wäre ein solcher Begriff eine Perversion des Menschlichen und ungeeignet für Erziehung. Aber diese Interpretation entspricht nicht dem eigentlichen Begriff von Autonomie. Nicht Autonomie pervertiert den Menschen sondern die Perversion dieses Begriffes. Ich halte Autonomie für einen *Schlüsselbegriff* bei der Frage, wie sich die Pädagogik angesichts der komplexen Erziehungsprobleme heute und in der Zukunft umorientieren kann. Es gilt also, das eigentliche Verständnis dieses pädagogisch zentralen Begriffes aufzuzeigen.

Wenn Erziehung zu Mündigkeit und gegenseitiger Verantwortung führen soll, so muß sie *Erziehung zur Autonomie* sein. Die Folgerung lautet also: Wer erziehen will oder erzogen werden soll, muß über Autonomie verfügen bzw. diese erlernen können; und zugleich gilt, daß Erziehung Freiheit voraussetzt.

Beide Thesen mit ihren Grundbegriffen der Bindung und der Freiheit erzeugen eine kontradiktorische Spannung. Wenn nicht ein Begriff gegen den anderen ausgespielt, und wenn der – uralte – pädagogische Streit, den wir hier neu ansprechen, nicht einseitig über ein Entweder-Oder beendet werden soll, so muß man sich der Mühe unterziehen, diese Spannung näher zu klären, um sie pädagogisch konstruktiv aufarbeiten zu können. Wir sehen darin ein Erfordernis, ohne das die gegenwärtige Krise der Erziehung mit ihren Massenschwierigkeiten nicht überwunden werden kann. Wir gehen von der pädagogischen Grundthese aus, daß *Autonomie* und *Heteronomie, Selbstbestimmung* und *Fremdbestimmung,* pädagogisch in einem produktiven oder kompensatorischen *Ergänzungsverhältnis* zueinander stehen müssen, das sich für das Kind bzw. den heranwachsenden Menschen so entwickeln muß, das es/er zu einem mündigen Gebrauch von *Autonomie* bzw. zu einer *reifen Abhängigkeit* gelangt. Erziehung ist bedroht oder mißlingt, wenn das Erlernen von Autonomie und das Bejahen sozialer Heteronomie in ihrer gegenseitigen Aufeinanderbezogenheit nicht gelingen.

Um diese allgemeinen und weithin mißverständlichen Begriffe näher zu klären, soll zunächst deren geschichtliche Entwicklung kurz skizziert werden.

6.2. Ethische Grundlagen

6.2.1. Autonomie in der Pädagogik Immanuel Kants

In der "Rechtslehre" seiner "Metaphysik der Sitten" (§ 28) stellt *Kant* fest, daß durch den Akt der Zeugung, durch den "eine Person ohne ihre Einwilligung auf die Welt gesetzt (wird) und eigenmächtig in sie herüber gebracht" wird, diese ein Recht hat, durch die Eltern versorgt zu werden, "bis sie vermögend sind, sich selbst zu erhalten". Für ihre Tat laste auf den Eltern eine Verbindlichkeit, "so viel in ihren Kräften ist, (diese Person) mit diesem ihrem Zustande zufrieden zu machen. – Sie können ihr Kind nicht gleichsam als ihr Gemächsel (denn ein solches kann kein mit Freiheit begabtes Wesen sein) und als ihr Eigentum zerstören oder es auch nur dem Zufall überlassen." Es fiele sonst die Schuld der Verwahrlosung auf die Eltern. Sie hätten vielmehr die Pflicht, es zu bilden "bis zur Zeit der Entlassung (emancipatio)" aus der elterlichen Gewalt.

Wie sehr es *Kant* darauf ankommt, die tangierte subjektive Freiheit des Neugeborenen zu beachten, geht daraus hervor, daß *Kant* den Menschen als das einzige Lebewesen ansieht, das schreiend auf die Welt kommt "zum Unterschied von allen Tieren", worin er einen Ausdruck eines "Gefühls der Unbehaglichkeit", einer Art von "Entrüstung" und "Erbitterung" sieht, einen Zustand, den das Kind zu verändern bestrebt sei, weil es sich an ihm gehindert fühle. Das Geschrei kündige seinen "Anspruch auf Freiheit" an (zit. bei *Sommer 1988, 22*).

Diese entwickelt sich von Stufe zu Stufe; von einem Entwicklungsschritt zum anderen steigert sich die kindliche Verfügungsmacht: es lernt, sich frei bewegen, Gegenstände zu gebrauchen, Entscheidungen zu treffen; es entwickelt immer mehr Können. In dem Maße, in dem seine Kompetenzen wachsen, kann die Fremdbestimmung zurücktreten, deren Aufgabe darin liegt, Emanzipation und Selbstbestimmung zu ermöglichen. Der Zwang, der dabei nötig wird, kann nur damit legitimiert sein, daß er das Kind dem Ziel der Selb-ständigkeit näherbringt. "Wer erzieht, übt Handlungen aus, deren Ziel es ist, nicht mehr nötig zu sein. Wer erzogen wird, muß lernen, selbst zu tun, was andere bislang für ihn taten" *(Sommer a.a.O., 29)*.

In seiner Vorlesung "Über Pädagogik" (Bd. XII) zeigt *Kant* u. a. die Bedeutung und den Sinn von *Disziplin* auf. Durch die Unterwerfung unter fremde Vernunft erlerne der Mensch den Gebrauch eigener Vernunft; er müsse früh daran gewöhnt werden. Das Gegenteil sei "Wildheit" als "Unabhängigkeit von Gesetzen" *(698)*. Wenn es weiterhin heißt, daß der Mensch nur durch Menschen erzogen werden könne, die ebenfalls erzogen sind, so impliziert dies zugleich die Notwendigkeit der Abhängigkeit von Gesetzen.

Natürlich entsteht dabei auch für *Kant* die Frage nach dem Verhältnis zwischen solcher Abhängigkeit – als Unterwerfung unter gesetzlichen Zwang – und Freiheit. "Wie kultiviere ich die Freiheit bei dem Zwange?" *(711)* Die Lösung dieses Problems aller Erziehung sieht *Kant* darin, daß man das Kind – bei allem nötigen Zwange – von der ersten Kindheit an, in allen Stücken frei sein lasse (ausgenommen in den Dingen, wo es sich selbst schadet ...), wenn es nur nicht auf die Art geschieht, daß es anderer Freiheit im Wege ist", daß man ihm zeigt, "daß es seine Zwecke nicht anders erreichen könne, als nur dadurch, daß es andere ihre Zwecke auch erreichen lasse", und daß man es letztlich erfahren lasse, daß der auferlegte Zwang zum besseren Gebrauch der eigenen Freiheit führe *(711)*.

Die praktische Erziehung sei *moralische Erziehung,* durch die der Mensch gebildet wird, um als Persönlichkeit, als freihandelndes Wesen leben zu können. Als solches darf es die Freiheit anderer nicht behindern. Deshalb müsse es auch Widerstand bei anderen finden *(722)*.

Zur Moralität gelange die Persönlichkeit jedoch nicht durch bloße Disziplin, sondern durch akzeptierte *Maximen,* die universell gelten. Es käme darauf an, daß der Zögling nicht aus bloßer Gewohnheit sondern aus *eigenen* Maximen gut handle, "daß er nicht bloß das Gute tue, sondern es darum tue, weil es gut ist" *(735)*. Maximen sind *subjektiv* erkannte Gesetze; sie entspringen der eigenen Einsicht, der Vernunft.

Disziplin – als das Verhindern von Unarten – und Gehorsam gegenüber Regeln seien zwar für die Begründung eines "Charakters" als der Kultivierung der Gemütskräfte wichtig, aber die moralische Kultur müsse sich auf Maximen gründen. "Moralität ist etwas so Heiliges und Erhabenes, daß man sie nicht so wegwerfen und mit Disziplin in einen Rang setzen darf" *(740)*. Deshalb ist auch vor dem Strafen, gar vor dem "Brechen des Willens" im Kinde zu warnen. Sein Wille sollte vielmehr so gelenkt werden, daß er "den natürlichen Hindernissen nachgebe" *(a.a.O.)*. Dies setzt freilich voraus, daß das Kind solchen "natürlichen Widerstand", z.B. ein Nein seiner Eltern, auch erfährt, und daß diese seinem Willen nicht nur nachgeben.

Eine moralische Erziehung, die auf der Kultivierung von Maximen begründet ist, muß frühzeitig einsetzen, und zwar dadurch, daß das Kind die Begriffe des Guten und Bösen erlernt. Es liegt bekanntlich selber ganz deutlich Wert darauf, Menschen als gut oder böse zu unterscheiden, z.B. im Märchen. Weil es nicht leicht ist, selbst einzusehen, was recht und unrecht ist, bedarf die moralische Bildung der Einsichten und des Beispiels der Eltern und Lehrer. Bloßes Bestrafen und Belohnen seien bloße Angewöhnung, die mit den Jahren verlösche. Die Unzulänglichkeit bloßer Konditionierung wird angesprochen, wenn es heißt: "Kommt (das Kind) nachher in die Welt, wo es nicht so zugeht, wo es Gutes tun kann, ohne eine Belohnung und Böses ohne Strafe zu empfangen: so wird aus ihm ein Mensch, der nur sieht, wie er gut in der Welt fortkommen kann, und gut oder böse ist, je nachdem er es am zuträglichsten findet" *(740)*.

Eine wichtige Rolle bei der moralischen Kultivierung des Charakters spiele der *Gehorsam,* das Befolgen von Regeln und Gesetzen. Dabei unterschied *Kant* einen "absoluten" Gehorsam, der sich aus dem Zwang oder der Notwendigkeit ergibt, – als Beispiel könnte man heute die zwingende Beachtung der Verkehrsregeln beim Überschreiten der Straße anführen – und einen "freiwilligen" Gehorsam, der auf dem Zutrauen zu dem "für vernünftig und gut erkannten Willen" einer Person mit Autorität (*Kant* spricht von "Führer") gründet *(741)*.

Die Notwendigkeit oder das Gesetz, der/dem sich der heranwachsende Mensch unterwirft, muß ein *allgemeines* sein. Die Pflicht, sich Regeln zu unterwerfen, muß für alle – vor allem auch für den Erzieher – gelten. *Kant* hat den Begriff der *Pflicht* zu moralischem Handeln zum zentralen Begriff seiner Ethik gemacht. Sie ist eine "deontologische" Ethik, eine Pflichten-Ethik. Sie kulminiert im "Kategorischen Imperativ". "Handle so, daß die Maxime deines Willens jederzeit zugleich als Prinzip einer allgemeinen Gesetzgebung gelten könne!" *(Kritik der Praktischen Vernunft, Bd. VII, 140)*.

Dieser Anspruch – an sich selber! – ist hoch und zugleich formal und abstrakt, und zwar sowohl in seiner Unbedingtheit (keine Ausnahme!) als auch in Bezug auf die Erkennbarkeit allgemeiner und gesetzeshafter Gültigkeit für den einzelnen in jeglicher Situation. Das wußte wohl auch *Kant* selber (vgl. *Gulyga 1985, 186)*. Es ging ihm um die Begründung der Objektivität dessen, was als Moral zu gelten hat, also um die Zurückweisung einer emotivistisch, d. h. lediglich subjektiv begründbaren Moral (vgl. *MacIntyre 1987*). Dies schließt freilich nicht aus, daß der Mensch das Gute auch aus Neigung und Liebe tun könne und zu tun lernen solle. Kinder brauchten ein "fröhliches Herz", das allein fähig sei, "Wohlgefallen am Guten zu empfinden" *(Kant, Pädagogik, XII, 745)*.

Generell hält freilich *Kant* die "Empfänglichkeit des Gemüts" als eine Voraussetzung für ein als Pflicht geltendes moralisches Handeln. In seiner "Metaphysik der Sitten" *(Bd. VIII, 530)* nennt er "das moralische Gefühl, das Gewissen, die Liebe des Nächsten und die Achtung für sich selbst" als solche subjektiven Bedingungen der Moralität. Es handle sich um natürliche Gemütsanlagen, die freilich erzieherischer Kultivierung bedürften, von denen er aber grundsätzlich annimmt, daß sie "jeder Mensch hat und kraft deren er verpflichtet werden kann" *(a.a.O.)*.

In diesem Punkt irrte *Kant* sicherlich, indem er aus seiner moralisch autoritär geprägten Zeit heraus die gesellschaftliche Abhängigkeit solcher "Gemütsanlagen" unterschätzte. Er war der Auffassung, daß "selbst dem gemeinsten Menschenverstand" geläufig sei, was moralische Pflicht sei. *Kant* legte als – vermeintlichen – Beleg ein Beispiel vor *(Bd. XI, 140)*:

Jemand habe ein anvertrautes fremdes Gut (depositum) in Händen, dessen Eigentümer tot ist, und die Erben desselben wüßten nichts davon, könnten auch niemals etwas davon erfahren. Zugleich sei der Inhaber dieses Depositums (ohne sein Verschulden) in gänzliche Not geraten, die seine Familie mit Frau und Kindern in schwere Bedrängnis gebracht habe, aus der er sich sofort befreien könnte, wenn er jenes fremde Gut sich aneignete. Er sei ansonsten ein guter Mensch und wohltätig, während jene Erben reich, lieblos und dabei im höchsten Grade üppig und verschwenderisch seien, so daß dieser Zusatz an Vermögen für sie genau so viel bedeute, wie wenn er ins Meer geworfen würde.

“Und nun frage man, ob es unter diesen Umständen für erlaubt gehalten werden könne, dieses Depositum in eigenem Nutzen zu verwenden? Ohne Zweifel wird der Befragte antworten: Nein! und statt aller Gründe nur bloß sagen können: es ist unrecht, d. h. es widerstreitet der Pflicht. Nichts ist klarer als dieses” *(140/141)*. *Kant* war überzeugt, daß selbst ein Kind von acht bis neun Jahren nur zu dieser Antwort kommen könne.

Koch (1990) hat dieses und ein weiteres Beispiel *Kants* acht- bis zehnjährigen Grundschülern vorgelegt. Eine klare Mehrzahl der Kinder votierte, gemäß der Annahme *Kants,* aber eben nicht *jedes* Kind. Es ist menschlich, bei der Umsetzung moralischer Prinzipien ins konkrete Handeln auch besondere Umstände zu berücksichtigen. Moralische Gesetze gelten nicht ohne Ausnahme. Das Tötungsverbot kann im Notwehr-Fall durch das Verteidigungs- und Hilfegebot aufgehoben werden.

Wir haben Gruppen von Studenten wiederholt die Kant’sche Frage schriftlich vorgelegt. Nahezu dreiviertel von ihnen antworteten, sie würden das Vermögen behalten. Sie führten dafür soziale Gründe an. – Es gibt also kein Verlaß auf eine “reine praktische Vernunft”. Das Gewissen unterliegt *auch* der sozialen und kulturellen Beeinflussung, und deren Divergenz hat heute ein Ausmaß angenommen, von dem man sich vor zwei Jahrhunderten keine Vorstellung machen konnte.

Kant sieht zwar auch die Notwendigkeit, das Gewissen zu kultivieren, d. h. die Aufmerksamkeit für den “inneren Richter” zu schärfen, und alle Mittel anzuwenden, um ihm Gehör zu verschaffen, womit er aber mehr den Anteil der Urteilskraft (des Verstandes) meint. Das Gewissen selber spricht “unwillkürlich und unvermeidlich”; es könne nicht irren, und Gewissenlosigkeit sei nicht ein fehlendes Gewissen sondern die Neigung, sich nicht am Urteil des eigenen Gewissens zu orientieren *(Metaphysik der Sitten, Bd. VIII, 532)*.

Kant kehrt mit seiner Ethik letztlich zur Metaphysik zurück. Moral führe “unumgänglich zur Religion” und erweitere sich damit zur Idee eines höchsten moralischen Gesetzgebers, “in dessen Wille dasjenige Endzweck (der Weltschöpfung) ist, was zugleich der Endzweck des Menschen sein kann und soll” *(VIII, 632)*, auch wenn die eigentliche Begründung der Moral Geheimnis bleibe.

Oberstes Prinzip der Sittlichkeit ist für *Kant* die *Autonomie des Willens*. “Was der Mensch im moralischen Sinne ist, oder werden soll, gut oder böse, dazu muß er sich selbst machen oder gemacht haben” *(Kant, VIII, 694)*. Der Mensch ist Subjekt des moralischen Gesetzes, und dieses gründet auf dem Prinzip der Autonomie seines Willens. Das bedeutet, daß der moralische Akt darin besteht, daß der freie Wille selber bestimmt, was ihm Gesetz ist und sein soll, daß solches Gesetz aber *zugleich* als *allgemeines* Gesetz zu gelten hat *(VII, 74/75)*. Im bloßen Befolgen von Gesetzen wäre lediglich Heteronomie wirksam. Der Mensch als vernünftiges Wesen aber ist dazu berufen, keinem Gesetz zu gehorchen als dem, das er zugleich selbst gibt *(67)*. Dieses Prinzip der Autonomie sieht Kant als einziges Prinzip der Moral an. In der freien Zustimmung des Subjekts zu dem, was vernünftigerweise für alle als Zweck gelten soll, liegt zugleich das begründet, was als *Menschenwürde* zu bezeichnen ist. Es ist der positive Gebrauch der Freiheit in sittlicher Hinsicht, d. h. im Dienst eines "Ganzen aller Zwecke (sowohl der vernünftigen Wesen als Zwecke an sich, als auch der eigenen Zwecke, die ein jedes an sich selbst setzen mag) in systematischer Verknüpfung" *(66)*.

Für unser Thema wichtig ist die Feststellung, daß hier mit "Autonomie" keine Verabsolutierung des Selbst, keine Totalsetzung des Subjekts, keine reine Selbstbezüglichkeit postuliert wird. Sie wäre mit einem kategorischen Imperativ, der sich auf eine allgemeine Gesetzgebung bezieht, gar nicht vereinbar. Das, was als "Selbstgesetzgebung" verstanden wird, kann nur das sein, was dem Entwurf und dem Zweck des Ganzen dient. Es handelte sich um eine Perversion des Prinzips der Autonomie, wenn sie als subjektive, willkürliche, selbstherrliche Verfügungsmacht über Menschen und Dinge interpretiert würde, wenn sie nihilistisch als Freiheit von Bindungen verstanden würde. Natürlich gab und gibt es diese reduktionistischen Verkürzungen und einseitigen Interpretationen. Sie sind am ehesten erklärbar mit einem herkömmlichen faktischen und prinzipiellen Übergewicht der Fremdbestimmung, die sich jahrhundertelang besonders in der Erziehung niederschlug und schließlich "in Auschwitz" kulminierte. Autonomie an sich ist auch kein Widerspruch zur Abhängigkeit, auch nicht zur Geschöpflichkeit und Gnade. Reife Autonomie ist im Grunde zugleich reife Abhängigkeit. Es kommt auf den Blickwinkel an. Daß das Realisieren von Autonomie schwierig ist, daß diese auch mißbraucht und fehlgedeutet werden kann, wußte auch *Kant*: "Alles, auch das Erhabenste, verkleinert sich unter den Händen der Menschen, wenn sie die Idee desselben zu ihrem Gebrauch verwenden" *(VIII, 653)*.

Wenn wir *Kants* Begründung der Autonomie aus pädagogischer Sicht zusammenfassen, ergeben sich folgende Einsichten:

- Autonomiebildung ist Persönlichkeitsbildung.
- Entwicklungsmäßig geht Autonomie aus Heteronomie (Fremdbestimmung) hervor, ist aber als Anspruch von Anfang an vorhanden.
- Das Erlernen von Autonomie als des rechten Gebrauchs der Freiheit schließt das Befolgen von Regeln (Disziplin) nicht aus.
- Erziehung zur Autonomie setzt autonome und verantwortungsbewußte Erzieher voraus.
- Die Vernachlässigung der Erziehung zur Autonomie führt in die Verwahrlosung.
- Erziehung zur Autonomie erfordert einen möglichsten Verzicht auf Zwang und Strafen,
    - ein frühzeitiges Einüben in verantwortbares freies Handeln,
    - das Ansprechen der Empfänglichkeit des Gemüts,
    - das Erfahren natürlichen Widerstandes,
    - die Respektierung der Freiheit und Würde des anderen,

  - die Kultivierung der eigenen Urteilskraft und eigenen sittlichen Maximen als Gewissensbildung und
  - die Respektierung von Gewissensentscheidungen.
- Das Postulat der sittlichen Autonomie führt zur Rückbindung (religio) an einen transzendierenden Endzweck des Ganzen (der Schöpfung).

Kritisch anzumerken wäre, daß eine reine Pflichten-Ethik, wie sie sich in *Kants* Werk repräsentiert, in einer Erziehung, die "Kopf und Herz" ansprechen und anregen will, an ihre Grenzen stoßen müßte, und daß eine auf bloße Pflichterfüllung hin angelegte Erziehung zu kritischen Vereinseitigungen führen müßte und auch geführt hat. Verwiesen sei in diesem Zusammenhang auf *O. F. Bollnow,* der in seiner "Einfachen Sittlichkeit" *(1947)* die Grenzen einer in gleicher Weise für alle, also *unbedingt* geltenden (hohen) Pflichtenethik und die Bedeutung einer alltagspädagogisch wichtigeren "einfachen Pflichterfüllung" aufzeigt, wie sie sich konkret und bedingt durch die Abhängigkeit vom jeweiligen, begrenzten Wirkungskreis des einzelnen Menschen und aus der "Öffentlichkeit der betreffenden Gemeinschaft", also nicht unmittelbar aus dem einsamen Gewissen, ergebe *(36)*. Das Kind will und soll natürlich auch mit seinem Herzen, also aus emotionaler Neigung, das Gute tun und das Böse verabscheuen. Es kann aber bestritten werden, daß *Kant* seine Moralerziehung als Erziehung zur Autonomie tatsächlich nur über den Verstand und starre Verpflichtungen konzipiert hat. Er hat freilich die reale Bedeutung der "natürlichen" Anlagen und damit auch der Gefühle – z. B. im Gegensatz zu *Pestalozzi* – nicht eigens thematisiert. Was er auf jeden Fall nicht gelten lassen konnte, ist ein moralisches Handeln, das der bloßen Emotionalität überantwortet sein könnte, also der Lust und Laune, also einem emotiven Selbst.

6.2.2. Wohlgeordnete Freiheit: Jean Jacques Rousseau

Vor *Kant* hatte bereits *Rousseau* auf eher pragmatischem Wege Einsichten in das formuliert, was bei *Kant* mit Autonomie bezeichnet wird. Die Begründungen waren freilich andere. *Rousseau* ging von der erziehenden Wirkung der *Natur* aus. Mit den Notwendigkeiten, die sie setze, also mit den Erfahrungen, die das Kind mit ihr mache, lerne es. Wenn auch der Begriff der "Natur" hier unklar bleibt, entscheidend ist, daß dieses Lernen als *selbstgesteuerter* Vorgang verstanden wird im Gegensatz zur gängigen Belehrung durch eine pädagogische Autorität. "Erteilt eurem Zögling keine Lehren durch Worte, er muß sie durch Erfahrung lernen", heißt es im "Emile" *(79)*.

Hinter diesem Verlagern des Lernens auf die Erfahrung an den Notwendigkeiten, die von Dingen und Verhältnissen, nicht aber von den "Launen", also der subjektiv beanspruchten Führung eines Menschen, ausgehen, ist eine psychologische und pädagogische Einsicht zu sehen, die sowohl autonomes Lernen meint als auch das Lernen selbstgesetzter Unterordnung unter unbestechliche Gesetzmäßigkeiten. Lernwirksam sei dabei "die einzige dem Menschen natürliche Eigenschaft", die "Liebe zu sich selbst" *(a.a.O.). Rousseau* spricht auch von der Freiheit als einem Mittel der Erziehung, das bisher nicht versucht worden sei. Es wäre freilich ein Irrtum, hinter dieser Freiheit rücksichtslose Willkür zu sehen. Für *Rousseau* ist jeweils nur eine "wohlgeordnete Freiheit" *(78)* pädagogisch legitimiert. Sie wird gebunden durch das, was "notwendig ist". "Der Zwang der Verhältnisse" sei der Zaun, der den Menschen halte, nicht die Autorität. Der Zwang, das "schwere Joch der Notwendigkeit, unter das jedes endliche Wesen sich beugen muß" *(77)* sollte aber nicht durch Verbote erzeugt werden. Es sollte vielmehr nach klaren, verbindlichen Maßgaben erzieherisch gehandelt werden. Was *Rousseau* konkret empfiehlt, mutet geradezu verhaltenspsychologisch begründet an: "Was er (der Zögling) nicht tun soll, verbietet ihm nicht; hindert ihn daran, es zu tun, ohne Erklärungen, ohne Auseinandersetzungen. Was ihr ihm zugesteht, das gebt ihm auf sein erstes Wort, ohne daß er viel darum bittet, vor allem ohne Bedingungen. Bewilligt etwas mit Vergnügen, schlagt nur ungern etwas ab, aber eine abschlägige Antwort sei unwiderruflich und durch kein Ungestüm zu erschüttern. Euer Nein sei eine eherne Mauer" *(78)*. Schlecht erzogen wird das Kind, "wenn es unaufhörlich zwischen seinem und eurem Willen schwanken darf, und wenn ihr fortgesetzt mit ihm streitet, wer von euch beiden Herr sein soll. Ich sähe hundertmal lieber, es sei immer selbst Herr" *(a.a.O.)*.

Es kommt uns hier nicht darauf an, *Rousseaus* Erziehungslehre auszubreiten, sondern darauf, deutlich zu machen, daß auch für diesen immer wieder als Gewährsmann für eine naturhaft freie, autoritätslose Erziehung benutzten Autor Selbsterfahrung und aus ihr hervorgehende vernünftige Selbststeuerung (Autonomie) nicht ohne Abhängigkeit von Notwendigkeiten (Heteronomie) ihre Gültigkeit erhalten. Immerhin aber ist festzuhalten, daß das Propagieren des autonomen Lernens, des Lernens aus freier Erfahrung gegenüber einer dominanten, belehrenden pädagogischen Autorität eine für die damalige Zeit ungeheuerliche Herausforderung darstellte. Sie wirkte bis in die Gegenwart hinein. Sie konnte zu ihrer Zeit zu keiner allgemeinen Veränderung der Erziehungsverhältnisse führen, da die politischen Verhältnisse gegenläufig waren. Im autoritär geordneten Staat galt die von oben nach unten strukturierte und institutionalisierte Autorität. Die militärische Ordnung wurde gar zum Vorbild der Schuldisziplin.

Im aufstrebenden Nationalstaat galt das Zurückstellen individueller Interessen zugunsten der nationalen politischen Ziele immer mehr. *Schleiermacher* spricht in seinen Pädagogischen Vorlesungen von *1826* von der pädagogischen Bedeutung der "Gewalt des Ganzen", die auf den einzelnen Willen wirken müsse. Als Beispiele führt er Anstalten an, die in der damaligen Zeit errichtet wurden und zwar für Kinder, die in der Familie "verwahrlost wurden". Dabei habe man die Erfahrung gemacht, daß diese, "wiewohl sie doch gar nichts von Ordnung wußten, mit großer Leichtigkeit sich in die Ordnung finden" *(1983, Bd. 1, 240)*. *Schleiermacher* war – wie auch andere führende Pädagogen, z. B. *Herbart,* – der Überzeugung, daß "nur in der Ordnung und Regel die Kraft des

Menschen liege, und daß es nur so viel Sicherheit in der Anwendung der Kräfte gibt, als es Ordnung und Regeln gibt" *(Schleiermacher, a.a.O., 270).*

6.2.3. Autonomie und gesellschaftliche Autorität: Emile Durkheim

Wichtige Aufschlüsse über das Spannungsverhältnis zwischen Autonomie und gesellschaftlicher Autorität, das sich unter dem Einfluß des aufziehenden Industriezeitalters immer deutlicher abzeichnete, geben die Arbeiten des französischen Soziologen *Emile Durkheim.* In seiner *1893* erschienenen Schrift "Über die Teilung der sozialen Arbeit" *(1977)* geht er von der zunehmenden gesellschaftlichen Komplexität und der damit verbundenen fortschreitenden Ausdifferenzierung einer Vielzahl eigener Teilfunktionen, Dienste und Tätigkeiten aus. Durch die Eigenbewegung dieser sozialen Teileinheiten würden neue Formen des gesellschaftlichen Zusammenhalts nötig. Da bei dieser "Arbeitsteilung" sich die Tätigkeiten der Individuen immer mehr unterscheiden, werde der Einzelne in seinen freien Handlungsräumen immer stärker in seiner Initiative und Eigenverantwortlichkeit gefordert. Daher komme es auf *selbständig* und *eigentätig* handelnde Individuen an, durch die eine neue Solidaritätsform zustandekomme, nämlich *Kooperation.* Dieser Typus einer neuen Moral müsse also auf der Freiheit und *Autonomie* der handelnden Personen und auf ihrer *gegenseitigen Achtung* beruhen.

Im Gegensatz zu diesem ersten Entwurf, der auch der heutigen Grundauffassung von Moralerziehung entspricht *(Piaget, Kohlberg),* nimmt *Durkheim* in seiner Pädagogik-Vorlesung von 1902/03 an der Sorbonne ("Erziehung, Moral und Gesellschaft", *1984*) deutliche Einschränkungen vor. Er erkennt zwar als ein Hauptaxiom der Moral die persönliche *Autonomie* an (die "Heiligkeit der menschlichen Person"), die sich gegen jeden Übergriff und Zwang von außen zur Wehr setze, und die respektiert werden müsse, betont aber zugleich die Begrenztheit und Unzulänglichkeit einer reinen Autonomie des vernünftigen Willens, d. h. dessen Eingebundenheit in die Heteronomie des allgemeinen Moralgesetzes, das über den individuellen Willen hinausgreift und deshalb übergeordnete Autorität beansprucht. Verkörpert sei diese in der *Gesellschaft,* im Vaterland.

Gemäß dem laiistischen Ansatz, für den es keine religiöse und sonstige metaphysische Begründung von Moral gibt, wird die *Gesellschaft* zur moralischen Überinstanz; sie "steht über den Individuen. Von ihr geht also jede Autorität aus" *(139).* Und diese müsse durch die Erziehung eine Qualität des "Heiligen" erhalten. In ihr sei der Geist der Disziplin kategorisch begründet. Regeln seien unbedingt erforderlich. Kinder brauchten diese, um von ihnen gezügelt und gestützt zu werden *(194).* Das Kind müsse freilich spüren, worin der Wert der Regel liegt, damit es sich ihr *freiwillig* unterwerfe *(195).* Zu überwinden sei ein unbeherrschter Individualismus, für den Verpflichtungen für das Gemeinwesen als unerträglich und nicht als Grund zur Freude empfunden würden *(270).*

Der Schule wird – nach der Familie – eine besondere Bedeutung bei der Moralerziehung zugesprochen. Die Schulklasse sei eine Gesellschaft im kleinen. In der undisziplinierten Klasse erhielten die individuellen Kräfte eine unheilvolle Richtung. Wenn diese gänzlich sich selbst überlassen blieben, entwickelten sich zerstörerische Gewalttätigkeit und immoralische bzw. demoralisierende Tumulte *(192f.)*.

Durkheim war sich offensichtlich der erzieherischen Gefahren dieser Überbetonung der unbedingten Autorität der "heiligen" Gesellschaft bewußt; denn er befürchtete bei den Lehrern eher einen Mißbrauch ihrer Macht als deren Ohnmacht und deshalb postulierte er ausdrücklich eine Vorsicht, um "die Freiheit des Kindes gegen die Allmacht der Erzieher zu behüten" *(185)*.

Inzwischen ist die Idee einer heiligen und vernünftigen Gesellschaft verblichen; an die Stelle der früheren Allmacht der Erzieher ist deren verbreitete Ohnmacht getreten. *Durkheims* Vorstellungen von einer gesellschaftlich konformistisch eingeschränkten Autonomie sind mehrfach kritisiert worden *(Piaget 1986; Kohlberg 1986; Mertens 1989)*. Die eigene Revision seiner ursprünglichen und weiterreichenden Vorstellungen zeigt m. E., wie sehr Pädagogik als Umsetzung sozialethischer Ideen von der aktuellen gesellschaftlichen Realität abhängig ist. Für die um die Jahrhundertwende herrschende Schuldisziplin auf der Basis einer ins Heilige erhobenen nationalistischen Überinstanz waren *Durkheims* Ideen von 1893 Utopie oder eine abzuweisende Herausforderung.

Die weitere geschichtliche Entwicklung des pädagogischen Verhältnisses von Autonomie und staatlicher Autorität ist allzu bekannt, als daß sie hier näher untersucht werden müßte. Sie kulminierte im Nazi-Deutschland in der Auslöschung jeglicher Autonomie zugunsten der Staatsideologie. Die Gehorsamsforderung pervertierte zum sogenannten blinden Gehorsam oder Kadavergehorsam. Das gleiche gilt für das marxistisch-leninistische Zwangssystem der Sowjet-Union (vgl. *Bronfenbrenner 1973*) und Chinas.

Obwohl im Westen nach dem Zweiten Weltkrieg eine Umorientierung und Rückbesinnung auf freiheitliche Werte einsetzte, blieb im ganzen gesehen doch die tradierte Schuldisziplin unangefochten. Sie verstand sich aus der gesellschaftlichen und ökonomischen Gesamtsituation hieraus als selbstverständlich. Die tradierte Werteordnung an sich hatte noch allgemeine Gültigkeit. Die freiheitlichen Werte waren in die wirtschaftlichen Notwendigkeiten des Wiederaufbaues fest eingebunden. Familie, Schule und Heim kannten keine generellen Autoritäts- oder Disziplinprobleme.

6.2.4. Gerechtigkeit als Fairneß: John Rawls

Die Situation hat sich längst geändert. Die Lebensperspektiven haben sich für den einzelnen geweitet. Er ist angesichts der Normenpluralität genötigt, stärker, als es früher nötig war, seine Lebensführung differenziert zu planen und eine Fülle von Lebensentscheidungen selber zu treffen. Umgekehrt gesehen wird dadurch die Vielfalt der Wertorientierungen immer größer. Ihr entspricht eine immer deutlicher ausgeprägte Individualisierung der Lebenserfahrungen. Dieser neue *Individualismus* ist zunächst einmal als eine Folge der grundlegenden gesellschaftlichen und normativen Veränderungen zu sehen. Er ist aber zugleich eine ethische Herausforderung. Er wird einerseits in utilitaristischer Sicht als Steigerung der Orientierung an persönlichem Nutzen gewertet (Egoismus), anderseits als Chance, das Selbst stärker als bisher bei der Bewältigung der gemeinsamen Lebens- und Zukunftsaufgaben zur Geltung zu bringen. Wir haben es mit einer direkten Herausforderung der Autonomie zu tun, um gesellschaftlich bestehen zu können. Der Erziehung kommt dabei eine wichtige Funktion zu.

In diesem Zusammenhang ist ein ethischer Ansatz von Interesse, der das Zusammenleben der Einzelnen in den Institutionen der pluralen Gesellschaft auf eine allgemeine, akzeptable, verbindende und regelnde Grundlage stellen könnte. Der nordamerikanische Moralphilosoph *John Rawls (1975, 419ff.)* sieht eine solche im *Prinzip der Gerechtigkeit.* Unter Bezug auf die klassische Vertragstheorie von *Locke* und *Rousseau,* vor allem aber auf die Ethik *Kants* legte er eine "Theorie des Rechten als Fairneß" vor. Der Grundgedanke ist der, daß freie und vernünftige Menschen in ihrem eigenen Interesse in einer Ursprungssituation der Gleichheit eine faire Übereinkunft über die Grundsätze finden, die die Grundverhältnisse ihrer Verbindungen bestimmen sollen und darüber, was ihnen ein für allemal als gerecht und ungerecht gelten soll *(28).* Es handelt sich im Prinzip um ein System auf der Basis der Freiwilligkeit, in welchem die Mitglieder autonom und die von ihnen anerkannten Pflichten selbstauferlegte sind.

Jedermanns Wohlergehen hängt also von der Zusammenarbeit ab. Diese ist möglich, weil die Grundsätze (Grundrechte und Grundpflichten) prinzipiell von jedermann – auch im eigenen Interesse – anerkannt sind.

Aus der umfangreichen und sehr differenzierten Theorie von *Rawls,* die hier nicht moralphilosophisch gewürdigt werden kann, sollen nur einige pädagogisch relevante Details kurz wiedergegeben werden:

Das eine bezieht sich auf die *Verpflichtungen,* sich gemäß den Regeln einer Institution zu verhalten: Diese Verpflichtung ist gegeben,

- wenn die Institution gerecht ist, d. h. den Grundsätzen der Gerechtigkeit (Fairneß) entspricht,
- und wenn der Einzelne im Sinne seiner Interessen Vorteile aus der Institution (Gruppe) zieht.

Der Grundgedanke ist der Grundsatz der Fairneß: Wenn sich Menschen nach Regeln zu gegenseitig dienlicher Zusammenarbeit zusammenschließen, also ihre Freiheit zum Vorteil aller beschränken, dann haben diejenigen, die sich diese Beschränkungen auferlegen, ein Recht darauf, daß auch die anderen sich diesen Beschränkungen unterwerfen, die Vorteile davon haben. Die "gerechte Schulgemeinde" nach *L. Kohlberg,* auf die noch näher eingegangen werden soll, beruht auf diesem Fairneßgrundsatz und den sich daraus ergebenden gegenseitigen Verpflichtungen *(133)*.

Ein anderer für uns wichtiger Gedanke in *Rawls'* Theorie ist der der *Selbstachtung* als Voraussetzung für faires Verhalten und für das Eingehen gegenseitiger Verpflichtungen. Sie besteht in dem Gefühl, daß das, was man für die Zusammenarbeit tut, Sinn hat, d. h. daß es das wert ist, was man dafür aufwendet, und daß sich dies auch in öffentlicher Anerkennung zeigt *(204)*.

Selbstachtung hängt nun vor allem davon ab, daß man selber geachtet wird. Folglich ist es Pflicht, einander menschenwürdig zu behandeln. Durch die gegenseitige Achtung, die auch öffentlich ausgedrückt wird, wird die Selbstachtung gefördert. *Rawls* betont ausdrücklich, daß in einer öffentlich dem Utilitarismus verschriebenen Gesellschaft die am wenigsten begünstigten Personen nicht so einfach ein sicheres Selbstwertgefühl entwickeln könnten *(207)*. Dagegen spiegele sich in einer nach den Prinzipien der Gerechtigkeit als Fairneß strukturierten Sozietät der natürliche Wunsch der Menschen wider, nicht lediglich als Mittel gebraucht, sondern als Zweck an sich selbst behandelt zu werden, ganz im Sinne des *Kant*'schen Kategorischen Imperativs, "die Menschheit sowohl in deiner Person, als in der Person eines jeden anderen, jederzeit zugleich als Zweck, niemals bloß als Mittel" zu brauchen *(Bd. VII, 61)*. Das Grundgut der Selbstachtung und damit der Achtung vor der Würde des Kindes und der Jugendlichen kann pädagogisch grundsätzlich nicht hoch genug eingeschätzt werden. Für *Kant* ist "Würde haben" etwas, "was über allen Preis erhaben ist" *(Bd. VIII, 569)*.

Der Grund dafür, daß der Mensch Würde hat, liegt für *Kant* in der *Autonomie* des Menschen. In diesem Sinne handeln für *Rawls* Menschen, die nach dem Prinzip der Gerechtigkeit als Fairneß handeln, autonom, d. h. sie handeln nach Grundsätzen, die am besten ihrer Eigenart als freie und gleiche Vernunftswesen entsprechen *(560)*, die sich also nur selbstgegebenen und zugleich allgemeingültigen Maximen unterwerfen. *"Die moralische Erziehung ist also Erziehung zur Autonomie"* (*a.a.O.*, Hervorhebung durch O. S.); und Autonomie wird ausdrücklich – ganz im Sinne *Kants* – nicht als bloße Freiheit des Subjekts verstanden, sich beliebige moralische Auffassungen zu bilden, sondern es wird die Entsprechung von Autonomie und Objektivität herausgestellt. Die Erziehung zur Autonomie und damit zur Moralität ist auf gerechte Institutionen und auf gemeinsame Tätigkeiten nach dem Prinzip des Rechten als Fairneß angewiesen.

Die *moralische Erziehung* habe vor allem die Aufgabe, den *Gerechtigkeitssinn* zu fördern. Das moralische Lernen erfolge über die Erfahrung und das Erleben von Bindungen an die Grundsätze des Rechten als Fairneß. Das Erlernen von Moralität verläuft – hier stützt sich *Rawls* vor allem auf *Piaget* und auch auf *Kohlberg* – in drei Stufen:

1. über eine *autoritätsorientierte* Moralität, für die vor allem die Eltern eine besondere Bedeutung haben,
2. über eine *gruppenorientierte* Moralität (Spiel-, Schulgruppen)
3. zu einer *grundsatzorientierten* Moralität, d. h. zur moralischen Autonomie.

Eine verbindliche Orientierung an den Grundsätzen des Rechten als Fairneß kommt also im wesentlichem dadurch zustande, daß der Mensch in verläßliche und vertrauenswürdige Bindungen hineinwächst und zugleich hinreichend Möglichkeit erhält, seine Einsicht (Vernunft) frei zu gebrauchen. *Rawls* betont im besonderen die Bedeutung der *Bindungen* für die Entwicklung der moralischen Gesinnung bzw. des *Gefühls* für das Rechte.

Man könnte nun kritisch fragen, ob denn dem Gerechtigkeitssinne unter den Tugenden der höchste Wert zukomme, und ob es für die Verwirklichung der Menschlichkeit ausreiche, sich "lediglich" an der gerechten, d. h. gegenseitigen Förderung und Sicherung der menschlichen Interessen zu orientieren. Für *Rawls* hängt der Gerechtigkeitssinn mit der *Menschenliebe* zusammen. Die Liebe ist an der Gerechtigkeit als fairer Zusammenarbeit interessiert, sie geht aber über moralische Forderungen hinaus: Sie ist *selbstlos.* Sie äußere sich zum einen dadurch, daß das Eintreten für Gerechtigkeit und das Rechte wesentlich über die natürlichen Pflichten und die Fairneßverpflichtungen hinausgehe, daß sie also durch Tugenden des Altruismus, der erhöhten Empfindung für die Bedürfnisse anderer und der Bescheidenheit und Selbstlosigkeit gekennzeichnet sei, zum anderen zeige sich Liebe in der *Form,* in der das Rechte zu Geltung gebracht wird: in den Tugenden des Mutes, der Großzügigkeit, der Wohltätigkeit, des Erbarmens und der Selbstbeherrschung bei Handlungen, die ein hohes Maß an Disziplin erfordern *(520).* Gerechtigkeit allein genügt nicht.

Rawls' Ethik ist als deontische Ethik für die Erziehung von unmittelbarer Bedeutung. Die natürlichen Pflichten (gegenseitige Achtung und Hilfe sowie das Gebot, den anderen nicht zu schädigen, und dem Unschuldigen nichts anzutun) und die Verpflichtungen der Fairneß sind sowohl unverzichtbare Grundlagen als auch Aufgaben der Erziehung. Ohne eine hinreichend gerechte Schule ist eine moralische Erziehung nicht möglich. Diese folgt den Stufen der moralischen Entwicklung, d. h. sie beginnt mit einer autoritätsorientierten Moralerziehung, um über eine gruppenorientierte zu einer maximenorientierten Moralität fortzuschreiten. Darin ist nichts anderes als die Förderung der Autonomie zu sehen. Wenn Pflichten selbstauferlegte sein sollen, weil sie von jedermann eingesehen und anerkannt werden können, muß die Autorität mit dem Voranschreiten der Einsicht zurücktreten.

Moralische Überzeugungen werden nicht aufgezwungen. Die Erziehung zur freiwilligen Anerkennung gegenseitiger Achtung und Hilfe arbeitet mit Argumenten und überzeugenden Beispielen. Am Ende steht dann "eine Gerechtigkeitsvorstellung, deren vernünftige Begründung man sich ganz selbständig klarmachen kann" *(560).*

Natürlich ist das eine Idealvorstellung. Die Anwendung unter den jeweiligen individuellen und gesellschaftlichen Bedingungen erzeugt eine Wirklichkeit mit je eigenen Problemen. Dies schließt aber die Bedeutung von Maximen für die Problemlösung nicht aus; diese wird vielmehr dadurch erleichtert und zwar von einem normativen Bezugsrahmen her, dem jeder Beteiligte "natürlicherweise" (*Rawls* spricht hier von einem "Urzustand") als freies und vernünftiges Subjekt zustimmen könnte.

Indem *Rawls* sich an klassische Ethiken, insbesondere an die von *J. Kant* anschließt, enthält seine Theorie im Gegensatz zur *Konsenstheorie* einen *ontologischen* Grund; gemeint ist ein aller individuellen Erfahrung vorgegebener und der Wirklichkeit innewohnender tradierter Urbestand an Ideen, Gesetzmäßigkeiten und Grundwerten, der in die Vernunft hineinwirkt und den Menschen erleben läßt, daß dieses *Humanum* ein zu bewahrender und jeweils hier und jetzt weiterzuentwickelnder sei, der vor Zerstörung zu schützen ist. Dieser Urbestand an (Schöpfungs-)Gütern manifestiere sich vor allem in der *Natur,* also in dem, was dem Menschen vorgegeben ist.

Auch heutige Neurobiologen, wie *Maturana und Varela (1987),* erkennen auf Grund ihrer naturwissenschaftlichen Forschungen einen "grundlegenden ontologischen Zug der conditio humana" *(267).* Die Welt, das Menschliche an ihr, das die Menschen hervorbringen, könne nur im Miteinander hervorgebracht werden. Ethik läßt sich also auch biologisch begründen. Sie stützt sich auf die Natur des Menschen.

Kant bezeichnete die Natur auch als "die Existenz der Dinge unter Gesetzen" *(Bd. VIII, 156).* Wenn *Kant* feststellt, "daß hinter jeder Erziehung das große Geheimnis der Vollkommenheit der menschlichen Natur stecke" *(Bd. XII, 700)* so ist eine Heteronomie angesprochen, durch die die menschliche Vernunft gestützt wird, und von der aus die Annahme von etwas als vor aller menschlichen (sittlichen) Autonomie Seiendem möglich und sinnvoll wird. Natur als das, was vor dem Menschen da ist, also nicht von ihm gemacht ist, aber in ihn hineinwirkt als Vorausseiendes, als Vorausgesetztes, als "Vorprogrammiertes" *(Eibl-Eibesfeldt),* als Vorausorganisiertes oder Vorauskonstruiertes kommt seiner Vernunft entgegen und stützt damit auch seine Erkenntnis des Guten. Für den Erzieher ist "das Gute in jedem Kind" eine unverzichtbare und unabdingbare Ausgangsbasis für sein normatives (moralisches) erzieherisches Handeln.

Piaget bezog das Apriorische, das *Kant* als vor aller Erfahrung Gegebenes beschrieben hatte, auf die menschlich kognitiven Strukturen an sich, aber auch auf die moralische Entwicklung. In seiner evolutionären Erkenntnistheorie ("Biologie und Erkenntnis" *1974*) geht er davon aus, daß für die Sicherung der realen Existenz sowohl ontogenetisch bedingte Substrukturen konstitutiv und wirksam seien als auch ein phylogenetisch gewordenes allgemeines Funktionieren der Gesamtorganisation eines Lebewesens. Letzteres sei als Resultat einer allmählichen Selbstorganisation und Konstruktion zu sehen. In seiner Untersuchung über das moralische Urteil des Kindes spricht *Piaget* von einem apriorischen Vorhandensein eines idealen Gleichgewichts, das in die aktuellen defizitären Gleichgewichtszustände hineinwirke, so daß eine Unterscheidung zwischen beiden möglich wird *(1986, 470).* (Vgl. auch Kap. 8.1.).

Ohne die Annahme einer Mitbegründetheit allgemeiner Lebenswertigkeiten im apriorischen, d. h. bei einer Verneinung allen Seins und einer nihilistischen

Setzung bloßer Voraussetzungslosigkeit von Freiheit des Einzelnen müßte das Ver-nichten von Existierendem prinzipiell auch als Sinn und Ziel von Existenz gesehen werden. Ein solcher nihilistischer Ansatz wäre als Erziehung nicht umsetzbar. Hier versagte auch eine bloße *Konsenstheorie* der Ethik und Moralerziehung.

Während nach der (praktischen) Konsens-Theorie die Gültigkeit moralischer Entscheidung von allgemeiner Zustimmung gesichert wird, so daß unter bestimmten, aktuellen Umständen auch bestimmte Moralprinzipien im Konsens außer Kraft gesetzt werden könnten, sieht eine Ethik, die die inhaltliche Begründung von Moral im *Sein* annimmt, ihre zentralen Prinzipien als unveränderbar und unverzichtbar an. *Steinvorth (1990)* hat die Bedeutung einer ontologischen Begründung der Moral erst jüngst herausgearbeitet, um die Schwächen der Konsenstheorie auszugleichen. Für eine moralische Erziehung, die auf die Selbstauferlegung von Verpflichtungen abzielt, sei es wichtig, das moralisch Gute an und in sich vom moralisch Unrechten zu unterscheiden, also nicht nur Diskursverfahren zu praktizieren, sondern auch unerreichbare moralische Inhalte und Prinzipien zu lehren. *Steinvorth (a.a.O., 16)* stützt sich dabei auf die beiden in allen Ethiken anerkannten zentralen Moralprinzipien *A. Schopenhauers,* nämlich das *Verletzungsverbot* ("Verletze niemanden!") und das *Hilfegebot* ("Hilf, soviel du kannst, allen!"). Eine im Sein begründete Moral lasse sich inhaltlich als Seinsförderung (Förderung des Guten) ausweisen, während deren Negierung als Seinsdestruktion, als Unmoral oder das Böse im traditionellen Sinne, identifizierbar werde (Seinsdestruktion, Nichts). – Eine vielbeachtete seinsorientierte Ethik der Verantwortung für der Zukunft wirklichen und reicheren Menschentums hat *1980 H. Jonas* vorgelegt.

In diesem Kapitel ging es darum, wichtige ethische Theorien aufzuzeigen, die eine Erziehung zur Autonomie, genauer gesagt, eine pädagogisch zu initiierende Autonomiebildung, begründen können. Ihre Umsetzung in eine entsprechende pädagogische Praxis war und ist schwierig. Dazwischen standen und stehen jeweils die gesellschaftlichen Bedingungen. Sie ließen nur allmählich und in mehr oder weniger gelungenen Einzelansätzen eine Veränderung zu. Sie sollen im nächsten Kapitel angesprochen werden.

6.2.5. Der moralische Imperativ des Anderen: Emmanuel Lévinas

Eine sehr eigene Herausforderung des Autonomie-Prinzips der Moral stellt die Ethik des französischen Philosophen *Emmanuel Lévinas* dar. Sie mißtraut einer Autonomie, die sich durch Vernunft und die bloße Selbstbezüglichkeit der Einzelnen sichert, also einer egologischen Autonomie, die verstanden wird als unbedingt freier Wille des Einzelnen, der sich zwar dem "allgemeingültigen Gesetz" unterwirft, ohne daß Zwang ausgeübt werden müßte, der aber auch auf seine Freiheit nicht verzichten muß *(1995, 230).* Hierzu müssen wir beachten, daß die sog. Grundrechte in diesem Verständnis begründet sind. Sie sichern Freiheit und Gerechtigkeit und damit Frieden des Einzelnen, "soweit er für sich selbst existiert, soweit er als zufriedener Mensch in seinem Wohlstand und seiner Freiheit Sicherheit verspürt. Stille seines Ruhens in seiner Positivität und seiner Position: Substantialität einer selbstsicheren Substanz" *(a.a.O.)*.

Der Schwachpunkt eines solchen schiefen Autonomiebegriffs liege in der Selbstsicherheit und ihrer inneren Logik. Durch sie wurde und wird zwar die unumgängliche Ordnung – unterstützt vom Staat – aufrechterhalten. Sie ist aber, was Europa betrifft, geschichtlich äußerst belastet durch ungeheuerliche Unmenschlichkeiten. Lévinas spricht vom "Skandal der Gleichgültigkeit" gegenüber den Leiden der Opfer und einem "Man-selbst" als einer "in sich selbst verknäuelten Selbstheit", die als ursprünglich und autark gelte: Selbstgerechtigkeit des Einzelnen als Absicherung und Ignoranz gegenüber dem Anderen und seiner Not!

Diesem Bild des Europäers mit seinem schlechten Gewissen setzt Lévinas seine *Ethik vom Anderen her* entgegen. Der Andere sei moralisch gesehen der erste, derjenige, von dem ein moralischer Anruf an mich ausgeht, und dem ich zwingend zu antworten habe *(1989)*. Es ist der Andere selber, es ist sein "Antlitz", von dem ein unbedingter moralischer Imperativ ausgeht, und der letztlich bedeutet: Ich bin nackt! Verletze mich nicht! Du darfst mich nicht töten! Damit verliert mein Bewußtsein, mein Ich, seine Priorität als *Initiator* aller geistigen Bewegungen: Was ich als Forderung des "Antlitzes" des Anderen erlebe, wird im Grunde erlitten. Das Subjekt erlebt sich bar seiner Macht, wird aber dadurch fähig, den Anderen mit dem, was er be-deutet, wirklich wahrzunehmen. Er ist *der Andere an sich,* d. h. vor allem individuellen Taxieren, *was für ein Anderer* er sei, ein Ausländer, ein Behinderter, ein Asozialer, ein Reicher, ein Armer, ein Widerlicher oder ein Sympathischer?

Sowohl Nähe als auch Distanz zum letztlich Anderen, der mir Achtung abverlangt, sind dazu nötig. Das dadurch hervorgerufene Ethische verdanke nichts den Werten, sondern es seien die Werte, die ihm, dem originär Moralischen, alles verdanken. Es ist das Wert-sein des Anderen, was das konkrete Gute ausmache. Ethisch verstanden, müsse das Ich sich als "Splitter des Ganzen" verstehen, "das menschliche Solidarität gebietet, gleich einem Organismus, dessen Glieder solidarisch sein müssen" *(Lévinas 1995, 225)*. Das Ich oder Selbst ist immer auch und primär für den Anderen verantwortlich *(Speck 1996b)*.

Der englische Soziologe *Baumann* hat *(1995)* auf der Basis der Ethik *Lévinas'* eine "postmoderne Ethik" entwickelt. War in der Moderne mit ihrem Leitprinzip der Freiheit des Einzelnen der Andere noch ein "inkarnierter Widerspruch und der schrecklichste aller Stolpersteine" auf dem Weg der Selbstverwirklichung, so müsse eine postmoderne Ethik den Anderen aus dieser Verbannung herausholen und "in den inneren Kreis des moralischen Selbst" zurückholen. Sie müßte die autonome moralische Bedeutung der Nähe (des Anderen) wiederherstellen und ihn im Prozeß der Verwirklichung des moralischen Selbst als entscheidenden Charakter neubesetzen.

Moralische Autonomie erscheint in diesen Gedankengängen in einem radikal anderen Licht. Sie ist nicht Selbstgenügsamkeit, Selbstsicherheit oder in sich ruhende Vernunft sondern ist Antwort auf den Anderen, der "den Vortritt hat", und für den ich primär und "vor allem ich" verantwortlich bin. Der primäre moralische Imperativ geht vom Anderen aus. Es ist die eigene Autonomie, die ihm gehorcht. In dieser Sichtweise erhält das Solidarische oder die Gemeinschaft einen originären und ihr zustehenden ursprünglichen Platz als Eigenwert. Sie ist keine Sekundärgröße des sich selbstverwirklichenden und sich absolut setzenden Menschen.

Autonomie ist immer eine auch abhängige Größe und damit eine relative Größe *(Schäfer 1996)*. Sie ist ein Bindungsbegriff. Durch Autonomie bindet sich das Selbst. Sie kann in zweifacher Hinsicht wirksam werden: Zum einen in einem mehr reflexiven oder kognitiven Sinne als Selbstbindung an eine allgemeingültige Gerechtigkeit und Ordnung und zum anderen in einem präreflexiven und vorrationalen oder intuitiven Sinne als unmittelbare Verantwortung für den Anderen, also von Wohlwollen oder – wenn man so will – von Liebe *(Herzog 1991)*. Beide Aspekte sind im Grunde nicht voneinander trennbar.

7. Ansätze einer Erziehung zur Selbstbestimmung

Zu allen Zeiten hat es gegenüber einer Vorherrschaft der pädagogischen Fremdautorität Ansätze gegeben, der Selbstentfaltung des Kindes als pädagogischer Aufgabe und Zielsetzung Geltung zu verschaffen. Derartige Versuche gab es gerade auch im Bereich der Erziehung gestörter, also verwahrloster oder neurotischer Kinder und Jugendlicher. Sie wurden unter relativ verschiedenen theoretischen und ideologischen Akzentuierungen vertreten und praktiziert. Dabei lassen sich zwei Richtungen unterscheiden, je nachdem, wie das Selbst ("autos") definiert wird, dem auf pädagogischem Wege mehr Geltung verschafft werden soll, und zwar einerseits eine *individuumzentrierte* und andererseits eine *gesellschaftsbezogene.* Die eine ließe sich auch als Erziehung zur *Freiheit* des Individuums und die andere als Erziehung zur Freiheit im *überindividuellen* Ganzen kennzeichnen.

Von den verschiedenen Vertretern wie auch von ihren Rezipienten und Kritikern sind diese Akzentunterschiede immer wieder auch überzeichnet worden, um sie besser von ihrem Gegenteil abheben zu können. Diese Überzeichnungen, aber auch Vereinseitigungen und Vereinfachungen in der Praxis haben stets neu zu Fehlinterpretationen und Konfrontationen geführt, die einen wirklichen Fortschritt mehr behindert als gefördert haben. Es ist auch vielfach übersehen worden, daß die Vordenker solcher Ansätze, wenn man sie genauer studiert, sich gar nicht radikal voneinander unterschieden, wie es viele ihrer Interpreten glauben machen wollten. Es ist immer wieder erstaunlich, wie unproblematisch Kategorisierungen von Autoren vorgenommen werden, d. h. wie sehr deren Probleme und deren Ringen mit der pädagogischen Komplexität und ihrer theoretischen Ordnung vereinfacht werden.

7.1. Individuumzentrierte Ansätze

Sie werden insbesondere in den zwanziger Jahren wirksam. So steht in gewissem Sinne die Pädagogik von *M. Montessori* für einen Umbruch im pädagogischen Denken, bei dem die *freie Selbsttätigkeit* des Kindes in den Vordergrund gestellt wird, das entwicklungspsychologisch als "Baumeister seiner selbst" gesehen wird. Es ist ihr Verdienst, eine individualtheoretische Position auch praktisch vertreten zu haben, deren Kern im *selbstgesteuerten Lernen* zu sehen ist. Sie übertrug ihre vor allem in der Didaktik umgesetzten Gedanken auch auf die Willensbildung, bei der es darauf ankommen sollte, daß das Kind nicht durch Fremdautorität (Befehle, Gehorsam, Pflicht) zur "Selbstbeherrschung" gelange sondern durch *eigene Einsicht.* Es benötigt dazu eine erzieherische Umgebung (z. B. die Schule), die ihm Gelegenheit zum Gebrauch seiner Freiheit, seiner eigenen inneren Kräfte, bietet. "Hilf mir, es selbst zu tun!"

Mit "selbsttätiger Erziehung" und "Selbsterziehung" war aber nie *nur* freie Selbstgestaltung gemeint. Diese war vielmehr eingebunden in die natürliche erzieherische Ordnung des "Hauses", des "Kinderhauses", bzw. in die Wesensgebundenheit der Dinge, wie sie über Formen und Farben des didaktischen Materials vermittelt wurden. In einer auf die Entwicklungsbedürfnisse des Kindes abgestellten erzieherischen Umgebung sollten die Kinder nicht Zwang sondern die passenden Gelegenheiten vorfinden, ihre Arbeit selbst zu tun, und ihr Leben selbst auszuarbeiten *(Montessori 1913)*. Unverzichtbare Grundlage bildete die Achtung vor der Würde des Menschen im Kinde.

Die damals pädagogisch geradezu revolutionären Ideen und praktischen Versuche von *M. Montessori* wurden vielfach verdächtigt, der Zügellosigkeit Vorschub zu leisten. Davon konnte in der Praxis keine Rede sein. Montessori-Schulen, wie sie vor allem im Ausland, z. B. in den Niederlanden, in größerer Zahl errichtet wurden, kannten keine besonderen Disziplinprobleme. Es war eher vom Gegenteil die Rede (vgl. *Buytendijk 1970, 272*). Es wird freilich a.a.O. auch hervorgehoben, daß "ein ehrlicher Versuch mit Montessori-Kindern nur mit *normalen* Kindern unternommen werden" kann. Man hat auch davon auszugehen, daß Disziplin damals eine allen Lebensbereichen inhärente Selbstverständlichkeit war. Man hat zu Recht die Erziehung zur Selbständigkeit nach *M. Montessori* als Vorbeugung psychischer Störungen – insbesondere unter individualpsychologischem Aspekt – gewürdigt. Eine eigentliche Sozialerziehung aber hat sie nicht entworfen. "Das Montessori-System fördert in erster Linie das Individuum, nicht die Gruppenbildung *(Muchow 1970, 144)*. *M. Montessori* konnte davon ausgehen, daß das soziale Ganze, dem die selbsttätige Erziehung des Einzelnen dienen sollte, allgemein anerkannt definiert war und damit Disziplin fundierte *(1968)*.

Die wohl stärksten Impulse zu einer den Einzelnen von erdrückender Autorität freisetzenden Erziehung, gerade bei psychisch gestörten Kindern, gingen von *S. Freuds Psychoanalyse* aus. Bei aller Vielfalt von Teiltheorien und "Schulen", die sich seitdem aus ihr entwickelt haben, läßt sich unter unserem pädagogischen Leitaspekt der Autonomie als Kerngedanke die Bedeutung einer freien emotionalen Entwicklung des Kindes herausstellen. Man spricht auch vom "psychodynamischen" Ansatz. Die Erforschung der Neurose hatte ergeben, daß seelische Erkrankungen vor allem auf frühe Beeinträchtigungen der Gefühlsentwicklung, genauer gesagt auf eine Nichtbefriedigung der emotionalen Bedürfnisse des Kleinkindes zurückgeführt werden können. Dabei konnte es sich entweder um fehlende Gefühlszuwendung handeln, wie sie vor allem *R. Spitz* bei Säuglingen in Kinderheimen beobachtet hatte, oder um eine einschnürende oder autoritäre Beziehung, bei der sich die eigene Emotionalität nicht individualitätsgemäß entwickeln konnte.

Gerade die letztere Einsicht von der krankmachenden, seelisch störenden Unterdrückung des Trieblebens des Kindes bzw. der für eine "gesunde" Entwicklung notwendigen *Freisetzung der emotionalen Grundbedürfnisse* des Kindes fanden in zahlreichen Erziehungsmodellen eine pädagogische Umsetzung. Daß diese vom *Freud*'schen Ansatze her nicht mit bloßer Freiheitlichkeit gleichzusetzen war, zeigt der Versuch von *August Aichhorn* mit verwahrlosten Jugendlichen in einer Anstalt in der Nähe von Wien, die er 1918 übernommen hatte *([7]1971)*.

Aichhorns Erziehungskonzept beruhte auf der psychoanalytischen Theorie und zielte darauf ab, das Ich der Jugendlichen, das in seiner Entwicklung im Lustprinzip, also im Unbewußten, verhaftet geblieben war, so zu stützen und zu stärken, daß es sich dem Realitätsprinzip, also der Vernunft, stellte. Es sollte instandgesetzt werden, das ungezügelte Drängen nach momentanem Lustgewinn zu regulieren, also in gewissem Maße auch Triebaufschub auf sich zu nehmen, um später realitäts- und kulturfähig zu werden.

Um diese Ich-Leistung oder Entwicklung zu einem reifen Ich – man könnte auch sagen: zur Autonomie – zu erreichen, sollte das Kind oder der Jugendliche nicht bloßer Strafandrohung im Sinne eines repressiven Besserungsprinzips ausgesetzt werden, sondern durch "Milde und Güte", also durch "Liebesprämien" oder "Ersatzlust" für momentanen Triebverzicht unterstützt werden *(168)*. Über die Beziehung zum Erzieher (Übertragung) und die Identifikation mit einem Über-Ich (Ideal-Ich) sollte sich aus einem Lust-Ich ein Real-Ich entwickeln, das sich letztlich als reifes Ich dem kategorischen Imperativ des Ideal-Ichs unterwirft *(188)*.

Als Beispiel für diesen Ansatz sei hier der dramatische Versuch mit einer Gruppe schwer aggressiver Jugendlicher wiedergegeben: In ihr hatten sich alle diejenigen Jugendlichen zusammengefunden, die bei einer Gruppenwahl durch die Zöglinge wegen ihrer Unverträglichkeit und Brutalität niemand gewählt hatte *(12)*. Entgegen der mehrheitlichen Auffassung seiner Mitarbeiter, diese Zöglinge besonders streng zu überwachen und scharf zu behandeln, entschied sich *Aichhorn* für seinen Ansatz des weitestgehenden Verzichts auf Triebbeschränkungen. "Absolute Milde und Güte; fortwährende Beschäftigung und viel Spiel, um auch den Aggressionen vorzubeugen; fortgesetzte Aussprachen mit jedem Einzelnen" *(149)*. Dies bedeutete u. a.: keinerlei Widerstand gegen Aktionen der Jugendlichen, d. h. soweit nur immer vertretbar, die Jugendlichen *gewähren zu lassen,* sich nicht durch noch so provokante Aktionen aus der Fassung bringen lassen, bei gefährlichen Raufereien lediglich Unglück zu verhindern suchen, jedoch nicht Partei nehmen.

Die vorhandenen Erzieher waren bald überfordert. *Aichhorn* selber übernahm mit zwei Erzieherinnen, die sich freiwillig gemeldet hatten, diese Gruppe mit ihren außergewöhnlichen Problemen. Im Verlauf des Versuchs vermehrten und steigerten sich die Aggressionen: Das Barackeninventar ging in Trümmer, Fensterscheiben wurden eingeschlagen, Türfüllungen eingetreten. Jeder lauerte dem anderen auf. Schließlich saß niemand mehr am Tisch, sondern jeder hockte in irgendeiner Ecke am Boden. Das Geschrei war schon von weitem zu hören. Das Chaos trieb die beiden Erzieherinnen an den Rand der Verzweiflung; sie mußten erschöpft abgelöst werden.

Die Aggressionen steigerten sich nur bis zu einem bestimmten Punkt und gingen dann in Scheinaggressionen über. Der starke Affekt löste sich in Wutweinen auf. Allmählich flachten die Wutausbrüche ab. Nach drei Monaten schien der Versuch einen toten Punkt erreicht zu haben.

Das herannahende Weihnachtsfest wurde zum Wendepunkt. Es löste einen "starken Freudenaffekt" aus. Nach den Weihnachtstagen wurde die verwüstete Baracke mit einer neu eingerichteten vertauscht. Neues Leben begann in der Gruppe. Sie wuchs zusammen und machte in der Folgezeit keine größeren Schwierigkeiten mehr. Später erwiesen sich die ehemaligen "Aggressiven" als besonders anhänglich. Es heißt, sie hätten auch schulisch gute Fortschritte gemacht.

Aichhorns Versuch kann angemessen nur aus den damaligen Bedingungen heraus beurteilt werden. Er fand innerhalb einer Gesellschaft statt, in der die traditionell autoritär vertretenen Grundwerte und Lebensformen generell noch wirksam waren, womit sich u. a. auch erklären läßt, daß nach den verzweifelten Versuchen der Jugendlichen, ihr Ich zu behaupten, sich so rasch eine Art "Gemeinschaft" als akzeptierte Gruppenrealität bilden konnte. Ohne Zweifel half es den bisher sozial und emotional deprivierten Jugendlichen, ihre – aufgestaute – innere Energie freizusetzen und ihr Ich zu erproben.

Wichtig war für sie neben der persönlichen Autorität *Aichhorns* auch die emotionale Verbindlichkeit, auf die sie sich im Zusammenleben mit ihren Erziehern verlassen konnten. Im bloßen Freisetzen von Ich-Bedürfnissen läge jedoch noch nicht die pädagogische Lösung. Ohne Bindungen an ein als ordnend akzeptiertes soziales Ganzes kann bloße Selbstdurchsetzung im Chaos oder in der sozialen Isolation enden. – Im übrigen sei nur am Rande vermerkt, daß der Aufwand und Verschleiß an Sachen und Personen seine ganz konkreten Grenzen hat.

Während in Deutschland *Aichhorns* Versuch – vor allem aus politisch-geschichtlichen Gründen – keine Nachahmung fand, wurde in den USA mit diesem Ansatz eine neue Form der Therapie für verhaltensgestörte Kinder entwickelt, u. a. in kleinen Heimen. Diese bestand im wesentlichen darin, daß den Kindern eine nahezu uneingeschränkte Freiheit eingeräumt wurde, bei der es zu anarchischen Zuständen kam. Ein Beispiel:

> "Zuerst kommt man sich vor wie in einem Hexenkessel. Im oberen Stockwerk ist ein größeres Mädchen dabei, ein Schlafstubenfenster einzuschlagen. Zwei Jungen gießen einen Eimer Lackfarbe die Vordertreppe hinab. Ein paar Kinder laufen mit flachsigen Strähnen im Haar herum, die sie sich durch Behandlung mit Wasserstoffsuperoxyd zugelegt haben. Ein kleiner Bursche kommt über die Veranda geschossen, um das dürre Gras im Hof in Brand zu stecken. Ein Mädchen pfeffert eine Teetasse von einer Ecke des Speisesaals in die andere."

Dieser zeitgenössische Bericht *(Whitman 1947, 29)* gilt einem "wissenschaftlichen Laboratorium" (Southhard School in Topeka, Kansas), in welchem die Kinderpsychologie "neuartige Auffassungen von Benehmen, Disziplin und Persönlichkeitsentwicklung erforschen und damit einen Beitrag zur Therapie von Kindern leisten wollte, deren Seelenleben als "verkrüppelt" angesehen wurde.

Die offensichtlich uneingeschränkte Freiheit, wie sie die Kinder zunächst "genossen", sollte sich als "explosives Stadium", als "Dampfauspuffen", nur auf den Anfang der Therapie beziehen. Wenn diese Phase durch genügend "Befriedigung", die bisher versagt gewesen war, überwunden war, stelle sich bei den Kindern, so lautete die Theorie, das Bedürfnis nach Ordnung und Disziplin ein. Das Realitätsprinzip konnte das – bisher zu kurz gekommene – Lustprinzip allmählich ablösen. Sich Regeln zu fügen, würde dann als größere Befriedigung erlebt, als wenn diese gebrochen wurden.

Schwierigkeiten mit einem derartigen Therapieansatz stellten sich generell ein, wenn es darum ging, seine Elemente auf pädagogische Institutionen zu übertragen (vgl. *Juul 1979*). Im übrigen erwiesen sich bei wissenschaftlichen Überprüfungen die Erfolge als insgesamt relativ niedrig und eher entmutigend. Sie lassen sich wohl zum großen Teil darauf zurückführen, daß das Augenmerk allzu einseitig auf das kindliche Individuum gerichtet war und die mitentscheidende Frage nach den sozialen Bedingungen vernachlässigt wurde.

Das Konzept von *Fritz Redl,* einem aus Wien 1936 in die USA emigrierten Lehrer und Psychoanalytiker, läßt sich auf zwei zentrale Begriffe bringen: auf die *Ich-Stärkung* und auf das *Therapeutische Milieu.* Es ist deshalb von besonderer pädagogischer Bedeutung, weil es sich nicht auf neurotische Kinder und Jugendliche mit einem "immer noch mehr oder weniger intakten Ich" *(1971, 26)* bezieht, also auf Kinder aus oberen oder mittleren sozialen Schichten, sondern auf solche mit grundlegenden Ich-Defiziten, wie sie auf der Basis einer Slum-Umwelt entstehen. Für eine selbstbestimmte Erziehung fehlten also nahezu alle Ich-Grundlagen, geschweige denn Ansätze einer Autonomiebildung. *Redl* erkannte, daß für diese Kinder ein bloßes Gewährenlassen und das bloße Entfernen von Hindernissen noch keine Ich-Stärkung erbrachte, sie eher noch erschweren konnte.

Redl (1970; 1971) hat zahlreiche sehr unterschiedliche Formen von "Störungen der Ich-Funktionen" beschrieben. Sie liegen dann vor, wenn die Abwehrmechanismen des Ich außer Kontrolle geraten, wenn die Selbstkontrolle verlorengeht oder nicht zustandekommt. *Redl* betont, daß es neben einer Unterfunktion des Ich auch eine Überfunktion geben kann, genauer gesagt: eine "partielle Ich-Hypertrophie" *(1971, 27),* z. B. dann, wenn es im Dienste eines delinquenten Über-Ichs steht.

Das gestörte Ich – wir können hier auch vom Selbst reden – ist in der Regel nicht fähig, sich sach- oder regelgerecht zu verhalten, und mit Frustrationen fertig zu werden. Es hat besondere Schwierigkeiten, dem Ansturm der eigenen Impulsivitäten zu begegnen, und sich im Moment disparater Reize zu kontrollieren. Ein besonderes pädagogisches Problem stellt der zähe Widerstand gegen jegliches Eingreifen vonseiten des Erwachsenen dar. Man könnte sagen, von Autonomie im Sinne von Selbstbeherrschung und Selbststeuerung ist keine Rede. Das Kind oder der Jugendliche mit emotionalen Störungen oder mit einer Verwahrlosung läßt sich dadurch kennzeichnen, daß eine Autonomiebildung blockiert ist.

Die pädagogisch-therapeutische Hilfe setzt deshalb bei einer "Ich-Unterstützung" an. Sie wird auf der Grundlage einer positiven Beziehung – also einer emotionalen Bindung – gesehen und besteht nicht einfach darin, das Kind gewähren, also sich ausagieren zu lassen sondern auch im *Zumuten* gewisser Regeln und Grenzen.

Die Ich-Unterstützung läuft darauf hinaus, übermäßige Reizungen und Stauungen der Antriebe und Affekte zu vermeiden, aufzufangen oder abzuleiten, und dem Kind vorsichtig und in steigendem Maße Triebverzichte zuzumuten, also Selbstbeherrschung anzubahnen. Typische Beispiele für übermäßige Impulsivität wären Kinder, die sofort wütend werden, wenn sie einen Fehler machen, oder die nicht warten können, bis sie dran sind, also Kinder, die im allgemeinen mit Frustrationen nicht fertigwerden können.

Redl entwickelte deshalb das Konzept des *"Therapeutischen Milieus",* d. h. einer Intensivierung der täglichen pädagogischen Einflußnahme in der gesamten Umgebung des Kindes (Heim) einschließlich des Setzens klar definierter Grenzen (Disziplin). Dadurch sollte es dem Kind möglich werden, *"Kontrollen von innen"* und damit *"Ich-Stärke"* aufzubauen. Das schwerverwahrloste Kind sei ansonsten zu schwach, sich selbst kontrollierend auf die Realität einzustellen *(Redl 1971)*. Durch eine verbindlich geordnete neue Lebenswelt sollte eine "Rekonstitution des Ich" möglich werden (vgl. *Otto 1986*).

Im Gegensatz zum ursprünglichen psychoanalytischen Ansatz mit seiner oft endlosen Suche nach den Ursachen, wobei man leicht verführt wird, "den falschen Datenbaum anzubellen", wird hier ein direktes pädagogisches Eingreifen und Steuern auf dem Boden verläßlicher Beziehungen empfohlen.

Die Erfahrungen von *Redl* bestätigen erneut, daß das Freisetzen der Eigenbedürfnisse der Kinder an sich noch keine neue soziale Realität (Ordnung) hervorbringt, vor allem dann nicht, wenn schwerwiegende soziale Verfremdungen und Defizite vorliegen.

Auch *Bruno Bettelheim,* ebenfalls aus Wien stammend und Psychoanalytiker, verwendete auch den Begriff des "therapeutischen Milieus", aber in einer anderen Form als *Redl.* Das wird u. a. deutlich, wenn man die räumlich-wohnliche Gestaltung der *Orthogenic School,* einer psychotherapeutischen Klinik (mental hospital), für psychisch gestörte Kinder in Chicago, betrachtet, die er über viele Jahre leitete. ("A Home for the Heart", *1974*): Ästhetisch ansprechend, Anspruchsniveau der oberen Mittelschicht, ein Heim zum Wohlfühlen und dies bis in alle Details hinein durchdacht. *Bettelheims* Konzept ging davon aus, daß eine unabdingbare Voraussetzung für den Aufbau von Identität und Autonomie, für das Wagnis, sich nicht einfach dem Lustprinzip zu überlassen, sondern entsprechend dem Realitätsprinzip sich momentane Triebbefriedigung zu versagen, in der *Selbstachtung* besteht, und daß diese wesentlich davon abhängig ist, daß das Kind von außen her Achtung erlebt. Vom Moment der Aufnahme ins Heim an sollte das psychisch gestörte, d. h. innerlich desintegrierte Kind, in seiner neuen Umgebung in allem spüren, daß es Vertrauen zu sich fassen und Autonomie gewinnen könnte *(a.a.O., 50).* So sollte es die Gelegenheit haben und die Fähigkeit erwerben, seine eigenen Bedürfnisse in Interaktion mit anderen zu befriedigen, die es als ein einzigartiges Individuum achten. Durch solche Erfahrungen sollte es erkennen, daß es tatsächlich eine wertvolle Person ist, die einen bestimmten Platz im Leben und Bedeutung für andere hat. Auf diese Weise erst würde es fähig, auch andere als Individuum mit eigenen Rechten zu achten, und mit ihnen auf der Basis der gegenseitigen Achtung autonomer Wesen zu interagieren.

Ich habe mich immer wieder gefragt, wie *Bettelheim* es fertiggebracht hat, dieses theoretisch klare, aber für psychisch desintegrierte Kinder doch sehr anspruchsvolle Konzept in die Wirklichkeit umzusetzen, zumal er – wie er einmal persönlich erklärte – nur Kinder aufnahm, die von anderen Kindertherapeuten als "hoffnungslose Fälle" aufgegeben worden waren. Eine Erklärung glaube ich darin gefunden zu haben, daß es doch *bestimmte* Kinder waren, die aufgenommen wurden, und zwar Kinder, die auf das auf die soziale Mittelschicht ausgerichtete Normensystem ansprachen. *Bettelheim* bestätigte diese Voraussetzung in einer späteren Schrift *(1980)*: "Jede Erziehung beruht auf einer Mittelklasse-Moral, die ihr psychoanalytisches Gegengewicht in einem stark entwickelten Realitätsprinzip findet, also in der festen Überzeugung, daß man auf gegenwärtigen Lustgewinn weitgehend zugunsten größeren Gewinns in der Zukunft verzichten muß" *(147)*; und diese Moral werde nicht erlernt, sondern durch die Erfahrung der "von den Eltern eingepflanzten Angst und durch das gute Beispiel elterlichen Verhaltens" erworben *(a.a.O.)*. Fiele dieses Beispiel "zwingender Moral" aus, so entwickelten die meisten dieser Kinder "für den Rest des Lebens ... ein relativ primitives Ich" *(148)*, was wohl heißt: keine wirkliche Moral.

In diesem Zusammenhang erscheint es mir bemerkenswert, daß *Bettelheim* wiederholt die Funktion der *Angst* für den Aufbau von Moral betont und z. B. *Nietzsches* Wort zitiert, die Mutter der Moral sei die Furcht (aus: "Jenseits von Gut und Böse"). Dabei bezieht sich *Bettelheim* auf eine gewissermaßen natürliche Angst, z. B. die Angst, die Zuneigung der Eltern oder einen bestimmten Eigennutzen zu verlieren, oder die Angst vor dem ewigen Verderben. Seine Kritik richtet sich dabei gegen die Tendenz heutiger Erziehung, überall Angst abzubauen, Angst vor den Eltern, Angst vor dem Lehrer, Angst vor dem göttlichen Richter. Wenn die Eltern (heute) nur Wert darauf legten, dem Kind Zuneigung und Billigung zu garantieren, "gibt es keine Angst – aber auch nicht viel Moral" *(147)*. Das Kind orientiere sich dann stärker an den subkulturellen Normen seiner Gleichaltrigen-Gruppe, z. B. in den Slums.

Man ist einigermaßen überrascht, wie sehr *Bettelheim* die *Angst* in die Diskussion bringt. Er betont ausdrücklich, daß natürlich keine Rede davon sein könne, die Erziehung und das schulische Lernen wieder auf Angst zu gründen *(150)*. Zu denken gibt aber doch das Wort von der "zwingenden Moral" in seinem Hospital, die durch die ganzheitliche Ordnung des Hauses und eine überzeugende gegenseitige Wertschätzung garantiert werden sollte.

Ich meine, in der Annahme nicht fehlzugehen, daß eine Erklärung hierfür und für die von *Bettelheim* publizierte Wirksamkeit seiner "Ganzheitstherapie" in seiner eigenen geradezu zwingenden *Autorität* zu suchen ist, ein Phänomen, das im Felde außergewöhnlicher Therapien durchaus nicht selten ist. (In diesem Zusammenhang sei auf kritische Berichte nach dem Tode *Bettelheims* 1990 verwiesen, die u. a. "Der Spiegel", Nr. 37/1990, 262–264, veröffentlichte. In ihnen ist von einem anderen *Bettelheim* die Rede, von einem durchaus nicht "antiautoritären" Pädagogen.

Hinzufügen möchte ich noch einen Gesichtspunkt, den *Bettelheim* – aus eigener extremer Erfahrung im KZ – für die existentielle Bedeutung der Autonomie anführte. Mit Hilfe einer Autonomie, insbesondere der Integration der eigenen Persönlichkeit und der Selbstachtung, also einer gewissen inneren Unabhängigkeit, sei es dem Menschen möglich, auch bei schweren Angriffen gegen seine Persönlichkeit, z. B. in Gefangenschaft und Folter, geistig und damit auch physisch zu überleben. Bedingung sei freilich, welches Maß an Autonomie, an innerer Sicherheit und Selbstachtung eine Person *vorher* erworben und bewahrt habe. Daraus leitete *Bettelheim* die Notwendigkeit ab, daß sich ganz allgemein Erziehung um die Ausbildung von Autonomie zu bemühen und dem Menschen zu helfen habe, "Herr und Eigner eigenen Gesichts" zu werden *(1980, 124),* d. h. ihn vor destruktiven Erfahrungen zu bewahren.

Der hierzulande am meisten bekannt gewordene individuumzentrierte Ansatz einer Erziehung zu mehr kindlicher Autonomie ist der Versuch *"Summerhill"* von *Alexander S. Neill.* Der englische Pädagoge gilt mit seinem Modell einer freien Schule sicherlich zu Recht als revolutionär. Sein Buch *(1969)* wurde international zu einem Bestseller. Der für die deutsche Übersetzung gewählte Buchtitel "Theorie und Praxis der antiautoritären Erziehung" ist jedoch irreführend. Das, was in Deutschland als "antiautoritäre" Erziehung im Rahmen der Studentenbewegung der sechziger Jahre entstand, ist etwas anderes als diese am Prinzip der Selbstbestimmung des Individuums orientierte Internatsschule nördlich Londons, gegründet 1921.

Neill gibt selber an, von *Freuds* Genie inspiriert worden zu sein. Es ging ihm um Kinder, die von ihren Eltern falsch erzogen worden waren, die deshalb schwierige und unglückliche Kinder geworden waren. Sein Ziel war es, solche Kinder zu heilen, d. h. sie glücklich werden zu lassen. Was diese bisher durch Strenge unterdrückten Kinder dafür vor allem brauchten, war die Freiheit von Zwang und das Recht auf Selbstbestimmung in ihren Angelegenheiten. Dies setzte den völligen Verzicht auf Anwendung von Machtmitteln und von Überredung voraus.

Größtmögliche Freiheit bedeutete für *Neill* aber unter keinen Umständen Zügellosigkeit. Er verwahrte sich später in einem eigenen Buch "Freedom – not Licence!" *(1966)* gegen die Unterstellung, in seiner Internatsschule könne jeder machen, wozu er Lust habe. Die etwa 25 Schülerinnen und Schüler hatten in der Tat außergewöhnliche Freiheiten; so war z. B. der Schulbesuch nur ein freiwilliger. Es wird aber auch berichtet, daß es auch Regeln und

Strafen gab. "Jede Tyrannei wird streng geahndet" lautete das am Schwarzen Brett angeschlagene und unterstrichene Gesetz der Schulregierung *(1969, 63)*. Es gab Geldstrafen, die von der Schulregierung verhängt wurden, z. B. wenn jemand unerlaubt mit einem Fahrrad gefahren war oder sich im Kino schlecht benommen hatte. Beständig gemeinschaftsfeindliches Verhalten ließ man sich auf die Dauer nicht gefallen. Von einer solchen Schülerin meinte *Neill* selber: "Sie betrachtet uns als Trottel und leichte Beute ihrer Aggressionslust. Wir können schließlich nicht die ganze Gemeinschaft für einen einzelnen opfern" *(a.a.O., 69)*.

Das gesamte *Summerhill*-Konzept kann und braucht hier nicht im einzelnen dargestellt zu werden. Es kommt uns im wesentlichen darauf an zu zeigen, daß selbst bei diesem "radikalen" Versuch einer konsequent freien Erziehung das Spannungsverhältnis zur Fremdbestimmung, zur Autorität, zur Bindung, bleibt. Diese wird hier klar vertreten im Sinne der Hausordnung (Schülerregierung) und vor allem in der Persönlichkeit des Schul- und Heimleiters, die nicht generalisierbar ist. Das pädagogische Hauptaugenmerk galt der freien Entwicklung der glücklichen und lebenstüchtigen Persönlichkeit der – sämtlichst von reichen Eltern stammenden – Schüler. Ihre Autonomie wurde lediglich im Verhältnis zur Autonomie der Mitschüler und der Pädagogen gesehen, nicht aber inhaltlich im Spannungsverhältnis zum Ganzen der Gesellschaft, in der sie lebten (vgl. *Erlinghagen 1973*).

7.2. Gesellschaftsbezogene Ansätze

Was in den sechziger Jahren als "antiautoritäre Erziehung" verstanden und mit steigender öffentlicher Resonanz vertreten wurde, ist in seinem Kern im Zusammenhang mit gesellschaftspolitischen Veränderungen zu sehen, wie sie von der Studentenbewegung in Gang gebracht wurden. Sie richtete sich mit ihren jahrelangen Massenprotesten *gegen* ("anti") bestehende, überholte und angemaßte Machtverhältnisse ("Autoritäten") in der spätbürgerlichen Wohlstandsgesellschaft. Autorität wurde pauschal und verkürzt als Widerspruch zur Freiheit gesehen und als Inbegriff von Zwang und Herrschaft gedeutet.

Mehr diffuse und mehr affektiv bestimmte Auflehnungserscheinungen gegen erstarrte Lebensformen und verkrustete, vom Einzelnen nicht beeinflußbare Machtverhältnisse hatte es schon vorher gegeben: Zum ersten Male war die Gesellschaft von den spontanen Massenkrawallen der sogenannten *Halbstarken* in den fünfziger Jahren überrascht und verschreckt worden. Bald darauf waren es die "Gammler", später die "Hippies", die "Rocker" u. a. Gemeinsam war ihnen allen die radikale Auflehnung gegen jegliche überkommene Macht; es fehlte damals aber noch ein eigentliches politisches Ziel.

Das mit einem moralischen Anspruch verbundene gesellschaftspolitische Interesse an einer "antiautoritären Erziehung" war darin begründet, daß die bestehende Gesellschaftsstruktur mit ihrem "spätkapitalistisch repressiven Zwangscharakter" nur überwunden werden könne, wenn auch die Erziehung einen neuen Menschen hervorbringe. Dieser falle – vor allem in der Schule – deshalb die Aufgabe zu, die bestehenden Unterdrückungsverhältnisse zu entlarven und ein neues, das "richtige" Bewußtsein herbeizuführen, damit auf diesem eine neue, eine herrschaftsfreie und zugleich sozialistische Gesellschaft aufgebaut werden könne. Voraussetzung und Ziel sollte der autonome, kompetente und kritische Mensch sein. Eine *"emanzipatorische Erziehung"* sollte ihn zugleich befähigen, solidarisch gegen soziale Unterdrückung zu handeln.

Praktisches Versuchsfeld für diese "antiautoritäre Erziehung" wurden die vor allem von Studenten errichteten *"Kinderläden"*. Waren sie auch eigentlich aus Nützlichkeitserwägungen (zur Unterbringung der eigenen Kinder) entstanden, so boten sie doch die Möglichkeit, eine *Gegenerziehung* gegenüber dem hergebrachten Kindergarten zu praktizieren. Da die neuen pädagogischen Ideen primär vom "Anti", also vom Negativen her bestimmt waren, fehlte es an einer ausformulierten, konstruktiven und übereinstimmenden pädagogischen Orientierung. Das Verbindende war das "Gegen". Antiautoritäre Erziehung war, wie *Masthoff (1981)* resümiert, gerichtet

- gegen angemaßte personale Autorität (Eltern, Lehrer, Erwachsene schlechthin),
- gegen dominant repressive Strukturen im Erziehungsprozeß (Zwänge, Vorschriften, Verbote, Strafen),
- gegen eine Erziehung, die den Willen der Heranwachsenden manipulativ den normativen gesellschaftlichen Setzungen unterwirft,
- gegen einen "instrumentalen Autoritarismus", z. B. in Form eines didaktisch-methodischen Dirigismus und
- gegen die autoritären Forderungen einer Leistungsgesellschaft.

Positiv gefordert wurde die Befähigung des Kindes zur *Selbstregulierung* seiner Bedürfnisse bzw. eine Sozialisation, die seiner Triebstruktur entspricht.

Der Erwachsene sollte dabei keineswegs von seiner pädagogischen Verantwortung entbunden werden; antiautoritäre Erziehung wurde durchaus nicht als totaler Verzicht auf Erziehungsmaßnahmen, als Laissez-faire-Praxis verstanden. Eine chaotische Freiheit, die nur zur Orientierungslosigkeit und blinder Aggressivität führen mußte, wurde abgelehnt.

Wichtigste Bedingungen für das Erlernen der Selbstregulierung waren einerseits affektive Zuwendung und Wärme, andererseits ein Erfahrungsfreiraum, der nicht durch Fremdbestimmung der Erwachsenen eingeengt wurde, der freilich da endete, wo die Selbstregulierungsbedürfnisse eines anderen beeinträchtigt wurden. Die Kinder sollten ihre Konflikte eigenständig zu lösen versuchen, ihre Gruppenangelegenheiten selber verwalten und weitestgehend selbst über ihre Spiele bestimmen.

Die *Selbstregulierung* der eigenen Bedürfnisse erfordere ein Freisein von den Anpassungsforderungen, wie sie eine "Zwangs- und Leistungsgesellschaft" setze. Während in der früheren Mangelgesellschaft es notwendig gewesen sein mag, den Kindern mehr Triebverzicht aufzuerlegen, verlange die heutige

Überflußgesellschaft nur selten Einschränkungen. Deshalb seien auch äußere Grenzen durch normative und moralische Regulierungen nicht nur überflüssig sondern auch schädlich. Das Ergebnis sei durchaus keine chaotische Freiheit oder Tyrannei. Im Gegenteil: Ein tyrannisches Kind sei ein Kind, dessen Bedürfnisse nach Liebe und Zuwendung nicht gestillt worden seien (vgl. *Bott 1971, 49–51*).

Es handelt sich bei diesen Thesen um reine Annahmen, wie sie aus der zugrundeliegenden Gesellschaftskritik ideologisch hervorging. Die Selbstregulierung des Kindes wird absolut gesetzt. Es gibt keine hinreichende Gewähr, daß bloße Triebbefriedigung von selber zu einem geregelten Selbst führt. Natürlich spielen die Erwachsenen (Erzieher) auch eine Rolle: Sie sollen die Kinder in ihren Bedürfnissen beachten und sie bei der Wahl der Bedürfnisbefriedigung unterstützen. Diese mehr beiläufige Unterstützung aber setze wiederum hohe Anforderungen an die Erzieher voraus: Sie müßten selber emotional befriedigt sein und zu permanenter Arbeit an sich selber bereit sein.

Man kann sich nur schwer vorstellen, daß Eltern derart ideale Eltern werden können. Die Realität bestätigt eher das Gegenteil: Auch heute nach 20 Jahren noch überforderte Eltern! Daß im übrigen die (kapitalistische) Überflußgesellschaft in einem sozial orientierten pädagogischen Ansatz als Argument für dominante Triebbefriedigung herhalten mußte, war ein widersprüchliches Argument. Die heutige Überlebenskrise legt Konsumverzicht nahe.

Wollen wir aus gegenwärtiger Sicht das Experiment der "Kinderläden" pädagogisch beurteilen, so ist zunächst anzumerken, daß diese heute nahezu vergessen sind. Es gibt sie schon lange nicht mehr. Die weitere pädagogische Öffentlichkeit hatte sich ohnehin nie sehr für sie interessiert. Allzu provozierend wirkten die intellektuellen, radikalen Thesen, die diesem Versuch einer revolutionären Kindererziehung zugrundelagen.

Uns interessiert unter dem Aspekt unseres Themas einer Erziehung zur Autonomie im besonderen die Praxis einer "Selbstregulierung" in einem gesellschaftspolitischen Kontext. Auf der einen Seite wurde "Emanzipation" als Befreiung von vorgegebenen "Autoritäten" und als Widerstand gegen Indoktrination praktiziert, auf der anderen Seite kann praktisch überhaupt keine Rede davon sein, daß diese Erziehung eine tatsächlich freisetzende war. Die Kinder wurden vielmehr im Sinne einer repressiven Moral eindeutig einer neuen Indoktrination ausgesetzt. Die Kinderläden wurden ausdrücklich als "Ansätze einer Erziehung zu Kampf, Konflikt und sozialistischer Lebensperspektive" *(Bott 1971, 64)* verstanden. Es wäre auch abwegig, von einem radikal freiheitlichen oder autonomen Ansatz auszugehen, bei denen es den Kindern überlassen worden wäre, ihr Wertsystem selber zu finden. Es wurde vielmehr ausdrücklich die herkömmliche Pädagogik darin bestätigt, daß "Erziehung ohne Vermittlung von Wertvorstellungen unmöglich ist", und die Kinder hätten ein "Recht darauf, von Eltern und Erziehern zu erfahren, was diese für gut und wahr bzw. für schlecht und unwahr halten" *(Bott a.a.O., 12)*. Diese ihre – im wesentlichen – politischen Auffassungen wurden im Kontext des politischen Kampfes kompromißlos und auch aggressiv vertreten. Eine Reflexion der eigenen repressiven Autorität kam nicht in Betracht. Sie wurde verschleiert. Die sogenannte antiautoritäre Erziehung war im Grunde keine unautoritäre Erziehung. Sie sollte vielmehr von der einen Autorität befreien, um eine andere Autorität durchzusetzen.

Geradezu abstoßend wirkt aus heutiger Sicht das *aggressive Element* in den Kinderläden. Es überforderte die Erzieher. Eine "Selbstbestimmung", die zur – geradezu vandalistischen – Zerstörung der Umwelt (des Mobilars, von Blumen und Sträuchern etc.) führt, kann nicht als Erziehung zur Autonomie angesprochen werden. Man kann nicht zu Frieden und Verständigung mit Andersdenkenden erziehen, wenn man den Kampf gegen diese predigt. Man kann nicht zur Solidarität mit den Schwachen und Unterdrückten erziehen, wenn sich in der Kindergruppe prinzipiell die Stärkeren gegen die Schwächeren durchsetzen dürfen und sollen.

Auf mögliche Gefahren einer Sozialisation, bei der die "Selbstaktualisierung" des Kindes einseitig gefördert wird, hatte *Irle (1975)* mit Bezug auf die antiautoritäre Erziehung hingewiesen:

"Die 'antiautoritäre' Erziehung könnte verheerende Folgen (gemessen an ihren eigenen Werten) haben, soweit sie unter 'antiautoritär' nicht so sehr den Verzicht auf negative Verstärker versteht, sondern einen 'Laissez-faire'-Stil, der keinerlei Verstärkungen anbietet. Wenn dann Kinder von Kindern oder von Erwachsenen oder aus Massenmedien aggressives Verhalten durch Beobachtung erwerben und an dessen Ausführung nicht nur nicht inhibiert werden, sondern – zum Beispiel – von ihren Gefährten dafür positiv verstärkt werden und entsprechende Selbst-Verstärkungen internalisieren, dann werden damit aggressive Verhaltensdispositionen sozialisiert" (zit. bei *Kmieciak 1976, 325*).

Wir halten es nicht für abwegig anzunehmen, daß derartige Folgen einer – wie auch immer verstandenen – antiautoritären Erziehung auch wirklich eingetreten sind.

Bei aller berechtigten Kritik an den "Kinderläden", die es im übrigen in nur wenigen Orten (Großstädten) gab, können die pädagogischen Impulse nicht übersehen werden, die vom Reizwort und von der Bewegung der antiautoritären Erziehung ausgingen. Bei den jüngeren Eltern setzte sich in erstaunlichem Maße eine Hinwendung zu demokratischen, partnerschaftlichen und liberalen Erziehungsleitbildern durch *(Kmieciak 1976, 321)*. Zu Recht wurden überkommene "Autoritäten" infragegestellt und kritisiert. Das Postulat, daß die Schule kindgerecht und nicht das Kind schulgerecht gemacht werden müsse, ist längst allgemein anerkannt. Es war übrigens kein neues! Mit der in Gang gekommenen Diskussion um die Legitimierung von Autorität in der Erziehung wurden neue pädagogische Perspektiven freigelegt. Zugleich drängte sich damit immer stärker die Frage auf, in welchem Verhältnis in einer pluralistischen Gesellschaft Autonomie zu einer nicht-doktrinären Autorität stehen könne, bzw. ob es sich nicht um einen unauflösbaren Widerspruch zwischen Autonomie und Autorität handelte, der im Sinne der Autonomie nur überwunden werden könne durch eine radikale Freiheitlichkeit in der kindlichen Entwicklung.

7.3. Antipädagogik

Die radikale Forderung, jegliche Erziehung abzuschaffen, hat eine Theorie angemeldet, die sich Antipädagogik nennt. Mit dem Aufdecken von Untaten, die im Namen der Erziehung an Kindern jahrhundertelang verübt worden sind, bestreitet diese Antibewegung jede Existenzberechtigung von Pädagogik. *K. Rutschky (1977)* veröffentlichte unter dem Titel "Schwarze Pädagogik" eine Fülle von Quellentexten pädagogischer Autoren, die z. T. eine finstere Vergangenheit des Umgangs mit den Kindern, ihrer Abrichtung, ihrer Unterwerfung und ihrer Mißhandlung offenbaren. Wie eine pervertierte Erziehung zu psychopathologischen Störungen führen kann, und wie psychiatrisch autoritäre Institutionen zu deren Verfestigung beitragen können, hat aus psychoanalytischer Sicht *M. Mannoni (1987)* leidenschaftlich dargestellt, um von der Antipsychiatrie her für eine Antipädagogik zu plädieren.

Diese radikal kritischen Texte zusammen mit Schriften, die als Antipädagogik jeglichen Erziehungsanspruch zurückweisen *(v. Braunmühl [5]1988; v. Schoenebeck [3]1984; [2]1989; A. Miller 1983),* haben in der Öffentlichkeit eine auffallend starke Resonanz gefunden. Für viele Angehörige der jüngeren Generation wirkt dieses Abrechnen mit der Last erlittenen Unrechts im Namen von Erziehung wie eine Befreiung; und wie eine Verheißung wirken die neuen Thesen zur Befreiung des Kindes von der Erziehung, auch wenn sie eine Fülle von Unklarheiten und Widersprüchlichkeiten, von Vereinseitigungen und unzulässigen Verallgemeinerungen enthalten (vgl. *Flitner 1986; Oelkers / Lehmann 1983*). Diese Thesen sind für unser Fragen nach der Funktion der Autonomie im Erziehungsprozeß von spezifischer Bedeutung.

Für die Antipädagogik ist der Autonomieanspruch des Kindes ein zentraler Wert. *Braunmühl* widmet ihm *(1988)* ein eigenes Kapitel in seinen "Studien zur Abschaffung der Erziehung". Der (herkömmlichen) Pädagogik wird vorgeworfen, daß sie der autonomen Aktivität des Kindes zutiefst mißtraue, sie eher negiere, um pädagogische Fremdbestimmung, also Manipulation, zu verankern, d. h. Autonomie des Kindes unmöglich zu machen. Das Negieren beginne schon bei der Geburt; es werde pädagogischerseits von Beginn des Lebens an der Anspruch auf Fremdbestimmung erhoben und Autonomie (Selbständigkeit) erst als *Ziel* der Erziehung ins Auge gefaßt. Diese übermächtige Fremdbestimmung mißachte nicht nur die autonomen aktiven Seelenkräfte des Säuglings und Kleinkindes sondern zerstöre sie. Der Mensch werde zur Marionette.

Existentielle oder Spontanautonomie sei dem pädagogischen Denken geradezu unerträglich. In einer Erziehung *zur* Autonomie sei eine Perversität zu sehen, die im Sinne der kommunikativen Paradoxien nach *Watzlawick* nur so funktionieren könne, wie eine Erziehung *zur* Spontaneität: "Sei autonom" könne nur zu krankhaften Entwicklungen führen, einem Kennzeichen (dem Kern) moderner Pädagogik. Autonomie als "Lernziel", zu erreichen über "pädagogische Förderung", könne demnach nur als Widerspruch in sich selbst gesehen werden; denn deren Ergebnis könne nur eine vernichtete Spontanautonomie sein, zumindest ihre Unkenntlichkeit, eine "Entselbstung" des Kindes.

Braunmühl argumentiert von einer biologischen Quelle der Autonomie her. Er zitiert *Erikson,* der im Ich "ein zentrales Organisationsprinzip für Erfahrung und Aktion des Menschen" sieht (bei *Braunmühl a.a.O., 156*), das bereits beim Säugling vorhanden ist, und mit dem es über *seine* Sinne die Welt wahrnimmt und in ihr handelt, mit dem es sich also auch auf "Erziehung" einrichtet. Das Vorhandensein dieses Orientierungs- und Aktionszentrums, dieser "primär autonomen Ich-Energien" *(157),* entziehe einem "Erziehungsanspruch" (von außen her) den Boden, mache aus diesem vielmehr einen Anspruch des Kindes auf Autonomie. Sie gehe also nicht sekundär aus Erziehung hervor, sondern sei von Anfang an wirksam, also eine primär gegebene Voraussetzung, auf die sich jeglicher Umgang mit dem Kind einzustellen habe. Selbstverständlich sei das Kind auch eine "abhängige Kreatur", aber dies berechtige die Erziehung nicht dazu, dem Kind *ihre* Vorstellung von Autonomie aufzuzwingen. Die zentrale Frage ist die, "ob das Kind spontanautonom mit den Menschen, von denen es abhängt, kommunizieren und interagieren kann, oder ob es zu einem entscheidenden Zusammenstoß mit seiner Umgebung gezwungen wird" *(a.a.O., 162). Braunmühl* bezeichnet diese auch als "existentielle Einmischung" oder als "Erziehungskrieg". Das trotzige Schreien z. B. werde dabei als "nicht berechtigter Widerstand gegen erzieherische Angriffe" *(164)* ausgelegt. Werde aber der Autonomieansatz des Kindes positiv als sich entwickelnde Kompetenz "zur aktiven Anpassung an schützende Bedingungen" gesehen, so könne damit auch die menschliche Vollwertigkeit in den Blick treten, und diese sei (auch beim Erwachsenen) *immer* "nur" ein Anspruch, nämlich auf soziale Anerkennung, auf die der Mensch angewiesen sei *(a.a.O.).* Vergiftet werde der Autonomieansatz beim Kinde – früher oder später – durch eine Macht beanspruchende Erziehung, also durch eine manipulativ agierende, Unterwerfung beanspruchende Erziehung oder durch Vernachlässigung. Auf letztere geht aber Braunmühl bewußt nicht näher ein, da es ihm primär um Anti-Pädagogik, also um die Abschaffung "der Erziehung", geht.

Die – ohne Zweifel von den antipädagogischen Autoren praktizierte – sprachlich argumentative Konzentration auf das individuell Autonome hat verständlicherweise zu der pauschalen Verdächtigung geführt, die Anti-Pädagogik strebe eine "absolute Freisetzung des Individuums" *(Erlinghagen 1973)* an, vernachlässige also das auf menschliche Gemeinschaft angelegte Wesen des Menschen. – Die Anti-Pädagogik wehrt sich vehement gegen diese Unterstellung. Dabei fällt auf, daß sie im allgemeinen erst *nach* derartigen Kritiken, bezogen auf den sozialen Ansatz, sich klarer äußert. Das überraschte und empörte Reagieren deutet eher darauf hin, daß kein bloßes Mißverstehen vorliegt! Ein gewisser Zusammenhang mit dem Defizit an klareren Aussagen zur Normativität und Verbindlichkeit des Sozialen in der antipädagogischen Argumentation kann nicht geleugnet werden.

Nach *Braunmühl (a.a.O., 167)* werde die soziale Natur des Menschen, sein Angelegtsein auf menschliche Gemeinschaft, durchaus ernst genommen. Jegliche "Freisetzung des Individuums" sei eine Illusion. Der Unterschied zu einer sozialisierenden Pädagogik liege darin, daß diese das Kind als Objekt betrachte, das zum Ziel sozialen Verhaltens geführt, also erzogen oder gefördert werden soll, z. B. zu einem "Lernziel Solidarität" und zwar über "soziales Lernen". Ein solches Unternehmen stelle wiederum eine kommunikative Paradoxie im Sinne eines "Sei sozial!" dar. Sozialität ergebe sich vielmehr aus der Anerkennung des primären Autonomieanspruchs des Kindes und durch ein Zusammenleben mit den Kindern auf menschlich solidarischer Basis *(167)*.

Im Autonomieanspruch würden Ich- und Sozialbedürfnisse als identisch erlebt, da die objektive Hilflosigkeit des Säuglings immer auch eine auf ihre soziale Umwelt gerichtete ist. Ohne jeden Zweifel sei das beanspruchende Ich (Autonomie) von seinen Adressaten *abhängig*. Man könnte auch den "Anspruch" in ein "Ansprechen" neu formulieren, so daß sich daraus der Sinn ergibt, daß sich das Kind mit seinem kreatürlich ansprechenden Autonomiebedürfnis eine entsprechende Antwort erwartet, zugleich aber sich auf die Abhängigkeit von dieser Antwort einstellt, u. U. auch Widerstand gegen sie leistet. Im Grunde ist es ein Rückkoppelungssystem zwischen dem Kind und seiner Umwelt. Der Autonomieanspruch sei Ausdruck von gleichzeitiger "objektbezogener Individualität und von subjektbezogener Sozialität" *(a.a.O., 169)*.

Ich habe mich bei der kurzen Darstellung antipädagogischer Argumentation entsprechend meinem thematischen Interesse auf den Autonomieanspruch des Kindes konzentriert, soweit er pädagogisch relevant ist. Dabei habe ich – abgesehen von der z. T. aggressiven und affektiv vereinseitigenden sprachlichen Ausdeutung – diesen zu verstehen versucht, weil es durchaus um einen Dialog mit dieser Extremposition geht (vgl. *v. Schoenebeck 1989*). Dabei ließ sich feststellen, daß Grundelemente dieser Position, also des Grundverständnisses von Autonomie des Kindes für den pädagogischen Interaktionsprozeß durchaus keine völlig neue Erkenntnis darstellen (vgl. *Flitner 1986*). Neu ist vielmehr die radikale Vereinseitigung des Autonomie-Prinzips in seiner Bedeutung für das *Kind*. Die andere Seite – sie beansprucht ebenfalls Autonomie – kommt zu kurz und damit der Umgang mit der Abhängigkeit und die Praxis der sozialen Kontrolle. Es entsteht der Eindruck, als sei sie ein funktionales Ergebnis der Eigenerfahrung des Kindes mit seinem prädominanten Ich-Anspruch. Man vermißt klarere Aussagen zur Bedeutung und Praxis des sozialen *Zumutens* und des Einschränkens bloßer Ich-Bedürfnisse, was nicht nur für das Kind sondern auch für seine Eltern (Erzieher) zu gelten hätte.

Ich möchte vergleichsweise *Pestalozzi* zitieren, der durchaus auch die Bedeutung der Eigenansprüche des Kindes kannte, diese aber verbindlich in den sozialen (erzieherischen) Zusammenhang – vor allem mit der Mutter – brachte. In "Wie Gertrud ihre Kinder lehrt" (Ausg. *1947*) fragt *Pestalozzi*: "Wie komme ich dahin, Menschen zu lieben, Menschen zu trauen, Menschen zu danken,

Menschen zu gehorsamen?" Seine Antwort: Diese Gefühle gingen hauptsächlich von dem *Verhältnis* aus, das zwischen dem unmündigen Kinde und seiner Mutter statthat. Sie müsse, "von der Kraft seines ganz sinnlichen Instinktes dazu genötigt – das Kind pflegen, nähren, es sicher stellen und es erfreuen. Sie tut es, sie befriedigt seine Bedürfnisse, sie entfernt von ihm, was ihm unangenehm ist, sie kommt seiner Unbehilflichkeit zu Hilfe – das Kind ist versorgt, es ist erfreut, der Keim der Liebe ist in ihm entfaltet" *(a.a.O., 168).*

Pestalozzi bestätigt ausdrücklich die für die Entwicklung des Menschengeschlechtes initiativ wichtige "starke, gewaltsame Begierde nach Befriedigung sinnlicher Bedürfnisse und sieht deren Bedeutung auch für das Lernen aus der Erfahrung in seiner Welt, im Hause, in der Natur: Im Schutze der Mutter lernt es. "Es kennt, es nennt, es will noch mehr kennen, es will noch mehr nennen, es treibt die Mutter, mit ihm zu lernen, sie lernt mit ihm, und beide steigen mit jedem Tag an Erkenntnis, an Kraft und an Liebe" *(178).* Wir entdecken in diesen Sätzen ganz eindeutig das Aktivitätsprinzip, das u. a. *Piaget* seiner Entwicklungslehre zugrundegelegt hat. Bekannt ist ein Aphorismus, mit dem dieser die Bedeutung der Eigen-Aktivität des Organismus erläuterte: "Je mehr ein Kind gesehen und gehört hat, desto mehr will es sehen und hören." Als ein Gesetz seiner Methode bezeichnet es *Pestalozzi*, stets nach der Vollendung des einzelnen zu streben, wir könnten auch sagen: seine Selbstverwirklichung zu ermöglichen. Aber zugleich bindet er an dieses erste Gesetz an ein zweites, mit dem das erste innig verwoben ist, nämlich: "daß der Mensch nicht um seiner selbst willen in der Welt sei, daß er sich selbst nur durch die Vollendung seiner Brüder vollende" *(179).*

Sicherlich haben derartige ("hehre") pädagogische Prinzipien in ihrer Zeit wenig bewirkt; sicherlich wurde unter dem dominanten Druck der gesellschaftlich-ökonomischen Entwicklung der Zwang zur Anpassung in der Erziehung zum beherrschenden pädagogischen Prinzip; und die lernpsychologische Euphorie, alle alles lehren zu können, wenn nur das Lehren und Lernen ein systematisch organisiertes Lehren und Lernen sei, verstärkte noch diese Vereinseitigung. Aber trotzdem bleibt das radikale Anti ein Kippen in das andere Extrem, mit dem den Menschen, die mit Kindern umzugehen haben, unter den heutigen Bedingungen wenig gedient ist. Für sie sind die antipädagogischen Forderungen entweder elitäre, also unerreichbare Vorstellungen, oder sie werden von dem – zumeist mißverstandenen – Autonomieanspruch des Kindes (Motto: "In unserer Familie ist das Kind König") überfordert.

Dazu trägt eine vereinseitigende und deshalb mißverständliche Sprache der Antipädagogen bei. Kämpft man sich mit der Einstellung des Verstehenwollens durch das begriffliche Dickicht hindurch, so kann man im übrigen eine ganze Reihe von Gemeinsamkeiten zwischen Pädagogik und Anti-Pädagogik entdecken. So ist etwa das, was *v. Schoenebeck (1984)* als *"Unterstützung"* versteht, der Pädagogik durchaus und seit je inhärent (vgl. *Flitner 1986, 116ff.*). Unterstützen bezieht sich stets auf ein Subjekt, das primär selber in Funktion ist, sich also autonom verhält, das aber Hilfe braucht. Erziehen als Unterstützen bedeutet dann, daß die für die Entfaltung und (Selbst-)Bildung des Kindes wichtigen Gelegenheiten und Bedingungen geschaffen und gesichert werden, daß das Kind in seinen Äußerungen und Absichten, auch in seinen Problemen, wahrgenommen und verstanden wird, daß der Erzieher, die Lehrerin, auch von den Kindern lernt, daß man das Kind achtet und gelten läßt, und daß man ihm hilft, wenn es etwas zu leisten gilt.

Prinzipielle Verständigungsschwierigkeiten bereitet jedoch die strikte Zurückweisung jeglichen Anspruchs von Seiten des Erwachsenen gegenüber dem Kind – als hätte nicht auch der Erwachsene einen Anspruch auf Autonomie! Jegliches Deuten der Welt, jegliche Anleitung und Führung, jegliche Intentionalität auf pädagogischer Seite, jegliches Befolgen-sollen von Regeln, wird als Manipulation und als Versuch zur Unterwerfung verdächtigt und desavouiert. Am schärfsten wird der Begriff einer pädagogischen *Verantwortung* für das Kind zurückgewiesen. Nur das Kind sei für sich verantwortlich.

Man fragt sich, ob mit Formulierungen wie "Die Weltdeutung gehört den Kindern und nicht den Lehrern und Eltern" *(v. Schoenebeck 1989, 55),* nicht semantische Verbiegungen vorgenommen werden, und ob man nicht doch aneinander vorbeiredet. Warum soll nicht auch ein Erwachsener gegenüber dem Kind Welt deuten und seinen Standpunkt in aller Echtheit und Überzeugung vertreten? Wie läßt sich überhaupt eine Eigendeutung der Welt durch das Kind vollziehen, ohne daß es diese auch in Bildungen und Deutungen anderer erfährt? Warum soll die didaktische Vorbereitung für eine vom Kind zu vollziehende Welterfassung prinzipiell schädlich sein und in jedem Fall das Selbst des Kindes verletzen? Wann leuchtet denn wirklich und erkennbar das rote Lämpchen auf, das ein tatsächliches "Einmischen in die Seele des Kindes" anzeigt? Warum wird jeglicher Verbindlichkeitsanspruch des Erwachsenen als Unterwerfungsversuch angesehen? Legt das Kind nicht auch selber Wert auf Verbindlichkeit? Wie soll ein normaler Erwachsener in seinem Alltag heute die Forderung realisieren: "Die Äußerungen des Kindes sollen unberührbar sein für Verbindlichkeiten und Ansprüche beim Erwachsenen-Bewerten" *(v. Schoenebeck a.a.O., 64)*?

Am wenigsten Verständnis kann für die Totalablehnung jeglicher Verantwortung *für das Kind* erwartet werden. Was hilft da die Einschränkung, dies sei nicht juristisch gemeint, sondern existentiell? Wird nicht der Begriff von Verantwortung aufgelöst oder verzerrt, wenn von antipädagogischer Seite behauptet wird, jeder Mensch könne von Geburt an selbst Verantwortung für sich tragen *(a.a.O., 65)*?

Eine ganze Reihe weiterer derartiger Relativierungen und Klarstellungen enthält *v. Schoenebecks* "Antipädagogik im Dialog" *(1989),* bei dem er sich mit den Kritikern, mit dem "pädagogischen Menschen" auseinandersetzt. Ein solcher Dialog ist zu begrüßen; denn die ganz offensichtlich einseitig argumentierende Antipädagogik mit ihrer Forderung nach "Abschaffung der Erziehung" ist bei der heutigen allgemeinen Verwirrung der Geister, der unendlichen Vielfalt von Menschenbildern und den verdeckten gesellschaftlichen

Verflechtungen im besonderen dazu angetan, das infragezustellen, was wirkliche und gute Pädagogen wie Antipädagogen für eine humane Menschwerdung für erforderlich halten. Auf der anderen Seite soll nicht übersehen werden, daß die Antipädagogik mit ihrer Profilierung des Autonomieanspruches des Kindes auch in heilsamer Weise allzu selbstverständlich gewordene pädagogische Mißbräuche an den Kindern angeprangert und aufzubrechen versucht hat (vgl. *Oelkers / Lehmann 1990*).

8. Bedeutung und Entwicklung der Autonomie

8.1. Biologische Befunde

Bei der Begründung menschlich rechten und guten Handelns kann die *Natur* des Menschen nicht ausgeklammert werden. Er hat im Bios seine Wurzeln, und diese verbinden zugleich, bilden also einen Teil der gemeinsamen Basis für moralisches Reflektieren, auch wenn diese nicht unmittelbar empirisch faßbar ist.

Der Mensch ist – wie jedes Lebewesen – biologisch eine Einheit oder ein System, das sich selber organisiert. Für *Piaget,* dessen Entwicklungspsychologie auch biologisch begründet ist, vollzieht sich menschliche Entwicklung auf der Basis der *Eigenaktivität* des Organismus zur Aufrechterhaltung des dynamischen kognitiven Gleichgewichts mit den Objekten der Umwelt. Diese Fähigkeit der *Selbstorganisation* ist allen Lebewesen eigen. Sie geht aus der Fähigkeit lebender Systeme zur *Selbsterhaltung* hervor.

Man spricht in der Biologie auch von "autopoietischen Systemen" als Einheiten, die sich selber hervorbringen und sich ständig selbst erneuern und dabei die eigene Stabilität zu erhalten versuchen. Die ständige Rückkoppelung mit der Umwelt und ihren wechselnden Bedingungen wird auch als *Selbstbezüglichkeit* (Selbstreferenz) bezeichnet. Sie ist eine Eigenschaft autonomer Systeme. Diese Autonomie ist freilich nur eine relative: Lebendige Systeme sind offene Systeme, die zugleich unentwirrbar in ihre Umwelt eingeflochten sind. Nach *Briggs / Peat (1990, 230)* sollte man deshalb von einem "autopoietischen Paradoxon" sprechen. Höchste Autonomie beim Menschen und vielfältigste Abhängigkeit von seiner Umwelt ergänzen sich.

Offenheit eines Systems heißt nicht Ausgeliefertheit an die Umwelt. Deren Einflüsse werden vielmehr selegiert, d. h., durch die vorgegebene Eigengesetzlichkeit und Eigenstruktur gefiltert und umgesetzt. Zu welchem Wandel es also im eigenen Organismus kommt, bestimmt nicht direkt das, was von der Umwelt her einwirkt, sondern die im Organismus vorhandene (aufgebaute) Eigenstruktur (vgl. *Maturana / Varela 1987*).

Die Interaktionen mit der Umwelt schreiben also nicht vor, zu welchem Effekt es im Organismus kommt. Dieser wird vielmehr von der Eigenstruktur determiniert. Es werden zwar von der Umwelt Wirkungen ausgelöst, aber nicht festgelegt. Das autonome System ist es, das auswählt, zu welchen Strukturveränderungen es kommt. Auf diese Weise prägt sich der Eigencharakter des Menschen aus.

Die Einflüsse von außen können destruktiv oder konstruktiv sein. Destruktive Interaktionen führen zu destruktiven Veränderungen. Eine konstruktive Interaktion ist eine für beide Seiten verträgliche Interaktion. Es kommt bei beiden interagierenden Systemen zu einem Prozeß gegenseitiger Zustandsveränderungen, zu einer "strukturellen Koppelung".

Das Organ, in dem sich die ständige Strukturveränderung abspielt, bzw. von dem diese bestimmt wird, ist das *Nervensystem*. Es ist ein plastisches System, das eine ungeheuer vielfältige Struktur zuläßt. Das interaktional Wesentliche ist nun, daß dieses Nervensystem nicht im Sinne eines Input-Output-Systems arbeitet, bei dem es Informationen von außen bei sich aufnimmt (empfängt). Interaktion funktioniert nicht quasi wie ein Telefax, bei dem ein Informationspaket (z. B. eine Belehrung) vom einen abgesandt wird und so beim anderen ankommt. Jeder kennt das Problem, wie unterschiedlich man bei den verschiedenen Menschen "ankommt". Das Nervensystem bringt vielmehr – auf Grund bestimmter Interaktionen (Einflüsse) – selbst Wirklichkeit hervor. "Es bestimmt, welche Konfigurationen des Milieus Perturbationen (also Erregungen) darstellen, und welche Veränderungen diese im Organismus auslösen. Die populäre Metapher vom Gehirn als Computer ist (also) falsch" *(Maturana / Varela a.a.O., 185)*.

Das Zentralnervensystem ist demnach ein aktives System, nicht ein passives, das nur Welt aufnimmt und direkt abbildet. Trotz seiner ständigen Aktivität (und Veränderung) seiner strukturellen Relationen, ist dieses auch bestrebt, einige dieser Relationen invariant zu halten, man könnte sagen: seine Identität zu wahren.

Die pädagogische Implikation dieses Erklärungsmodells eines autonomen Systems Mensch ist von elementarer Bedeutung: Erziehen wird falsch verstanden, wenn damit eine transitive Einwirkung auf den Edukanden gemeint wird, durch die dieser eine Instruktion a als a abzunehmen hat oder das vom Erziehenden gesetzte Erziehungsziel b als b zu erreichen hat. Erziehung ist also keine Aktion, die das Verhaltensgefüge des Kindes direkt verändert (verbessert), sondern ein Prozeß, bei dem die – wie auch immer sich äußernden – Intentionen des Erziehenden als Auslöser bestimmter Veränderungen im Kinde fungieren, bei dem aber das Ergebnis bei jedem Kinde anders ausfällt; es ist nie absolut identisch mit der Absicht des Erziehenden. Das Kind kann ja oder nein sagen, sich beeinflussen lassen oder sich sträuben; in jedem Falle kommt ein *eigenes* Ergebnis zustande, z. B. eine *eigene* Beurteilung eines Sachverhalts.

Das Kind macht sein autonomes Selbst geltend, seine Eigeninteressen, seine eigene Sicht der Dinge. So gesehen ist Erziehung Angebot. Kinder *werden* (passiv!) nicht erzogen, *werden* nicht ge-fördert, *werden* nicht be-handelt, *werden* nicht therapiert, sondern gehen aus dem Prozeß der Erziehung gemäß dem *eigenen* Ansatz, der ontogenetischen *Eigen*gesetzlichkeit mit einem bestimmten eigenen Resultat hervor. Erziehung läßt sich als eine Auseinandersetzung zwischen dem autonomen System des Erwachsenen mit dem autonomen System des Kindes verstehen. Dabei werden auf beiden Seiten gemäß dem je eigenen Ansatz (System) Interessen ins Spiel gebracht: Auf Seiten des Erziehenden u. a. "erzieherische" – was auch immer darunter verstanden werden mag – und auf Seiten des Edukanden als eines Menschen, der sein Selbst unter "erzieherischem" Einfluß zu entfalten und seine Autonomie zu bewahren hat.

Auch *Eibl-Eibesfeldt (1973)* kam bei seiner vergleichenden Verhaltensforschung zur Feststellung, daß der Mensch als stammesgeschichtliche Konstruktion nicht beliebig durch die Umwelt veränderbar sei, daß sein Verhalten vielmehr "vorprogrammiert" sei. Er trete vorgegebenen Normen folgend und von ererbten Programmen gesteuert als "autonomes System" der Umwelt gegenüber *(12)*. Diese könne ihn zwar auch formen, aber nicht in jeder Richtung gleich leicht verformen. Zu den Widerständen, die er seiner Umwelt entgegensetzen könne, gehörten auch gewisse ethische Normen. Grundtugenden, wie z. B. Treue, Tapferkeit, Elternliebe, sind demnach als von der Natur vorgegebene anzusehen. In einer auch biologisch begründeten Ethik werde die vernunftbegründete Ethik ergänzt *(62)*. Die grundlegende und stützende Funktion der "Natur" hatte auch *Kant* gesehen (vgl. S. 96 i. d. Buch).

Auch *Eibl-Eibesfeldt* kam es darauf an, die Bedeutung der Autonomie für den Menschen gegenüber der Auffassung von einer beliebigen Sozialisierbarkeit des Menschen zu behaupten. Er bezog sich dabei ausdrücklich auf *Skinner,* der dem Menschen jegliche Autonomie abgesprochen hatte, und zitiert diesen: "Die wissenschaftliche Analyse des Verhaltens entthront den autonomen Menschen und gibt die Kontrolle, die er angeblich über die Umwelt ausübt, an diese ab" (bei *Eibl-Eibesfeldt a.a.O., 12*).

Das Ergebnis von Erziehung ist demnach ein prinzipiell offenes. Wenn ein Erziehungssystem, z. B. ein staatliches oder ein kirchliches oder ein familiäres, bestimmte Erziehungs- oder Lernziele setzt und anstrebt, muß es damit rechnen, daß diese von jedem Kind in eigener Weise wahrgenommen, angenommen und umgesetzt, u. U. total verneint werden, daß also – auch bei "besten" Erziehungsmethoden – u. U. etwas "ganz anderes" herauskommt. Gerade gegenwärtig geben die osteuropäischen Staaten dafür ein Beispiel: Obwohl die herrschende, strikt definierte Staatsideologie 40 Jahre lang die nachwachsende Generation zu indoktrinieren versuchte, hat sich diese insgesamt – trotz ihrer äußeren Anpassung – im Inneren ganz anders entwickelt.

Unfaßlich erscheint auch vielen die sich immer deutlicher abzeichnende Tatsache, daß trotz eines hochentwickelten Schulsystems, dem die Menschheit noch vor wenigen Jahrzehnten die restlose Beseitigung der Analphabetismus als Kulturtat verdankte, sich der Analphabetismus in erschreckendem Maße wieder ausbreitet. Ganz offensichtlich sichert kein noch so systematisch eingesetztes Belehrungssystem die intendierten Resultate.

Andererseits aber gibt es auch die gegenteilige Beobachtung: Es kann in der Entwicklung von Kindern durchaus zu einer angenäherten Übereinstimmung mit den Erziehungsvorstellungen der Eltern kommen. Es stellt sich damit die Frage, unter welchen Bedingungen dies möglich und zu erwarten ist. Die maßgebenden Zusammenhänge sind unüberschaubar vielfältig und komplex. Wir konzentrieren uns hier auf den elementaren ko-ontogenetischen Zusammenhang, also die grundlegenden Interaktionen zwischen zwei autonomen Systemen, dem des Erwachsenen und dem des Kindes. Unsere Grundthese: Ergebnisse aus dem Erziehungsprozeß sind Resultanten der Art und Weise, wie autonome Systeme miteinander umgehen: Erwachsene und Kinder. – Die Interaktionen sind pädagogisch wirksam, wenn beide Seiten in ihrer Autonomie respektiert werden und miteinander konstruktiv gekoppelt sind.

Jede menschliche Ontogenese vollzieht sich nur innerhalb einer *sozialen Einheit,* also in ko-ontogenetischer *Verbindung.* Nur als "ko-ontogenetisches Driften" *(Maturana / Varela a.a.O., 204)* verwirklichen die beteiligten Mitglieder einer sozialen Einheit ihre individuelle Ontogenese. Im Begriff "Driften" sozialverbundener Teileinheiten kommt deren gekoppelte, aber nicht festgelegte Bewegung zum Ausdruck, deren Richtung und Zielpunkt von einem Einzelteil nicht bestimmbar ist.

Das soziale Miteinander autonomer Systeme (Individualitäten, Personalitäten) wird durch *Kommunikation* aufrechterhalten. Diese läuft nicht im Sinne einer gegenseitigen Übermittlung eindeutiger Informationen – quasi durch eine Röhre – ab, sondern ist gegenseitiges Auslösen von Veränderungen (Verhaltensweisen) gemäß der eigenen Strukturdeterminiertheit. "Jede Person sagt, was sie sagt, und hört, was sie hört." Es gibt keine Garantie dafür, daß das, was die eine Person sagt, auch von der anderen gehört, geschweige denn, stets verstanden wird. Bei der Kommunikation kommt es vielmehr darauf an, was im Angeredeten geschieht. Kommunikation ist mehrdeutig *(Maturana / Varela a.a.O., 212).*

Die pädagogische Konsequenz sei nur kurz angedeutet: Ein Lehrer, der einen bestimmten Sachverhalt den Schülern zu vermitteln sucht, muß damit rechnen, daß dieser von den einzelnen Schülern verschieden aufgenommen wird. Oder: Es ist natürlich, daß der Lehrer bei seinen Schülern verschieden ankommt. *Pablo Picasso* soll Probleme mit den Zahlen gehabt haben, weil er in den Ziffern immer wieder Tiere sah, z. B. in den Nullen Tauben.

Soziale Koppelung ist kein Widerspruch zur Einzelautonomie innerhalb einer sozialen Einheit (Familie, Schulklasse). Im Gegenteil: Beide ergänzen sich und gehen auseinander hervor. Der Mensch kann sich nur als Mitglied einer sozialen Einheit verwirklichen. Die Existenz des Lebendigen ist nicht auf Konkurrenz und Verdrängung angelegt, sondern auf Erhaltung der Anpassung, auf Überleben in der Anpassung *(a.a.O., 213).* Dabei kommt es darauf an, daß das individuelle Verhalten einem anderen Individuum nicht schadet. Individuelle Verwirklichung muß die soziale Koppelung einschließen.

Wie sehr diese Ergänzung in der sozialen Koppelung, wie sie für alle Lebewesen gilt, sich beim Menschen verkomplizieren und stören lassen kann, bedarf keiner besonderen Erläuterung. Die möglichen Verständigungsschwierigkeiten erklären sich aus dem Umstand, daß der Mensch ein Wesen in der *Sprache* ist. Durch die Sprache ist es ihm möglich, sich und die Umstände seiner Existenz zu beschreiben und aus seiner Sicht zu beobachten. Er kann dadurch eine unbegrenzte Vielfalt von Verhalten ausdifferenzieren. Es gibt für ihn keine Grenze dessen, was er beschreiben, sich vorstellen und in Zusammenhänge bringen kann. Er ist autonomer Beobachter, zugleich aber eingebunden in den sozialen Kontext, so daß seine Sprache zugleich im Dienst des Zusammenlebens steht. Sie koordiniert sein Handeln im Sinne kooperativen Handelns.

Im autonomen Gebrauch der Sprache wird zugleich das erfahrbar, was wir *Geist* oder *Selbstbewußtheit* nennen. "Ich" oder "Selbst" setzen Sprache voraus, Sprache im sozialen Kontext, von dem Ich oder Selbst sich abheben. Die eigene Deutung der Welt in der permanenten gegenseitigen sprachlichen Koppelung bringt das hervor, was unsere Welt ausmacht. Dabei kann niemand aus seiner Sicht allein Anspruch auf Gewißheit seiner Deutung, seines Standpunktes erheben. Seine Autonomie ist eingebunden in die soziale Koppelung, in Ko-existenz. Er setzt sie aufs Spiel, wenn er sich, sein Selbst, nur zu seinem individuellen Vorteil, also gegen andere, durchzusetzen versucht. Das Menschliche, das zutiefst auf der Ko-existenz beruht, hat nur eine Chance, wenn auch und letztlich gemeinsame Perspektiven, also Verbindungen, gesucht und gefunden werden, nicht aber wenn man in Konflikt, in der gegenseitigen Negation verharrt. "So hat alles menschliche Tun eine ethische Bedeutung, denn es ist ein Tun, das dazu beiträgt, die menschliche Welt zu erzeugen. Diese Verknüpfung der Menschen miteinander ist letztlich die Grundlage aller Ethik als eine Reflexion über die Berechtigung der Anwesenheit des anderen" *(Maturana / Varela a.a.O., 265).*

Biologisch gesehen geht es in der Begegnung des Individuums mit seiner Umwelt (anderen Individuen) nicht um rücksichtslose Konkurrenz und Durchsetzung der individualen Bedürfnisse sondern um die Erhaltung der Anpassung an das Lebendige, damit es überlebe. Für die soziale Einheit steht die *Einzelautonomie* ihrer Mitglieder zwar nicht im Vordergrund, sondern das Existieren als Gruppe durch soziale Koppelung, aber vom Individuum her gesehen ist dessen Selbstregulierung gerade Bedingung seiner Existenz. Es verwirklicht sich als Mitglied einer sozialen Einheit. Es geht um ein Gleichgewicht zwischen individueller Erhaltung und Erhaltung als Gruppe, in die das Individuum eingegliedert ist. Ohne Rücksichtnahme auf andere, "ohne Liebe, ohne Annahme anderer" gibt es keinen sozialen Prozeß *(Maturana / Varela, 266).* Bloße Autonomie hebt sich selber auf, ist eine heuchlerische Selbsttäuschung bzw. bedeutet die direkte Negation des anderen. Umgekehrt führt die Mißachtung der individuellen Organisation und ihrer Interessen, also die Negierung autonomer Bedürfnisse, die Aufhebung des Selbst eines Mitglieds zur Gefährdung seiner Existenz und damit zur Gefährdung des sozialen Gleichgewichts einer sozialen Einheit. Individuelle Autonomie ist in soziale Heteronomie eingebunden, in ihr aufgehoben und gewinnt aus ihr zugleich ihre strukturelle Dynamik.

Durch den Vollzug der biologisch bedingten Ko-existenz wird auch das hervorgebracht, was als das Menschliche zu bezeichnen ist. Die sozialen und moralischen Phänomene sind also auch biologisch fundiert (vgl. *Meyer 1982*).

Moral, beruhend auf der gegenseitigen Annahme autonomer Systeme, hat auch natürliche Wurzeln. Es war bereits von der Unterstützung der Vernunft durch die Natur die Rede (vgl. *Kant*).

Man kann auch von einer biologischen Vorprogrammierung des Menschen reden und diese (das Ererbte, d. h. stammesgeschichtlich Konstruierte) als eine "die Menschen verbindende Bezugsbasis" sehen, wie es der Ethologe *Eibl-Eibesfeldt (1973, 14)* tut, der auf Grund seiner Studien, u. a. an taubblinden Kindern verschiedener Kulturen, von einer zwar kulturellen Verschiedenheit, aber einer biologischen Einheit ausgeht:

"Wir teilen gewisse universelle Verhaltensweisen ebenso wie bestimmte ethische Normen. – Wir gleichen einander über die Kulturen hinweg in wesentlichen Punkten unserer Motivationsstruktur und handeln nach ähnlichen 'Vorurteilen'. Nur deshalb können wir uns verständigen *und* verstehen und über die trennende kulturelle Pseudospeziation hinweg eine universelle Zusammengehörigkeit empfinden. Wir schöpfen ferner Sicherheit aus diesem Fundus des Angeborenen, der unserem Verhalten gewisse verbindliche Leitlinien bietet" *(a.a.O.)*.

8.2. Autonomie und Persönlichkeitsentwicklung

Die Entwicklung der Persönlichkeit läßt sich als ein Prozeß begreifen, bei dem das Selbst in einem dynamischen Austausch mit ihrer Umwelt und deren Anforderungen ihre Eigenstruktur oder ihr psycho-physisches Eigensystem ausdifferenziert und integriert *(Filipp 1979)*. Diese Entwicklung läßt sich von der Geburt an beobachten.

Bedeutende Beiträge zur Erhellung der Entwicklung des Individuums (Selbst) über die Interaktion mit der Umwelt wurden von Psychologen geleistet, die von der *Biologie* herkamen bzw. sich um ein Zusammendenken von Physiologie und Psychologie der höheren psychischen Prozesse bemüht haben. Dazu ist im besonderen *Piaget,* aber auch die Forschergruppe um *Wygotski, Lurija* und *Leontjew* in Rußland zu zählen. *Haste (1993)* hat in ihrem Beitrag "Die Moral, das Selbst und der soziokulturelle Kontext" ein Dreiecksmodell der Lehre *Wygotskis* aufgezeigt, in dem das Individuum in permanenter Auseinandersetzung mit der sozialen und der kulturellen Umgebung eigenständig und aktiv interpretierend handelt und Sinngehalt konstruiert. Im Unterschied zur westlichen Psychologie erhält aber das Individuum hier keine Dominanz in dem Sinne, daß soziale und kulturelle Umwelt lediglich als Lieferanten für das Individuum dienten, sondern diese beiden anderen Größen behalten ihre Eigenfunktion, so daß das Individuum ständig auf sie angewiesen bleibt. Es ist also nicht die individuelle Person allein, die Moral interpretiert, sondern es ist immer auch die Kultur mitbeteiligt, die Moral gewissermaßen vor- oder mitinterpretiert. In jedem Falle ist der Mensch nicht einfach Produkt seiner Umwelt; er beteiligt sich auch aktiv an deren Gestaltung *(Lurija 1993, 55)*. Zu erwähnen ist auch *Leontjews* Betonung der Tatsache, daß es der lebende Organismus selber ist, der sich verändert, so daß er sich in einem ständigen Prozeß der *Selbsterneuerung* befindet *(1975, 22f.)*. – Es erscheint hier müßig, auf die psychologische Umstrittenheit des "Selbst" einzugehen, auf die Frage also, ob es überhaupt ein (unabhängiges) Selbst gäbe, ob dieses nicht vielmehr nur eine Funktion von Beziehung sei *(Gergen 1990)*. Wenn heute der generellen Vorstellung oder "Konstruktion" eines "unabhängigen Selbst" im Zeichen der Postmoderne eine Absage erteilt wird, so liegt dem eine vorausgegangene pervertierende Verabsolutierung des Selbst zugrunde, d. h. eine Reduktion des Individuums auf sich allein. Das Selbst war im Grunde nie begrenzbar und auch nicht ablösbar vom Anderen und der Beziehung zu ihm.

Erikson (1965), der Begründer eines psycho-sozialen Entwicklungskonzeptes, das sich an psychoanalytische Einsichten *S. Freuds* anlehnt, geht von der Auffassung aus, daß der gesamte Lebenslauf als eine fortlaufende Auseinandersetzung zwischen psychodynamischem Eigenbestreben und sozialer Anpassung (Bindung) zu verstehen sei, der vom Einzelnen als Abfolge von Lebensaufgaben zu leisten sei.

Erikson unterscheidet dabei acht Stadien dieser Persönlichkeitsentwicklung, die jeweils aus bestimmten Grundkonflikten oder Krisen der psychosozialen Entwicklung hervorgehen. In der ersten Phase (1. Lebensjahr) gehe es vornehmlich darum, daß der Säugling in seiner dominanten Fürsorgeabhängigkeit von seinen Hauptbezugspersonen *Urvertrauen* in seine soziale Umgebung ausbilde. Negativ gesehen, komme es darauf an, Urmißtrauen möglichst zu vermeiden. Durch Interaktionen, die von Vertrauen geprägt sind, werde das *Selbstvertrauen* grundgelegt.

In der zweiten Phase (2. bis 3. Lebensjahr) treten Bestrebungen nach *Autonomie* deutlicher in den Vordergrund. Das Kind ist bestrebt, unabhängig zu werden. Es kann sich freier bewegen, und es versucht, aktiv Entdeckungen zu machen. Es lernt die erste Kontrolle über seine Muskeln, es erwirbt neue Kenntnisse, es will *selber,* "allein", ohne Mithilfe und ohne Zwang vonseiten anderer, neue Erfahrungen machen und seine Kompetenzen einüben und erweitern.

Es behauptet seine zunehmende Selbständigkeit (Autonomie) mit aller Entschiedenheit. Es wehrt sich gegen Eingriffe, u. U. recht aggressiv; es probiert und lernt das Neinsagen. Es wirkt sehr "egoistisch". Es produziert *Trotz* und *Eigensinn.* Diese galten früher als entschieden zu bekämpfende "Unarten". Das "Trotzalter" wurde pädagogisch eigens und intensiv pädagogisch thematisiert. – Heute redet man eigentlich kaum noch von besonderen Trotzproblemen. Offensichtlich hat eine freiere Erziehung – im Gegensatz zu einer früheren, die den Trotz "brechen" zu müssen glaubte – eine eher kontinuierliche Entfaltung der Autonomiebedürfnisse des Kindes ermöglicht. Dies schließt u. U. ganz plötzliche Trotzausbrüche nicht aus; diese sind vielfach ganz natürlich zu erklären aus dem überschießenden, extremen Antrieb, sich durchzusetzen, etwas auszuprobieren, dem u. U. aber die Erziehungspersonen nicht entsprechen können, da dies zu gefährlich ist bzw. zu Zerstörungen und Verletzungen führt. Diese frühen Zusammenstöße zwischen noch unüberlegten Autonomiebedürfnissen des Kleinkindes und autonomem, verantwortendem Eingriff von außen sind also etwas Natürliches und nicht etwas, was die künftige Autonomieentwicklung des Kindes schlechthin gefährdet.

Anders ist es, wenn das Kind nicht hinreichend Gelegenheiten erhält, sich selbst zu erproben. Nach *Erikson (a.a.O.)* entwickeln sich dann mehr Scham und Zweifel, also Selbstunsicherheiten beim Kind. Beispielsweise überbesorgte Eltern tragen dazu bei, ihr Kind allzu abhängig zu machen. Sie sind allzu fürsorglich. Analoges gilt für strafende Eltern, aber auch für überfordernde Eltern, die zu früh Selbständigkeit vom Kind, z. B. für die Beherrschung seiner Körperfunktionen, erwarten (vgl. *Elkind 1989, 115*).

Es wäre nun ein Irrtum anzunehmen, daß das Kind nur an der Ausbildung seiner Autonomie, seiner Unabhängigkeit, interessiert sei. Es legt genauso Wert auf emotionale Sicherheit und Bindung *(Kagan 1987)*. Es handelt sich also vielmehr um einen ambivalenten Vorgang, der sich in verschiedenen Formen ein Leben lang fortsetzt (vgl. *Stone / Church 1978*). Das Kind kann sich beispielsweise unbekümmert in eine neue (kritische) Situation vorwagen, um im nächsten Augenblick zurückzuschrecken und sich in die Arme der Mutter zu werfen, also bei ihr Geborgenheit zu suchen. Es wird mutig, also auch selbstbewußt, von einem Pfosten herabzuspringen, wenn es dabei der haltenden Arme seiner Mutter, seines Vaters, sicher ist. Es kann auch ohne ersichtlichen Grund unvermittelt auf den Schoß krabbeln und in den Armen von Vater oder Mutter Nähe und Wärme suchen wollen, und es kann Angst zeigen, wenn diese nicht anwesend sind.

Offensichtlich sind dem Kind Sicherheit, Geborgenheit und äußerer Halt ebenso wichtig wie aktive Erfahrungen mit seiner zunehmenden Autonomie. Diese braucht gewissermaßen eine emotionale Vertrauensgrundlage. *Elkind (a.a.O., 107)* berichtet, eine Untersuchung bei Vorschulkindern habe ergeben, daß Kinder, die im Alter von 12 bis 18 Monaten eine feste Elternbindung entwickelt hatten, bei Eintritt in der Vorschule als emotional positiver, als einfühlsamer und entgegenkommender eingeschätzt wurden als solche, die eine schwächere Elternbindung in diesem frühen Alter erfahren hatten.

Entwicklung der Autonomie des Kindes verläuft als Prozeß der Auseinandersetzung und der Balance zwischen den Bedürfnissen des Ich und den sozialen und normativen Ansprüchen der Umwelt. Es kommt zu einer fortschreitenden Differenzierung von Subjekt und Objekten, an der sowohl kognitive wie emotionale Teilprozesse beteiligt sind. Die sich dabei vollziehende moralische Entwicklung ist zugleich als Ich- (oder Selbst-) Entwicklung zu sehen.

Diese Zusammenhänge hat im besonderen *Robert Kegan (1986)* herausgearbeitet. Er stützt sich zunächst auf *Piagets* strukturalistische Entwicklungstheorie, baut sie aber unter dem besonderen Aspekt des "Eingebettetseins" (embeddedness) des Selbst in die Welt aus (vgl. *Schweitzer 1980*).

Kegan beschreibt die Entwicklung des Selbst als einen Prozeß bedeutungsbildender Aktivität *(69)*. Das Selbst ist Träger und Motor dieser gestaltenden Aktivität, durch die es in einem Wechselwirkungsverhältnis mit der Umwelt die Bedeutung der Dinge und damit der Welt in sich aufbaut (konstruiert). Das Selbst wird zum Träger von Welt(bedeutung).

Eine wichtige Voraussetzung für diesen erkenntnisgewinnenden und bedeutungsbildenden Entwicklungsprozeß des Selbst ist seine Einbeziehung durch andere. Ohne die Aufmerksamkeit und das Interesse des anderen ist Entwicklung nicht möglich. Die Entwicklung des Selbst steht damit in der dynamischen Subjekt-Objekt-Beziehung, für die immer wieder ein Gleichgewicht angestrebt wird. Es ist zugleich ein Prozeß der wachsenden Differenzierung, bei dem es um die Loslösung aus dem Eingebundensein und um eine Reintegration in die Welt als Neuaufbau von Beziehungen zur Welt (statt Eingebundensein in die Welt) geht.

Als die beiden grundlegenden Bedürfnisse des Menschen, an denen sich seine Selbst-Entwicklung orientiert, hält *Kegan* das Verlangen nach Zugehörigkeit (oder Beteiligung, Nähe oder Bindung), also das Verlangen, von anderen gehalten, aufgenommen und begleitet zu werden, und das Verlangen nach Unabhängigkeit, Selbständigkeit oder Eigenständigkeit, das Bedürfnis also, verschieden zu sein, eine eigene Richtung zu gehen, die eigene Identität zu wahren *(a.a.O., 149)*.

Wichtig ist nun, daß diese beiden Grundbedürfnisse permanent in Spannung oder im Konflikt miteinander stehen, worin man letztlich den auf Versöhnung zielenden ruhelosen und zugleich schöpferischen Lebensprozeß an sich sehen kann. Auf jeder Entwicklungsstufe des Selbst werden die Gleichgewichtsprozesse zwischen Subjekt und Objekt neu organisiert, wird über Krisen des Selbst neu entschieden, wieweit das Selbst sich von seiner Lebensumwelt abhebt bzw. in sich eingebunden bleibt. Auf jeder Entwicklungsstufe wird der entstehende Konflikt anders gelöst. Entwicklung beschreibt *Kegan* als eine Spirale der Gleichgewichtsstufen: Aufsteigend und abwechselnd wird mehr die Unabhängigkeit oder mehr die Zugehörigkeit begünstigt (siehe Abbildung Seite 127).

Spannung bedeutet zugleich auch, daß der Mensch nicht jeweils nur in seiner Bedeutungsbildung fortschreitet, sondern daß er in diesen Krisen auch sein Gleichgewicht verlieren kann. Jede Entwicklungsstufe hat neben ihrer Chance auch ihre schwache Stelle; immer steht auch Entwicklung auf dem Spiel. Es ist nicht nur der Mensch, der seine Welt konstruiert, sondern es ist auch die Welt, die auf diese Konstruktion einwirkt. Der Mensch ist nicht nur seine Eigenständigkeit sondern auch sein Eingebundensein (embeddedness). Er ist mehr als ein Individuum. Er ist eigenständig *und* eingebunden *(a.a.O., 159)*. Er lebt in sozialer Koppelung.

Die kulturelle Eingebundenheit kann verschieden gewichtet sein. Laut *Kegan (273f.)* neigen die westlichen Kulturen dazu, eher Unabhängigkeit als Bindung zu fördern. Wachstum wird generell als Zunahme an Eigenständigkeit verstanden (vgl. *Rogers*), während das Verlangen nach Zugehörigkeit eher als “Abhängigkeit” abgewertet wird. In den östlichen Kulturen bestehe eine umgekehrte Neigung. In jedem Falle sind psychologisch beide Pole zu beachten, wenn der Mensch im Zusammenhang mit der Komplexität des Lebenspro-

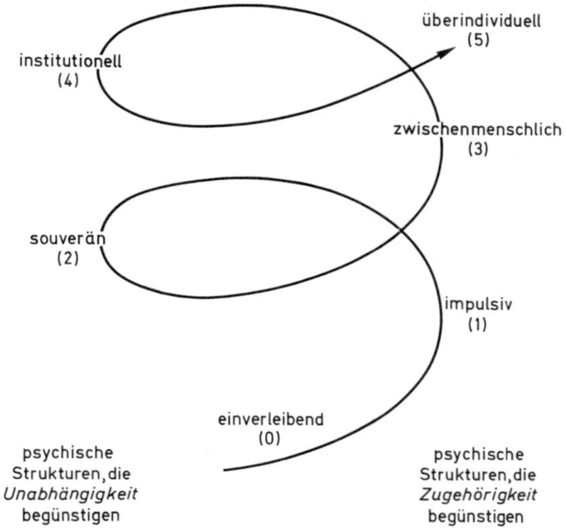

Entwicklungsspirale der Gleichgewichtsstufen
nach *R. Kegan 1986, 152*

zesses gesehen und verstanden werden soll. Beide Strebungen, Differenzierung und Integration, sind zusammengehörige Teile einer gemeinsamen Wirklichkeit.

Auf unser Thema der Autonomiebildung bezogen ist eine Untersuchung von *Waldfogel / Coolidge / Hahn (1957)* von Interesse, über die *Kegan* berichtet *(a.a.O., 207f.)*. Sie bezog sich auf das Verständnis von *Schulangst* aus psychosomatischer Sicht. Die Autoren sahen drei Faktoren bei den untersuchten Kindern im Spiel:

- Beeinträchtigung der Ich-Autonomie,
- übertriebenes Bedürfnis nach narzißtischer Befriedigung und
- Beeinträchtigung des Verdrängungsprozesses.

Im einzelnen zeigte sich, daß die Ich-Autonomie nicht deshalb beeinträchtigt wird, weil die Kinder einer besonders furchterregenden und gefährlichen Umwelt, also traumatischen Erfahrungen ausgesetzt waren, sondern weil ihnen zuverlässige äußere *Kontrollen* fehlten, so daß sie unfähig wurden, die eigenen Impulse zu kontrollieren, die ihrerseits ein gefährliches Ausmaß annahmen. Folge der daraus erwachsenden mangelhaften Autonomie und Ichaktivität sei ein übertriebenes Bedürfnis nach narzißtischer Befriedigung. Dieses zielte darauf ab, die stets dienstbereiten Eltern auszunutzen. Diese wiederum seien unfähig, den oft tyrannischen Forderungen des Kindes Widerstand zu leisten, so daß sich beim Kind Allmachtsphantasien ausbilden.

Schließlich ist mit "Beeinträchtigung des Verdrängungsprozesses" die nicht gelingende Integration der vorausgegangenen Struktur in die neue Situation

(Schulbesuch) gemeint. Das Kind erhielt eine mangelnde Unterstützung bei seinem Versuch, sich aus dem Eingebundensein in seine Familie zu lösen, und sich einer neuen Herausforderung (Schule) zu stellen. Es kommt kein neues Gleichgewicht zustande. Die Entwicklung der Autonomie bedarf auch der Unterstützung und Vermittlung von außen. Sie entsteht *nicht aus sich selbst!*

Dieses Nicht-aus-sich-selbst gilt auch in *zeitlicher* Hinsicht: Kein Mensch hat sich selbst sein Leben gegeben; er steht in der Reihe seiner Vor- und Nachfahren. Sein Leben ist auch eingeflochten in die Weiterentwicklung des Lebens. Seine Position ist also auch in die Biogeschichte eingebunden. Autonomie gewinnen setzt deshalb auch voraus, sich mit seinen Wurzeln auseinanderzusetzen, und bedeutet auch, in ihnen Halt und Orientierung zu finden. Familiäre Entwurzelung erschwert das Zu-sich-selbst-kommen. Beleg sind u. a. die entwurzelten *Straßenkinder* in den modernen Riesenstädten aller Kontinente.

Ein Kind, das sich emotional sicher weiß, also in einer stabilen Bindung zu den Eltern aufwächst, ist also deshalb nicht in seiner Autonomie-Entwicklung gefährdet. Im Gegenteil: Es kann die "Puffer", die es vonseiten seiner Umwelt immer wieder erfährt, besser verkraften. "Das geliebte, geachtete und geschätzte Kind kann Verbote und Rügen vertragen, und sie können ihm bei der Definition seiner Identität sogar nützen", stellen *Stone / Church (1978, 334)* fest. Es sei also verfehlt, schlechthin eine Preisgabe der Erwachsenenautorität zu fordern. Beeinträchtigungen des Selbstbildes seien für das Kind auf dem Wege zu seiner Autonomie vorübergehender Natur. Einschränkungen der kindlichen Bedürfnisse führten nicht eo ipso zu einer "Verkrüppelung" der emotionalen Freiheit des Kindes *(335).*

Daß die Elternbindung auch von den Eltern überzogen und / oder für eigene Zwecke ausgenutzt und mißbraucht werden kann und dadurch die Persönlichkeitsentwicklung schädigen kann, ist damit nicht infragegestellt. Es gibt Bindungen, die seelisch tödlich sein können. Insgesamt aber ist Bindung an sich, wie sie das Kleinkind durch die Art der Betreuung durch seine Eltern erfährt, unverzichtbar. Die spätere Loslösung ist eine andere Sache (vgl. *Lempp 1987*).

"Das Konzept der Bindung ist weiterhin sinnvoll und sollte nicht aufgegeben werden", meint auch *Jerome Kagan (1987, 97),* auch wenn die Psychologie nicht in der Lage sei, über die Folgen verschiedener Arten von Bindung eindeutige Aussagen zu machen *(98).*

Die Bedeutung von *Bindung* bezieht sich im besonderen auch auf die *moralische Entwicklung.* Über Bindung wird das Kind bereit, Normen zu übernehmen, nämlich die, die seine Eltern bzw. Bezugspersonen vor und zusammen mit ihm praktizieren. Im psychoanalytischen Konzept spricht man davon, daß sich das Kind mit seinen Eltern zu identifizieren sucht. Eine Erklärung kann darin gesehen werden, daß es nur schwer die Unsicherheit ertragen kann, die daraus hervorginge, daß es "Äußerungen elterlicher Gleichgültigkeit oder Ablehnung vorwegnimmt" *(Kagan a.a.O., 98).* Selbstverständlich wird auch das Konzept des Modell-Lernens wirksam, zumal wenn die sozialen Kontakte auf nur wenige Personen zeitlich verdichtet sind.

Diese normative Bindung kann sich freilich verschieden auswirken: Es treten später weniger Probleme ein, wenn die elterlichen Normen mit den in der Gesellschaft maßgebenden Wertvorstellungen übereinstimmen. Dagegen können sich Schwierigkeiten bzw. Benachteiligungen im späteren Leben einstellen, wenn die am Eltern-Modell erlernten Normen keine tragfähige Entsprechung im Leben des Heranwachsenden außerhalb seiner Familie finden. Die pädagogische Folgerung daraus kann nicht lauten: Verzicht auf Bindung, sondern: Normen-Reflexion auf Seiten der Eltern.

Herzog (1991) stellt in seiner differenzierten Darstellung der psychologischen Grundlagen einer moralischen Erziehung die Verklammerung von Autonomie und Heteronomie heraus. Die Entwicklung moralischer Autonomie sei abhängig und werde gefördert durch das Erleben von Zusammenarbeit mit anderen. Sie geht letztlich aus der Gegenseitigkeit der Achtung voreinander hervor. Dies gilt im besonderen für plurale Gesellschaften, in der die Individuen sich zur Selbstverwirklichung genötigt sehen. Das Zusammenleben wird dadurch zwar schwieriger; damit wächst aber auch die Notwendigkeit oder der Zwang, das eigene Selbst so auszubilden, daß es zugleich ein solidarisches wird. Individuierung und Autonomie einerseits und Zusammenarbeit und gegenseitige Ergänzung durch Integration und Verbundenheit andererseits seien aufeinander bezogen.

Träger der Moral ist das *moralische Subjekt.* Diese Betonung ist gerade in Anbetracht der Auswirkungen einer behavioristischen Psychologie wichtig, die die Bedeutung der Umwelteinwirkungen, also der Konditionierung von außen her, überbetont und absolut gesetzt hatte. Im Unterschied zu den Ableitungen von *Piaget* und *Kohlberg* kann *Herzog* auf Grund empirischer Untersuchungen aufzeigen, daß die Entwicklung der moralischen Autonomie nicht erst aus einer heteronomen Moral hervorgehe, sondern schon in der frühen Kindheit als gegeben anzusehen sei, jedenfalls in Ansätzen, wie sie etwa in Situationen, die Mitgefühl und Helfen herausfordern, schon bei Kindern in den ersten Lebensjahren zu beobachten sind (*352,* siehe auch *Nunner-Winkler 1993,* und *Nucci/ Lee 1993*). Beide Prinzipien, Autonomie und Heteronomie, ergänzen sich offensichtlich von Anfang der Entwicklung an, wenn sich auch die Schwerpunkte von einer anfangs mehr heteronomen Moral zu einer mehr autonomen Moral allmählich verlagern. Weitere psychologische Aspekte und empirische Befunde zur Beziehung von Moral und Person bringen die Beiträge im Sammelband von *Edelstein, Nunner-Winkler und Noam (1993).*

Oser und Althof (1992) haben ihr Lehrbuch der Entwicklung und Erziehung im Wertebereich mit dem programmatischen Titel "Moralische Selbstbestimmung" versehen. Der Begriff "Moral" wird darin auf die Fähigkeit hin definiert, in sozialen Konflikten autonom und mündig, d. h. verantwortungsbewußt urteilen und handeln zu können *(12).* Im Anschluß an *Kohlberg* wird die Entwicklung des moralischen Urteilens in ihrer Bedeutung für moralisches Handeln in den Vordergrund gestellt. Diese Kompetenz erhält in einer Kultur mit uneinheitlichen Wertesystemen entscheidende Bedeutung. Die in der

Gesellschaft von heute zur Geltung gebrachten Werte bedürfen der Reflexion durch das Selbst. Moralische Werte müssen geprüft und rekonstruiert werden, bevor sie im praktischen Handeln umgesetzt werden. Die Erziehung hat moralische Mündigkeit und autonome Entscheidungsfähigkeit anzustreben. Dabei käme es darauf an, die Integration des Selbst und die Internalisierung von Werten zu begleiten und zu stützen. Dies bedinge eine diskursive Auseinandersetzung mit anderen Positionen und moralischen Begründungen. Diese seien der Motor der Moralentwicklung, nicht aber sozialer Druck. Moralische Autonomie wachse an der Kooperation; ebenso gilt umgekehrt, daß Sozialität der Individualisierung bedürfe.

8.3. Autonomie und Lernen

In einem engeren Sinn interessieren die *Lernprozesse,* die zur Ausbildung von Autonomie beitragen, und deren Bedeutung für Lernen und Entwicklung. *Ryan, Deci und Grolnick (1995)* haben in ihren zahlreichen Untersuchungen bestimmte Bedeutsamkeiten und Zusammenhänge herausgearbeitet: Diese beziehen sich insbesondere (1) auf die Motivation, (2) auf den Prozeß der Internalisation, (3) auf die emotionale Regulation und Integration und (4) auf Zusammenhänge mit der Entwicklung der sozialen Bindungsfähigkeit. Die Autoren verwenden den Begriff Autonomie rein psychologisch und verstehen darunter im wesentlichen die Integration des Selbst und damit der Selbstregulierungsfähigkeit.

8.3.1. Die Bedeutung intrinsischer Motivation

Geht man vom Ziel selbstgesteuerten Handelns aus, so muß beim Lernen vor allem die intrinsische Motivation unterstützt werden. Im Unterschied zum behavioristischen Ansatz, nach welchem Lernen und Verhalten sich durch externe Kontrolle (Verstärkung) entwickeln, geht die motivationspsychologische Forschung (vgl. *Deci / Ryan 1987, 1993*) heute davon aus, daß es nicht nur *auch* selbstbestimmtes, also intrinsisch gesteuertes Handeln gibt, sondern daß dieses von besonderer Bedeutung für die Entwicklung von Autonomie ist. Diese wird beeinträchtigt, wenn von außen her zusätzlich Anreize (Verstärkungen) erfolgen. Eine vorhandene intrinsische Lernmotivation wird durch kontrollierende Lernbedingungen untergraben. *Deci und Ryan* erklären diesen "Unterminierungseffekt" so, daß die Selbstbestimmtheit der Person als eine zentrale Orientierungsbasis für das eigene Handeln erfahren wird, und daß diese durch äußere Kontrolle als Verletzung erlebt wird, gegen die sich das Kind aus einem "natürlichen" Antrieb wehrt. Je stärker also z. B. ein Lehrer Kontrollen im Unterricht einbaut – auch positive Verstärkungen! – desto mehr wird die intrinsische Lernmotivation reduziert. Das Empfinden, kontrolliert zu werden, reduziert die Bereitschaft, aus eigenem Interesse oder um der Sache wegen etwas zu tun.

Es ist zu beachten, daß dieser Unterminierungseffekt vor allem dann wirksam wird, wenn eine intrinsische Lernmotivation vorhanden war, und wenn es sich um übermäßige Kontrollinterventionen handelt. Die Autonomie-Entwicklung wird freilich auch dann behindert, wenn im Erziehungsstil ganz allgemein die externe Kontrolle überwiegt. Unter ihrem Einfluß sinkt die intrinsische Lernmotivation, die Einschätzung der eigenen Kompetenz und des Selbstwertes, sinken letztlich die Lernleistungen (vgl. *Prenzel 1990*).

Diese Befunde bedeuten nicht, daß externe Kontrolle schlechthin die Entwicklung der Autonomie beeinträchtigt, und daß diese schlechthin besser gedeihe, wenn das Kind nur das zu tun brauche, was ihm Lust einbringe. Die Frage, die sich hier aus pädagogischer Sicht stellt, ist nur die, wie das Kind dazu gelangen kann, die Zumutungen und Anforderungen von außen zu akzeptieren und zu integrieren. Befunde von *Ryan / Connell / Deci (1985)* konnten bestätigen, daß es wiederum ein intrinsisch motivierter, also selbstbestimmter Prozeß ist, durch den das Kind die Bereitschaft entwickelt, äußere Kontrollen zu akzeptieren. Das Kind ist über seine Einsicht grundsätzlich in der Lage, sich auf soziale Realitäten auch als Einschränkungen des eigenen Lustbedürfnisses einzustellen, soweit es die dahinterstehenden Werte zu erkennen und zu bestätigen vermag. Diese Fähigkeit zu entwickeln, also Selbstregulation aufzubauen, entspricht dem Autonomieprinzip. Es wird jedoch verletzt, wenn das Kind *übermäßige* Kontrollen bzw. eine Nichtbeachtung seiner Grundbedürfnisse erfährt.

Die Motivation, sich unangenehmen Anforderungen und Zumutungen zu fügen, geht aus internen Regulationen hervor, die letztlich in der Absicht begründet sind, Autonomie zu gewinnen. Es handelt sich somit um integrierte Regulationen, die vor allem unter Bedingungen zustandekommen, die zwar eine klare Orientierung ermöglichen, aber nicht einschränken sondern eher Spielräume für eigene Entscheidungen bieten.

R. deCharms (1979) hatte die Bedeutung einer "kausalen Autonomie" für die Motivation herausgestellt. Es handle sich dabei um das Bedürfnis und die Fähigkeit eines Individuums, sich immer wieder selber Ziele zu setzen, die zur Erreichung eines Ziels erforderlichen Maßnahmen und Schritte selber zu bestimmen, und zu ergreifen. Kausale Autonomie komme vor allem dann zustande, wenn das Kind die selbstgesetzten Ziele aus eigener Kraft auch erreicht und Befriedigung empfindet. Dabei ist es nicht notwendig, daß es auch external bekräftigt wird. Das Ziel um seiner selbst willen zu erreichen, sei wichtig.

Insgesamt ist festzustellen, daß "optimales Lernen unmittelbar an die Entwicklung des individuellen Selbst geknüpft ist und gleichzeitig von der Beteiligung des Selbst abhängt", und daß die Selbstbestimmtheit der Motivation dem angeborenen intrinsischen Wunsch des Menschen entspricht, die Welt zu erforschen, zu verstehen und zu verinnern *(Deci / Ryan 1993, 235)*.

8.3.2. Autonomie und Internalisation

Als Internalisierung oder Verinnerung wird der psychische Prozeß verstanden, durch den ein Kind ein bestimmtes Verhalten aus seiner Erfahrung mit der Umwelt aufnimmt und in sein Repertoir einbaut, um damit seine Kompetenz effektiver zu gestalten, also ein bestimmtes Verhalten, bestimmte Werte und Interessen als eigene auf- und auszubauen. Auf die zentrale Rolle des Gehirns bei diesem Prozeß ist bereits hingewiesen worden. Was das Kind aufnimmt, und wie es seine Umwelt wahrnimmt, ist von seinem Vorentwurf, von seinen Vorerfahrungen und seiner eigenen Sichtweise abhängig und stellt einen aktiven Vorgang dar, der vom Selbst bzw. von der Autonomie gesteuert wird. Die Umwelt kann also das Wahrzunehmende nicht diktieren bzw. festlegen. Sie wird nicht einfach im Inneren "abgebildet". Was der andere als Information absendet, kommt nicht in der gleichen Weise im Empfänger an. Er sieht und hört vielmehr das, was er sieht und hört. Er wählt aus der Fülle der Einwirkungen aus und zwar nach eigenen Maßgaben. Er deutet und wertet unablässig, nimmt an oder lehnt ab.

Dieses Werten ist ein aktiver Vorgang im einzelnen Menschen. Durch ihn bildet sich zugleich sein Selbst weiter. Indem er selber die Veränderungen seines Verhaltens, die von außen angeregt oder nahegelegt werden, bewirkt, baut er zugleich seine Identität aus. Wenn es anders wäre, wäre der Mensch nichts anderes als das Ergebnis seiner Umwelt, der gesellschaftlichen Verhältnisse. Der Mensch kann durch sie unter einen erheblichen Druck geraten, dem er sich unter Umständen beugt, um überleben zu können. Bei einer überstarken Kontrolle und Direktivität von außen kann es zu pathologischen Entwicklungsstörungen (Ängstlichkeit, Unselbständigkeit) kommen, weil die Autonomie, also die Integration des eigenen Selbst, die Selbstregulierung, der eigene Wille und die Entfaltung eigener Interessen behindert werden. Jeder Mensch ist aber ein eigener, ein unauswechselbarer. *Piaget* sagte vom Kinde, daß es seine Welt *konstruiere,* daß es *Akteur seiner Entwicklung* sei *(Kautter u. a. 1988).* Erkenntnis beruht also nicht auf einer naiven Abbildungstheorie ("Repräsentationismus") sondern stellt eine Integration der Objekte in innere Formen des Subjekts dar *(Oeser / Seitelberger 1988, 154).*

8.3.3. Autonomie und emotionale Integration und Regulation

Ein wichtiger Teilprozeß des Autonom-werdens bezieht sich auf die Fähigkeit, die eigenen Emotionen und Impulse so zu ordnen und zu regulieren, daß die verschiedensten Situationen und Herausforderungen möglichst gut bewältigt werden können, d. h. daß sie nicht zu Panik, bloßer Unterordnung und zu bloßem Verzicht und damit zu emotionalen Blockaden und Störungen führen. Das hat etwas mit Selbstbeherrschung zu tun, aber auch mit einer gewissen Anpassungsfähigkeit und Flexibilität. Die Unterstützung der Autonomie hat eine große Bedeutung für die Entwicklung dieser Fähigkeit zur eigenen emotionalen Integration und Regulation. Es ist dabei sehr wichtig, daß auf die

Gefühle des Kindes Rücksicht genommen wird, daß sich seine Betreuer in das einzelne Kind hineinzuversetzen versuchen, zugleich aber auch dem Kind in einer vertrauten Umwelt Verzichte zumuten. Dies gelingt umso besser, je mehr das Kind Gelegenheiten erhält, jeweils eigene Lösungen zu finden, und je sicherer es sein kann, daß seine Bemühungen um Autonomie einschließlich gewisser Fehler so weit als tragbar toleriert werden.

8.3.4. Autonomie und soziale Bindungsfähigkeit

Eine schwierigere Frage ist die nach dem Zusammenhang von Autonomie und Bindungsfähigkeit des Kindes *(Ryan 1991)*. Generell läßt sich sagen, daß Autonomie eine wichtige Bedingung dafür ist, daß das Kind tragfähige und produktive Beziehungen zu anderen Menschen aufnimmt. Soziabilität ist auch von Individuierung abhängig. Autonomie führt also nicht, wie vielfach behauptet, direkt in die bloße Ich- und Selbstbezogenheit, in Egoismus und Individualismus, in Un-sozialität. Es gibt gute Gründe, vom Gegenteil auszugehen *(Ryan 1991, 1995)*.

Jeder Mensch steht immer auch unter den Einwirkungen der natürlichen, der sozialen und der kulturellen Umwelt. Das Kind braucht für die Entwicklung seines Selbst zwingend auch die anderen und den Austausch mit ihnen, wie auch immer sie beschaffen seien und sich selber entwickeln. Ein Selbst gibt es nur, weil es den Anderen und permanente Interaktionen mit ihm gibt. Der Mensch ist radikal auf soziale Koppelung angewiesen *(Maturana / Varela 1987)*. Sie wird für ihn zum Schicksal; durch sie erhält er auch seine Integrität und die Möglichkeit, sich voranzubringen und zu behaupten. Durch sie wächst er z. B. in eine bestimmte Kultur hinein.

"Der Mensch wird am Du zum Ich" *(M. Buber)*. Autonomie und soziale Beziehungsstärke stehen also in einem engen Zusammenhang miteinander. Autonomie ist kein Gegensatz zu Kontaktbereitschaft und gegenseitiger Zuneigung und Unterstützung. Die Respektierung von Autonomie läßt sich als eine Bedingung für gute Beziehungen ausmachen. Diese wird grundgelegt durch die Verantwortlichkeit und Sicherheit, die das Kind bei seinen Eltern und Betreuern erfährt; denn diese bedeuten für das Kind, daß seine Eigenheit und damit seine Autonomie beachtet werden. Die Respektierung der kindlichen Autonomie begründet die Respektierung des Anderen durch das Kind. Das Selbst ist von zentraler Bedeutung für eine tragfähige Beziehung zu anderen. Auf spezielle Aspekte weiblicher Autonomie und Identität hat *Bast (1991)* hingewiesen.

8.4. Gewissensentwicklung

Im philosophisch-anthropologischen und theologischen Sinn ist "Gewissen" seit dem Altertum ein zentraler Begriff der Ethik. Es wird darunter das unbedingt urteilende sittliche Zentrum des Menschen verstanden, das allen persönlichen Interessen und sozialen Bedingungen vorausgeht und dem Einzelnen eine universell gültige Erkenntnis von Gut und Böse erschließt. Über sein Gewissen steht also der Mensch in Verbindung mit dem, was als allgemeines Sittengesetz Gültigkeit beansprucht. Es ist "das Gesetz in uns", wie es *I. Kant* sieht *(Bd. XII, 756)*. Er fügt hinzu, daß es "eigentlich die Applikation unserer Handlungen auf dieses Gesetz" sei, das seinen Effekt erst dadurch erhalte, daß man es (das Gewissen) als den "Repräsentanten Gottes" denkt. Das Gewissen wird zur "Stimme Gottes".

Als solche könne es nicht erworben werden. Vielmehr *habe* "jeder Mensch, als sittliches Wesen, ein solches in sich" *(Kant, Bd. VIII, 531)*. Gewissenlosigkeit bedeute dann nicht, jemand habe kein Gewissen, sondern er kehre sich nicht an den Anspruch desselben. Das Gewissen selber spreche unwillkürlich und unvermeidlich. Es bedarf allerdings der Kultivierung. Diese sei an den Verstand und an die Aufmerksamkeit zu richten, damit diese die Stimme des inneren Richters vernehme.

Die metaphysischen Annahmen bezüglich des Gewissens waren lange Zeit für die Pädagogik gültig. Mit deren sozialwissenschaftlicher Umorientierung trat das Gewissens-Konzept weitgehend in den Hintergrund, nachdem es durch die analytische Psychologie (Über-Ich) noch einmal eine Belebung erfahren hatte. Sie bezog sich vornehmlich auf die Entwicklungsbedingungen und die Konflikte des Gewissens. In den letzten zwei Jahrzehnten ist es so gut wie nicht mehr thematisiert worden. Es liegen im wesentlichen nur ältere Arbeiten vor (z. B. *Zulliger [3]1960; Kürzdörfer 1978*).

Inzwischen eröffnen sich durch die vermehrte Diskussion des Selbst, der Moral und der Autonomie neue Perspektiven. Ungebrochen ist die Gültigkeit des Begriffes der "Freiheit des Gewissens". Ihm wird nach wie vor ein hoher Wert beigemessen. Sie ist als Grundrecht (Art. 4,1) im Grundgesetz verankert. In ihr wird die höchstpersönliche ethische Entscheidung des Einzelnen respektiert. Sie ist Ausdruck der Achtung vor der Menschenwürde und der Unantastbarkeit der Person. Nach einer Entscheidung des Bundesverfassungsgerichtes (12,45[55]) ist eine Gewissensentscheidung "jede ernste sittliche, d. h. an den Kategorien von 'Gut' und 'Böse' orientierte Entscheidung . . ., die der einzelne in einer bestimmten Lage als für sich bindend und unbedingt verpflichtend innerlich erfährt, so daß er gegen sie nicht ohne ernste Gewissensnot handeln könnte".

Es ist nun bemerkenswert, daß die Frage, wie der Mensch in seiner Entwicklung dazu kommt, einen derart hohen Wertanspruch zu erheben, also die Bildung des Gewissens, heute keine Frage mehr sein soll. Offensichtlich sind es die Schwierigkeiten, den noch anspruchsvollen und komplexen Begriff überhaupt zu bestimmen. Wir halten ihn für pädagogisch unverzichtbar.

Hans Zulliger (1960) hat in seiner pädagogischen und psychotherapeutischen Arbeit beobachten und nachweisen können, daß sich – auf der Basisannahme einer jedem Menschen mitgegebenen "Gewissensanlage" – das kindliche Gewissen zunächst über die liebende Zuwendung der Mutter, später auch des

Vaters, zu entfalten beginnt, wenn die Rücksichtnahme auf den geliebten Menschen dem Kinde die ersten Triebverzichte abverlangt. Die normativen Inhalte, die das Kind in seinem Gewissen ausbildet, sind hochgradig von der Erziehung, also von den normativen Mustern abhängig, denen das Kind bei geliebten und geachteten Personen begegnet; es macht sie sich zu eigen, um sich nach ihnen zu richten. Das, was das Kind als "Stimme des Gewissens" wahrnimmt, ist im wesentlichen die Stimme, d. h. die Norm seiner Autoritätspersonen. *Zulliger (1960)* hat ein Selbst-Zwiegespräch seiner kleinen Enkeltochter aufgezeichnet, in welchem die Stimme der Ich-Bedürfnisse sich mit der Stimme der Autoritätsperson auseinandersetzt, um dann zu einem eigenen Entscheid zu kommen. Aus meinem persönlichen Erfahrungsfeld sei folgender Selbstdialog wiedergegeben. Es handelte sich um einen 7jährigen Jungen, der in Konfliktsituationen sich einer Puppe bediente, über die er sein Ich zum Ausdruck brachte, während er zugleich die Stimme seiner Autoritätsperson abgab:

I. (Ich-Stimme, piepsig, widerspenstig): "Ich will aber nicht ins Bett gehen!"
A. (Autoritätsstimme, besänftigend bis bestimmt): "Jetzt ist es aber Zeit!"
I.: "Ich will aber nicht! Ich will noch spielen!"
A.: "Nein, du gehst jetzt schön ins Bett!"
I.: "Ich geh' aber nicht, weil ich noch spielen will!"
A.: "Peter, es ist jetzt schon 10 nach 10! Du hättest schon längst ins Bett müssen!"
I.: "Ich will aber trotzdem noch spielen!"
A.: "Peter, soll ich jetzt streng werden?"
I.: "Ich will aber trotzdem nicht, du Blöder!"
A.: "Peter, soll ich dir jetzt eine hinten draufgeben?"
I.: "Wenn ich aber doch nicht will!?"

Pause, unverständliches Flüstern, dann:

A. (ruhig und gütig): "Peter, jetzt schlaf schön!"
I. (Puppe) gibt nach und legt sich schlafen.

Bettelheim (1980) stellt in Bezug auf das kindliche Gewissen aus psychoanalytischer Sicht eine Verbindung zwischen moralischer Erziehung und dem Realitätsprinzip her. Letzteres besagt, daß das Kind lernen muß, auf momentanen Lustgewinn zugunsten eines späteren größeren Gewinns zu verzichten, also z. B. nicht zu stehlen, um später bessere Chancen für einen Arbeitsplatz zu haben. Die Frage ist, wie solches Lernen zustandekommt.

Für *Bettelheim* spielt die *Angst* dabei eine wesentliche Rolle: Das Kind lernt – auch lernpsychologisch gesehen – wesentlich aus dem Motiv, aus dem Grundbedürfnis, Achtung von außen her (Belohnung) zu erfahren, und Entzug von Achtung (Bestrafung) zu vermeiden. Es habe zunächst den kreatürlichen Wunsch, sein forderndes Über-Ich zufriedenzustellen, sich also mit den Normen seiner direkten Bezugspersonen (Eltern) zu identifizieren (vgl. auch *Zulliger 1960*). Dies bedeutet, daß es Angst erlebt, wenn es diesen Normen nicht entspricht, Angst nämlich, Zuwendung und Achtung zu verlieren, d. h. nicht nur Angst, direkt bestraft zu werden. Das kindliche Gewissen baue sich also auch an der Angst auf: Moralisches Handeln oder Lernen, das Rechte zu tun, ist davon abhängig, daß sich ein Gewissen aufbauen konnte. Es setzt voraus, daß das kleine Kind klare Muster und einen verläßlichen Glauben an Gut und Böse erlebt bzw. aufbaut. – Das starke Interesse an Märchen bestätige dieses grundlegende Bedürfnis.

Achtung vor bestimmten Werten wird dadurch erlernt, daß das Kind diese in bestimmten Personen, die es schätzt und achtet, vorfindet. Aus der *Achtung* vor solchen Eltern erwächst dann die Selbstachtung als Grundlage des Handelns nach dem eigenen Gewissen. Diese Selbstachtung ist es schließlich, die der Mensch nicht verlieren möchte, und die zu verlieren er fürchtet. Deshalb wird er fähig, moralische Ansprüche an sich selbst zu stellen.

Da heute – vor allem unter dem Druck ökonomischer Belastungen und sozialer Deprivation – viele Kinder keine Chance haben, Respekt vor ihren *Eltern* aufzubauen, und damit auch hinreichend Selbstachtung zu erwerben, erhält der *professionelle* Pädagoge eine größere Bedeutung für die moralische Erziehung, aber auch die *Gleichaltrigen-Gruppe*, der das Kind oder der Jugendliche angehört. Letztere kann dominant werden, und es kann zu Konflikten mit der Moral der Schule oder des Lehrers kommen, wenn sich die normativen Ansprüche widersprechen. Dies kann vor allem für Kinder und Jugendliche zutreffen, die unter sozio-kulturell deprivierenden Bedingungen aufwachsen.

Es ist sicherlich pädagogisch davon auszugehen, daß das, was das Kind als "Gewissen", also als "moralisches Bewußtsein" in sich ausbildet, und was für sein normatives Verhalten maßgebend wird, nicht einfach Produkt seiner Sozialisation, also bloße Internalisation von außen wirksamer Normen ist. Es wäre sonst das nicht möglich, was sich nach der Pubertät, also beim mündigen Erwachsenen als selbstverantwortliches, freies Gewissen ausbildet, und was als Gewissensfreiheit grundgesetzlichen Schutz genießt. Die Annahme einer apriori gegebenen "Gewissensanlage" ist nicht nur nicht widerlegbar sondern von genereller pädagogischer Bedeutsamkeit: Das Gewissen wird zur moralischen Kommunikationsinstanz und verdient generelle Achtung. Eine negative Gewissensentwicklung zeugt von seiner Mißachtung oder Vernachlässigung, vielfach davon, daß sich ein Mensch als Kind nur *äußerem* Normendruck ausgesetzt sah und sich deshalb schwer tut, ein wirkliches Selbstgewissen zu praktizieren, sich also von den bisherigen Autoritätspersonen zu lösen. Ein autonomes Gewissen setzt offensichtlich eine Erziehungsgeschichte voraus, die von Anfang an sowohl von verläßlichem Zutrauen und zugleich von hinreichenden Gelegenheiten zu autonomem Handeln, also Erproben eigener Entscheidungen, bestimmt war. Es gehörte auch die dominante Erfahrung dazu, sein Gewissen *positiv* zu erleben, nicht also als ein bloßes Schuldorgan. Dazu müßten die Erziehungspersonen vor allem die Rolle von Helfern in Gewissensnöten spielen, nicht aber die von Richtern und Gewissenswächtern.

Während für das Kleinkind vor allem die Eltern die wichtigsten moralischen Bezugspersonen des Kindes sind, über deren Modell es sein Gewissen bildet, sind es für das Schulkind in zunehmendem Maße die Spielgefährten. Vor allem, wenn die Verbindlichkeit der Eltern für das Kind gering ist, werden mehr die Spielregeln der Gruppe der Altersgenossen bestimmend (vgl. *Piaget 1986*). Solange diese weitgehend mit den Normen in der Gesellschaft übereinstimmten, gab es weniger Gewissenskonflikte. Sie vergrößern sich, je geringer der allgemeine Wertekonsens ist. Von daher wird die Größe des Problems erkennbar, mit dem es eine moralische Erziehung, eine Gewissensbildung, in einer wertepluralistischen Gesellschaft heute zu tun hat. An sich wäre sie gerade deshalb besonders wichtig.

Neue Schwierigkeiten stellen sich für den *Jugendlichen* ein, der sich von seinen bisherigen moralischen Bezugspersonen zu lösen und sein autonomes Gewissen freizusetzen beginnt. Die normative Verwirrung und Unsicherheit kann eine totale sein, wenn er/sie erlebt, daß eigentlich *nichts* – außer den gesetzlichen Regeln – objektiv verbindlich ist, daß jeder letztlich nur sich selbst zum Maßstab nimmt. Es kommt dann nicht nur zu einem Zusammenbruch des *bisherigen* Normen- und Wertesystems sondern auch zur Entdeckung des *Nichts*. Unverbindliche Normendiffusität erzeugt kein moralisches Vertrauen. Ein konkretistischer, opportunistischer Relativismus bildet sich eher aus. "Ich sehe mir bloß an, was Sache ist, und prüfe es. Manchmal ändere ich dann meine Meinung, manchmal auch nicht, kommt ganz darauf an. Eigentlich aber glaube ich an nichts", äußerte sich ein Fünfzehnjähriger (vgl. *Kagan 1987, 248*).

Wir sind ziemlich ratlos geworden in Bezug auf die *Inhalte* einer neuen moralischen Erziehung, auch wenn die Notwendigkeit heute immer stärker thematisiert wird. Allzu divergent sind die verschiedenen subjektiven Wertevorstellungen. Der einzelne ist im wesentlichen auf sich selbst, auf seine "persönliche Ethik" angewiesen. Eine daraus hervorgehende Erziehungsmaxime, nach der sich das Kind *allein* entscheiden soll, was es als Recht und als Unrecht hält, gleichgültig, was *andere* sagen, überfordert letztlich das Kind. Ihr fehlt die verbindende (objektive) und stützende Gültigkeit. "Das persönliche, gegen die Meinungen der Mitwelt völlig immune Gewissen, das man heute feiert, ist offenbar eine historische Tatsache – nicht aber eine tiefe Einsicht in die menschliche Natur oder ein universell hochzuhaltendes Gut", meint *Kagan (1987, 205)* und verweist auf Gewährsleute wie *Spinoza,* der die Hoffnung vertreten habe, daß ein Mensch, der nach den allgemeinen Gesetzen seiner Gesellschaft lebe, eigentlich freier sei als einer, der "allein sich selbst gehorcht" *(a.a.O.)*. Autonomie wird sicherlich überfordert, wenn sie sich nur auf das eigene Ich bezieht. Ein Mindestmaß allgemeinen Wertekonsenses und allgemein akzeptierter Verpflichtungen ist nötig. Unsere Hoffnung in Bezug auf eine Neubegründung einer moralischen Erziehung stützt sich zum einen auf die allgemein bestätigte Tatsache, daß die Menschen ein Urbedürfnis haben, moralische Kriterien zu entwickeln, daß sie als junge Menschen von Natur aus darauf angelegt sind, Bindung zu ihren Eltern und ein moralisches Pflichtbewußtsein zu entwickeln, und daß die Eltern unter dem Druck der wachsenden moralischen Selbstüberforderung und der immer chaotischer werdenden Folgen bei den Kindern allmählich immer stärker und ernsthafter zur ethischen

Reflexion und zum Finden von mehr selbstverständlichen moralischen Verbindlichkeiten bereit werden.

8.5. Individuum und Gemeinschaft

Autonomie und Moral ergeben nur Sinn, wenn oder weil sie sich auf das gemeinsame Leben beziehen. Autonomie als normative Selbsteinbindung des Individuums meint eo ipso Gemeinsamkeit. Das Individuum geht aus einer konkreten Gemeinschaft hervor, aus der es sich allmählich zu lösen hat, um seine Eigenheit (Identität, Selbst) zu erreichen, ohne auf Bindungen an andere verzichten zu können. Es bleibt sein Leben lang in dieser Spannung. Sie entwickelt sich kritisch, wenn einer der beiden Pole übermächtig wird. Die individuellen Lebensgeschichten liefern unendlich viele Beispiele. Der Lebenssinn bricht ein, wenn die Beziehungen zu den anderen nicht stabil genug werden, wenn sie abbrechen oder wenn die anderen beherrschend werden. "Die Hölle, das sind die anderen" *(Sartre)*.

Der Begriff "Gemeinschaft" ist in diesem Lande geschichtlich in hohem Maße belastet. Im nationalsozialistischen Staat hatten sich die "Volksgenossen" als "Volksgemeinschaft" zu verstehen, für die kein Opfer zu groß sein konnte. "Du bist nichts! Dein Volk ist alles!" Daß diese historische Belastung zu einer gründlichen Verbannung des Gemeinschaftsgeistes führen würde, konnte nach dem Krieg zunächst noch nicht abgesehen werden. Auf der Basis des damals noch intakten Gemeinwesens wurde das Grundgesetz der Bundesrepublik primär über "Grundrechte" des Einzelnen gegenüber dem Staat abgefaßt; sie sollten diesen nicht wieder übermächtig werden lassen. Ihnen gegenüber wurden *Pflichten* gegenüber dem Gemeinwohl eher unterrepräsentiert. Die spätere Folge – zumal in Verbindung mit dem enormen wirtschaftlichen Wohlstand und der damit gewonnenen Macht des Einzelnen – war ein ernsthafter Verlust an Gemeinschaftsbewußtsein und Gemeinschaftsgefühl. Dieser aber ist, da bedingt durch die gesellschaftliche Entwicklung Individualisierung und Selbstbestimmung stärker herausgefordert werden, anders zu bewerten als zu einer Zeit, als die Formen der Gemeinschaftsbeziehungen als traditionell feststehend und auferlegt galten. Sie haben sich zweifellos gelockert und sind mehr von der persönlichen Entscheidung des Einzelnen abhängig. Dies führte u. a. zu den beklagten Formen des Egoismus, Hedonismus und der Gleichgültigkeit; aber diese können nicht verallgemeinert werden in dem Sinne, daß in der Gesellschaft heute Solidarität schlechthin verlorengegangen sei (Hondrich/ Koch-Arzberger 1994). Das Risiko, daß dabei Gemeinschaftsverpflichtungen nicht unmittelbar gesehen und viele Menschen allein und einsam bleiben, ist gewachsen.

Es ist also nicht wahr, wenn behauptet wird, daß wir schlechthin in einer herzlosen Gesellschaft leben, daß alle unsolidarisch seien, aber ebenso sicher dürfte sein, daß wir nicht solidarisch genug sind. Es ist unter pädagogischem Aspekt höchst kritisch, feststellen zu müssen, daß Kinder heute wenig

Freunde haben, bzw. daß viele Kinder überhaupt keine Freunde haben. Wie *U. Nuber (1993)* berichtet, ist der Grund vor allem darin zu sehen, daß eine Freundschaft heute vom Ich-Standpunkt bewertet wird: Vom Freund erwartet man etwas für sich; Freunde werden Mittel zum Zweck. Von der einstigen Forderung des *Aristoteles*, daß Freundschaft auf der gemeinsamen Verpflichtung zum Guten begründet sein müsse, sei nicht mehr die Rede *(45)*. Auf die Bedeutung der Freundschaft für die Konstituierung des moralischen Subjekts hat *Herzog* hingewiesen *(1991, 408f.)*.

Freundschaft ist eine sehr enge und sensible Beziehung. Sie läßt sich nicht "machen". Es gibt für sie keine Vorschriften. Gilt dies auch für die Alltagsverpflichtungen der Solidarität? Ist das im Grundgesetz fundierte Menschenbild zu sehr von den *Rechten* des Einzelnen und weniger von seinen *Pflichten* geprägt? Man vergleiche es mit dem Text der "Allgemeinen Erklärung der Menschenrechte" der Vereinten Nationen von 1948, in der gefordert ist, daß jeder "Pflichten gegen die Gemeinschaft" habe, und daß er bei der Ausübung seiner Rechte und beim Genuß seiner Freiheiten den Beschränkungen unterliege, die die Gesetze zu dem ausschließlichen Zweck angeordnet haben, um die Anerkennung und Achtung der Rechte und Freiheiten anderer zu sichern und die angemessenen Erfordernisse der Moral, öffentlichen Ordnung und allgemeinen Wohlfahrt einer demokratischen Gesellschaft zu erfüllen.

Daß Gemeinschaft unter dem Einfluß extrem individualistischer Tendenzen verloren gehen kann, zeigt das Beispiel der USA. Eine intensive Analyse dieser Entwicklung stammt von dem amerikanischen Soziologen und Kommunitaristen *Amitai Etzioni*. In seinem Buch "The Spirit of Community" (deutsch – in bezeichnender Vermeidung des Begriffes Gemeinschaft – "Die Entdeckung des Gemeinwesens" *1995*) werden die Entwicklungen aufgezeigt, die zu kritischen Verlusten und Herausforderungen geführt hätten und die auch hierzulande zu beobachten sind. Sie werden vor allem einem hemmungslosen Individualismus und Egoismus zugeschrieben, für den Verpflichtungen gegenüber der Gemeinschaft prinzipiell eine Zumutung und Beschränkung der individuellen Maximierungswünsche darstellen. Der freie Markt der Selbstdurchsetzung habe das Netzwerk gegenseitiger Pflichten und Fürsorge – das Zentrum der Gemeinschaften – hinweggefegt und diese zu staatlich geschützten Individualrechten gemacht *(138)*.

Das Abschütteln persönlicher Bindungen wurde zunächst als Befreiung erlebt. Der Preis dafür aber zeigte sich in der weiteren Entwicklung. Mit dem Verlust der traditionellen Gemeinschaften hätten Willkür, Gewalt, Rowdytum und Kriminalität, aber auch Isolation, Mangel an gegenseitiger Fürsorge, Drogenabhängigkeit, Alkoholismus zugenommen. Mancher Ego-Ideologe habe selber das Gefühl, daß die Habgier heute Amok laufe *(140)*. Hinzu komme der Verlust der Einbindung in die Gemeinschaft mit der Natur, die in gefährlichem Maße ausgebeutet werde. Nicht zuletzt die Entdeckung ihrer Schutzbedürftigkeit habe zu einem Fragen nach einer "neuen Gemeinschaft" geführt.

Das Neue wird nicht in einer Priorisierung von Gemeinschaft im traditionellen Sinne gegenüber individuellen Interessen gesehen. Individualismus an sich sei kein Widerspruch zur Gemeinschaft. Von einer Rückkehr zu beengenden und autoritären Gemeinschaften könne keine Rede sein. Vielmehr seien neue Gemeinschaften herausgefordert, die dem einzelnen hinreichende Wahlmöglichkeiten und damit die Chance geben, Teilgemeinschaften zu bilden, in denen sich die eigenen Wertvorstellungen wiederfinden und Identitäten bewahrt, aber auch umfassende Gruppenziele mitdefiniert werden. Was heute benötigt werde, seien Gemeinschaften, wie Familie, Freundesgruppen, Interessengruppen, ethnische Gruppen, religiöse Gemeinden, Nachbarschaften etc., in denen sich Einheit mit Vielfalt verbindet *(144)*.

"Neue Gemeinschaften" müssen also in einer Verbindung zur Funktion des Selbst gesehen werden, jedoch nicht im Sinne eines Aggregats von Individuen zum Zwecke der eigenen Nutzen-Maximierung. Eine "responsive community" wird vielmehr immer in einer sehr produktiven Spannung zwischen beiden Elementen stehen müssen, ohne daß es einem der beiden gelingen dürfe, die Oberhand zu gewinnen. "*Individuen und Gemeinschaften sind beide essentiell und haben daher den gleichen grundlegenden Rang (1994, 32) ... Das Individuum und die Gemeinschaft schaffen einander und setzen einander voraus ...* Die Iche brauchen ein Wir, um zu sein" (*33,* kurs. b. A. E.). *Etzioni* hat seinen Ansatz, der Individuum und Gemeinschaft aufeinanderbezieht und verbindet, das "deontologische Ich+Wir-Paradigma" genannt. Der besondere Akzent liegt auf dem *Plus* und auf der damit verbundenen deontologischen Ethik. Ich (oder Selbst) und Gemeinschaft sind gegenseitig verpflichtete Einheiten. Damit ist die moralische Dimension im Spiel. Der moralische Wert einer Handlung bemißt sich nicht nach deren Zwecken und Folgen (wie im Utilitarismus), sondern nach der zugrundeliegenden Absicht. Im Leben geht es immer auch um die anderen und damit um deren Eigenwert und deren Achtung, nie lediglich darum, die anderen zur Befriedigung der eigenen Bedürfnisse zu benutzen *(Speck 1996b)*. Kein ausgewogenes Selbst ohne Wir, kein Wir ohne Respektierung der individualen (autonomen) Gegebenheiten! Keine Autonomie ohne Bindung an eine Gemeinschaft! Es sei ein vereinseitigender individualistischer Irrtum anzunehmen, daß das Individuum "aus sich selbst" heraus Entscheidungen treffe. Die eigentlichen Entscheidungsträger seien vielmehr soziale Gruppen, denen man zugehöre und auf deren Meinungen und Werte sich der einzelne stütze *(Etzioni 1994, 25)*.

Wenn heute vielfach noch das Gemeinschaftskonzept diskreditiert wird, so sind dafür nicht einfach historische Gründe maßgebend, sondern mit Sicherheit auch negative eigene Erfahrungen, die den Wert einer Gemeinschaft nicht hinreichend selber erleben ließen, ein Schicksal, das viele Menschen als Folge der verbreiteten sozialen Entkoppelungen heute teilen. Wer den bereichernden Wert einer Gemeinschaft, z. B. einer Familie oder einer Selbsthilfegruppe, erfahren hat, hat keinen Grund, diese zu diffamieren. Bezeichnenderweise stützt sich die Abwehr im allgemeinen auf rationale Argumente, wobei ausdrücklich gefordert wird, "Emotionen beiseite zu lassen", um die Dinge "nüchtern betrachten" zu können. Werte aber sind im wesentlichen emotional verankert, auch negative. *Etzioni (1994)* konnte nachweisen, daß als wichtigste Grundlagen für Entscheidungen *normativ-affektive* in Betracht kommen. Gerade das Zusammenleben in der Primärgemeinschaft sei von normativ-affektiven Grundsätzen und Lebensformen bestimmt. Sie seien es auch, die den vielen für ihre Lebensorientierung hilfreich werden, die nicht über versierte intellektuelle Kapazitäten verfügen *(174)*.

Starke Belege für eine ungebrochene Bedeutung der Gemeinschaften, für den nach wie vor bestätigten Wert persönlicher Bindungen und Verpflichtungen, liefert u. a. die Entwicklungspsychologie *(Schneewind 1979)* und die Familiensoziologie *(Nave-Herz 1988)*. Es habe zwar der Verbindlichkeits- und Verpflichtungscharakter der Ehen abgenommen, nicht aber der der *Familie*. Was im übrigen die stabil bleibenden Ehen betrifft, so hätten noch nie so viele Menschen in einer zeitlich so langen monogamen Ehe zusammengelebt wie heute *(89)*. Die Bedeutung der Familie in ihrer Schutz- und Stützfunktion für die Familienmitglieder, im besonderen auch die Kinder, ist nicht nur ungebrochen, sondern wird im allgemeinen heute besonders gepflegt und geschätzt *(Schulze / Mayer 1987)*.

Generell ist zu beobachten, daß sich bei all den "Verfallserscheinungen" des Gemeinschaftlichen doch ein Umbau auf der ideellen Ebene vollzieht. Darauf deuten u. a. jüngste Befunde einer sozialpsychologischen Untersuchung von *Schmidtchen (1997)* an jungen Menschen in Ost- und Westdeutschland hin. An ihnen sei geradezu eine "Moralsehnsucht" festzustellen, allerdings eine, die vom Suchen der eigenen Person nach Sinn und Selbstbestimmung geprägt sei. Sie widersetze sich prinzipiell der ungeprüften Übernahme von Normen und der bloßen Unterordnung innerhalb von Institutionen, die Mitbestimmung gering achten. Die gesellschaftliche Realität aber mache es den jungen Menschen schwer, diese Ideen umzusetzen. Auf die Frage, ob man mit moralischem Verhalten im Sinne der Maximen, andere nicht auszunutzen, sondern sie zu fördern, hilfsbereit zu sein und Frieden zu stiften, langfristig weiterkomme, antworteten im Westen 22% und im Osten nur 11%, daß sie daran glaubten. Sie meinen mit Moral zieht man den kürzeren, auch wenn diese wichtig ist. – Diese Aussage spricht eher für das Realitätsbewußtsein, nicht aber gegen den Sinn von Moral; denn immer schon war Moral keine sichere Sache und keine des eigenen "Haben-wollens-von-etwas". Ganz offensichtlich haben wir eine Durststrecke des Miteinander vor uns; aber das wäre nicht neu.

9. Autonomie und Erziehung – ein Erklärungsversuch

Es ist ein gewagtes Unternehmen, zwei so komplexe, vage und mehrdeutige Begriffe wie Autonomie, Chaos und Erziehung in ihrem Verhältnis zueinander näher klären zu wollen. Wir schränken deshalb diesen Komplex auf unseren Aspekt ein. Dieser ist von primär *heilpädagogischen* Fragestellungen bestimmt. Diese gehen von besonderen Erziehungserfordernissen aus, die bei einem Kind deshalb gegeben sind, weil sein Lebenlernen durch einen pädagogisch unangemessenen oder destruktiven Umgang mit der eigenen Selbstbestimmung gefährdet oder von Chaos bedroht ist. Es braucht deshalb eine entsprechende (passende) Hilfe zum Lebenlernen (Erziehungshilfe), bei der das besondere pädagogisch-therapeutische Augenmerk auf den rechten Gebrauch bzw. auf die Ermöglichung dessen gerichtet ist, was mit *Autonomie* umschrieben werden soll. Es geht also um einen Ansatz von Erziehung bei Kindern, die sich in Erziehungsschwierigkeiten befinden, weil ihre Mindestbedürfnisse nach Autonomie mißachtet werden bzw. weil sie autonomes Handeln nicht lernen konnten; dabei kann zugleich festgestellt werden, daß ihre Erzieher selber Probleme mit der eigenen Autonomie haben. Es kommt auf diese Weise zu Verunsicherungen bzw. zu einem Mißlingen von Erziehung und damit zu chaotischen Erziehungsverhältnissen. Wir gehen also von pädagogischen Negativsituationen aus, von Problemen mit der pädagogischen Handhabung bzw. mit dem Erlernen von Autonomie. Das Nichterlernen von oder eine nicht gelingende Autonomie werden als zentral verantwortlich für das Entstehen bedrohlicher chaotischer Systeme angesehen und zwar sowohl auf individuelle wie soziale Systeme bezogen. Daraus folgert, daß in der Gewinnung von Autonomie eine zentrale Chance für die Vorbeugung bzw. für die Überwindung chaotischer Erziehungsverhältnisse zu sehen ist.

9.1. Begriffliche Klärung

Was ist nun im einzelnen pädagogisch mit *Autonomie* gemeint? Angesichts weit verbreiteter (traditioneller) Vorbehalte und Verdächtigungen, freilich auch gewisser ideologischer Verzerrungen, dürfte es schwierig sein, diese Frage befriedigend zu klären, und hinreichend Verständnis für die praktische Bedeutung von Autonomie zu gewinnen. Es kann in diesem Begriff geradezu ein Widerspruch zur Funktion von Erziehung gesehen werden: Hebt nicht ein Autonomieanspruch jegliche Erziehung auf? Die Antipädagogik ist dieser Auffassung. Es muß also auch gefragt werden, was unter *"Erziehung"* zu verstehen ist.

Wir möchten hier die unendliche Geschichte der stets unbefriedigenden Definitionsversuche um diesen höchst vieldeutigen Begriff nicht fortsetzen; wir können nur einige im Zusammenhang unseres Themas uns wichtig erscheinende definitorische Akzente setzen. – Dazu gehörte vor allem die Feststellung, daß die Schwierigkeiten, Autonomie pädagogisch zu verstehen, umso größer sind, je stärker Erziehung in transitivem Sinn als eine Veränderungsaktion vonseiten des Erziehers mit dem Ziel, ein bestimmtes Veränderungsresultat zu erreichen, gehandhabt wird. Kurz gesagt: wenn Erziehung als direkte, von außen bewirkte Formung eines pädagogischen Objektes gesehen wird. Diese Auffassung drückt sich z. B. in der Praxis immer wieder in Redewendungen aus, wie: "Ich habe die Schüler dazu erzogen, sich ordentlich zu melden." – "Die Kinder werden gefördert." – In diesem Sinn, wie er vor allem von einer "pädagogischen" Verhaltensmodifikation vertreten worden ist, wird ein Kind durch bestimmte Mittel gewissermaßen von einem Zustand (oder Verhalten) a zu einem Zustand (oder Verhalten) b befördert, also transportiert.

Wir betonen ausdrücklich, daß wir uns hier auf ein praktisches oder landläufiges Verständnis von Erziehung beziehen, das nach wie vor – unreflektiert – wirksam ist und sich etwa darin ausdrückt, daß vom Lehrer eine Disziplinierung seiner Schüler durch ihn erwartet wird: Der Erzieher diszipliniert den Schüler! Daß ein solches direktes Be-handeln, Be-fördern, Be-wirken, Bearbeiten nicht funktioniert, erfahren Lehrer und Eltern nur allzu häufig und gründlich: Die Kinder sind "eigensinnig" geworden, heißt es zur Erklärung. Erziehung ist aber auch schon seit je nie so abgelaufen. Die Täuschung der Pädagogen, sie seien es, die die Kinder formen und bilden, war früher deshalb möglich, weil die pädagogischen Intentionen nahezu lückenlos mit den tradierten Normen der Institutionen übereinstimmten.

Erziehen als direktes (transitives) Verändern eines Zustandes des "Zuerziehenden" ist eine irrige Vorstellung. Sie widerspricht den biologischen Grundlagen des Verständnisses vom autonomen System aller Lebewesen (s. o.). Kein Lebewesen, erst recht nicht der Mensch, der auch über Selbstbewußtsein verfügt, läßt sich verändern, wie man eine Schraube in ihrer Position verändert, indem man an ihr dreht. Wie verheerend sich in der pädagogischen Praxis eine Mißdeutung dieses "Änderns" eines anderen Menschen durch Erziehung ausgewirkt hat, hat die sogenannte Schwarze Pädagogik dokumentiert. Sie sah ihre Aufgabe im "Brechen" des Eigenwillens des Kindes.

Brezinka (1974), der das Ziel der Erziehung darin sieht, das Dispositionsgefüge des Kindes zu ändern, hat versucht, einer Mißdeutung entgegenzuwirken, indem er erklärend hinzufügt, daß Dispositionen "einzig und allein durch die eigene psychische Aktivität jener konkreten Persönlichkeit" geändert werden können. "Man kann demnach Änderungen im Dispositionsgefüge eines anderen Menschen nicht direkt herbeiführen, sondern höchstens indirekt über die Bereitstellung von Aufgaben und Lerngelegenheiten ... Die Leistung des Lernens kann nur der Lernende selbst vollbringen. Der Erzieher kann lediglich Hilfe beim Lernen bieten" *(85)*. Das bedeutet, daß Lernen nicht unmittelbar aus Lehren hervorgeht, daß andere Veränderungen eintreten können als die pädagogisch initiierten. Die Instanz, von der es abhängt, ob eine und welche Veränderung im anderen Menschen zustandekommt, ist das, was kurz gefaßt als das autonome System des Menschen bezeichnet wird. Es erkennt nur das, was es selber erkennt, es nimmt an oder weist ab, es sagt ja oder nein, wenn es erzieherischen Impulsen und Aktionen begegnet.

So gesehen läge es nahe, Erziehung im Sinne von Einflußnahme, von Einwirkung, von Anstößen, von Anleitung, von Unterstützung, von Begleitung und von Weltdeutung zu verstehen, das Resultat aber nicht in einer unmittelbaren, d. h. kongruenten Entsprechung zu den erzieherischen Absichten zu sehen. Es wirken immer auch andere Faktoren mit; der für uns entscheidende hier ist besagte autonome Selbstinstanz.

Es könnte eingewandt werden, daß z. B. eine strikt und systematisch angesetzte Disziplinierung durchaus auch (nahezu) direkt Verhalten ändere, etwa durch drakonische Strafen. Man denkt etwa an die früheren "Besserungsanstalten", in denen der Einzelne gar keine Möglichkeit hatte, "autonom" zu reagieren. – Hier wird übersehen, daß auch "Anpassung" als eine *eigene* Antwort auf sonst unerträgliche Bedingungen zustandekommt. Und genauso bekannt sind die Negativresultate: Es trat keine "Besserung" im intendierten Sinne ein. Dafür sorgte ein "Abwehrmechanismus", der sich z. B. in "Renitenz", "Boshaftigkeit" oder Verlogenheit äußerte: Leistungen des abwehrenden Selbst. Dieses kann auch im Spiel sein, wenn heute von "Therapieresistenz" die Rede ist.

Auf den Bereich der Erziehung übertragen: Es gibt keine noch so ausgeklügelten pädagogischen Systeme, deren Einwirkungen direkt, d. h. allein, ausschließlich oder vorhersagbar, zu den pädagogisch intendierten Resultaten führten. Dazwischen steht in jedem Fall die autonome Selbstinstanz im Kinde oder Jugendlichen. Dies bedeutet freilich nicht, daß der Mensch *ausschließlich* "Werk seiner selbst" *(Pestalozzi)* sei. Selbstverständlich ist er auch äußeren Zwängen ausgesetzt, die auf ihn einwirken und sein Leben mitbestimmen. Er ist abhängig bzw. steht unter dem Einfluß seiner *sozialen* Umwelt und der "Gesetze" der Lebensordnungen, in denen er aufwächst, und er ist abhängig von seinen *natürlichen* (psychischen, organischen) Lebensbedingungen. Er kann zu diesen aber auch Stellung nehmen und seine eigene Position bestimmen. Er kann sich der Natur und der Umwelt gegenüber selbst kontrollieren, selbst regulieren, selbst steuern und selbstbeherrschen, also Funktionen ausüben, die von seinem Willen und seiner Rationalität bestimmt werden.

Um die Funktion des Selbst (Auto-nomie) in ihrer Bedeutung für die Erziehung zu umschreiben, wählen wir den Begriff "autonomes Lernsystem". Wir haben oben seine neurobiologische Grundlage aufgezeigt. "Autonom" im Lernprozeß bedeutet: Jedes Kind nimmt die Wirklichkeit nur über die *eigenen* Sinne wahr und baut sie in sich über seine *eigene* Dynamik und Struktur (Stück für Stück) auf. Es ist dies keine neue Erkenntnistheorie. *Thomas von Aquin* schon stellte fest: "Das Erkannte ist im Erkennenden nach Weise des Erkennenden ... Der Verstand faßt die Dinge nicht nach ihrer, sondern nach seiner Weise auf. Also erheben und gestalten wir aus der äußeren Wirklichkeit eine gedachte Wirklichkeit, die ein Erzeugnis unseres Denkens ist" (nach *J. Bernhardt,* Einleitung zu *Thomas v. Aquin, 1985, Bd. 1, LXVIII*).

Die Wirklichkeit nach der Eigenart des (eigenen) Denksystems erkennen und in ihr sinnvoll (gut) handeln lernen, ist eine Funktion von *Autonomie.* Sie vollzieht sich als Selbstorganisation und Selbstregulation, aber nicht für sich, sondern stets, also unablösbar, im unmittelbaren Bezug zur Umwelt und ihren Einflüssen, ihren Zwängen und Chancen. Ein Selbst, das nur auf sich bezogen wäre, ist demnach nicht denkbar. Es ist eingebunden in die Korrespondenz mit seiner Umwelt, was letztlich auch *Heteronomie* bedeutet. Ein Kind kann sich über seine Natur, z. B. einen Körperfehler, hinwegsetzen, sich ihm gänzlich ausliefern oder das Beste daraus machen. Es kann seinen Vater, seine Mutter, seinen Lehrer, seine Altersgenossen ablehnen oder akzeptieren, bzw. auf sie einzuwirken versuchen. Gänzlich ausgeliefert ist es nicht, es sei denn, es gibt sich *selbst* auf.

Wir wenden uns damit dem Begriff *Autonomie* im einzelnen zu. Bei einer Durchsicht der pädagogischen Literatur – auch der letzten Jahrzehnte – stellt man fest, daß er kaum als eigene Fragestellung thematisiert wird. Offensichtlich ist er kein in der Pädagogik "heimischer" Begriff. Sucht man in Sachregistern, so findet man an der entsprechenden Stelle im Alphabet in der Regel das Stichwort "Autorität".

Man könnte sich fragen, ob der Inhalt von *Autonomie* nicht vielleicht in anderen, in analogen Begriffen anzutreffen ist. Dabei stößt man auf Termini, die sich auf Erziehungs- und Bildungsideale beziehen, wie z. B. auf "Mündigkeit", auf "selbstbestimmte und eigenverantwortliche Persönlichkeit", auf "Emanzipation" oder auf "Selbstverwirklichung". Bei näherem Hinsehen stellt man aber doch fest, daß diese Begriffe nicht das gleiche meinen wie Autonomie, nicht nur, weil es sich nicht ausschließlich um einen Zielbegriff sondern auch um einen prozessualen Begriff handelt, sondern weil tatsächlich auch Verschiedenes gemeint ist. Von daher rührt wohl auch das bekannte Mißtrauen und die Distanz gegenüber Begriffen wie "Emanzipation" und "Selbstverwirklichung" (vgl. *Brezinka 1986*). Wenn unter "dem autonomen Menschen" als Zerrbild individualistischer Einseitigkeit das Resultat egoistischer Interessen geradezu das Gegenstück zum "sozialen Menschen" gesehen wird, also ein Menschentyp, der sich freisetzt von sozialen Bindungen, so ist damit sicherlich nicht Autonomie im eigentlichen Sinne gemeint.

Die Humanistische Psychologie *(Maslow)* hat mit der Favorisierung ihres psychotherapeutischen Leitbegriffes der "Selbstverwirklichung" zu gewissen Vereinseitigungen beigetragen. Ihr Ansatz galt dem Wachstum an innerer Einheit der Persönlichkeit als Voraussetzung für die Verwirklichung "immer volleren Seins" *(Maslow 1973, 158).* Ausgangspunkt war die Bedrohung der inneren Integration durch dominante soziale Anpassung, durch soziale Zwänge, durch die das "autonome Selbst" verdrängt wird. Die Leiteinsicht lautete deshalb: “Der Mensch ... ist seine eigene Hauptdeterminante” *(a.a.O., 193)*. Eine Erziehung, die das Wachsen zur Selbstverwirklichung fördert, wird als gute Erziehung bewertet *(210)*. Obwohl *Maslow* immer wieder auf den dabei unverzichtbar notwendigen Werterahmen hinweist, Therapie geradezu als “Suche nach Werten” definiert, freilich als Suche nach den “eigenen inneren, authentischen Werten”, obwohl er einschränkend vermerkt, daß jedermann (nur) “zum Teil ‘ein eigenes Projekt’ sei und sich selbst mache”, blieb eine vereinseitigende Deutung des Begriffes Selbstverwirklichung nicht aus.

Als direktes Ziel von Erziehung und Klientenzentrierter Therapie sah *Rogers* “die sich verwirklichende und voll handlungsfähige Persönlichkeit” an *(1974, 268)*. Es ist der von einem großen Optimismus gezeichnete Entwurf eines “hypothetischen”, eines “optimalen Menschen”, der ganz er selbst ist, der sich von seinen Abwehrmechanismen befreit hat, der dem ganzen Spektrum seiner Bedürfnisse, aber auch den sozialen Belangen gegenüber aufgeschlossen ist, der der Vernunft seines Organismus folgt, und dessen Impulskontrolle allein darauf beruht, daß er ein Bedürfnis gegen ein anderes abwägt, um Verhaltensweisen zu wählen, die der Befriedigung aller Bedürfnisse am nächsten kommen *(a.a.O., 281)*. *Rogers* vertraut ganz der Natur des Menschen: Der Mensch, der in Freiheit er selbst sein könne, sei schöpferisch und zuverlässig zugleich, sei selbstbewußt und sozial, sei nicht auf äußere Kontrolle angewiesen, sei nicht in Gefahr, sich selbst und andere zu zerstören.

Das so gezeichnete Bild des Menschen ist “ein theoretisches Modell”, ein Bild, das fasziniert, aber nicht der Realität entspricht. *Rogers* selbst vermerkt am Ende und mehr nebenbei, daß “der Mensch, den ich beschrieben habe, nicht existiert” *(286)*. Eine “optimale psychische Entwicklung” setze eine “beste Erziehung” oder Therapie voraus, aber “was wir sehen, ist der unvollkommene Mensch”.

Eine Ich- oder Selbst-Hypertrophie kommt in dem (therapeutisch indizierten) Leitspruch des amerikanischen Gestalttherapeuten *F. Perls (1974)* zum Ausdruck:

> “Ich tu, was ich tu;
> und Du tust, was Du tust.
> Ich bin nicht auf dieser Welt,
> um nach Deinen Erwartungen zu leben.
> Und Du bist nicht auf dieser Welt,
> um nach den meinen zu leben.
> Du bist Du und ich bin ich.
> Und wenn wir uns zufällig finden
> – wunderbar.
> Wenn nicht, kann man auch nichts machen.”

Dieses “Gestaltgebet” avancierte zum Credo für eine ganze Generation *(Nuber 1993, 106)*. Es sei ganz auffallend, wie sehr sich in der Psychologie eine betont ich-bezogene Forschung und Lehre festsetzen konnte, ein Schluß, den auch *Etzioni (1994)* aus seinen Analysen der amerikanischen Psychologie zieht, und wie gering das Interesse an intersubjektiven Prozessen sei. Das Soziale sei zum Tabu-Thema der Psychologie geworden. "Ich bin ich!" bedeute ein Gefangensein in den eigenen Gefühlen und ein Kreisen um sich selbst. Der Andere werde dabei zum Mittel für die eigenen Zwecke. Bei *Lévinas (1995, 141)* findet sich eine Bemerkung zum "Ich bin ich" und zwar bezogen auf Kains Antwort: "Bin ich denn der Hüter meines Bruders?" Das Ich-bin-ich-und-er-ist-er bedeute, wir sind ontologisch geschiedene Wesen; d.h., es gibt keine verpflichtende Verantwortung füreinander, und damit fehle die Ethik.

Aus heutiger Sicht ist die Vereinseitigung und Reduktion von "Ich bin ich" unverkennbar. Sie findet u.a. ihren charakteristischen Ausdruck in dem Sponti-Spruch: "Mir geht nichts über mich!" (vgl. *Müller-Thurau 1983, 40*). Der Mensch erlebt sich als *freigesetzt* schlechthin.

Ohne Zweifel gibt es heute sehr verbreitet dieses Zerrbild ichbezogener "Selbstverwirklichung", also eine Lebensauffassung, die dominant von bloßen Eigeninteressen, vom Eigennutz, bestimmt ist, vom Bedürfnis nach purer Unabhängigkeit und Selbstbestimmtheit. Wir können solche Einseitigkeiten aber nicht mit Autonomie gleichsetzen, sondern eher von einer Verzerrung dieses Begriffes sprechen. Wenn allerdings der Begriff *autonom* deshalb verworfen würde, weil man ihn mit einem bloßen Aus-sich-selbst-existieren identifizierte, also mit einer grenzenlosen Mächtigkeit des Subjekts, so fällt diese begriffliche Verzerrung in sich selber zusammen, denn so etwas gibt es überhaupt nicht. Keiner kann aus sich und für sich allein existieren.

In seiner "Heilpädagogik" *(1965)* hatte *P. Moor* darauf hingewiesen, daß "Selbstverwirklichung" nicht das eigentliche Ziel in der Pädagogik sei, daß die Verwirklichung des Selbst zu wenig sei; was den Menschen anspricht und sein Leben reich macht, stamme nicht nur aus dem, was in ihm sei, sondern auch aus dem, was um ihn und über ihm sei. "Erfüllt wird mein Leben nicht durch Entfaltung dessen, was ich selber schon bin, sondern dadurch, daß es sich füllt aus dem, was ich selber nicht bin" *(270)*.

Der Begriff Autonomie erscheint uns zu wichtig, als daß er einer bloßen Verflachung zum Opfer fallen sollte. Um seine unverzichtbare Bedeutung klarzustellen, bedarf es einer Differenzierung seines Inhalts. Autonomie läßt sich auf verschiedene Teilverständnisse beziehen. Gemeinhin wird unter pädagogischem Aspekt darunter das Mündigwerden oder die Loslösung von den Eltern verstanden, also die Emanzipation des heranwachsenden Menschen, die als Freisein von der Bevormundung durch die Eltern und als Unabhängigkeit und Selbstverantwortlichkeit bezeichnet wird.

In einem engeren moralphilosophischen Sinne wird Autonomie seit *I. Kant* als moralische Selbstbindung verstanden. Unsere Ethik ist im wesentlichen auf der Autonomie des moralischen Subjekts begründet. Auch in der Psychologie und Soziologie wird das Selbstbindungskonzept vertreten *(Nunner-Winkler/Edelstein 1993)*.

Landläufig wird heute Autonomie in einem politischen Sinne verstanden, nämlich im Sinne des Selbstbestimmungsrechtes oder aber auch als persönliches Freisein von politischer Unterdrückung und staatlicher Bevormundung an sich. In einem indiskutablen extremen und destruktiven bzw. anarchistischen Sinn betätigen sich gegenwärtig die sog. "Autonomen".

Wir wollen hier ein Verständnis von Autonomie herausstellen, das von grundlegender Bedeutung für jegliches menschliches Werden und Zusammenleben und damit auch für den Umgang mit Kindern ist, und zwar zu jedem Zeitpunkt von der Geburt an, und das auch darüber hinaus die ganze Lebensspanne unter den verschiedensten Lebensbedingungen umfaßt. Autonomie in diesem Sinne ist dann nicht einfach gleichzusetzen mit Unabhängigkeit; denn der Mensch ist generell auf seine Umwelt angewiesen. Autonomie läßt sich auch nicht punktuell nur auf die bekannten Umbruchphasen der menschlichen Entwicklung, also auf das Trotzalter und die Pubertät, reduzieren und einengen, in denen es um Lösungsprozesse von den Erziehungspersonen geht.

Wir wollen vielmehr von Autonomie in einem durchgehend gültigen und allgemeinen psychologischen und pädagogischen Sinne sprechen, der sich auf die generelle Bedeutung des *Selbst* im Menschen bezieht, das generell die eigene Lebensgestaltung zu steuern (Selbstregulierung) und die eigene Lebensführung am Wert eines guten und gelingenden Lebens auszurichten hat. Autonomie in diesem *moralischen* Sinne steht nicht nur für die Entwicklung von Authentizität, Aktivität, eigenem Willen, eigener Motivation und Kompetenz, sondern auch für Akzeptanz des Anderen, für kooperative Bezogenheit, für Gemeinschaftlichkeit und für Verantwortlichkeit für andere. Ein wichtiges Kriterium für die Chance zur Autonomie liegt in der pädagogisch verantwortungsbewußten Reduzierung von Fremdbestimmung und Kontrolle auf das pädagogisch Notwendige.

Im Sinne unseres moralpädagogischen Ansatzes gehen wir zunächst von der Wortbedeutung aus. In Autonomie steckt "autos" (selbst) und "nomos" (das Gesetzte, das Rechte, das, was für alle gelten soll). Das Rechte ist das, was um der Menschen willen geboten oder verboten ist. Gemeint ist eine notwendige Ordnung für das Dasein der Dinge und Menschen, im moralischen Bereich das "Sittengesetz" *(Kant)*. Nach *Kant* ist die Vernunft selber das Gesetz, also nicht der Einzelne. Er hat sich in seinem Willen und in seinen Handlungen in "freiem Selbstzwang" *(Kant, Bd. VIII, 512)* zu unterwerfen. Autonomie meint also in diesem Sinne einen durch das Gesetz gebundenen Menschen, und zwar einen Menschen, der *sich selbst* in sittlicher Entscheidung an das Rechte bindet. Autonomie ist dann die *Selbsteinbindung in das moralisch Gültige.*

Eine Selbstbindungstheorie wird heute auch von dem amerikanischen Philosophen *H. G. Frankfurt* (bei *Nunner-Winkler / Edelstein 1993)* vertreten. Er bezieht Selbstbindung oder Selbstverpflichtung auf den eigenen Willen. Ein bestimmter Wert, eine Überzeugung oder ein Ideal wird für eine Person wichtig, so daß sie ihr Handeln daran orientiert *(12)*. Diese Werte müssen der eigenen rationalen Kritik zugänglich sein, damit sie zu einer Selbstverpflichtung ihnen gegenüber führen. Das Verpflichtungsgefühl sei Resultat dieser Selbstbindung des Willens an moralische Werte.

Es ist bereits darauf hingewiesen worden, daß eine bloße Selbsteinbindung in das allgemeingültige *Gesetz* auch eine Verkürzung der Moral bedeuten kann, wenn diese nur vom Wissen und von der Vernunft und vom eigenen Willen bestimmt wird und im wesentlichen der Selbsterhaltung und der Erhaltung eines selbstsichernden Friedens dient, wenn sie also die jederzeit verunsichernde aktuelle und unmittelbare Verantwortung für den anderen nicht miteinschließt. *Lévinas (1995)* hat auf diese Schwäche eines einseitig verstandenen Autonomiebegriffs aufmerksam gemacht.

Das Rechte und die Gerechtigkeit können es also allein nicht sein, auf was sich Autonomie bezieht. Da sie von der unaufhebbaren Zugehörigkeit zur Gemeinschaft nicht zu trennen ist und sich immer auch auf diese zu beziehen hat, schließt die Bindung an *das Rechte* auch das Tun *des Guten* ein und verbindet damit alle. Autonomes moralisches Urteilen und Handeln bezieht sich stets auf Gerechtigkeit *und* Wohlwollen (Liebe, care). *Herzog (1991, 399)* spricht von der anthropologisch begründeten Spannung zwischen beiden Prinzipien. Reife Moralität bestünde dann in der *Integration* beider und damit in der Integration des Selbst. – Der aus seiner Autonomie handelnde Mensch ist der, der aus freier eigener Bejahung das Gute auch für die anderen will. Er ist deshalb derjenige, der sich primär auch für andere verantwortlich fühlt, der dem Anderen – wer auch immer er sei – mit Achtung begegnet und sich ihm gegenüber verpflichtet fühlt. Sein freier eigener Wille und sein Verpflichtetsein gegenüber den anderen bzw. der Gemeinschaft sind eins.

9.2. Autonomie lernen – Selbstbildung

Von diesem sozialphilosophischen Hintergrund abgesehen, interessiert uns unter praktisch pädagogischem Aspekt die prozessuale Seite, die *Funktion von Autonomie.* Wenn der Mensch lernen soll, "sein Leben selbständig gut zu führen" *(Brezinka 1987, 68),* so muß das Selbst beim Lernen, also in seinen Erfahrungen und Handlungen, eine entsprechend zentrale Rolle spielen. Welche Bedingungen muß die Erziehung bieten, damit sich eine freie sittliche Persönlichkeit bilden kann? Negativ gesprochen: Welche Bedingungen sind es, die das Erziehungsziel der selbständigen und guten Lebensführung verbauen können?

Die Inhalte und die Art und Weise dieser Kommunikation bestimmen das Lernen. Ohne *Selbst*-beteiligung wird nicht gelernt. Die Erziehung hat also dieses Selbst, die *Eigeninstanz* der Lernenden, zu beobachten, zu stützen und zu fördern. Man kann durchaus auch vom *eigenen Sinn* sprechen, den der Einzelne seinem Leben zu geben hat. Gerade der Begriff des *"Eigen-Sinns"* macht den Wandel deutlich, der sich gegenwärtig in der pädagogischen Praxis vollzieht. So sehr Eigensinn einst auch als verpönt galt und gebrochen werden sollte, er rückt mit einer neuen (oder alten) Bedeutung heute stärker in den Vordergrund. *Voß (1989)* fordert gar ein "Recht des Kindes auf Eigensinn".

Die pädagogischen Ängste vor solcher Autonomie aber sind nach wie vor unübersehbar. *Erni* nannte das aus ihrer psychotherapeutischen Praxis heraus geschriebene Buch bezeichnenderweise "Autonomie wagen" *(1987)*. Sie geht von den vielfältigen psychischen Störungen aus, die daraus resultieren, daß ein Mensch nicht gelernt hat, es also nicht wagt, eigenes Leben zu leben.

Eine Erziehung zur Autonomie kann nicht so verstanden werden, daß ein Kind autonom zu *machen* sei. Es muß seine Autonomie vielmehr selber suchen und verwirklichen. Erziehung kann dabei nur Hilfe zur Selbsthilfe sein. Was hier als Autonomiebildung angesprochen wird, hat eine engere Beziehung zu dem, was in der Pädagogik unter *Selbstbildung* verstanden wird. Es ist bemerkenswert, daß dieser pädagogisch an sich zentrale Begriff in der pädagogischen Literatur heute eher eine marginale Rolle spielt. Das ist um so überraschender, als zugleich der Begriff der Selbstverwirklichung einen geradezu dominierenden Stellenwert in der Diskussion der Pädagogen eingenommen hat. Vom pädagogischen Ansatz her ist eine Vorstellung von Erziehung verbreitet oder bestimmend, die in ihren Zielen und Werten von den Erziehenden intendiert wird und auf eine entsprechende Umsetzung durch den heranwachsenden Menschen, das Objekt von Erziehung, ausgerichtet ist. Er ist derjenige, der durch Erziehung gezielt und planmäßig verändert *werden* soll. Daß diese Intentionalität in der Realität heute weitgehend vermißt wird, ist eine andere Sache.

Obwohl eine derartig einseitige offizielle Erziehungsauffassung immer wieder erziehungswissenschaftlich auch relativiert und auf "innere Kräfte" oder interne Prozesse hingewiesen wurde, die für den "Erfolg" von Erziehung wichtig seien, bleibt in der pädagogischen Diskussion das, was hier eigentlich von mitentscheidender Bedeutung ist und auch generell als solches erkannt ist, im ganzen unthematisiert. Bei dieser Einseitigkeit muß ein Ins-Spiel-Bringen der Bedeutung autonomer Vorgänge irritierend wirken. Schon die geschichtlich ersten Ansätze zu einer pädagogischen Thematisierung der Selbstbestimmung, vor allem bei *Kant,* auch bei *Rousseau,* wurden im allgemeinen als abseitig bewertet ("Autonomismus") und fanden in der Pädagogik ihrer Zeit kaum Resonanz. Auch *Pestalozzis* Betonung der "Individuallage" und ihrer Bedeutung für die Erziehung wurde mehr pädagogisch instrumentell umgesetzt. Sein Wort vom Menschen als dem "Werk seiner selbst" fand mehr plakative Beachtung. Auch noch für den deutschen Humanismus, in dem der Begriff der *Bildung* seine besondere Ausgestaltung erfuhr, war es undenkbar, Bildung anders zu denken als im Sinne von Selbstbildung. Für *W. v. Humboldt* war Erziehung zur Humanität gleichzusetzen mit Erziehung zu Autonomie und Selbstentfaltung des Individuums. Noch in diesem Jahrhundert fand zwar der Begriff der "Selbsterziehung" eine besondere Ausprägung, und zwar vor allem im Bereich der christlichen Bildungslehre, blieb aber im engeren bezogen auf den Aspekt der Selbstbeherrschung und Askese im normativen Rahmen einer betont "theonom" orientierten Pädagogik. – Der ursprünglich gesehene Widerspruch zwischen Theonomie und Autonomie gilt heute als aufgehoben. Die nötige Bedingung für die Möglichkeit der Theonomie ist vielmehr gerade in der Autonomie zu sehen (*Blumenberg,* zit. in: *Battegay / Rauchfleisch 1990, 243*).

Die sich durch Jahrhunderte hindurchziehende einseitige Dominanz einer extern bestimmten Erziehung und die Mißachtung der Individualität in ihrer normativen und mitbestimmenden Bedeutung stehen im übrigen im Zusammenhang mit den Auswüchsen und dunklen Kapiteln einer überaus autoritären und unterdrückenden Erziehung. Obwohl diese als überwunden gilt, fällt es der Erziehungswissenschaft offensichtlich schwer, sich der Kontingenz der Erziehungsprozesse zu stellen, und die unwiderlegbaren, aber ebenso offensichtlich nicht einplanbaren "inneren" oder Selbst-Veränderungsprozesse in die Diskussion einzubringen. Es wird darin – wenn auch mehr normativ-emotional – offensichtlich ein Widerspruch zum eigenen Anspruch und Auftrag gesehen, Erziehung von außen her zu organisieren.

Erziehung als intentionale Erziehung setzt selbstverständlich von außen an; aber dies schließt eine gleichzeitige Beachtung der konstruktiven Selbst-Prozesse nicht aus, im Gegenteil, sie ist unverzichtbar, wenn (externe) Erziehung nicht beherrschend werden und Menschen nicht schädigen soll. Der Mensch ist weder bloßes Produkt der Erziehung und der Gesellschaft, noch ist er bloßes Produkt seiner selbst. Es ist bemerkenswert, daß es sowohl um die Antipädagogik als Extremreaktion auf eine normativ einseitige Erziehungsauffassung still geworden ist als auch um eine von absolut gesetzten Gesellschaftsnormen bestimmte sozialisatorische Erziehung. Als weitgehend ausgestanden gilt auch ein einseitiges historisch-weltanschauliches Interpretieren und Diskreditieren der Begriffe Autonomie, Selbst und Individuierung.

Es muß möglich sein, beide Gesichtspunkte zugleich zu betrachten und zu integrieren. Es geht nicht um ein erneutes Vereinseitigen und Gegeneinandersetzen von Führen und Wachsenlassen, von Selbstbildung und Fremdbildung, von intentionaler Erziehung und Selbsterziehung, sondern um ein Integrieren von beidem, von Fremdverantwortung und Selbstverantwortung. Das Ergebnis bleibt letztlich unbestimmbar; es steht in der Dimension der Kontingenz, des Nichtverfügbaren, des Nichtfestlegbaren, was aber nicht bedeutet, daß deshalb die pädagogische Verantwortung vermindert werden könnte oder sollte *(Göstemeyer 1993).* Da die planmäßige, extern ansetzende Erziehung hinreichend diskutiert wird, werden hier die "inneren" oder autonomen Lernprozesse und Selbstverwirklichungstendenzen des Individuums stärker in den Vordergrund treten, ohne damit einen neuen "Autonomismus" begründen zu wollen. Dabei soll unter *Selbstbildung* der personale Prozeß verstanden werden, durch den ein Mensch unter dem Einfluß von externer Erziehung und sonstigen Erfahrungen mit der Umwelt die eigene Persönlichkeit hervorbringt, d. h. sich selbst als Subjekt spezifiziert. Bezogen auf die Autonomiebildung im moralischen Sinne, beinhaltet dieser Prozeß die vom Selbst bewertete und vom Selbst gesteuerte Ausbildung der eigenen Moralität, d. h. alles das, was zur Selbsteinbindung als Selbstverpflichtung gegenüber allgemeingültigen Werten und ethischen Prinzipien befähigt.

Autonomiebildung als Selbstbildung ist somit Prozeß und Ergebnis oder Zustand zugleich, nämlich habituell gewordene moralische Autonomie, die freilich immer nur relative Autonomie ist. Die Bedeutung dieses Selbstentwicklungsprozesses läßt sich u. a. durch die Forschungsbefunde über "invulnerable children", wie sie von *E. Werner (1990)* auf den Hawai-Inseln durchgeführt wurden, belegen. Sie zeigten, daß Kinder auch trotz miserabelster Umweltbedingungen und völlig versagender Erziehung unter bestimmten Selbst-Bedingungen zu einem geordneten und sinnvollen Leben finden können. Als besonders wichtiger Faktor wurde dabei der eigene Glaube daran ermittelt, daß der eigene Lebensweg doch zu einer guten Zukunft führen werde.

9.3. Autonomie im Märchen

Die Märchen enthalten in Fülle das Leitthema Autonomie. Das heißt, es handelt sich beim Autonom-werden um eine zentrale allgemeinmenschliche Entwicklungsaufgabe. In den Märchen wird in Bildern bzw. Symbolen aufgezeigt, wie der Mensch sich aus Bindungen lösen kann, welche Gefahren er dabei durchstehen muß, damit er über das Selbständigwerden zum Sinn seines Lebens, d. h. zu sich selbst und zu seinem Glück finde.

Verena Kast (1985) hat als Psychotherapeutin aus der Sicht der Tiefenpsychologie beispielhaft an einigen Märchen aufgezeigt, wie die Märchenbilder und -symbole unter dem Aspekt des Autonom-werdens gedeutet werden können. Dabei verdeutlichte sie verschiedene Aspekte dieses Autonom-werdens:

- Autonom-werden heißt immer nur, auf dem Weg zu mehr Autonomie sein, also autonomer werden, ohne je total autonom sein zu können.
- Autonomie steht stets in der Spannung zur Abhängigkeit.
- Bei allem Autonomiestreben ist immer auch Geborgenheit nötig. (Polarität von Autonomie und Geborgenheit, also Abhängigkeit).
- Autonomie ist immer nur relative Autonomie. Sie schließt das Schuldig-werden-können nicht aus, sondern setzt es voraus.
- Beim Autonomiestreben müssen die Grenzen der eigenen Kräfte erkannt und beachtet werden.
- Überzogenes, also forciertes Autonomiestreben wirkt wie Autismus und erscheint als Beziehungslosigkeit; auf Beziehungen wird kein Wert gelegt.
- Das Autonom-werden bedeutet, sich aus gewachsenen (kindlichen) Bindungen zu lösen und ist deshalb mit Trennungsängsten und Schuldgefühlen verbunden.
- Das Autonom-werden schließt Aggressionen nicht aus. Sie können nötig sein.
- Auf dem Wege zu mehr Autonomie braucht man auch Hilfe (bei Gefahren), also Vertrauen, d. h. Bindung.

Das Autonom-werden hat nicht nur Bedeutung für den Einzelnen und seine "Individuation" sondern auch (in kollektiver Hinsicht) für das Zusammenleben, d. h. die Entwicklung neuer Lebensformen. Darunter sind Formen der Beziehungen zueinander zu verstehen, die nicht durch Macht (einseitige "Autonomie") sondern durch mehr Partnerschaftlichkeit gekennzeichnet sind. Partnerschaftlichkeit setzt die gegenseitige Respektierung von Autonomie voraus (vgl. auch *K. Wolff* in *Battegay / Rauchfleisch 1990*).

9.4. Komponenten der Autonomiebildung

Die Lebenssituation heute nötigt die Kinder in einem noch nie dagewesenen Maße, sich selbst zu orientieren und sich zu vergewissern, was für ihr Leben wichtig ist. Mit den Traditionen sind auch die selbstverständlichen Muster und Gemeinschaften verlorengegangen, die früher Lebensorientierung und Halt boten, so daß der Einzelne nicht alles und jedes hinterfragen mußte. Erziehung bestand vorwiegend in der Weitergabe allgemein anerkannter Wertesysteme und der sie tragenden sozialen Gruppen. Das Leben des einzelnen Gruppenmitglieds war in dieser Beziehung bequemer. Es war, wie der Religionspädagoge *E. Gruber (1994)* feststellt, viel stärker und zuverlässiger als heute ein *Mit*leben, ein *Mit*glauben und ein *Mit*praktizieren. Die Berufsrollen und Lebensmuster waren festgelegt; sie gaben mehr Stabilität, konnten aber auch zu unüberwindbaren Hindernissen werden. Heute ist es anders: Die Freiräume sind gewachsen; aber "wo früher einer *mit*leben konnte, muß heute jeder *selber* leben; wo früher einer *mit*glauben konnte, weil man ganz einfach glaubte, muß heute jeder *selber* glauben. Jeder muß heute sein Leben und seinen Glauben unmittelbar an den Lebenswirklichkeiten selbst orientieren. In der Frage nach seinem Lebensentwurf (= Wie soll ich leben, was soll ich werden?) ist heute jeder viel mehr als früher auf sich selbst gestellt und letztlich alleingelassen" *(221)*. Aus der Vielfalt dessen, was eine normativ plurale Gesellschaft zum Konsum anbietet, und in der alles möglich und fast alles erlaubt ist, hat er auszuwählen. Dies aber erfordere eine enorme verantwortliche Selbständigkeit; diese aber könnten viele nicht erlangen und erlernen. Sie würden überfordert. Sie bräuchten eigentlich verläßliche Gruppen, um zur Mündigkeit zu gelangen; aber wie kann Erziehung real zu dieser Mündigkeit verhelfen? Es sollen hier – z. T. im Anschluß an *Erni (1987)* – einige pädagogisch wichtige Gesichtspunkte und Aufgaben kurz benannt werden, die geeignet erscheinen, die Selbstbildung von Autonomie zu unterstützen.

Wenn hier auf grundlegende pädagogische Einsichten und Erfordernisse einer Selbstbildung eingegangen wird, so sind diese unter dem Aspekt von Erziehungsschwierigkeiten besonders im Sinne der *Vorbeugung* zu sehen (vgl. *Speck 1991*). Es ist davon auszugehen, daß ein beachtliches Ausmaß der heutigen Erziehungsschwierigkeiten auf eine vernachlässigte oder fehlgelaufene Autonomiebildung zurückzuführen ist, also auf eine einseitig verstandene oder falsch praktizierte Erziehung. Im Sinne seiner Autonomiebildung sollte das Kind konstruktive Erfahrungen in folgenden Bereichen machen:

9.4.1. Eigenaktivität

Der kindliche Organismus äußert und entwickelt von Anfang an seine "Lebenskräfte", seine Antriebe, sich zu behaupten, seine Umwelt und sich selbst kennenzulernen, und sich zu erproben. Seine Neugier, seine "Umtriebigkeit", sein Bedürfnis, alles möglichst "allein" oder "selber" machen zu wollen, sich durchsetzen zu wollen (Trotz), sich nicht jedem Wunsch von außen zu fügen, sich zu wehren, sind Äußerungen einer Eigenaktivität, ohne die sich die Persönlichkeit bei der Fülle ihrer Möglichkeiten nicht aufbauen könnte.

Natürlich kann überhaupt nicht die Rede davon sein, das Kind nur gewähren zu lassen, und nur seine eigenen Antriebe zu leben. Es macht nur zu bald auch negative Erfahrungen, Erfahrungen mit seinen Grenzen und mit seiner Umwelt, es erlebt Angst und vergewissert sich nur zu gern des Schutzes durch die Erwachsenen. Genauso braucht es aber auch deren Ermutigung und Zutrauen.

Über die Eigenaktivität und ihre "Objekterfahrungen" entwickeln sich Subjekt und Objekt in ihrer Getrenntheit, also das eigene System in Abhebung zur Umwelt. Es ist in diesem Zusammenhang von Interesse, daß bei der Psychose (Schizophrenie) der Gebrauch von Ich und Du vermieden wird (vgl. *Bateson 1985, 310*).

9.4.2. Eigenkompetenzen

Das Kind will etwas können; es will immer mehr können. Es ist darauf angelegt, seine Fähigkeiten zu Fertigkeiten auszubauen. Es lernt stehen und gehen, es lernt die Dinge und Menschen seiner Umgebung kennen und sich auf sie einzustellen, es erwirbt Kenntnisse und erprobt diese im aktiven Umgang mit den Dingen und Menschen. Es ist ihm viel wert, daß es etwas und immer mehr kann. Es ist dazu bereit, mit unendlicher Geduld zu üben, und auch viele Mißerfolge einzustecken. Es braucht aber zugleich auch Zuspruch und Anerkennung, vor allem aber die entsprechenden Gelegenheiten, seine Fertigkeiten, sein Können, selber einzuüben. Die Leistungsfähigkeit, die spätere Tüchtigkeit, wird grundgelegt.

Es ist leicht zu erkennen, daß auch im Erwerb seiner Kompetenzen das Kind in gewisser Hinsicht *abhängig* bleibt von seiner sozialen und kulturellen Umgebung. Sie können ausbleiben oder verkümmern in einer isolierenden oder vernachlässigenden Umwelt, und sie können überfordert werden, wenn die Zunahme von Leistungen zum dominanten Wert gemacht wird (vgl. *Elkind 1989*). Das unter Leistungsdruck geratende Kind, das Kind, das nicht an seinen *eigenen* Ansätzen und Interessen gemessen, also mit anderen verglichen wird, kann seine Leistungsinteressen verlieren und seine eigene Leistungsdynamik in Abwehrmechanismen gegen Fremdinteressen verlagern.

9.4.3. Eigenräume und Eigenheiten

Jeder braucht auch seinen geschützten Raum, seine ökologische Nische, wo er unbehelligt ist, wo er bei sich zu Hause sein kann, wo man nicht ohne weiteres eindringen kann, wo die eigenen intimen Dinge unangetastet bleiben, respektiert werden. *Erni (a.a.O. 54)* spricht vom "Autonomieraum"; wenn dessen Grenzen beachtet werden, entstünde ein wohliges Gefühl der eigenen Freiheit. Jedes Eindringen, sei es auch ein "freundschaftliches", wird als Kontrolle und Verletzung empfunden und normalerweise abgewehrt. Ganz deutlich bevorzugen z. B. emotional gestörte Kinder in der Schule einen *Einzel*tisch und lassen den anderen nicht zu nahe an sich heran. Sie verwahren sich u. U. dagegen, sich gegenseitig zu berühren. Als eine Lehrerin im Biologie-Unterricht ihren Schülern empfahl, sich zu zweit die Wirbel gegenseitig abzutasten, sperrte sich jedes Kind dagegen: "Das kann jeder für sich machen!"

Erni spricht davon, daß man sich in einer falsch verstandenen grenzenlosen Gemeinsamkeit so sehr preisgeben, d. h. die nötige Distanz aufgeben kann, daß der Andere u. a. tolpatschig in den Intimbereich hineintrampeln kann, wo die kleinen und großen Geheimnisse verborgen gehalten werden. Es hat keiner das Recht, vom anderen "alles wissen" zu wollen; er wird es ohnehin nie wissen.

Es sind wahrscheinlich die infamsten Verletzungen des Selbstwertgefühls und der Autonomie, die ein Kind treffen können, wenn es immer wieder erleben muß, daß andere unbefugt in sein "Eckerl", in seine Schubladen, in sein Briefgeheimnis, in sein Zimmer, in sein intimes Wissen eindringen und es entblößen.

Ähnlich verhält es sich mit der Respektierung von *Eigenheiten,* die jedes Kind hat, seien es solche des Temperaments, der Sprache oder der kulturell bedingten Lebensart, z. B. bei ausländischen Kindern. Auch die spezifische Beachtung und Berücksichtigung des *Geschlechts* ist eine wesentliche Bedingung für die Entwicklung von Identität und Autonomie. Mädchen wollen als Mädchen und Jungen als Jungen bestätigt sein.

9.4.4. Eigene Gefühle

Es ist nicht selbstverständlich, daß das Kind seine eigenen Gefühle leben und äußern kann. Der manipulative Druck von außen kann so groß sein, daß es sich auch den fremden Gefühlen anpaßt, indem es sich über Werbemechanismen z. B. künstlichen Bedürfnissen unterwirft. Es kann aus Angst vor Liebesverlust das eigene Fühlen verleugnen. Die Folge kann innere Leere sein. Man traut dem eigenen Gespür nicht mehr. Man wird cool, empfindungslos. "Ich bin nicht traurig, auch nicht wütend, eigentlich empfinde ich gar nichts mehr; ich fühle mich innerlich wie tot" (nach *Erni 1987, 15*).

Die eigenen Gefühle bilden sich nicht einfach aus sich selbst sondern im Kontakt mit den Gefühlen, die das Kind in der Begegnung mit anderen erlebt.

Das Kind hat durchaus ein Bedürfnis, sich mit den Gefühlen seiner Bezugspersonen zu identifizieren; es muß aber auch die Chance haben, anders als diese zu fühlen, und sich zu äußern. Nur wenn es seinen eigenen Gefühlen trauen darf, bildet sich sein Selbstwertgefühl, die Achtung vor sich selber, und damit auch sein Selbstvertrauen. Zentrale Voraussetzung dafür ist es, sein eigenes Dasein geachtet und bestätigt zu erleben durch die Gefühle seiner Eltern und Erzieher.

Auf die hohe Bedeutung der *Emotionalität* bei normativen Entscheidungen hat u. a. *Etzioni (1994)* auf Grund seiner umfangreichen Analysen empirischer Befunde aufmerksam gemacht. Im Gegensatz zu bisherigen Annahmen über die primäre Funktion *kognitiver* Urteile sei der Stellenwert normativ-affektiver Entscheidungen höher anzusetzen. Auch *Herzog (1991)* hat auf die besondere und initiale Bedeutung der Emotionalität in der moralischen Entwicklung hingewiesen.

9.4.5. Eigener Wille

Das Kind versucht von Anfang an, seine Absichten zu behaupten. Es widersetzt sich Zumutungen oder Anweisungen – vielfach unter Inkaufnahme bestimmter negativer Konsequenzen. Es lernt, eigene Entscheidungen zu wagen, und anschließend auch dafür "gerade zu stehen", also einzustehen, und Verantwortung für das eigene Tun und Lassen zu übernehmen: Es muß selbst wollen dürfen und können. Es soll und will Regeln respektieren, aber u. U. auch kritisch prüfen. Es muß wissen und spüren, daß es gut ist, einen eigenen Willen zu haben. Es soll auch selbst wählen dürfen, und es muß auch "Nein" sagen dürfen (vgl. *Schmid 1987, 37; Bingel 1989*). "Das Neinsagen gibt das triumphale Gefühl, selbst jemand zu sein" *(Erni a.a.O., 37).*

Das kindliche Urteilsvermögen braucht Stützen und Ermutigung, auch wenn es Fehler macht. Es wird unterdrückt, wenn das Kind autoritär eingeschüchtert, wenn ihm allzu viel vorgeschrieben wird, wenn eine bindende Identifikation mit der Autorität eingefordert wird, oder wenn aus Überbehütung alle Verantwortung für das Kind elterlicherseits übernommen wird. Rechthaberei und Befehlstyrannei, aber auch Überfürsorge können Angst und Schuldgefühle erzeugen und so das Erstarken eines eigenen freien Willens, aus dem sich ein autonomes Gewissen bilden soll, untergraben.

Dieses erfordert vielmehr eine wohlwollend begleitende Autorität, die darauf beruht, daß das Kind ernst genommen wird, und die es das tun und entscheiden läßt, was ihm als Tun und Entscheiden zuzutrauen ist. Der zugemutete Gehorsam richtet sich nach dem eigenen Lernen und Reifen. "Er schaltet das Ich des Kindes nicht aus sondern ein; er gibt ihm bereits erprobte Lebenswege vor, aber er schreibt sie ihm nicht vor, jedenfalls nicht blind, nicht ohne Einsicht und nicht gegen sein wohlverstandenes Eigeninteresse" *(Drewermann 1989, 456).*

Die dabei entstehende Selbständigkeit im willentlichen, im sittlichen Handeln, also seine Autonomie, kann keine Selbstgesetzlichkeit in dem Sinne bedeuten, daß sich das Kind selber "seine Gesetze" machte und gäbe; es lernt vielmehr, daß das Rechte, das in ihm wirksam wird, letztlich das Rechte für das Leben ist, und daß das Leben zu erhalten und zu vervollkommnen, allen aufgegeben ist; und es ist die Vernunft, die es ermöglicht, das Lebensgemäße, das Gute, zu tun.

Für *Thomas von Aquin* ist in allen Dingen wie im Menschen selbst eine übergreifende Ordnung wirksam (nach *Erni a.a.O., 19*), zu der er über die Vernunft Zugang hat. So gesehen ist es abwegig, einen prinzipiellen Widerspruch zwischen Theonomie und Autonomie des Menschen zu erkennen. Theonomie ist vielmehr als "Implikat der Autonomie" zu sehen oder als "Idealfall der Autonomie", stellt der Moraltheologe *Hoffmann (1979)* fest; Autonomie könne durch Theonomie nicht überboten werden (*207;* vgl. auch *Kern / Link 1982* und *Holderegger 1990*).

Es ist letztlich eine nihilistische Position, die der individuellen "Autonomie" eine Letztinstanzlichkeit zuschreibt.

9.4.6. Erfahren von Gerechtigkeit

Das Kind, das sich Regeln unterwirft, erhebt natürlicherweise Anspruch darauf, auch selbst gerecht behandelt zu werden, sowohl von Gleichaltrigen als auch von Erwachsenen. Es verwahrt sich gegen Unrecht, das ihm angetan wird. Es verteidigt sein Recht. Bei emotional und sozial gestörten Kindern und Jugendlichen kann man recht deutlich eine hohe Empfindlichkeit gegenüber Benachteiligungen bzw. Bevorzugungen anderer beobachten. Sie wehren sich heftig, wenn sie entgegen einer verfaßten Regel behandelt, z. B. beim Drankommen im Unterricht zurückgesetzt werden. Ihr emotional geladenes "Das laß ich mir nicht gefallen!" ist Ausdruck massenhaft erlittenen Unrechts.

9.4.7. Achtung der eigenen Würde

Autonomie ist in der Würde des Menschen begründet. Er muß die Achtung dieser Würde erfahren, wenn er andere und ihre Rechte wahren soll. Das Kind will erleben, daß es anderen einen Wert bedeutet, einen Wert, der verteidigt wird gegen Beleidigung und Mißhandlung, einen Wert als Mensch, den der andere nicht für eigene Zwecke verwenden, d. h. mißbrauchen darf. Es gibt vielfältige Gelegenheiten im Alltag, das Kind die Achtung seiner Würde erleben zu lassen:

- es nicht psychisch und physisch verletzen,
- nicht in seinen Intimbereich eindringen, z. B. in seine persönlichen Schubladen, in sein Notizbuch oder in seine Post,
- taktvoll mit ihm umgehen ("bitte", "danke"),
- sich einer allgemein akzeptablen Sprache bedienen.

Ein Kind, dessen Würde permanent mißachtet wurde, das ungerecht behandelt, mit verletzenden Ausdrücken erniedrigt wurde, kann seine Würde verlieren oder in einem auffälligen Maße ihren Rest verteidigen, freilich vielfach fast schon verzweifelt und deshalb mit affektiven Ausbrüchen. Vor allem dann, wenn der Erzieher sich besonders bemüht, seine Kinder zu achten, wird er selber daran gemessen, und sich auf Einspruch gegen einen Ausrutscher korrigieren müssen: So kann ein momentan herausgerutschtes "Halt die Klappe!" zum entschiedenen Einspruch führen: "Ich halte meinen Mund erst, wenn Sie sagen: Halte Deinen Mund! Und überhaupt lasse ich mich nicht anplärren. Mit Freundlichkeit geht alles besser!" Oder wie es ein Schüler einmal anders ausdrückte: "Mit Grobheiten erreicht man bei mir nichts!"

9.4.8. Eigener Lebenssinn

Das, was den Sinn eigenen Existierens und konkreten Verhaltens ausmachen könnte, muß der Einzelne selbst suchen und zu bestätigen versuchen (vgl. *Schmid 1987, 40f.*). Lebenssinn ist nicht vorgefertigt. Es gibt bestimmte weltanschaulich oder kulturell gefaßte Konzepte, Sinnsysteme bzw. Deutungen dessen, was das Leben zu einem sinnerfüllten werden lassen kann. Der Einzelne aber muß darin seine eigene Form, seine eigene Ausprägung finden können. Sinnsuche und Sinnrealisierung sind autonom konstituiert. "Die Selbstbeweglichkeit des Sinngeschehens ist Autopoiesis par excellence" *(Luhmann 1987, 100)*. Die eigene persönliche Überzeugung, der eigene Glaube, die eigene Hoffnung sind herausgefordert. Das Ja zum Leben, zum eigenen und zu dem anderer, zur Zukunft, muß er *selber* sprechen. Er kann aber den Sinn des Lebens, seine Werte, das, was Lebenserfüllung ausmachen kann, auch verfehlen, verneinen oder verlieren. Sinn ist prinzipiell ungesichert.

Gegenwärtig sind Jugendliche von einer Sinnlosigkeit ihrer Existenz und damit von Hoffnungslosigkeit bedroht. Sie übernehmen nicht mehr ohne weiteres die überlieferten Werteordnungen. Die realen Möglichkeiten, Leben zu verwirklichen, sind allzu vielfältig und unsicher geworden. Desorientierung und Verhaltensunsicherheit sind verbreitet. Sie äußern sich u. a. in Destruktion, Gewalt und Radikalismus einerseits und Angst und Hoffnungslosigkeit andererseits.

Die Herausforderung des Einzelnen nach dem Verlust der Verbindlichkeit übergreifender Wertordnungen ist eine große. Er kann sich ihr aber nicht entziehen. Er ist mit seiner ganzen Existenz auf das Suchen und Verwirklichen von Sinn und Werten gerichtet. *Luhmann (1987, 95)* drückt es so aus, daß "Sinnzwang ... allen Prozessen psychischer und sozialer Systeme auferlegt ist". Sinn ist eine nicht-negierbare Kategorie. Das Beglückende in seinem Leben wird dem Menschen zuteil, wenn er selber – zusammen mit anderen – die Sinnmöglichkeiten erkennt und erfüllt, die sich ihm bieten.

Für diese Sinnerfüllung und Wertverwirklichung durch und für den Einzelnen spielt die Erziehung eine zentrale und fundierende Rolle. Sie werden in erster Linie über die *Bindung* zu den primären und geliebten Eltern und Erziehern vermittelt. Daß sie nicht vorgeschrieben und nicht indoktriniert werden können, daß sie vom Kinde bestätigt und vom heranwachsenden Menschen auch kritisch hinsichtlich ihrer Glaubwürdigkeit und Tragfähigkeit geprüft werden müssen, bedarf hier keiner näheren Begründung mehr. Wichtig erscheint uns vielmehr, darauf hinzuweisen, daß jeder als Einzelner vor der Sinn- und Wertfrage steht, daß ihm Sinn und Werte nicht geliefert, jedoch angeboten werden können. Die persönliche und autonome Sinn- und Wertantwort wird erschwert, wenn sich in der Umwelt Egoismus und Orientierungslosigkeit ausbreiten. Das gleiche gilt, wenn "*individuell* begründete Ansprüche zunehmend *sozial* legitimiert werden", d. h. wenn eine "Sozialordnung die Individuen ermuntert, sogar ihre Individualität ... als Anspruch auf Anerkennung und ... auf Förderung dessen" zu vertreten, "wozu man gerade Lust hat. Dieses 'new right to be what one pleases' scheint heute weitgehend selbstverständlich zu sein" *(Luhmann 1987, 364).*

9.5. Autonomie im erzieherischen Verhältnis

Nach diesem Kapitel, in welchem Teilqualitäten und pädagogische Bedingungen von Autonomie herausgestellt wurden, also die Autonomie für sich in den Vordergrund getreten war, müssen wir schleunigst das Gegengewicht oder Widerlager ins Gesichtsfeld rücken. Es entsteht sonst der Eindruck, als sollte sich alles pädagogisch nur um das einzelne Kind drehen. Es könnte auch – zu Recht – befürchtet werden, daß bei solcher Einseitigkeit eigentlich der Egoismus und die Rücksichtslosigkeit begünstigt würden. Diesem Mißverständnis sind schon zu viele Pädagogen zum Opfer gefallen und in der Springflut vermeintlich "autonomer" Schüler untergegangen.

Es wurde bereits darauf hingewiesen, daß Autonomie nicht für sich gesehen werden kann, daß sie nur in *sozialer Koppelung* oder *Bindung* gedeihen kann. Wer nur sich selbst verwirklichen will, brauchte die anderen nur als Mittel zu diesem Zweck. Es wurde auch bereits aufgezeigt, daß das Kind nicht nur Autonomieansprüche stellt sondern genauso Wert auf Bindung, Geborgenheit und Halt legt.

Pädagogisch bedeutet dies kurz gesagt, wenn von der Autonomie des Kindes die Rede ist, ist immer auch der Erzieher im Spiel, und das heißt: *seine* Autonomie. Im Erziehungsprozeß stehen sich stets autonome Systeme in irgendeiner Koppelung gegenüber oder miteinander in Verbindung. Wir haben es immer mit einer Beziehung zweier oder mehrerer autonomer Systeme zueinander zu tun (siehe Abbildung). Man könnte von einer *inter-autonomischen* oder *ko-autonomischen Beziehung* reden.

Jeder Teilhaber an einer pädagogischen Beziehung ist ein eigenes System, stellt autonome Ansprüche an den anderen und erwartet, daß diese respektiert werden. – Während früher in den autoritär bestimmten erzieherischen Verhältnissen der Erzieher dominant ("autonom") war, hat man heute eher den umge-

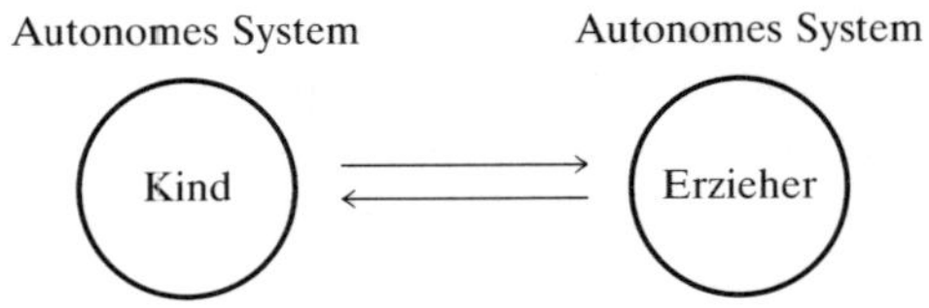

Inter-autonomische Beziehung
Ko-Autonomie

kehrten Eindruck: Die "Selbstverwirklichung" des Kindes bestimmt vielfach die Erziehungsszenerie. Von den Autonomieansprüchen der Erziehenden ist nur sekundär die Rede. Wenn destruktiv-chaotische Verhältnisse, z. B. in Schulklassen, dominant werden, so ist erzieherische Autonomie verloren gegangen.

Grundsätzlich wäre nach unserer vorausgegangenen Ableitung des Begriffes Autonomie festzustellen: der Autonomie-Anspruch des Kindes trifft auf den *Autonomieanspruch des Erwachsenen* und findet an ihm seine Begrenzung bzw. seine Entsprechung. Wie das Kind hat (auch) der Erwachsene im Erziehungsprozeß das Recht auf Beachtung und Respektierung seiner Eigensphäre, seiner Gefühle, seiner Interessen, seines Wertsystems, seines autonomen Willens. Er hat ein Recht auf Achtung vor seiner Menschenwürde und seiner Freiheit. Er hat darüber hinaus das Recht und die Pflicht, in bestimmten Situationen Entscheidungen – auch gegen Widerstand – zu treffen und durchzuhalten, wenn er sie für notwendig ansieht und sie verantworten kann. Seine *Souveränität* wird dabei nicht Selbstzweck willkürlicher Machtausübung, sondern sie hat dienende Funktion: Sie klärt kritische Situationen, gibt Orientierungsrückhalt, u. U. auch direkten psychischen Halt.

Diese Eigenbedeutung des Erziehers resultiert aus einer pädagogischen *Verantwortung.* Die interautonomische Beziehung zwischen Erzieher und Kind bedeutet keine Gleichheit. Im erzieherischen Verhältnis sind beide ungleich. Die pädagogische Verantwortung liegt auf der einen Seite und beinhaltet Stellvertretung für den noch unmündigen Menschen und seine Zukunft in Selbstbestimmung. Sie darf sich also weder verflüchtigen und den Edukanden sich selbst überlassen, noch darf sie in Macht und diktierende Bevormundung kippen. Bei der zweifellos auch vorhandenen Reziprozität des Verhältnisses handelt es sich nur um eine bedingte, da sonst die erzieherische Potentialität verloren ginge. Das erzieherische Verhältnis ist darauf angelegt, sich aus der anfänglichen Ungleichheit allmählich zu mehr Autonomie und Gleichheit zu entwickeln *(Herzog 1991, 411).*

Ein eindrucksvolles Beispiel für eine einfühlsame und dabei doch souveräne Lehrerin bei verhaltensgestörten Schülern schildert *Torey L. Hayden* in ihren Büchern "Bo und die anderen" *(1982)* und "Sheila" *(1984).* – In ähnlicher Weise hat der schweizerische Kinderpsychiater *H. S. Herzka (1989)* die Beziehungen zwischen Erwachsenem und Kind wie zwischen Vater und Mutter als eine Dialogik in sich eigenständiger Personen, als eine "Zwei-Einheit", beschrieben.

Die Autonomie des erziehenden Erwachsenen wird zu dem, was man auch seine persönliche *Autorität* als *anerkannte* Gültigkeit im erzieherischen Verhältnis bezeichnet. Ihr liegen bestimmte Charaktereigenschaften und Kompetenzen zugrunde, wie z. B. Verläßlichkeit, Echtheit, Verbindlichkeit u. a., die eine hinreichend stabile innere Integration als gefestigtes Selbstbewußtsein konstituieren. Negativ ausgedrückt: Ist diese eigene Autonomie nicht genügend ausgebildet, so wird nicht nur das erzieherische Verhältnis sondern auch die Autonomie-Entwicklung des Kindes belastet. Die entstehenden Erziehungsschwierigkeiten sind dann als *Autonomieschwierigkeiten* des *Erwachsenen* zu werten. Sie drücken sich vielfach in erzieherischer Hilflosigkeit, Ängstlichkeit, Sinnverwirrung, Beziehungslosigkeit (man ist zu sehr mit sich selbst beschäftigt), in Vernachlässigung, dominanter Distanziertheit oder darin aus, daß das eigene System "durchdreht", was sich in Panik, Aggressivität oder Unterdrückung niederschlagen kann.

Im *erzieherischen Verhältnis* treten nun nicht etwa monadisch geschlossene psychische Systeme (Individuen) einander gegenüber, sondern es entsteht zugleich eine soziale Koppelung, ein *soziales* System und damit eine eigene Qualität, eine soziale. Damit verändert sich die Eigenposition. Jedes Mitglied des sozialen Systems wird ein anderes; es wird vom Ganzen abhängig. *Bateson (1985, 408)* drückt es so aus, daß kein Einzelteil eines interaktiven Systems eine einseitige Kontrolle über die anderen oder einen der anderen Teile ausüben kann. Er wird stets auch selber kontrolliert. "Die geistigen Charakteristika des Systems sind nicht einem Teil immanent, sondern dem System als ganzem" *(409)*. Ein Kind kann in einer bestimmten Gruppe (Schulklasse) oder bei einem bestimmten Lehrer "ein ganz anderer Mensch" sein, wie Eltern manchmal feststellen.

Aus der Sicht der Systemtheorie *Luhmanns* bilden (psychisches) System und Umwelt in ihrer Differenz eine Einheit. Die Umwelt (der andere) ist ein notwendiges Korrelat der individuell und autonom ablaufenden Prozesse, der "selbstreferentiellen Operationen". Das psychische System ist zwar in sich zirkulär geschlossen, aber auch zugleich (zwingend) offen (vgl. *Luhmann 1985, 25*). Es kann sich nur unter ökologischen Bedingungen verwirklichen.

Erst die aus dieser interaktionalen Wechselwirkung (Heteronomie) hervorgehende Autonomie ist im Erziehungsprozeß relevant. Sie ist eine reagierende Größe innerhalb eines bestimmten Systems. Auch im Falle einer *Devianz* reagiert das Kind *auf* ein bestimmtes System, dem es angehört, z. B. auf das Schulsystem. Die von ihm geäußerten Verhaltensweisen (-störungen) stehen zwar im Widerspruch zu dessen Normen, sind aber doch Reaktionen auf diese Normen, die es ablehnt. Es ist nicht denkbar, daß es irrelevante soziale Muster annimmt. "Seine devianten Charakteristika bleiben systematisch auf die Normen bezogen, denen (es) widersteht" *(Bateson 1985, 138)*.

9.6. Differenzen und Konflikte

Die soziale Koppelung zweier autonomer Systeme hebt deren Differenz nicht auf; im Gegenteil: die Differenz zwischen System und Umwelt ist konstitutiv für ein soziales System. Differenzen zwischen zwei Systemen sind also ganz natürlich. Ohne Differenz gäbe es keine autonomen Systeme, also auch keine Identität. "Systeme müssen mit der Differenz von Identität und Differenz zurechtkommen, wenn sie sich als selbstreferentielle Systeme reproduzieren". Umgekehrt: "Selbstreferenz kann ... nur realisiert werden, wenn ein Selbst ... durch es selbst identifiziert und gegen anderes different gesetzt werden kann" *(Luhmann 1987, 26)*.

Mit diesem systemtheoretischen Paradigma bietet sich ein auch praktisches Modell für die Erklärung von Kommunikationsphänomenen im erzieherischen Feld an. Während eine frühere autoritäre Erziehung darauf angelegt war, Übereinstimmungen zwischen erzieherischen Intentionen (Weisungen) und kindlichem Verhalten per Nachahmung und Gehorsam herbeizuführen, hat sich eine "offene" Erziehung heute darauf einzustellen, daß es auch zu größeren Differenzen zwischen Erziehenden und Kindern kommt. Ein harmonisierendes Erziehungsmodell steht nicht mehr zur Diskussion.

Eine wichtige anthropologische Einsicht ist nun die, daß Differenzen und damit auch Konflikte nicht schlechthin negativ zu bewerten sind, sondern daß sie geradezu Voraussetzungen und Bedingungen für die Weiterentwicklung und Ausdifferenzierung der Teile (Mitglieder) eines sozialen Systems (Familie, Schulklasse etc.) und damit auch des sozialen Systems selber sind. Differenzen sind nicht nur unvermeidbar, sondern notwendig für die Beteiligten. Grenzen, also Eigenheiten, zu behaupten, bedeutet nicht, daß Zusammenhänge abgebrochen werden sollen, sondern u. U. sogar das Gegenteil: das Bedürfnis, im Zusammenhang, in Verbindung bleiben zu wollen – aber unter anderen Bedingungen, unter Bedingungen, die für beide verträglich und zumutbar sind.

Von diesem Grundbedürfnis, bei aller Differenz letztlich die Einheit, also den Zusammenhalt zu wahren oder wiederherzustellen, ist pädagogisch auszugehen. Die beidseitig intendierte "Lösung" eines Konfliktes kann dann nicht einfach darin bestehen, daß sich ein Teil dem anderen "beugt", sondern daß es zu einer neuen Konstellation kommt, auf die sich beide Seiten hinbewegt haben. Beide Systeme haben sich "autonom" verhalten und ihre Identität im wesentlichen gewahrt. Eine Mutter z. B. soll ihrem Kind gegenüber, das in der Wohnung einen "Saustall" angerichtet hat, selbstverständlich ihren Standpunkt auch mit aller Entschiedenheit vertreten: "Jetzt bin ich aber sauer! Ich mag keinen Saustall!" – Der Kleine sichert sich ab: "Du liebst mich trotzdem, auch wenn du sauer bist." – Es wird eine klare Differenz abgesteckt, die Einheit aber bleibt gewahrt und es ist eher zu erwarten, daß das Kind sich daran macht, das Zimmer wieder aufzuräumen, d. h., die Einheit wiederherzustellen.

Entscheidend sind die Einsicht, Überzeugung und auch der Wille bei allen Beteiligten, weiterhin zu ko-existieren; Ko-existenz aber ist abhängig davon, daß keiner seinen Standpunkt prinzipiell verabsolutiert, also den anderen schlechthin negiert. Dies schließt nicht aus, daß in bestimmten, z. B. gefährlichen Situationen der Erzieher – zunächst – auch diskussions- und kompromißlos entscheidet, um Schaden abzuwenden, oder daß das Kind sich mit seinem – vernünftigen – eigenen Willen auch gegen den Willen seiner Erzieher behaupten darf. Für autonome Systeme kommt es prinzipiell darauf an, daß der andere Standpunkt ebenso geachtet wird wie der eigene. Die Gemeinsamkeit des Lebens will gemeinsam hervorgebracht, nicht einseitig oktroyiert werden. In diese Richtung zielt ein pädagogischer Ansatz, der unter dem Begriff der *nicht-direktiven Erziehung* bekannt geworden ist. Eine nicht-direktive Erziehung ist zunächst einmal als Gegenteil einer direktiven Erziehung anzusehen. Darunter wäre eine Erziehung zu verstehen, die sich anschickt, den Menschen direkt, d. h. nach eigenen Normen und Zielvorstellungen, zu formen und zu bilden. Der Begriff non-direktiv stammt von *Rogers* und wurde zunächst nur auf eine Therapieform bezogen, die non-directive therapy. Sie geht von der bedingungslosen Akzeptierung und dem Verstehen des Klienten aus und betrachtet ihn als Partner. Auf die Pädagogik bezogen, bedeutet Nicht-Direktivität, daß sich Lehrer und Schüler ebenfalls als Partner verstehen und daß die Erziehenden eine nicht-lenkende Haltung einnehmen, so daß die Kinder die Chance zur Eigeninitiative und Eigenverantwortung im Lernen erhalten (vgl. *Hinte 1980*).

Im Gegensatz zur Antipädagogik geht eine nicht-direktive Erziehung davon aus, daß das Selbst des Kindes sich erst bilden muß, um Verantwortung übernehmen zu können (vgl. *Bittner 1981*). Die Fähigkeit zur Autonomie muß erst erworben werden; Hilfe dazu, also Unterstützung, Anleitung und Begleitung, leistet eine Erziehung, die sich vor allem auf Verstehen, Fürsorglichkeit und Akzeptanz durch den Erwachsenen stützt. Sein erzieherisches Engagement ist unverzichtbar. Das Kind braucht ihn. Er kann deshalb nicht aus dem Felde gehen und sich seiner Verantwortung entziehen, d. h. neutral bleiben. Nicht-direktivität heißt nicht Laissez-faire.

Das Selbst des Kindes ist auf den Erwachsenen angewiesen, auf den anderen also, von dem es sich auch unterscheidet. Es braucht Bestätigung, aber auch Differenz und Auseinandersetzung. Bedrohlich wird eine Konfrontation erst, wenn sie kategorisch wird, wenn sie auf pure einseitige Durchsetzung und Unterwerfung abzielt, oder wenn sie zur inneren Trennung führt bzw. auf Unverbindlichkeit beruht. Widerspruch und Widerstand an sich sind also durchaus auch positive erzieherische Erfahrungen und Notwendigkeiten und zwar sowohl für das Kind wie für die Erwachsenen. Wenn man miteinander auskommen will, kann sich nicht immer nur eine Seite durchsetzen. Jeder muß auch sein Recht, seine begründete Position oder seinen eigenen Lebensbereich behaupten können. Dieser hat zu Recht seine Grenzen.

Dadurch, daß das Kind erfährt und erlebt, was der Erwachsene verteidigt, was ihm ein Wert ist, wovor er Achtung erwartet, lernt das Kind, Werte zu respektieren. Es muß freilich auch sicher sein, daß seine eigene und intime Welt ebenfalls respektiert wird. Erst in der gegenseitigen Auseinandersetzung und Respektierung auf der Basis verläßlicher Verbundenheit entwickelt sich Autonomie. Es ist eine Illusion, davon auszugehen, daß sich Freiheit und Selbst aus dem Individuum allein entwickeln. Sie gehen vielmehr erst aus einer dialektischen Praxis von Erziehung hervor, aus den "Antworten auf Gegebenes" *(Rauschenberger 1988, 227)*. Wer lediglich auf seine momentanen Gefühle oder auf sein bloßes rationales Kalkül setzt, wird einer "Illusion von Selbständigkeit" aufsitzen *(ebd.)*.

Die Bewältigung von *Konflikten* gehört zum Alltag jeder Erziehung. An der *Überbrückung* der entstandenen Differenzen ist normalerweise jeder Beteiligte interessiert. Dabei wird der Erwachsene in besonderem Maße Verständnis und Geduld aufbieten müssen; *Liebe* ist eine unverzichtbare Grundlage sozialen Lebens. Sie ist die Fähigkeit, auch in der Differenz das Verbindende zu suchen und zu leben. Das Kind ist von Natur aus (a priori) auf dieses Liebesvertrauen angelegt. Das natürliche Gefälle zwischen Erwachsenem und Kind ist dafür im Prinzip kein Hindernis. Autorität hebt nicht schlechthin Autonomie (beim Kinde) auf, im Gegenteil: es sucht auch diese Autorität, wenn es ihr vertrauen kann. Sie wird ihm zum Halt, wo es sich nicht selber halten und behaupten kann.

9.7. Autonomie- und moralstützende Lebenswelten

Der Erziehungsalltag ist so komplex, daß es gar nicht möglich ist, jede Einzelsituation neu zu definieren und zu diskutieren. Jeder Beteiligte wäre auf Dauer überfordert, einen – möglicherweise endlosen – Diskurs um jede Normentscheidung zu führen. Er ist vielmehr auf ein bestimmtes Mindestmaß geregelter Verhältnisse und nicht ständig infragegestellter Maximen und Konventionen angewiesen. Die Einhaltung der vereinbarten und akzeptierten Normen und Regeln wird als Voraussetzung oder Bedingung dafür erlebt, daß der einzelne Beteiligte der Erfüllung seiner autonomen Interessen näherkommt, die durch die Zugehörigkeit verwirklicht werden können. Die Zugehörigkeit zu einer Schulklasse hat z. B. den Sinn, daß der einzelne Schüler durch die Gemeinsamkeit des Lernens Fortschritte macht. Dies setzt voraus, daß in dieser Schulklasse gewisse Regeln und Normen fraglos eingehalten werden, bzw. daß bei Verstößen gegen diese die notwendige Ordnung wiederhergestellt wird.

Der Erzieher/die Lehrerin sind in besonderer Weise beauftragt, für solche Regeln und deren Einhaltung Sorge zu tragen. Sie erhalten dazu eine amtliche Autorität. Aus ihr leitet sich das ab, was nach wie vor als Gehorsam zu bezeichnen ist. Als "bedingter Gehorsam" im Dienste der Autonomiebildung ist er nach wie vor pädagogisch legitimierbar (vgl. *Neuhäuser/Rülcker 1990*). Keine *Lebensordnung* kann ohne solche Rollenregelungen auskommen. Wichtig ist daran, daß diese ihren nachvollziehbaren Sinn haben, nicht also persönlicher Willkür und Machtmißbrauch entspringen.

Das auf diese Weise zustande kommende selbstverständliche Rollenhandeln in definierten Situationen, also in stabilen Lebensordnungen, kann man auch als *Gewohnheiten* bezeichnen. Sie sind nicht von vornherein ein Widerspruch zu autonomem Lebensvollzug; sie können dies erst werden, wenn sie ohne Reflexion und Kritik für die Lebensführung schlechthin dominant werden.

Gute Gewohnheiten gehen aus Vertrauen und guten sozialen Beziehungen hervor. Sie entlasten den Einzelnen und bieten ihm Verhaltenssicherheit. Dies gilt im besonderen für Kinder mit Verhaltensunsicherheiten, d. h. mit Verhaltensstörungen. Wir verweisen dabei u. a. auf die sehr überzeugenden Berichte von *T. L. Hayden,* denen ihre Erfahrungen als Lehrerin einer Klasse für emotional und sozial gestörte Kinder zugrundeliegen. Sie legte nur wenige Regeln für ihre Klasse fest, deren Gültigkeit aber blieb *unbedingt.* Sie erklärte ihren Kindern: "In diesem Zimmer gibt es nicht viele Regeln, eigentlich nur zwei, falls wir nicht besondere Regeln für besondere Anlässe brauchen. Die erste ist, daß man hier keinem wehtun darf. Nicht einem anderen und nicht dir selber. Die zweite ist, daß man sich bei allem Mühe gibt" *(1984, 26). Hayden* betont ausdrücklich, daß sie es für wichtig hält, von den Kindern etwas zu erwarten, also einzufordern. "Ich glaube nicht, das Recht zu haben, dieses Chaos (aus dem die Kinder stammen) zu vergrößern, indem ich sie raten ließ, was ich von ihnen erwartete. Ich fand das Einführen von Regeln eine nützliche und produktive Methode für alle Kinder, weil sie die Verschwommenheit unserer Beziehung klärte" *(a.a.O., 27).* In der Klarheit über Regeln und Erwartungen kann auch eine Voraussetzung dafür gesehen werden, daß bei gestörten und unterdrückten Kindern aus Mißtrauen wieder Vertrauen entsteht: Die Umwelt wird verläßlich.

In den gesellschaftlich verfaßten und akzeptierten Lebensordnungen, z. B. in der Schule, tritt die Selbstverwirklichung des Einzelnen zurück, d. h. sie ordnet sich in überindividuelle Regelungen ein. Man könnte sagen, solche verfaßten Lebensordnungen (Institutionen) sind geradezu die Voraussetzung für die Funktion der Autonomie des Einzelnen. Von den bloßen Eigeninteressen der Einzelnen her sind aber Institutionen wohl nicht konstituierbar. Die gegenwärtig zu beobachtende fortschreitende Privatisierung von Interessen scheint in einen Zustand zu führen, der kaum mehr zu regeln ist. Der damit verbundene Verlust an Ansehen innerer Autorität der Bildungsinstitutionen ist nicht dazu angetan, die Förderung freier und autonomer Persönlichkeiten zu schützen und zu stützen. Es dürfte kein Zufall sein, daß trotz aller Tendenzen zur "Selbstverwirklichung" heute die *Familie* als schützende Lebensordnung als "sozialer Heimathafen" *(Giesecke 1988)* nach wie vor doch einen dominanten Wert darstellt.

Die Schule als Lebensordnung (Lebenswelt) erfahren zu können, setzt eine hinreichende Störungsfreiheit des Schullebens und des Unterrichts voraus und diese ein Mindestmaß an Sicherheit und individueller Diszipliniertheit (Selbstbeherrschung) einerseits und eine hinreichende Fähigkeit des Lehrers, soziale Prozesse konstruktiv zu steuern, andererseits. Es dürfte vor allem die Selbstdisziplin (Autonomie) des Erwachsenen (Erziehenden) sein, von der das Erlernen von Selbstbeherrschung abhängt. *Bettelheim (1987, 115)* zitiert eine schwedische Untersuchung aus dem Jahr 1973, aus der hervorgeht, daß Erwachsene, die diszipliniert im Sinne ihrer eigenen Wertvorstellung leben, ihren Kindern keine Selbstdisziplin zu predigen brauchen, während Eltern, die ihre Kinder zur Selbstdisziplin lediglich ermahnen, ohne sich selbst zu beherrschen, mit ihren Ermahnungen keinen Erfolg haben. Eine wichtige unterstützende Bedeutung für die Sinnhaftigkeit solcher sozialer Ordnungen haben feste Tagesrhythmen (z. B. Morgenkreis), relativ verläßliche Abläufe des Schulalltags, akzeptierte und verbindende Rituale und Konventionen, regelmäßige Diskussionen und Aussprachen, aber auch gemeinsame Festlichkeiten und Feiern.

Konstitutiv für eine Gemeinschaft als *autonomiestützende Lebenswelt* ist neben dem gegenseitigen Verstehen und Helfen als Prinzip der Wert der *Gerechtigkeit* als Fairneß im Umgang miteinander. (Auf *Kohlbergs* Modell der "gerechten Gemeinschaft" soll noch näher eingegangen werden). Die Anerkennung von Fairneß im Umgang miteinander aber setzt eine psychische Atmosphäre der gegenseitigen Achtung, Respektierung und Liebe und damit des emotionalen Geborgenseins voraus (vgl. *Speck 1984, 106ff., 1996b*). Die für ein menschenwürdiges Leben erforderlichen äußeren (sozio-ökonomischen) Bedingungen müssen gegeben sein.

9.8. Autonomie und Verantwortung

Pädagogische Verantwortung steht heute zur Disposition. Sie wird einerseits um der Zukunft wegen eingefordert und andererseits im Widerspruch zur Autonomie des Kindes gesehen. Mißverständnisse sind entstanden.

Was ist mit Verantwortung gemeint? Generell und rechtlich gesehen läßt sich sagen: Zwischen der Tat eines Täters und deren Folgen wird ein Zusammenhang gesehen, für den der Täter einzustehen hat. Wir sagen: Er wird dafür verantwortlich oder haftbar gemacht. Dies gilt generell moralisch. Er kann sich von den Folgen seines Tuns nicht einfach loslösen. Unser gesamtes Rechts- und Moralsystem ist auf diesem Grundsatz der persönlichen Verantwortlichkeit aufgebaut.

Die Praxis aber ist problematisch geworden. Wir leben weithin in komplexen Organisationen. Organisatorische Systeme sind notwendig geworden, um die gewachsene soziale Komplexität zu reduzieren. Das System der Fachleute z. B. soll mit aufgeteilten Funktionen für soziale Kontrolle sorgen; Vorhersage im sozialen Bereich ist aber gar nicht möglich. Wir bleiben in der Unberechenbarkeit. "Soziale Kontrolle" ist also eigentlich eine "Maskerade", meint *Mac-Intyre 1987, 147.* Im Grunde genommen ist uns unsere Sozialordnung "in einem sehr wörtlichen Sinne außer Kontrolle geraten. Niemand ist verantwortlich oder könnte es sein" *(a.a.O.).* Die entstandene Komplexität der Systeme macht es schwer, wenn nicht unmöglich, den jeweiligen Zusammenhang zwischen Urheber und Tat zu bestimmen. Er muß in aller Regel nach-konstruiert werden.

Verantwortung wird damit nicht aufgehoben. Verantwortung übernehmen oder ausüben ist ein origineller Akt eines autonomen Subjekts; das heißt: Ich, der ich bin, der ich vor meinem Gewissen bin, der ich mich unter Maximen und Verpflichtungen stelle, also autonom – in Abhängigkeit – ich entscheide und handle in einer bestimmten Situation gegenüber einem anderen oder für andere so, wie ich überzeugt bin, und prinzipiell jedermann überzeugt ist, daß es gut, recht und notwendig ist. Ich handle aus einer bestimmten Haltung heraus, die meiner Identität entspricht, und diese ist immer auch eine soziale.

Ich handle also nicht einfach so, wie es eine verfaßte Regel oder Vorschrift an sich gebietet. Natürlich richte ich mich auch nach solchen Regeln. Wenn diese aber immer kleinere Ausschnitte meines Funktionsbereiches erfassen, und wenn ich mich nur oder primär auf das Erfüllen von verfaßten Regeln bezöge, brauchte ich immer weniger meine ganz persönliche, autonome Entscheidung als Subjekt. Ich vollzöge Vorgeschriebenes. Da dieses aber immer unzulänglich ist, weil soziales Leben allzu komplex ist, muß das bloße Erfüllen von Vorschriften menschlich und deshalb auch pädagogisch unzulänglich bleiben. Wer sich auf die bloße Einhaltung von Vorschriften bezieht, kann deshalb eigentlich nicht Verantwortung reklamieren sondern *Haftung*. Verantwortung setzt Freiheit voraus: Freiheit zur Verantwortung.

Ein weiterer Gedanke: Nicht nur ich bin jemandem verantwortlich, sondern ich kann auch jederzeit jemanden anderen um Rechenschaft bitten, zur Rechenschaft ziehen; denn mein Selbst, meine Identität ist keine isolierte Größe, sondern eine soziale. Ich bin Teil einer sozialen – und geschichtlichen – Einheit, meine Geschichte ist Teil der gemeinsamen Geschichte, und die Geschichte der anderen ist auch Teil meiner Geschichte und meiner sozialen und geschichtlichen Identität. Ohne die Verantwortlichkeit des Selbst kann es also keine Aufeinanderbezogenheit des rechten Lebens miteinander geben. Persönliche Identität läßt sich von Verantwortlichkeit nicht trennen.

Reale Verantwortung ist heute schwerer vollziehbar. In der statischen Gesellschaft von einst wußte jeder, was er zu tun hat. Es war das, was jeder, der die gleiche Rolle innehatte, anderen schuldete. Und das, was der Einzelne zu tun hatte, das hatte er im Hinblick auf bestimmte Personen bzw. für sie zu tun, und diesen anderen Personen, den Mitgliedern der Gemeinschaft, der man angehörte, war der Einzelne verantwortlich. Der Einzelne verstand sich als integrierter Teil eines strukturierten Ganzen; seine Rollen waren klar bestimmt; er strebte nicht nach Allgemeingültigkeit für sich selbst; er verstand sich nicht als nur sich selbst verantwortlich. Im alten Griechenland war er der Polis gegenüber verantwortlich. Dies bedeutete – aus heutiger Sicht – natürlich auch Zwang. Seine Freiheit blieb dabei trotzdem unangetastet, so wie er sie verstand. Eine subjektive Autonomie kam dem Einzelnen innerhalb der Polis nicht zu *(Ungern-Sternburg 1990)*.

Die heutige komplexe und ausdifferenzierte Gesellschaft ist auf eine Vielzahl verschiedener, sich komplementär ergänzender Rollen angewiesen. Verantwortung wird damit geteilt. Zugleich aber weitet sie sich in ihrer Tragweite für die Zukunft aus. Angesichts der konkreten Bedrohung durch die fortschreitende Zerstörung der Lebenswelt brachte vor einigen Jahren der deutsch-amerikanische Philosoph *Hans Jonas* das "Prinzip Verantwortung" *(1980)* in die öffentliche Diskussion ein, und zwar als ein ethisches Prinzip. Die bisherige Ethik, die im wesentlichen auf den Nahraum mitmenschlichen Handelns bezogen war, wird unter dem Druck der großen und unpersönlichen Instanzen (bürokratisierte, arbeitsteilige Gesellschaft, eigengesetzliche Technik etc.) erweitert auf die gesamte Umwelt, auf die Natur und auf die fernere Zukunft.

Verantwortung für den Anderen ist und wird nie eine Sache der großen Proklamationen sein. Einheitslösungen finden keine allgemeine Akzeptanz mehr. Jeder ist stärker denn je in seinem Selbst herausgefordert, um zu prüfen, was als Gutes zu gelten hat und zu behalten ist. Das aber kann nur bedeuten, daß solche Prüfung letztlich von der Verantwortung für den Anderen um eines menschenwürdigen Zusammenlebens willen her vorgenommen werden kann, nicht vom Markt der faszinierenden "Ideen", deren Urheber letztlich nur den eigenen Vorteil suchen. Letztlich ist das, was der Kerngedanke von *Lévinas* ist, unüberholbar: "Alle Menschen sind füreinander verantwortlich, und" – hier zitiert er *Dostojewski* – "ich mehr als alle anderen!"

9.9. Verantwortung in der Erziehung

Es ist uns völlig geläufig zu sagen: Die Eltern sind für ihre Kinder verantwortlich. Rechtlich heißt es lapidar: Eltern haften für ihre Kinder.

Die Frage, die sich nun im einzelnen stellt, ist eine inhaltliche. In welcher Weise, mit welchen Werten und Normen soll elterliche Erziehungsverantwortung wahrgenommen werden, zumal in einer sich wandelnden und normativ pluralen Gesellschaft wie der unsrigen? Die Eltern sind in ihren Erziehungsnormen und -zielen weiterhin verunsichert. Sie sind genötigt, sich selber ein Normensystem für ihr Erziehen zurechtzulegen in der Hoffnung, es sei das Beste für ihr Kind. Diese Emanzipation der Eltern ist ohne Zweifel ein Ergebnis unserer kulturellen Evolution, und diese so gewachsene Selbstbestimmung wird von den Eltern bewußt als Wert verteidigt.

In Konsequenz dessen übertragen sie ihre gerade erst errungene Selbständigkeit auch auf das Kind und zwar mit der erklärlichen Absicht, daß es diese ebenfalls erlerne. Dabei ist u. U. mit der Gefahr zu rechnen, daß diese Absicht verabsolutiert oder verfrüht dem Kinde zugemutet wird. Man könnte endlos darüber streiten, ob die verbreitete Erziehungsnot heute mehr damit zusammenhängt, daß die Eltern keine hinreichend verbindlichen Wertsysteme vorfinden, für deren pädagogische Umsetzung sie Verantwortung wahrnehmen könnten, ober ob ihnen die Selbstverwirklichungsbedürfnisse ihrer Kinder über den Kopf wachsen, so daß selbst die für sie als Eltern verbindlichen Wertorientierungen ihren Kindern nicht mehr vermittelbar sind. Wahrscheinlich ist es eine Wechselwirkung zwischen beidem. Erschwerend kommt hinzu, daß Eltern und Kinder um sich herum eine Vielfalt verschiedener, z. T. divergenter, Normsysteme vorfinden.

Einer Feststellung aber bin ich mir sicher: Es gibt heute einen ganz erheblichen Anteil unter den Eltern, und zwar in allen sozialen Schichten, die ganz bewußt pädagogische Verantwortung für ihre Kinder übernehmen wollen, Eltern, denen es wirklich um eine gute Zukunft für ihre Kinder geht. Ich erinnere an das sehr sensible ökologische Reagieren auf die Katastrophe von *Tschernobyl.* Wir haben also keinen Grund, ein fehlendes pädagogisches Verantwortungsbewußtsein bei den Eltern schlechthin zu beklagen. Eine andere Sache aber ist die tatsächliche Möglichkeit, Verantwortung in der Erziehung wahrzunehmen angesichts der Probleme der Eltern, mit ihrem eigenen Leben klarzukommen (vgl. *Beck 1986*), der Fragmentierung der Lebensrollen und – vor allem in ökonomisch unzulänglichen Lebenslagen – der Konzentration auf Erfordernisse des Überlebens. Ansprüche und Risiken sind für den Einzelnen hoch. Sich auf traditionelle Erziehungsnormen zu stützen, kann gefährlich sein. Überforderungen sind die Folge. In einer Umbruchsituation ist es natürlich schwerer, pädagogische Verantwortung inhaltlich klar zu bestimmen, sich ihr relativ sicher zu sein. Und Umbruchphasen (Wendezeiten) sind dadurch gekennzeichnet, daß sie auch vorübergehen. Sie müssen abgelöst werden durch Phasen relativer Konstanz und Kontinuität. Wir stützen uns auf das Prinzip Hoffnung durch Verantwortung.

Am Beispiel Tschernobyl läßt sich im übrigen aufzeigen, daß pädagogische Verantwortung auch unterschiedlich begründet werden kann. Es sind zwei grundlegend verschiedene Auffassungen, die zugleich den generellen Dissens darüber markieren, was Erziehung überhaupt sei.

Die elterliche Reaktion auf den atomar verseuchten Boden war generell ein *Verbot* für die Kinder, im Freien zu spielen. Die Kinder mußten sich der elterlichen Weisung (Autorität) kategorisch unterordnen; ihr Widerspruch konnte nicht gelten, da sie sich sonst gefährdet hätten; dies aber konnten nur die *Eltern* wissen, und diese ihre Entscheidungen hatten sie gegen die "Unvernünftigkeit", die bloße Bedürfnishaftigkeit der Kinder zu verteidigen, zu verantworten.

Bei näherem Hinsehen waren aber diese Entscheidungen und Verantwortlichkeiten doch verschieden begründet, und zwar je nachdem, was man unter der Autonomie des Kindes und seiner Erzieher versteht.

- Im einen Fall – es ist die mehr *traditionalistische* Position, auch bei *Kant* – bezieht sich die pädagogische Verantwortung auf die *stellvertretende* Ausübung von erzieherischer Autonomie (Autorität) gegenüber dem Kind, das eigenverantwortlich werden soll, aber noch nicht ist. Die stellvertretende Funktion des Erziehens beruht darauf, daß die Generationen in den Zielsetzungen übereinstimmen, daß also die Erzieher im Sinne des vernünftigen Gebrauchs der Freiheit des Kindes entscheiden und nicht gegen sie. Der Erzieher handelt, wo das Kind noch nicht handeln und einsehen kann, also noch hilflos ist und noch der Hilfe bedarf. Erzieherisches Handeln ist dann stellvertretendes Handeln. Stellvertretende pädagogische Verantwortung wird also durch die Hilfebedürfigkeit des Kindes begründet, durch seine Unmündigkeit.

- Dieses Verständnis pädagogischer Verantwortung wird seit der Bewegung der antiautoritären und emanzipatorischen Pädagogik, vor allem aber von der "Antipädagogik" verworfen. Die menschenbildliche Prämisse sei die *volle* potentielle "Autonomie" des Kindes, die es auch selber realisieren könne, wenn es dazu nur die nötigen Chancen von außen erhält. Das Kind ist demnach nicht das hilflose Wesen, sondern es wird durch eine falsche Erziehung erst dazu gemacht, indem ihm, dem zur Eigenverantwortlichkeit durchaus fähigen Menschen, freie Entscheidungen abgenommen werden, die es an sich auch selbst fällen könnte. Es komme nur darauf an, daß das Kind die entsprechenden Erfahrungen machen könne. Seine eigene "Autonomie" lasse es seine nötigen Grenzen finden *(Alice Miller)*.
  Bei diesem Bild vom Menschen und seiner Autonomie verliert eine stellvertretende Verantwortung *für ihn* ihren Sinn. Dem Kind wird u. U. Verantwortung für es selber aufgebürdet, die es gar nicht realisieren kann, ohne u. U. Schaden zu nehmen. Pädagogische Verantwortung kann sich hier nur darauf beziehen, dem Kind die Chancen zu seiner Selbstentscheidung einzuräumen und sicherzustellen. Wer sich nötigenfalls unterzuordnen hat, ist nicht das Kind, sondern der Erzieher. Seine Verantwortung besteht darin, daß er eben nicht an die Stelle des Kindes tritt; sie bezieht sich auf diese Autonomie hier und jetzt, nicht also erst in der Zukunft.

Beziehen wir diese beiden Positionen auf das Beispiel Tschernobyl, so könnte es den Eindruck haben, als sei ihre Unterschiedlichkeit eigentlich belanglos. In der Tat: In außergewöhnlichen Situationen verblassen tiefgründige Differenzen und Konfrontationen. Ohne Zweifel wurde damals – aus meiner Sicht – *für* das Kind, d. h. anstelle des noch nicht genügend vernünftigen Kindes, entschieden; es wurde also stellvertretende Verantwortung wahrgenommen. Unterschiedlich aber waren mit aller Sicherheit die *Praktiken,* die dabei angewandt wurden:

- Man kann die eigene Autorität ("Verantwortung") absolut setzen und eine diskussionslose Unterordnung unter das durchaus vernünftige elterliche Verbot einfordern, also unbedingten Gehorsam verlangen.
- Man kann aber auch an die Einsicht des Kindes appellieren und diese mit entsprechenden Informationen unterstützen, so daß das Kind selber Ja sagen kann zur Entscheidung der Eltern. Voraussetzung ist freilich ein erzieherisches Verhältnis, das von Echtheit, gegenseitiger Achtung und Bindung bestimmt ist, und zwar nicht erst, wenn etwas Schlimmes passiert ist, sondern als Dauer-Verhältnis von Anfang an. Gelangt das Kind aber nicht zur Einsicht seiner Bedrohung, so wäre es sicherlich unverantwortlich, es über Versuch und Irrtum seine eigenen Erfahrungen sämtlich erst machen zu lassen.

Die grundlegende Einsicht für uns ist in jedem Fall die, daß Verantwortung für einen anderen aus eigener Autonomie hervorgeht, nämlich aus der autonom vollzogenen Verpflichtung, für einen anderen Sorge zu tragen, der bedroht ist, und daß dessen Autonomie als werdende Autonomie auch von dieser anderen Autonomie abhängt. Dadurch, daß das Kind an sich den Sinn dessen erfährt, daß jemand verbindlich für andere handelt, lernt es selber, später auch für andere sorgend zu handeln, und daß es eine Verpflichtung hierfür gibt, daß man aber auch dafür einstehen muß. Daß der Mensch auch für den Menschen an seiner Statt handelt, ist eine Grundgestalt menschlichen Daseins.

Verantwortung für Menschen ist im Anspruch jedes Menschen begründet, "von jedem anderen vernünftigen Wesen nicht als Gegenstand, sondern als Selbstsein wahrgenommen zu werden" *(Spaemann 1989, 234)*. "Menschen stehen einander nicht als autarke Freiheitssubjekte gegenüber, die für sich selbst Subjekte, füreinander aber gleichgültige Objekte wären. Sie sind vielmehr in doppelter Weise aufeinander angewiesen. Sie sind es dadurch, daß nicht jeder eine eigene, dem anderen unzugängliche Sphäre der Selbstentfaltung besitzt, sondern wir alle eine gemeinsame Sphäre, die Natur, in der wir handelnd ständig miteinander interferieren und daher einander für die Folgen unserer Handlungen verantwortlich sind" *(Spaemann a.a.O.)*. Im Grunde ist Selbstverantwortung von Fremdverantwortung nicht zu trennen.

Im übrigen wird es im Sinne der werdenden und zu unterstützenden Autonomie des Kindes darauf ankommen, daß es – seinen Kräften und Fähigkeiten angemessen – genügend Gelegenheiten erhält, selber Verantwortung für andere zu übernehmen. Andererseits sollte es auch lernen und erleben, daß auch sein Handeln ein bis zu einem gewissen Grad zu verantwortendes ist, daß es auch Folgen seines Tuns zu tragen hat, daß es sich also nicht einfach nach eigenem Belieben "verhalten" kann. Es muß erleben und erlernen, daß es auch schuldig werden kann, und daß nicht alles nur durch die Verhältnisse von vornherein entschuldigt ist. Ebenso muß es lernen, daß die bloße Durchsetzung der eigenen Bedürfnisse gegenüber anderen kein Recht darstellt ("I have the right to do anything I wish!"), sondern Willkür und damit ein Verstoß gegen die Rechte anderer, der nicht hingenommen werden kann. Es muß lernen, daß es auch Verpflichtungen gegenüber den anderen hat.

10. Pädagogische Konsequenzen

Den Ausgangspunkt meiner Überlegungen bildeten die aktuelle Tatsache zunehmender und kritischer werdender Erziehungsschwierigkeiten einerseits und das Ungenügen “reparativer” Dienste andererseits. Als dabei vernachlässigte Dimension wurde die der Autonomiebildung und damit auch der Moralentwicklung herausgestellt. Es wurden die Gründe dafür aufgezeigt, wie es zu diesem reduktionistischen Ansatz kommen konnte: Grundlegende sozio-kulturelle Veränderungen, die zu einem Wertewandel und einer normativen Verunsicherung des Einzelnen in der postmodernen Gesellschaft geführt haben.

Es sollen einige wichtige Konsequenzen für eine Neuorientierung der Erziehung und der Erziehungshilfe aufgezeigt werden, die sich aus der entstandenen Situation ergeben. Sie beziehen sich zum einen auf grundlegende und mehr präventive Aspekte, zum anderen auf spezielle Maßnahmen und Konzepte der Erziehungshilfe für emotional und sozial auffällige Kinder und Jugendliche.

10.1. Konzepte moralischer Erziehung

In der Literatur zur Moralentwicklung und Moralerziehung werden im wesentlichen drei Erklärungsmodelle unterschieden (vgl. *Swarthout 1988*):

- ein individualbezogener,
- ein interaktionalbezogener und
- ein systembezogener Ansatz.

1. Der *individualbezogene Ansatz* ist der traditionelle. Er geht von der einzelnen Person aus und konzentriert sich auf Gesichtspunkte der persönlichen Reifung, der Begründung und des moralischen Charakters. Er ist u. a. von der Psychoanalyse her, vor allem aber von *L. Kohlberg* vertreten worden. Dabei ist zu bemerken, daß hier *Kohlbergs ursprüngliche* Perspektive einer sich auf die individuelle Entwicklung und Begründung von Moral konzentrierenden Moralerziehung gemeint ist (nicht also sein späterer Just-Community-Ansatz). Das einzelne Kind oder der einzelne Jugendliche wird in seinem moralischen Dilemma gesehen, das durch einen Interessenskonflikt mit anderen entstanden ist, und durch eine Entscheidung auf der Grundlage von Werten und deren Reflexion gelöst werden soll. Das Augenmerk liegt auf dem Voranbringen der individuellen Entwicklung moralischer Begründungen gemäß objektivierten Stufen der *moralischen Begründung*.

Erzieherisch gesehen steht die vom Erzieher initiierte und gelenkte Dilemma-Diskussion im Zentrum; durch sokratisches Fragen soll das Kind zu einer reiferen Einsicht und moralischen Begründung finden. Es liegen hinreichend überzeugende Untersuchungsbefunde zur erzieherischen und moralischen Wirksamkeit dieses Vorgehens vor. Zugleich ist aber auch festzustellen, daß die Methode der Dilemma-Diskussion nicht in jedem Fall erfolgreich ist. Andererseits führt *Swarthout (a.a.O.)* Belege an, daß es möglich ist, auch bei sozialauffälligen und institutionalisierten delinquenten Jugendlichen Fortschritte mit diesem Ansatz zu erzielen.

Ein umfangreiches und praxisnahes Handbuch für die moralische Erziehung in der Familie auf der Basis der *Kohlberg*schen Forschungsergebnisse hat *Thomas Lickona (1983)* vorgelegt, das inzwischen auch in deutscher Sprache erschienen ist ("Wie man gute Kinder erzieht", *1989*). Es ist auch für sonstige Erziehungsinstitutionen von sehr informativem Wert. Darin finden sich u. a. "die zehn Hauptideen des Ansatzes der Moralentwicklung":

"1. Moral ist Achtung.
2. Kinder entwickeln ihre Moral langsam und in Stufen.
3. Respektieren Sie die Kinder und fordern Sie Respekt.
4. Erziehen Sie durch Ihr Beispiel.
5. Erziehen Sie durch Worte.
6. Helfen Sie den Kindern, denken zu lernen.
7. Helfen Sie den Kindern, wirkliche Verantwortlichkeiten zu übernehmen.
8. Bemühen Sie sich um ein Gleichgewicht von Unabhängigkeit und Kontrolle.
9. Lieben Sie Ihre Kinder und helfen Sie ihnen, ein positives Selbstverständnis zu entwickeln.
10. Fördern Sie moralische Entwicklung und zugleich ein glücklicheres Familienleben." *(46)*

2. *Der interaktional bezogene Ansatz* (Diskursansatz) bezieht den interpersonalen Bezug in seiner Bedeutung für Moralentwickung und -erziehung direkt ein und versucht, deren kognitive Komponente mit der affektiven zu koppeln. *Swarthout* bezieht sich vor allem auf Arbeiten von *Haan, Selman* und *Youniss.* Auch *Oser* ist als Vertreter dieses Ansatzes zu nennen. Als Ziel- und Orientierungspunkt moralischen Urteilens und Handelns wird die Erhaltung oder Herstellung guter Beziehungen und/oder die Steigerung der sozialen Lebensqualität gesehen. Im Vordergrund stehen deshalb vor allem Begriffe der Störung bzw. der Balance sozialer Beziehungen.

Die zentrale erzieherische Methode dieses interaktionalen Ansatzes ist der *Diskurs* oder Dialog. Er zielt auf die Herstellung von Verständigung und Kooperation ab. Diskussionspartner sind die Gleichaltrigen. Die Rolle des Erziehers beschränkt sich darauf, die Schüler zu ermutigen, sich mit interpersonalen Konflikten auseinanderzusetzen, sich also nicht nur defensiv mit ihnen zu befassen. Auf folgende Regeln im Sinne eines fairen Umgangs miteinander wird besonders geachtet:

- Jeder darf sprechen!
- Niemand darf dominieren!

- Alle können ein Veto einlegen, wenn sie meinen, ein Lösungsvorschlag verletze die eigenen legitimen Interessen oder die anderer Teilnehmer (nach *Haan,* bei *Swarthout a.a.O., 61*).

Es werden damit vor allem soziale Fertigkeiten (skills) eingeübt.

Im interaktionalen Ansatz herrschen Begriffe des sozialen Lernens vor, während moralische Begriffe in den Hintergrund treten bzw. vage und ambivalent bleiben. Der Frage, wieweit ein Lösungsvorschlag für ein soziales Problem einem moralischen Standpunkt entspricht, wird weniger Aufmerksamkeit geschenkt. Mehr Wert wird darauf gelegt, moralisch ausbalanzierte Lösungen für soziale Probleme zu finden. Eine kritische Anmerkung bezieht sich auf den Einfluß der Gleichaltrigengruppe, speziell auf Diskurse und Lösungsvorschläge unter Freunden. Ihre Ergebnisse können nicht immer als moralisch adäquat angesehen werden.

Aus pädagogischer Sicht muß auch vermerkt werden, daß im Diskursansatz die regulatorische und präskriptive Funktion moralischer Normensysteme vernachlässigt wird, wie sie in jedem sozialen Kontext als allgemein akzeptierte Erwartungen, auch als Verpflichtungen, gültig sind. Ein Ansatz, nach welchem moralische Entscheidungen durch gemeinsamen Beschluß erdacht werden (co-constructed), bringt es mit sich, daß soziokulturelle Gesichtspunkte, die in einem bestimmten Kontext für moralische Entscheidungen wichtig sind, übersehen werden können. (Zur Kritik an der Konsensmoral vgl. S. 96f.).

3. Der *systembezogene Ansatz* konzentriert sich auf die moralische Dimension, wie sie in einem sozialen System für dessen Mitglieder wirksam ist. Diese sei mehr als die Summe der individuellen moralischen Orientierungen und sollte als "soziokulturelle Moralität" mit ihrem Einfluß auf das moralische Verhalten und die moralische Entwicklung nicht vernachlässigt werden *(Swarthout, a.a.O., 62)*. Als Vertreter dieses Ansatzes werden u. a. *Kurtines* und *Kohlberg* mit seinem Just Community-Modell genannt.

Kurtines (*1984,* bei *Swarthout a.a.O., 62*) beschreibt die soziokulturelle Moralität als das Netzwerk von Normen und Rollen, das die Beziehungen zwischen den einzelnen Individuen in einem *sozialen System* bestimmt. Es dient dem Zweck, daß die Ziele des Systems erfüllt werden und das System erhalten wird. Zu denken ist an die einzelne Familie, die Schulklasse oder die Freizeitgruppe, der ein Kind angehört. Aus dieser Sicht ist das moralische Urteil und Verhalten innerhalb eines solchen Systems von definierten oder verdeckten Normen bestimmt, die für dieses jeweils wichtig sind. Das Maß der Verbindlichkeit dieser Normen kann variieren und wird davon bestimmt, wie sehr die Mitglieder des jeweiligen Teilsystems eine Norm allgemein gutheißen und bekräftigen. Das kann z. B. in einer Familie die Ehrlichkeit, in einer Schulklasse die Schulleistung und in einer Spielgruppe die Fairneß sein.

In pädagogischer Hinsicht kommt es vor allem darauf an, die im jeweiligen System wirksamen sozialen Normen als moralisches Wissen zu internalisieren. Vermittelnde Hilfe leisten dabei die Erwachsenen, vor allem Eltern und Lehrer als "Wächter der moralischen Ordnung" im jeweiligen System. Sie helfen den Kindern, die normative Wirklichkeit ihrer Lebenswelt zu verstehen, und versuchen, sie ihnen näherzubringen.

Erzieherisch wirksam in normativer Hinsicht ist das, was über das "hidden curriculum" an Normen vermittelt wird, also über das nicht offizielle Lehrgut und Programm, z. B. über die Normen des Lernens, die der einzelne Lehrer mit seiner Persönlichkeit bestimmt, oder über die Normen seiner Autorität, mit der er Grenzen setzt oder Konflikte zu lösen versucht, oder über die Art und Weise, wie er Entscheidungen trifft oder sie zu vermeiden versucht, oder mit welchen moralischen Einstellungen er bestimmte Lehrinhalte darbietet und kommentiert.

Der erzieherische Ansatz bezieht sich u. a. darauf, den "heimlichen Lehrplan", also die impliziten Informationen, möglichst auch explizit zu machen. Dazu sind Diskussionen über die zugrundeliegenden Werte nötig. Über solche moralischen Dialoge erhalten Schüler und Lehrer die Gelegenheit, neue Formen des sozialen und moralischen Verstehens und Wissens zu finden. Es konnte nachgewiesen werden, daß sogenannte induktive moralische Botschaften, die die Auswirkungen moralischer Verletzungen aufzeigen, eher zur Internalisierung soziomoralischer Normen führen als mehr direkte Methoden des Strafens und der Anwendung von Gewalt, mit denen Kinder angeregt werden sollen, prosoziale Werte zu erfüllen.

Die Erzieher fungierten als Anwälte der zu achtenden Werte. Durch ihr Geschick, in der Schulgemeinde für prosoziale Normen Sorge zu tragen, und durch das Einbeziehen der Schüler in die gemeinsame oder geteilte Verantwortung könne eine prosoziale bzw. von Moralität geprägte Schulatmosphäre entstehen. Ein gewisses Risiko könne darin bestehen, daß es auf Grund der größeren Macht und Autorität der Erwachsenen zu Indoktrinationen kommt. *Swarthout* stellt abschließend fest, daß alle Untersuchungen die Notwendigkeit nachgewiesen hätten, die moralische Autonomie der Schüler zu achten und zwar durch Vorgehensweisen, die Indoktrination vermeiden *(a.a.O., 64)*.

Alle genannten Ansätze oder Perspektiven sind in der Wirklichkeit nicht klar voneinander trennbar. Jeder von ihnen enthält gewisse Schwächen oder Risiken, und jeder betont einen wichtigen Teilaspekt.

In einem individuumzentrierten Ansatz kann das persönliche Reifen in einem naturalistischen Sinne überbetont werden, der Aspekt der Umwelt allzu sehr in den Hintergrund treten und damit der Anspruch an den einzelnen im Sinne einer Helden- und Heiligen-Moral überzogen werden. In einem vom Diskurs beherrschten Ansatz kann die Unbedingtheit des Moralischen zu kurz kommen und der moralische Konsens zu einem bloßen Aushandeln verflachen. In einem allzusehr vom sozialen System her bestimmten Ansatz kann die Gruppenmoral dominant werden.

Festzuhalten ist, wie aufgezeigt, daß der Autonomie-Ansatz weder das Selbst absolut setzt noch die Umwelt, daß Autonomiebildung des Subjekts von der Umwelt abhängig ist, daß also von einer Einheit äußeren moralischen

Einflusses und innerer moralischer Prozesse auszugehen ist. Weder das Selbst noch die Umwelt determinieren von sich aus das menschliche (moralische) Werden. Es handelt sich vielmehr um eine dialektische Einheit, die durch das Handeln des Individuums in der Welt gestiftet und weitergebildet wird. "Im subtilen Zusammenspiel von Handlung und Selbst liegt die Herausforderung der moralischen Erziehung" *(Herzog 1991, 409)*.

Ihr Ziel, das moralische Subjekt, wird weder durch bloßes Sich-entfalten-Lassen noch durch Indoktrination erreicht. Es ist vielmehr Ergebnis eines Bildungsprozesses "*zwischen* sich entwickelndem Individuum und erziehender Umwelt" *(414)*. An ihm sind beide Seiten gleichermaßen beteiligt. Das Ergebnis dieses dialektischen Vorgangs ist im einzelnen offen. Er ist auch nicht frei von Widersprüchen, im Gegenteil, Moral bildet sich gerade auch am Widerstand der realen Welt, am Erleben moralischer Schwächen und moralischer Schuld. Die Intentionen moralischer Erziehung lassen sich nicht unmittelbar "am Kinde" umsetzen, sie leisten aber auf der Basis pädagogischer Verantwortung Dienste der Wegweisung und Orientierungshilfe.

Moralische Erziehung in diesem Sinne läßt sich als *Hilfe zur Autonomiebildung* verstehen. Umgekehrt bedeutet Ausbildung von Autonomie moralische Erziehung, d. h. Hilfe zur Selbsteinbindung in das moralisch Gültige. Autonomiebildung ist sowohl auf die Bildung des Selbst (Selbstbildung) als auch auf die gegenseitige Achtung und auf die Einbindung in gemeinsame Werte bezogen. Von daher erhalten die erzieherische Sensitivität, Empathie und Zuwendung ebenso viel Bedeutung wie die klare Darstellung und Einhaltung der moralischen Verpflichtungen seitens der Umwelt und das moralische Beispiel. Dabei wird aber zu beachten sein, daß Erziehung eben nicht schlechthin bestimmend ist. Sie ist nicht allmächtig, aber – angesichts der vorgegebenen Subjektivität – auch nicht ohnmächtig. Kinder sind vielmehr in hohem Maße bereit, sich an Erwachsenen zu orientieren, sind also von ihrer Anlage her für erzieherischen Einfluß offen.

Die Umwelt hat also eine wichtige Bedeutung für die moralische Entwicklung. Diese wiederum ist im besonderen auf unmittelbare *Erfahrungen* angewiesen. Die Erziehung hat deshalb für Situationen zu sorgen, in denen das Kind moralische Erfahrungen machen kann, und hat deren Bewältigung zu unterstützen. Es werden im besonderen Erfahrungen mit den Prinzipien der Gerechtigkeit und der Liebe sein. "Erziehung ist Beispiel und Liebe, sonst nichts" *(Fröbel)*. Sowohl die Beachtung der Gleichheit als auch das Gefühl für andere (ungleiche) müssen in diesen Erfahrungen präsent sein.

10.2. Grundlegende pädagogische Gesichtspunkte

Es soll auf einige wichtige pädagogische Implikationen eines an der Autonomiebildung und ihrer Unterstützung orientierten Ansatzes von Erziehung näher eingegangen werden:

- auf die Frage, wie Autonomiebildung ermöglicht werden kann,
- auf die Bedeutung von Werten und Normen und ihre pädagogische Funktion,
- auf erzieherisch besonders wichtige Grundhaltungen und
- auf den Erziehungsstil.

10.2.1. Autonomie ermöglichen

Die für eine mündige Lebensführung nötige Autonomie wächst nicht von selber; sie ist kein Naturprodukt. Sie wird auch nicht als reines Eigenprodukt hervorgebracht. Das Kind ist zwar Konstrukteur seiner Wirklichkeit und Akteur seiner Entwicklung, dies aber nur in Interaktion mit seiner Umwelt, d. h. mit anderen Akteuren. Die Autonomiebildung bedarf der erzieherischen Unterstützung und Hilfe. Die sich damit der Erziehung stellende Aufgabe ist eine ebenso zentrale und bedeutsame wie schwierige und kritische. Sie gleicht einer gemeinsamen Gratwanderung: Allzu leicht ist ein Abkippen auf die eine Seite (externe Dominanz) oder die andere Seite (interne Entkoppelung) möglich.

Wie behutsam dabei erzieherisch vorgegangen werden muß, ergibt sich aus dem Umstand, daß zwischen Autonomie des heranwachsenden Menschen und Erziehung ein Widerspruch gesehen werden kann und auch lange genug in der Geschichte praktiziert worden ist, daß Autonomie aus Heteronomie hervorgeht, und daß beides von einer ganzen Komplexität von Bedingungsfaktoren (innerpsychischen, soziokulturellen, situativen) bestimmt wird, die im Ablauf von Zeit (Entwicklung) eine zunehmende auf der einen und eine abnehmende Bedeutung auf der anderen Seite erhalten. Die Wahrscheinlichkeit, daß sich kritische Entwicklungen einstellen, ist groß, zumal unter dem Einfluß der Ausdifferenzierung von immer mehr relativ eigenbestimmten Teilsystemen, an denen der Einzelne partizipiert.

Wir gehen vom *Autonomieprinzip* in Entwicklung und Erziehung aus. Es bedeutet, daß das Kind Akteur *seiner* Entwicklung und lernendes Subjekt ist und *seine* Mündigkeit durch Selbstorganisation *seiner Wirklichkeit* aufbaut *(Piaget)*. Weltdeutung und Handeln des Einzelnen beruhen auf dem, was er selbst aktiv erworben hat. Erziehung ist der Prozeß und der Kontext, aus dem Selbstbildung hervorgeht. Sie wird verfehlt, wenn die Erziehungsbedingungen keine konstruktiven und verbindlichen sind. Erziehung wird als Hilfe zur Selbsthilfe und damit auch zur Autonomiebildung verstanden. Diese erweist sich im besonderen als die mit der eigenen Entwicklung wachsende Fähigkeit und Bereitschaft, Verantwortung für das eigene Handeln zu übernehmen. Die heutige Erziehung ist erst auf dem Wege zu einem solchen Verständnis von Erziehung. Es kann angezweifelt werden, ob der Terminus "Erziehung" der geeignete ist, um das deutlich zu machen, was über die Erkenntnis von der Selbstbildung zu einem neuen – eigentlich alten – Verständnis des erziehenden Umgangs mit Kindern geführt hat (vgl. *Giesecke 1987*). Wir meinen aber, es ist aussichtslos, einen Begriff verschwinden zu lassen, der zum Kulturbestand gehört. Möglicherweise eignet sich der Begriff der "Bildung" besser. Er wird gegenwärtig wieder öfters verwendet und bedeutet in seinem Kern Bildung als Werk des Selbst. Bildung impliziert zwingend "Selbstbildung".

In diesem Verständnis steht – im Gegensatz zum gewollten Verändern des Zöglings als eines Erziehungsobjektes – das sich selbst aufbauende und lernende Subjekt in einem konstruktiven Bezug zu einem erwachsenen Subjekt, durch dessen Verbindlichkeit im Weltdeuten und Handeln sich das lernende Subjekt zu seiner Mündigkeit und Autonomie heranbildet und dadurch zugleich an der Weitergabe von Sozialität und Kultur partizipiert. Dieser intersubjektive Bezug (als kommunikative, konstruktive Koppelung) beruht auf der wechselseitigen Respektierung zweier autonomer Systeme. Das bedeutet, daß das Autonomieprinzip in der Erziehung ein *Doppelprinzip* darstellt: Es bezieht sich zum einen auf das Kind und dessen Autonomiebildung und zum anderen auf den/die Erwachsenen und dessen/deren zur Geltung gebrachte Autonomie oder Souveränität. Das heißt, die Autonomiebildung des Kindes und Jugendlichen ist an die gültige Autonomie und Souveränität der Erziehungspersonen angewiesen. Umgekehrt stellt der Erwachsene seine Autonomie, seine Mündigkeit, seine Lebensführung in die Verbindlichkeit mit dem Kind und für das Kind. Es entsteht eine Komplementarität von gültiger und werdender Autonomie im Erziehungsprozeß. Die Grundlage dafür sind gegenseitiges Vertrauen und eine hinreichend zuverlässige Lebensordnung.

Konkret wird die Autonomiebildung des Kindes dadurch gestützt und gefördert, daß es hinreichend Gelegenheit erhält, seine Selbständigkeit und Verantwortlichkeit zu erproben, ohne sich und anderen (unverantwortlichen) Schaden zuzufügen. Es muß genügend Chancen erhalten, seine Kraft, seine Geschicklichkeit, seine Initiative, seine Phantasie, seine Einsicht, sein Weltverstehen zu entwickeln, und sich als Ursache von Folgen zu erleben, für die man auch einstehen muß. Es braucht zunächst die Einübung in gute Gewohnheiten und soziale Kontrolle und den "Geist der Disziplin". Dieser bildet nach *Piaget* den "Ausgangspunkt jedes moralischen Lebens" *(1986, 426)*. Es bedarf einer gewissen Regelmäßigkeit des Verhaltens und auch der Regeln, die durch eine hinreichende Autorität gestützt werden.

Der Widerstand, den es immer wieder solchen Zumutungen durch die soziale Realität und ihre kulturell geprägten Lebensordnungen und deren Repräsentanten (Eltern, Lehrer, Erzieher) entgegensetzt, ist ebenso natürlich und erklärlich, wie die Notwendigkeit, diesem Widerstand auch standzuhalten. Es liegt im Autonomieentwurf des Menschen, daß er sich als Kind gegen Druck von außen auch zur Wehr setzt. "Ich mag es nicht, wenn man Druck gegen mich ausübt!" Verfehlt wäre es, aus dem situativen Widerstand des Kindes den Schluß zu ziehen, ihn zu vermeiden, also stets nachzugeben. Das Beharren auf der Regel dient der Orientierung des Kindes. Die Sorge, daß damit eine völlige Absage an die Gültigkeit externer Regeln verbunden sei, ist überflüssig.

Aus solcher Heteronomie muß sich das Kind Zug um Zug mit seinem stärker werdenden autonomen Willen herauslösen können, um eigene innere Disziplin, also Selbstbestimmung als sittliche Autonomie zu erlangen. *Piaget* hat aufgezeigt, daß der Weg dorthin, also zum "gemeinsamen Gesetz", nicht über die Regel des Zwangs und der *einseitigen* Achtung führt, sondern über *gegenseitige* Achtung und *Kooperation (Piaget a.a.O., 428).*

Dieses Autonomieprinzip ist im Grunde seit je als Grundprinzip einer guten Erziehung gesehen worden. Es findet auch inhaltlich heute eigentlich weite Zustimmung, wird aber durch die konfrontative Auseinandersetzung zwischen Vertretern und Verneinern von "Pädagogik" bzw. "Erziehung" mehr gestört als gefördert. Eine gemeinsame, vorurteilsbefreite Zustimmung zum Autonomieprinzip könnte dazu beitragen, eine allmählich überflüssig gewordene Kontroverse zu beenden, und *Erziehung* als unverzichtbaren Kulturbegriff auf eine neue und konstruktive Grundlage zu stellen. Die Inhalte von Autonomie, die dem selbstverantwortlichen Handeln zugrundeliegenden Werte, sind also im Prozeß der Erziehung vermittelte. Sie *entstehen* nicht – aus sich selber –, sondern sie werden *übertragen (Hall 1979, 11).*

10.2.2. Werte und Normen vertreten

Aus der Einsicht, daß sich Autonomie als Selbsteinbindung in das Moralische nicht aus sich selbst entwickelt, sondern vermittelt werden muß, folgert, daß das Moralische, also Werte und Normen, geprüft, begründet und vertreten werden müssen. Die Aufgabe der Erziehung besteht darin (vgl. *Bucher 1984*).

Es ist heute schwierig geworden, noch über "Werte" zu reden. Der Begriff hat an Bedeutung eingebüßt, und man redet allzu leicht aneinander vorbei. So erging es mir nach einem Vortrag, in dem ich auch über Werte gesprochen hatte. Ein Zuhörer meinte, daß dies doch keinen Sinn mehr habe, da es "keine Werte mehr" gäbe. Daß er selber dabei wertete, entging ihm. Im übrigen kritisierte er noch, daß ich einen unpassenden Begriff gebraucht hätte ("Landfahrerlager" für nicht seßhafte Personen). Er fände dies "nicht gut", weil ein solcher, wenn auch amtlicher Begriff zu leicht mit "Konzentrationslager" assoziiert werden könne. – Eine sehr sensible *Wertung*, ohne dies selber zu merken!

Das Problem, das sich damit in einer wertepluralen Gesellschaft stellt, ist evident: Man kann immer nur ein bestimmtes Werte- und Normensystem vertreten, und es kann nicht alles gleich-gültig sein. Es gelten de facto zugleich verschiedene solche Orientierungssysteme. Andererseits gibt es keine Alternative: *Man kann nicht nicht werten.* Alles Wahrgenommene hat stets einen bestimmten Wert für den Menschen. "Ohne Bewertung ist Information 'sinnlos'" *(Oeser/Seitelberger 1988, 155).* Der Organismus filtert alle einwirkenden Reize nach Kriterien, wie zuträglich – abträglich, passend – unpassend, angenehm – unangenehm u.a. In jeder Kommunikation kommen (wertende) Gefühle und Einstellungen ins Spiel. "Nicht werten" kann nur bedeuten, sich eine Bewertung, z.B. ein Verletztsein, nicht anmerken zu lassen oder sich einer verbalen Bewertung, z. B. eines aggressiven Aktes, zu enthalten. Der sensible Beobachter registriert freilich auch solche Wertungen. Ohne ein Bewerten (Urteilen) wäre Handeln nicht möglich.

Die Frage ist, wie man sich angesichts der freigesetzten normativen Vieldeutigkeit der Wirklichkeit dem Kind gegenüber normativ verhalten soll. Viele Erzieher, professionelle und Eltern, neigen angesichts der allgemeinen normativen Unsicherheit und Vielfalt dazu, sich eines verbindlichen, moralischen Standpunktes zu enthalten. Es ist aber mehr als fraglich, sich in der Erziehung "der Stimme zu enthalten". Wer dagegen das alte, dogmatische Moralsystem vertritt, und zwar kompromißlos, nicht von "Aufweichungen" relativiert, riskiert den Bruch mit seinen Kindern. Familientragödien wurden in der Zeit der Werte-Pluralisierung gerade in solchen Familien ausgelöst, in denen der tradierte, auch religiös begründete Moralkodex unverrückbar zur Geltung gebracht wurde.

Inzwischen hat – auch an den Schulen – ein *moralischer Relativismus* die alte moralische Rigidität ersetzt. In ihm wird ein pragmatischer und ich-entlastender Ausweg aus der normativen Unsicherheit gesehen, in die Eltern und berufliche Erzieher geraten sind. Da aber über eine erzieherische Standpunktlosigkeit eine moralische Erziehung, eine Erziehung zu moralischer Autonomie, sich selbst ad absurdum führt, wird vieles erklärbar, was uns als unkontrolliertes, chaotisches Verhalten Schwierigkeiten bereitet. In einem normativen Vakuum kann sich keine Autonomie bilden. Im Gegenteil: Der Weg zur normativen Autonomie führt pädagogisch gesehen über die Auseinandersetzung mit verschiedenen normativen Standpunkten. Wird die eigene Wertposition mit Überzeugung im Lebensalltag vertreten, wird nicht versucht, sie über Indoktrination dem zu Erziehenden aufzudrängen oder überzustülpen, so werden die Voraussetzungen dafür geschaffen, daß ein eigener Standpunkt, ein selbstbestätigtes Wertesystem internalisiert, d. h. aufgebaut werden kann. *Lickona (1989, 325)* empfiehlt, den moralischen Relativismus zum direkten Diskussionsthema zu machen. Es gilt, klarzumachen, daß bestimmte moralische Werte für alle bindend sind und sein müssen.

Es ist bereits aufgezeigt worden, daß die Regelung des Zusammenlebens letztlich nicht auf Beliebigkeit beruht, sondern auf einer Wertegrundlage des Menschlichen, die alle verbindet, weil sie Menschen sind. Dieser normative Grundkonsens ist aber kein fertig fixierter, sondern er muß ständig neu bestimmt werden. Die Reflexion über diesen *gemeinsamen* Grundbestand an Werten wird heute – im Gegensatz zu früheren Zeiten – wichtiger als das konfrontative Profilieren einzelner Wertesysteme. Der verbindende Wertekonsens muß immer wieder gesucht werden.

Die heute am stärksten wirksamen und weithin anerkannten normativen Inhalte beziehen sich auf die Lebenssicherung auf der Erde, auf das ökologische Überleben, auf den Ausgleich der Differenzen der ökonomischen Lebensbedingungen, auf die Humanisierung des Zusammenlebens, auf die gegenseitige Anerkennung autonomer, also unterschiedlicher Lebenssysteme und

Weltanschauungen, und auf mehr Verständigung und die Erhaltung des Friedens *(Höffe 1993)*. Jedes erzieherische Feld muß diese moralischen Bedürfnisse und Maximen im kleinen widerspiegeln und umzusetzen versuchen. Die *Schopenhauer*schen Prinzipien, das *Verletzungsverbot* und das *Hilfegebot,* müssen unzweideutig Gültigkeit beanspruchen. Pädagogisch grundgelegt werden Wertverbindlichkeiten in der *Familie* durch Gewohnheitsbildungen; aber der Weg zur persönlichen Wertesicherheit führt nur über die Entwicklung der sittlichen Autonomie des Einzelnen auf der verfaßten und konsensuellen Basis der Grundrechte und der Respektierung partieller Wertesysteme.

Erst durch die eigene Begründung und Bestätigung können Werte und Normen verbindlich werden. Man besitze auf moralischem Gebiet – wie auf geistigem – "nur das wirklich, was man selbst erobert hat", resümiert *Piaget (1986, 431)*. Und das, was als sittlich zu "erobern", sich zu eigen zu machen ist, wird vom Einzelnen nicht erfunden, kann auch nicht aus dem Gesamtzusammenhang des moralisch Verbindlichen herausgelöst werden, denn es ist aller Sozialisation vorgegeben als eine Eigenwirklichkeit, als die sittliche Vernunft (vgl. *Mertens 1989*), als das sittlich Gute. Als Heranwachsender braucht er dazu Geleit und das Erleben normativer Verläßlichkeit eines persönlich vertretenen normativen Standpunktes, im Sinne des Modell-Lernens.

Als moralische Werte, die als moralisches Erbe im besonderen weitergegeben werden sollten, nennt *Lickona (1989)* in seinem ausführlichen und sehr differenzierten Handbuch der Moralerziehung in der Familie folgende, priorisierend geordnete:

Glaube an sich selbst
Mut (Tapferkeit)
Werksinn und Gewissenhaftigkeit
Fairneß
Freiheit
Glaube
Vergebung
Bescheidenheit
Lebensfreude
Ehrlichkeit
Liebe
Lernen
Achtung vor dem anderen
Sündenbewußtsein
Sportgeist
Denken
Verstehen

Die Kinder müßten vor allem am Beispiel der Eltern erleben, daß es wertvoll ist, derartige Werte (Tugenden) auszuprägen.

Wenn soziale Tugenden mehr Geltung erlangen sollen, werden sie von *Gemeinschaften* gestützt sein müssen, von Familie, Freundschaft, Interessensgruppen, Glaubensgemeinschaften u. a. Wenn die Stimme der Moral gehört werden soll, so muß es bestimmte Normen geben, die nicht ständig erst diskutiert werden müssen, die einfach selbstverständlich gültig sind, ohne Wenn und Aber. Dies betrifft nicht nur die einzelne Familie, sondern auch sonstige Institutionen und Gruppen. Ein Mindestmaß an Gerechtigkeit und gegenseitiger Achtung muß selbstverständlich wirksam sein. *Etzioni* benutzt dafür den Begriff der "Herzensgewohnheiten". Man könnte auch von kultivierten *Konventionen* sprechen. – Daß sie ständig auch in Frage gestellt werden und in Widerstreit mit den realen Lebensbedingungen treten können, ist nur die andere Seite desselben Phänomens. Gefährlich allein wäre die gleiche Gültigkeit von Jeglichem, die *Gleichgültigkeit.*

Gemeinschaften haben grundlegende Bedeutung auch für die moralische Entwicklung und die Gewissensbildung des Einzelnen. Das einzelne *Gewissen* ist auf Gemeinschaften angewiesen, in denen bestimmte Werte gepflegt werden. Sie sind die wichtigsten Quellen unserer Wertvorstellungen *(Etzioni 1995).* Gemeinschaften, seien sie verwandtschaftlicher, religiöser, nachbarschaftlicher, gemeindebezogener, ethnisch-kultureller oder sozialer Art, *"sprechen mit moralischen Stimmen zu uns. Sie appellieren an ihre Mitglieder, stellen Forderungen an sie"* (*36,* kurs. A. E.). Entscheidend aber ist die *Erfahrung* moralischen Handelns. Wenn Kinder lernen sollen, anderen zu helfen, sie nicht für eigene Zwecke zu mißbrauchen, sie nicht zu verletzen, so müssen sie dies bei den Menschen in ihrer unmittelbaren Umwelt erlebt haben. Die Anlage zu intuitivem Helfen und zur Abwehr von Verletzungen anderer haben sie offensichtlich in sich *(Herzog 1991).* Wenn diese Angelegtheit lebendig bleiben und gefördert werden soll, bedarf sie der Pflege, also der Gemeinschaft. "Es gibt nichts Gutes, es sei denn, man tut es", formulierte es *Erich Kästner. Aristoteles* hatte schon in seiner Nikomachischen Ethik betont, daß wir Tugenden dadurch erlernen, daß wir das Gute tun.

10.2.3. Grundhaltungen: Achtung und Vertrauen

Gegenseitige Achtung

Autonomie der Lebensführung, also sittliche Autonomie, hat ihr Fundament in der Achtung der Menschenwürde. Eine Erziehung zur Autonomie muß deshalb auf der Basis der *gegenseitigen* Achtung beruhen *(Speck 1996b).* Ohne Achtung entsteht kein Vertrauen, und ohne Vertrauen können Wertverbindlichkeiten nicht vermittelt werden (vgl. *Piaget 1986, 133).* "Die wirkliche Bindung oder das wirkliche Zusammensein ist nicht ein Zusammensein der Synthese, sondern ein Zusammensein Von-Angesicht-zu-Angesicht" *(Lévinas 1992, 59),* nicht eine "additionale Sozialität" *(61).*

Für den Menschen als Person, d. h. als Subjekt einer moralisch-praktischen Vernunft, ist seine Würde ein absoluter, unbedingter und unvergleichlicher Wert *(I. Kant, Bd. VII, 69).* Er bedeutet, daß jeder Mensch einen rechtmäßigen Anspruch auf Achtung dieser Würde hat; dadurch wiederum ist er auch gebunden, diese Achtung anderen gegenüber zu wahren. Er ist Zweck an sich.

Das Achtungsverhältnis in der Erziehung war lange – allzu lange – ein einseitiges. Das Kind hatte Vater, Mutter und Lehrer zu achten. Es wuchs im Gefühl der Ohnmacht auf. Es hatte zu tun, was ihm befohlen wurde. *J. Korczak* setzte sich noch *1928/29* in einem Essay für das Recht des Kindes auf Achtung ein. Er beschreibt darin die einseitige Abhängigkeit des Kindes, das sich alles erst durch gutes Benehmen, vor allem durch Gehorsam, verdienen muß, während der Erwachsene seine Forderungen erzwingen kann. “Ungestraft kann er unrecht tun” *(1973, 8)*. Es ist aufschlußreich für den inzwischen eingetretenen Wandel, wenn *Korczak* fragt: “Wann und unter welch außergewöhnlichen Umständen wagt (ein Kind) schon einmal, einen Erwachsenen zu stoßen, zu zerren oder gar auf ihn einzuschlagen?” und: “Wer wird schon so naiv sein, Kinder nach ihrer Meinung zu fragen oder gar ihre Zustimmung einzuholen?” *(a.a.O., 8)*.

Die Dinge liegen heute umgekehrt: Die Einseitigkeit der Achtungsforderung ist zum einen längst einer Wechselseitigkeit des Achtungsbezugs gewichen und zwar sowohl in positiver wie negativer Hinsicht. Die “asoziale Reversibilität” *(Tausch / Tausch 1970, 368f.)* ist vermutlich die Regel geworden. Es gibt die wechselseitige *Mißachtung* in den verschiedensten Formen (gegenseitiges Beschimpfen oder Schlagen), und es gibt das gegenseitige Achten und Rücksichtnehmen, auch wenn das situative Ungestüm des Kindes erst allmählich dieses Lernen möglich macht. Ausgebildet hat sich aber zum anderen auch eine neue Einseitigkeit, nämlich eine (über)betonte Beachtung jeglicher Bedürfnisse des Kindes, die bis zur Versklavung durch das Kind und zur rücksichtslosen und verletzenden Mißachtung der Eltern führen kann. Die überraschten Eltern hatten es versäumt, ihren Kindern ebenfalls Respekt abzuverlangen, so daß ihre Kinder es nicht gelernt haben, mit Respekt auf die Achtung zu antworten, die ihnen entgegengebracht wurde.

Das von uns beschriebene aggressiv-destruktive Verhalten von Kindern und Jugendlichen, wie es sich heute beobachten läßt, beinhaltet de facto auch eine Mißachtung der anderen, seien es Kinder, Jugendliche oder Erwachsene. Diese kann man sicherlich nicht einfach damit erklären und rechtfertigen, daß eine Reaktion auf eine Mißachtung des Kindes oder Jugendlichen vorausgegangen sei. Es trifft auch per Projektion “Sündenböcke”. Natürlich hat ein professioneller Pädagoge ein bestimmtes “Berufsrisiko” einzukalkulieren. Es gibt aber auch Grenzen der Verkraftbarkeit von Verletzungen. Ein Schulsystem, das sich auf bloße Heroen stützen wollte, wäre eine Illusion. Ein Erziehungssystem könnte auch an seiner eigenen Überforderung scheitern.

Diese wird z. B. unterstützt, wenn destruktives, regelverletzendes Verhalten auf den Erklärungsnenner bloßen “Signalverhaltens” gebracht wird, es also lediglich als ein Verhalten mit einem bestimmten Zweck zu verstehen sei, der erzieherisch professionell zu verstehen und umzusetzen sei. Dieser Erklärungsversuch ist an sich psychologisch plausibel, erfaßt aber nicht die ganze Wirklichkeit solcher Situationen für den Erzieher. Es heißt – mit psychologischer Begründung – der Erzieher oder Lehrer habe (nach *A. Miller:* “unschuldige”) aversive Verhaltensweisen als “Signalverhalten” zu werten und die eingetretene Situation zu besprechen. Das bedeutete u. U., jede Regel ständig neu (endlos) zu diskutieren. Die gültige Regel lebt von ihrer mehr oder weniger *selbstverständlichen* Praktizierung und wird so zu einem relativ zuverlässigen Haltfaktor gerade für unsichere Kinder.

Konkret kann folgendes vorgefallen sein: Ein Vierzehnjähriger, der ziemlich unberührt permanent den Unterricht stört, und den die Bemühungen der Lehrerin, ihn in den Unterricht einzubeziehen, ziemlich kalt lassen bzw. erst recht seinen Widerstand provozieren, wird aggressiv. Seine Reaktionen auf die Ermahnungen der Lehrerin: "Laß mich in Ruhe, du Schwein ... Der Mist interessiert mich nicht ... Kümmere dich um deinen Dreck, alte Schlampe!" Die Lehrerin ist gelegentlich auch körperlichen Attacken ausgesetzt (zit. bei *Hanke u. a. 1976, 151*).

Es geht hier nicht um die Möglichkeiten, die ein Lehrer hat oder nicht hat, sich – vor allem an den öffentlichen Pflichtschulen – gegen derartige Beleidigungen und Verletzungen zu wehren. Es geht vielmehr darum, daß überhaupt nicht mehr sicher ist, daß solche Angriffe auch als Beleidigungen und Verletzungen gewertet werden. Als Betroffener tut man manchmal zum Selbstschutz gut daran, nichts zu tun. Man riskiert als "selber schuld" oder als "beleidigte Leberwurst" diskriminiert zu werden.

Geradezu zynisch aber erscheint der Rechtfertigungsversuch von Schülern, Kollegen oder Schulleitungen, der Lehrer solle Schüler-Attacken *nicht persönlich* nehmen; der Angriff gelte *nur* seiner Funktion – als sei der Lehrer nicht ein *ganzer* Mensch!

Natürlich muß ein Pädagoge, speziell ein Heilpädagoge, auch einiges einstecken; und dieses Aushalten und Verkraften hat auch seine heilpädagogische Funktion. Diese wird aber nur dann eine heilpädagogische, also pädagogisch helfende, wenn es normativ keinen Zweifel gibt, daß es sich um ein Verletzen und deshalb um ein Unrecht handelt, wenn also nicht der Lehrer vorschnell wegen einer persönlichen Überempfindlichkeit oder seiner professionellen Mittelmäßigkeit zum Schuldigen wird.

Es ist unwahrscheinlich, daß ein Erziehungssystem, das die fortgesetzte Verletzung der Menschenwürde seiner Lehrer nicht mehr als solche wertet sondern als unvermeidlich hinnimmt, eine Erziehung zur Achtung der Menschenwürde leisten kann. Es ist vielfach nur eine Frage der Zeit, wie lange eine Lehrerin oder ein Lehrer es ertragen, d. h. mit ihrer Selbstwerteinschätzung und Toleranz vereinbaren können, immer wieder "fertig gemacht zu werden", ohne geschützt zu werden. "Es sieht so aus, als ob es vielen Kollegen so ginge. Der tägliche neue Kampf gegen die Verweigerung, das Leiden an der immer wieder erfahrenen Aggression oder die Gewöhnung an die Häßlichkeit und die kleinen Schrecklichkeiten machen müde und abgestumpft, lust- und mutlos. Wo ist in unserer Schulwirklichkeit noch etwas von den Vorstellungen des Sozialen Lernens, des friedfertigen und freundlichen Umgangs untereinander" *(Maubach 1987, 40)*? – Gerechterweise erwarten auch die Schüler eine entsprechende Reaktion des Lehrers, wenn Unrecht geschieht. Bleibt sie aus, so drohen Eskalationen.

Kein Zweifel: Der Anspruch auf Achtung vor der Menschenwürde muß von *jedem* und *für* jeden geltend gemacht werden können. Er ist ein wechselseitiger oder er geht für beide verloren. Die Erziehung zur Autonomie setzt ihn voraus bzw. kann ihn unterstützen. Das bedeutet: Nicht nur die Kinder sollen respektiert werden, sondern auch von ihnen ist Respekt zu verlangen (vgl. *Lickona 1989, 29f.*). "Eltern sollten es nie durchgehen lassen, wenn ihr Kind zu jemandem respektlos und unverschämt redet – zu ihnen selbst oder zu irgend jemand sonst. Wir müssen auf Höflichkeit bestehen. Erwarten Sie Rücksichtnahme! Verlangen Sie, auf feste und unmißverständliche Weise, die besondere Achtung, die Ihnen als Mutter oder Vater zusteht, die jedem von uns als menschlichem Wesen zusteht" *(a.a.O., 31)!*

Vertrauen

Ein Kind im destruktiven Chaos ist ein Kind, das niemandem (mehr) vertraut. Es glaubt niemandem, daß er es mit ihm gut meint, ohne nur eigene Zwecke zu verfolgen. Es ist vielmehr von der Angst bestimmt, daß es betrogen wird, daß ihm von den anderen her ein Unrecht angetan wird, daß jeder nur den Anderen als Mittel für seine Zwecke benutzen will, und daß "alles keinen Sinn hat". Es hat kein Vertrauen in seine Zukunft. Es fehlt damit auch die Grundlage für sein Selbstvertrauen.

Andererseits ist ein erzieherischer Zugang zu Lebenszielen und Verbindlichkeiten, die über die momentane Lebenserhaltung hinausgehen, ohne Vertrauen in diese nicht möglich. Das Kind braucht den Verbindungssteg des Vertrauens zum Erzieher, wenn es sich auf die Werte und Normen einlassen soll, die er verkörpert und verheißt. Das Kind bringt an sich von Natur aus "Urvertrauen" *(Erikson)* mit, d.h. eine ursprüngliche Bereitschaft, sich den Personen anzuvertrauen, auf die es angewiesen ist.

Der freie Akt des Vertrauens, das "Geschenk" des Vertrauens an den Erzieher *(P. Moor 1961)*, geht einerseits aus der Notwendigkeit hervor, sich führen und leiten zu lassen, wo man als Kind nicht übersehen kann, was der rechte Weg, die richtige Lösung ist. Das Kind läßt sich belehren, weil und soweit es nicht selber wissen und entscheiden kann. Die Komplexität der Entscheidungsvariablen ist in der Regel zu groß. Sie alle zu kontrollieren, ist dem Kind nicht möglich. Die Fülle des Ungewissen muß reduziert werden. Es glaubt dem Vater, der Mutter, dem Lehrer. Dieses *Glauben* ist die andere Grundlage des Vertrauens. Es ist ein Grundbedürfnis des Kindes teilzuhaben an dem, was dem anderen, dem Erwachsenen Sicherheit gibt oder zu geben scheint, woran er sich orientiert, und was ihn als einen reifen Menschen erfüllt, um urteilen und handeln zu können. Es sind je Inhalte, die den eigenen Vorstellungen entsprechen. Daß zweimal zwei vier ist, brauche ich nicht zu glauben; das kann ich kontrollieren. Ob es aber gut ist, ein bitteres Medikament zu schlucken, sich zu beherschen, oder die Wahrheit zu sagen, das muß es glauben. Dieses Glauben lernt es an seinem Erzieher, der ein Modell der Persönlichkeit abgibt, von dem sich das Kind eingeladen fühlt, sich an ihm zu orientieren. Entscheidend ist daran, daß das Kind diese Persönlichkeit als eine ordnende, nicht willkürlich handelnde und als eine überzeugende Größe erlebt, mit deren Maximen man sich verständigen kann. Vertrauen ist dann eine generalisierte Erwartung, daß der andere es ehrlich meint, daß man sich auf ihn verlassen kann, daß das zutrifft und hinreichend begründet und auch mir dienlich ist, was er bewußt oder unbewußt darstellt (vgl. auch *Luhmann 1973, 40/41*).

Vertrauen aber ist nicht allein davon abhängig, daß der Erzieher die richtige Lösung weiß, sondern auch davon, daß er bereit ist, auch das Ungelöste mit dem Kind zu tragen. In seiner "sorgenden Anteilnahme" *(Dennison 1971, 248)*, die sich auch durch das Chaos nicht abschrecken läßt (*Dennisons* Bericht bezog sich auf seine kleine Straßen-Schule in New York), wird eine Spur erkennbar, die zu einem Ausweg führen könnte.

Vertrauen ist von beiden Seiten her gesehen eine "riskante Vorleistung" *(Luhmann 1973, 23)*. Sie beinhaltet das Überzeugtsein und die feste Erwartung, daß auf Grund einer eigenen Entscheidung der andere seine Freiheit im Sinne des Rechten gebraucht. Vertrauen beinhaltet Zuversicht. Als vertrauenswürdig gilt, wer "bei dem bleibt, was er bewußt oder unbewußt über sich selbst mitgeteilt hat" *(Luhmann a.a.O., 40f.)*. Dies ist in erster Linie auf den Erzieher zu beziehen.

Natürlich ist damit zu rechnen, daß Vertrauen auch enttäuscht oder gebrochen wird. Die pädagogische Frage, die sich bei fortgesetztem "Vertrauensmißbrauch" durch das Kind oder den Jugendlichen stellt, lautet nicht, wann entziehe ich als Erzieher dem Jugendlichen mein Vertrauen sondern, wie intensiv muß ich zusätzlich Kontrollen einbauen und zwar so, daß ich noch glaubhaft bleibe. Ansonsten gilt die pädagogische Regel (in Umkehrung der Gefängnismoral): Kontrolle soweit wie nötig, aber Vertrauen ist letztlich besser. Dabei bleibt Vertrauen ein Wagnis; es ist letztlich immer unbegründbar. Gerechtigkeit und Vertrauen sollten unabhängig voneinander zur Geltung kommen *(Luhmann a.a.O., 37)*.

Vertrauen ist eine Grundgestalt der Ich-Du-Beziehung. Je jünger und hilfloser das Kind ist, desto stärker ist es auf Vertrauen angewiesen. Es entwickelt sich aus seinem angeborenen "Urvertrauen". Gegenseitige Vertrautheit bestimmt zutiefst das erzieherische Verhältnis. Das Vertrauen, das dem Erzieher geschenkt wird, dürfte im allgemeinen größer sein, als er wahrzunehmen und zu beachten vermag, aber auch als er verdient. Darin dürfte auch der Grund dafür liegen, daß er es verliert, ohne es zu merken. Vertrauen wird enttäuscht. Je mehr Bestätigung das Kind für sein Vertrauen erfährt, desto beständiger und tragfähiger wird es, umso weniger braucht das Kind die Probe aufs Exempel zu machen, ob es sich wirklich darauf verlassen kann, was es als Modell erlebt, und was ihm zugemutet wird. Erziehungsschwierigkeiten sind vielfach Ausdruck von Erfahrungen der Unzuverlässigkeit der Erziehung und des Nicht-verstehens. Ur-Mißtrauen entwickelt sich, wenn das Kind von Anfang an keine vertrauensbildenden Interaktionen erlebt. Es wird ängstlich und mißtrauisch.

Hiervon unterscheiden müßte man ein "gesundes Mißvertrauen". Das Kind darf nicht jedem trauen, vor allem dann nicht, wenn der andere ihm nicht "vertraut" ist. Mißtrauen schützt vor Mißbrauch, z. B. in sexueller Hinsicht.

Gesundes Mißtrauen setzt eine hinreichend stabile Identität oder innere Sicherheit (also bestätigtes Vertrauen) voraus. Sie macht die nötige Distanzierung vom anderen möglich. Umgekehrt läßt sich gerade bei ungeborgen aufgewachsenen, identitätsschwachen Kindern eine auffällige Distanzlosigkeit gegenüber anderen beobachten. Allzu leicht fallen sie Versprechungen und Verheißungen zum Opfer. Kritische Wachsamkeit heranzubilden, ist eine pädagogische Aufgabe. Sie kann nur gelingen durch das kindliche Erleben bestätigten, verläßlichen Vertrauens. Vertrauen ist Grundbedingung für die erzieherische Wirksamkeit und Gültigkeit. Erzieherische Autorität bedarf des kindlichen Vertrauens, daß sie auch Wahrheit vermittelt *(Luhmann 1973, 57)*. Über Vertrauen wird Autorität anerkannt.

Vertrauen wird als entlastend und beglückend erlebt. Dies trifft auch für das zu, was *Luhmann* "Systemvertrauen" nennt *(1973)*, z. B. das Vertrauen in soziale Ordnungen, in Institutionen, Verträge oder Ideen-Komplexe. Während persönliches Vertrauen leicht verletzt werden kann, sei Systemvertrauen widerstandsfähiger; es mache u. U. immun gegen einzelne Enttäuschungen, z. B. durch einzelne Vertreter eines bestimmten Systems.

Vertrauensleistungen sind auf Mindeststrukturen von Ordnung angewiesen. "Dem Chaos kann man nicht vertrauen" *(Luhmann a.a.O., 40)*. Die Freiheit des Handelns muß gegeben sein. Im Chaos ist sie es nicht.

Letztlich reicht Vertrauen bis in den Bereich "transzendentalen Vertrauens in die sinnhafte Konstitution der Welt" *(Luhmann a.a.O., 66)*. Man hat pädagogisch sicherlich davon auszugehen, daß die Bestätigung des Ur-Vertrauens durch Erziehung in der persönlichen Dimension letztlich die Fähigkeit zu transzendentem Vertrauen fundiert.

Das Vertrauen des Kindes kann der Erzieher/die Erzieherin nicht "machen". Es entwickelt sich aus einem Ur-Bedürfnis des Kindes und aus der Antwort vonseiten der Erziehenden. Diese wird glaub- und vertrauenswürdig, wenn sie dem Reifer- und Mündig-werden des Kindes entspricht. Was der Erzieher/die Erzieherin von sich aus tun kann, ist das, was man permanente Selbst-Modellierung der eigenen Persönlichkeit in der Begegnung mit dem Kind und seinem Fragen und Suchen bezeichnen könnte. Sie lebt aus der permanenten Reflexion und Selbsterkenntnis.

10.2.4. Erziehungsstil: Zuwendung plus soziale Kontrolle

Die pädagogische Vermittlung von Werten und Normen ist nicht nur auf bestimmte Grundhaltungen der Erziehungsverantwortlichen angewiesen, sondern auch auf einen entsprechenden Erziehungsstil im Umgang mit dem Kind oder Jugendlichen. In ihm werden Achtung und Vertrauen, aber auch bestimmte Inhalte umgesetzt, bzw. über ihn werden konkret Werte und Normen wahrgenommen und internalisiert. Über den Erziehungsstil werden sie konkretisiert und gelernt *(Herzog 1991)*.

Ein Grundirrtum einer einseitigen Auffassung von selbstbestimmter Erziehung bestand darin, anzunehmen, daß Autonomie vor allem durch viel Zuwendung und Beachtung der kindlichen Bedürfnisse zustandekomme. Demgegenüber wurde die gleichzeitige Notwendigkeit sozialer Kontrolle vernachlässigt. Es ist deshalb nötig, den pädagogischen Zusammenhang beider Aspekte und seine Bedeutung für die Autonomiebildung im Sinne der moralischen Erziehung aufzuzeigen.

Es bedarf keiner besonderen Erklärung, daß für die Bildung von Autonomie der Erziehungsstil als die Alltagsform des Umgangs mit dem Kind von zentraler Bedeutung ist. Von den ersten psychologischen Untersuchungen zur Erforschung von Erziehungsstilen her (vgl. *Tausch / Tausch 1970*) ist der Zusammenhang zwischen Erzieherverhalten und kindlichem Verhalten und Erleben bekannt und zwar auch in Bezug auf die Entwicklung zu autonomem bzw. abhängigem Verhalten. Dabei standen zwei Dimensionen im Vordergrund:

- das Maß äußerer Lenkung und Kontrolle und
- das Maß an emotionaler Zuwendung (Wärme).

In zahlreichen Untersuchungen konnte die Behinderung der Autonomiebildung (der Selbständigkeit, Initiativfreudigkeit, Verantwortungsbereitschaft, Kreativität) durch *übermäßige* Kontrolle und Lenkung von außen nachgewiesen werden. Durch eine betont *direktive* oder *autoritäre Erziehung,* also Fremdbestimmung, wird ein Übermaß an Abhängigkeit erzeugt. Das Kind erhält zu wenig Chancen, seine Eigeninitiative und Eigenverantwortung zu erproben. Es wird vielmehr einer Fremdbestimmung ausgesetzt, die auf eine Angleichung des kindlichen Willens an die Absichten des Erziehenden ausgerichtet ist. Relativierungen der Akzeptanz dieser Fremdbestimmung ergeben sich aus der gleichzeitigen Mitwirkung der emotionalen Komponente.

Die Erziehungsstil-Forschung ist inzwischen über diese Zweidimensionalität hinausgegangen und hat weitere Dimensionen des Erziehungsverhaltens ins Kalkül gezogen. Dabei zeigte sich, daß individuell wirksame Kombinationen bestimmter Dimensionen von größerem Erklärungswert sind, und daß z. B. die Minderung von Kontrolle und Strenge allein noch nicht zu einem größeren Autonomiegewinn führt.

Damon (1989) wertete zahlreiche Untersuchungsbefunde aus den USA aus und resümierte, daß das Kind durchaus auch aktiv die *Führung* durch den Erwachsenen sucht und akzeptiert, sich also leicht der Erwachsenenautorität füge. Diese Bereitschaft bezöge sich vor allem auf das Übernehmen und Erlernen kultureller Maßstäbe, Werte und Regeln, also auf das erzieherische Nahebringen der Zwänge und Wertorientierungen der bestehenden sozialen Ordnung. Dieses Nahebringen, das immer auch Kontrolle enthält, muß nicht gleichgesetzt werden mit erzieherischem Zwang, z. B. durch Strafen, und es erfolgt nicht zwangsläufig schroff und gegen den Willen des Kindes (a.a.O. 211).

Damon zitiert dazu aus einer Untersuchung von *Much u. Schweder,* 1978, ein Gespräch einer Lehrerin mit einem Mädchen, bei dem es der Lehrerin nur darauf ankommt, die verletzte kulturelle Norm knapp, behutsam aber klar zur

Geltung zu bringen. Die beiden Autoren nennen dies die "Botschaft der kulturellen Kontrolle".

Ein Mädchen kommt zur Schule, nachdem es am Tag zuvor gefehlt hat:

"L.: M., wir haben dich gestern vermißt. Wo warst du?
M.: Mutter und Vater wollten eben beide nicht, daß ich zur Schule gehe, weil sie beide erst spät schlafen gegangen waren.
L.: Oh, hatten sie gestern einen Feiertag?
M.: Ja!
L.: Nun, ich glaube, das ist eine gute Entschuldigung." (bei *Damon a.a.O., 212*)

Kontrolle kann in sehr verschiedener Weise vorgenommen werden, ist also nicht schlechthin gleichbedeutend mit einem "Brechen des Willens" des Kindes, und erzieherische Nachgiebigkeit führt nicht eo ipso zu mehr Selbständigkeit. Es kommt vielmehr darauf an, *wie* Kontrolle gehandhabt wird. Es gibt z.B. Eltern, die auf Aggressionen ihres Kindes unnachgiebig und strafend reagieren; es gibt aber auch andere, die Aggressionen zwar nicht tolerieren, aber doch nicht strafen, sondern andere Mittel einsetzen, um ihnen zu begegnen, z.B. das des Ablenkens.

Damon (a.a.O., 217f.) zitiert eine Erhebung von *Sears/Maccoby/Levin (1957)*, nach welcher eine ausgeprägte elterliche Nachgiebigkeit mit aggressivem Verhalten korreliert; es zeigt sich aber auch, daß das aggressive Verhalten umso mehr ausgeprägt war, je strenger die Eltern straften. Die stärkste Ausprägung von Aggressivität fand sich bei einer Kombination von hoher elterlicher Nachgiebigkeit mit strengem Strafen. Umgekehrt korrellierte geringe Nachgiebigkeit und mildes Strafen mit einem Minimum an Aggressivität.

Einen Zusammenhang zwischen dominantem Aufforderungsverhalten der Eltern und vermehrten kindlichen Auffälligkeiten ermittelte u.a. *Peterander (1987)*. Diese Feststellung ist unter dem Aspekt der Frage nach günstigen Bedingungen für das Autonom-werden wichtig. Sie zeigt, daß offensichtlich durch zu pointiertes Auffordern (Anordnen, Anweisen, Befehlen), also durch die Verhinderung selbstverantwortlichen Handelns, vermehrt Verhaltensstörungen eintreten.

Wichtig in diesem Zusammenhang erscheint die Wechselwirkung zwischen erzieherischem und kindlichem Verhalten, d.h. die Einsicht, daß elterliches Verhalten auch aus kindlichem, z.B. aggressivem Verhalten resultieren kann. Es gibt Eltern und Lehrer, die eigentlich zu mildem, kindorientiertem Verhalten neigen, die auch eine Menge Toleranz gegenüber dem Kind aufbringen, die aber bei Kindern, die sich in spontanen Aggressionen äußern, sich zu strengen Strafen hinreißen lassen. Ich meine, in der Annahme nicht fehlzugehen, daß ein Teil der heute vermehrt zu beobachtenden Anwendung von Gewalt gegen Kinder darauf zurückzuführen ist, daß Erzieher – auch bei einer kindfreundlichen Einstellung – durch das freie, weniger kontrollierte Verhalten, das Kinder heute äußern dürfen, erzieherisch überfordert werden.

Es gibt Untersuchungen (vgl. *Damon a.a.O., 219f.*), die darauf hindeuten, daß das elterliche Erziehungsverhalten auch durch die Temperamentseigenschaften des Kindes bestimmt wird, also eine den Eltern passend erscheinende Reaktion auf das Verhalten des Kindes darstellt; diese Interpretation darf aber sicherlich nicht in der Weise verallgemeinert werden, daß elterliches Verhalten *schlechthin* vom Verhaltenstyp des Kindes bestimmt werde. Es kann gleichwohl kein Zweifel bestehen, daß Kinder auch das Verhalten ihrer Erziehungspersonen mitbestimmen.

Daß sie u. U. sogar Eltern zur Nachgiebigkeit zwingen und zum "kleinen Tyrannen" werden können, hat *I. Prekop (1990)* aufgezeigt. Das Phänomen, das sie beschreibt, und das darin besteht, daß selbst kleine Kinder ihre Eltern beherrschen können, also in einem hohen Maße Kontrolle über sie ausüben können, muß von hoher Aktualität sein; denn "Der kleine Tyrann" ist innerhalb von nur zwei Jahren in 12 Auflagen erschienen! Nach unserer Einschätzung spiegelt dieses Phänomen im Extrem die *erzieherische Hilflosigkeit* von Eltern wider, die sich ganz und gar von jeglichen Bedürfnissen ihres Kindes leiten lassen und auf Kontrolle weitestgehend verzichten. Es handelt sich ganz offensichtlich um Eltern, die – aus welchen eigenen Erfahrungen auch immer – sich vorgenommen haben, daß ihr Kind selbständig und frei werden sollte, daß ihm deshalb keine Grenzen gesetzt werden sollten, und daß sich seine Gefühle dann am besten entwickeln, wenn man ihnen entspricht. Es sind Eltern, die sich geradezu perfektionistisch an irgendwelchen Experten-Meinungen orientieren in der sicheren Vorstellung und Absicht, durch ein Höchstmaß an Erwartungserfüllung das Beste für das Kind zu tun. "Die Empfehlung heißt: niemals dem Baby etwas aufzwingen, wozu es keine Lust hat, sondern ihm seinen eigenen Willen lassen" *(90)*. Das Ergebnis sei nach den Beobachtungen von *Prekop* unter bestimmten Bedingungen eine "Machtübernahme" durch das Kind. Zur Verdeutlichung sei ein *Beispiel* wiedergegeben:

Es handelt sich um ein Kind, das – bisher unauffällig – mit acht Monaten krank wurde und im Kinderzimmer umsorgt wurde. Es machte dabei die Erfahrung, daß sein Weinen vor dem Schlafengehen zu "Licht" führte, also Erfolg hatte. Das Erfolgsgefühl regte zu vermehrten und gesteigerten Versuchen dieser Art an. 10 bis 20 Schreiattacken pro Nacht zwangen die Eltern zu sich steigernden Reaktionen: Das Kind will ins Wohnzimmer, es will spielen, es will, daß die Eltern mitspielen, es will die Flasche, es will ins Bett der Eltern. Die Eltern sind dieser "Tyrannei" gegenüber wehrlos und hilflos.

Prekop berichtet aus ihrer psychologischen Praxis auch noch von anderen Kindern und deren Zwängen gegenüber ihren Eltern:

- Ein Mädchen will jede Nacht zur gleichen Zeit ins Bett der Mutter, wo diese im Schneidersitz das Kind wiegen und dabei eine bestimmte Melodie summen, nicht singen, muß.
- Ein 15 Monate altes Kind muß wegen erheblicher Ernährungsprobleme in eine Klinik aufgenommen werden: Es will nur Muttermilch und verweigert jede andere Nahrung.
- Ein anderes Kind brauchte keine besonderen Zwangsmittel anzuwenden, denn es war sicher, daß seine Eltern auf die leisesten Signale seinerseits reagierten, der Vater unterbrach sein Fernsehen, die Mutter beendete ihr Telefongespräch.
- Ein Kind, von Verwandten viel bewundert und beschenkt, entwickelte seine "Herrschsucht" allmählich so weit, daß es das ganze Familienleben bestimmte: Gekocht wurde

grundsätzlich das, was es wollte; eingeladen wurde, wen es wollte: Gesprächsthema und -verlauf richteten sich nach seinen Wünschen. Diese Pascha-Rolle brach erst am Gymnasium zusammen, wo dieser Bub nicht mehr der Beste war und nicht mehr im Mittelpunkt stand. Er wehrte sich mit plötzlichen Aggressionen und mit depressiven Reaktionen.

Dieses Phänomen, das auch *Kegan (1986, 208)* als *Tyrannei* beschreibt, und das er auf das Ausnutzen allzu dienstbereiter Eltern, die keine Grenzen setzen können, zurückführt, nennt Prekop auch "Herrschsucht". Diese wird psychodynamisch erklärt: Es seien Kinder, die bei ihren Eltern keinen emotionalen und damit auch kontrollierenden Halt erlebten, die, je mehr Erfolg sie mit ihrer Macht haben, um so mehr Angst entwickelten, diese Macht als ihren Halt zu verlieren. Früher sprach man von *Verwöhnung,* d. h. der Unersättlichkeit der Triebbedürfnisse. Wir meinen, daß das, was hier als kindliche Tyrannei, als totale elterliche Abhängigkeit, beschrieben wird, auch lernpsychologisch als *Lernen am Erfolg* zu erklären ist. Hinzu kommt eine Interaktionsdynamik, die von der Preisgabe der elterlichen Autonomie bestimmt ist. Ein offensichtlich heute weitverbreiteter Irrtum besteht darin, daß Eltern meinen, je mehr sie ihre Bestimmtheit (ihre Autonomie, Autorität) für das Kind zurücknehmen, sich also nach *seinem* Willen richteten, und nur um angenehme Gefühle beim Kind besorgt seien, daß es dann die besten Voraussetzungen für sein Selbständigwerden erhält. Es besteht vielmehr eher die Gefahr, daß sich unter solchen Bedingungen schwache Persönlichkeiten entwickeln, die u. U. von Suchtgefährdungen und destruktiven Aggressionsneigungen bedroht sind. *Moor (1958)* beschrieb dieses Phänomen als "Haltschwächen".

Im Grunde wurden durch die Beobachtungen von *J. Prekop* an tyrannisch werdenden Kindern die Befunde der Erziehungsstil-Forschung bestätigt: Es handelt sich um ein Erziehungsverhalten, das von einer verabsolutierten Nachgiebigkeit der Eltern, also von ihrem Verzicht auf Kontrolle, und zugleich von unkontrollierter, geradezu ergebener emotionaler Zuwendung geprägt ist. Das Ganze entwickelt sich zu wechselseitigen Zwängen. (Vgl. auch die analogen Befunde von *Barcai u. Rosenthal 1974* sowie von *Harbin u. Madden 1979*).

Demgegenüber deuten die wissenschaftlichen Befunde zum elterlichen Erziehungsverhalten übereinstimmend auf die Notwendigkeit erzieherischer Kontrolle hin. Entscheidend ist die Kombination dieser Komponente mit anderen und die Art der Kontrolle. Als eine solche Hauptdimension gilt die *Offenheit der Kommunikation* zwischen Eltern (Erziehern) und Kind. Gemeint ist die wechselseitige Abstimmung und die Begründung von Maßnahmen, das Bemühen um Verständigung, der Verzicht auf Willkür in den Entscheidungen.

Damon (a.a.O.) bezieht sich auf die bahnbrechenden Studien von *Baldwin (1948; 1955),* die darauf schließen lassen, daß die Kombination eines kommunikativ offenen ("demokratischen") Erziehungsstils mit einer vernünftigen elterlichen Kontrolle die Entwicklung eines aktiven, einfallsreichen und selbstbewußten Kindes fördert, während das Fehlen von Kontrolle oder von kommunikativer Offenheit als entwicklungsgefährdend anzusehen sind *(a.a.O., 223).*

Zu ähnlichen Ergebnissen gelangte *Diana Baumrind* (*1967; 1973; 1977.* Zit.

bei *Damon a.a.O., 226f.*) in ihren Untersuchungen. Dabei ist u. a. interessant, daß sowohl autoritäre als auch permissive Erziehungspraktiken in einem Zusammenhang mit niedrigen Werten für Kompetenz, Selbständigkeit, Vitalität und Selbstkontrolle zu sehen sind: ein nur scheinbarer Widerspruch! Insgesamt läßt sich resümieren, daß kooperativ kontrollierende Eltern am ehesten mit Kindern rechnen können, die sich "durch Kompetenz, fehlende Aggressivität, Selbständigkeit und hohes Selbstwertgefühl auszeichnen" *(Damon a.a.O., 232).*

Auf einen wichtigen Aspekt bei der Anwendung von Kontrolle und Kooperativität sei noch hingewiesen: Mit fortschreitender Entwicklung, d. h. Verselbständigung des Kindes und Jugendlichen, muß es entwicklungsgemäß zu einer *Abnahme von Kontrolle* zugunsten von mehr *Kooperativität* und Partnerschaftlichkeit kommen. Insofern muß in der Tat von einem Einfluß des Kindes auf das Verhalten der Eltern gesprochen werden.

Die in den Erziehungspraktiken wirksamen *Erziehungsziele* sind dem Wandel unterworfen. Was in den fünfziger und sechziger Jahren als Zielvorstellung eines aktiven, selbstbewußten und unternehmungsfreudigen Menschen galt, und zwar unter den Sozialisationsbedingungen einer bestimmten Kultur, deckt sich nicht unbedingt mit dem, was man sich anderswo oder heute unter einem in vielerlei sozialen Systemen autonom handlungsfähigen Menschen vorstellt. Hinzu kommt, daß auch darüber in der Realität keine Klarheit besteht. Man hat es stets mit variablen (pluralen) und verschiedenartig verknüpften Komplexen und Mustern zu tun.

Als ein zentraler Begriff für vorherrschende bzw. besonders gefragte Zielvorstellungen erzieherischer Praktiken – man spricht psychologischerseits auch von "Sozialisation" – gilt der Begriff der "Selbstverantwortlichkeit" oder des selbstverantwortlichen Handelns. Sein Inhalt und seine Bedeutung sind an sich nichts Neues. Seine Bedingungen haben sich freilich inzwischen entscheidend gewandelt. Es ist heute von spezifischem Interesse, von welchen Teilkomponenten, bezogen auf die Anforderungen der sozialen Wirklichkeit und auf die individuellen Interessen und Möglichkeiten von Selbstverwirklichung, dieses Autonomwerden abhängig ist. Dabei ist wiederum zu beachten, daß sich das Konzept von "Selbstverantwortlichkeit" wiederum aus verschiedenen und variablen Komponenten zusammensetzt. Zu ihnen werden insbesondere die nötigen zielführenden Kompetenzen und das Bewußtsein von Selbstbestimmtheit gerechnet, d. h. das Bewußtsein, für die Konsequenzen des eigenen Handelns selbst verantwortlich zu sein. In Zusammenhang mit Selbstverantwortlichkeit stehen auch Verhaltensmerkmale, wie kognitive Aktivität, Belohnungsaufschubverhalten, Leistungsmotiviertheit oder Selbständigkeit (vgl. *Schneewind 1979, 294*).

Es stellt sich nun für die Sozialisationsforschung die Frage, unter welchen Sozialisationsbedingungen, also Erziehungsbedingungen, eine derart intendierte Selbstverantwortlichkeit im Sinne autonomen Handelns zustandekommt. *Schneewind* resümiert aus den vorliegenden Untersuchungen, daß ein solches selbstverantwortliches Handeln vor allem dann zu beobachten ist, wenn das Kind Eltern hat, die seinen Entwicklungsgang schützend und unterstützend begleiten und dabei positive emotionale Beziehungen zu ihm äußern (vgl. auch *Schneewind / Pfeiffer 1978*).

Bei diesem Ergebnis vermißt man eigentlich die in allen oben referierten Befunden nachgewiesene Komponente der elterlichen *Kontrolle*. Es ist nicht unmittelbar einleuchtend, daß sich eine eigene "Beschäftigungskontrolle" beim Kind ohne eine externe Kontrolle einstellen sollte. Wir vermuten, daß diese Komponente sich hinter dem Faktor "Organisiertheit" und "Planung" des familiären Zusammenlebens verbirgt. Jedenfalls wird ein Bedingungsfaktor für selbstverantwortliches Handeln in der "Vermittlung des Wertgehaltes der durch kompetentes Handeln zu erreichenden Handlungsziele" gesehen *(Schneewind 1979, 297)*. Vermerkt wird außerdem, daß hohe Ausprägungsgrade familiärer Konflikte und Reibereien und eine starke wechselseitige Kontrolle innerhalb der Familie eine internale "Bekräftigungskontrolle" wenig fördern.

Aufschlußreich für unsere Fragestellung sind auch weitere Bedingungen für eine gelingende "Selbstsozialisation", nämlich

- hinreichende Anregungsmöglichkeiten zum Kompetenzerwerb,
- die Berücksichtigung des individuellen Reifegrades,
- das Erleben-können von Spaß und Tätigkeitsfreude,
- das zur-Verfügung-stehen angemessener Handlungsspielräume,
- eine akzeptierende und zuwendende sozio-emotionale Beziehung und
- die Vermittlung hinreichender Selbstverantwortlichkeitserfahrungen *(a.a.O., 297)*.

Zumkley-Münkel (1984) hat in ihrer Untersuchung über "Freiheit und Zwang in Erziehung und Unterricht" auf der Basis amerikanischer Untersuchungen und im speziellen Anschluß an *deCharms (1979)* herausgearbeitet, daß die verbreitete Meinung höchst fragwürdig sei, sich lediglich vom Ausmaß gewährter Freiheit eine optimale Annäherung an Erziehungsziele, wie Kompetenz, soziales Verantwortungsbewußtsein oder Autonomie, zu versprechen. Es ließ sich nachweisen, daß die dazu nötige internale Kontrollorientierung (gegenüber einer autoritätsbestimmten externen Kontrolliertheit) nicht mehr bloße Freiheiten, z. B. durch offenen Unterricht, gestützt und gefördert wird, sondern erst durch damit verbundene gleichzeitige Übernahme von *Pflichten (251)*. Eine weitere wichtige Komponente ist die Konsistenz des Elternverhaltens: Das Kind, das sich sicher ist, was die Eltern von ihm erwarten, kann sich besser kontrollieren. Nicht die *Freiheitlichkeit* einer Erziehung führe zur Autonomie sondern eine Erziehung, durch die das Kind dazu angehalten wird, und die darauf drängt und besteht, daß es sich selbst Ziele setzt und entsprechend tätig wird *(273)*. *Zumkley-Münkel* spricht von einer "mittleren" freiheitlichen Erziehung. Sie zitiert dazu *deCharms*: "An die Stelle eines vagen Freiheitsbegriffes tritt das Konzept Zielstreben ... Jemand dabei helfen, Meister" (autonom, originär) "zu werden, bedeutet nicht, ihn zu zwingen, zu tun und zu lassen was immer er will, und ihn zur Marionette einer völlig unstrukturierten Umwelt zu machen, sondern ihn durch Schaffung von Strukturen, ja selbst Zwängen, in seiner Situation frei zu machen, zu tun, was er muß, so daß er auf der Grundlage einer realistischen Auswahl geeigneter zielgerichteter Handlungen seine Entscheidungen trifft" *(274)*.

Bloße internale Kontrolle genügt aber nicht; sie kann auch in blanke egoistische, d. h. rücksichtslose Zielstrebigkeit ausarten. Damit also die Freiheit des Anderen nicht beeinträchtigt wird, muß das internal gesteuerte Verhalten von *Verantwortung* anderen gegenüber getragen sein.

Die Erziehung zu internaler Kontrolle und damit zu Kompetenz, Autonomie und sozialer Verantwortungsbewußtheit wird nach *Zumkley-Münkel* im einzelnen davon bestimmt sein müssen,

- daß das Kind bereit und ermutigt wird, seine Interessen auch gegenüber dem Erziehenden zu artikulieren, also auf ihn auch Einfluß zu nehmen,
- daß es zur Selbständigkeit angehalten wird, d. h. zur zielgerichteten aktiven Auseinandersetzung mit seiner Umwelt,
- daß es die Möglichkeit hat, die Resultate seines Handelns als selbstbestimmt und kontrollierbar wahrzunehmen, nicht also als zufällige und beliebige, und
- daß es zur Einübung seines sozialen Verantwortungsbewußtseins in erzieherisch gestalteten Situationen die Funktion des Kooperierens in gegenseitiger Abhängigkeit und in gegenseitigem Interesse erfährt und dadurch erlebt, daß es auch andere in ihrem Zielverhalten unterstützt bzw. von ihnen in seinen eigenen Interessen unterstützt wird.

Vergegenwärtigt man sich, wie komplex und hoch dieser Anspruch an Voraussetzungen für autonomes Handeln ist, und in welchem Maße diese für viele Kinder nicht gegeben sind, so wird gleichzeitig erkennbar, warum chaotisches Verhalten, also der Mangel an Autonomie, weit verbreitet ist.

Zusammenfassend läßt sich feststellen, daß die Entwicklung bzw. das Verfehlen von Autonomie, verstanden als selbstverantwortliches Handeln, maßgeblich von bestimmten Kombinationen der elterlichen Erziehungspraktiken bestimmt wird. Übereinstimmung besteht dahingehend,

- daß das Autonom-werden weder durch einen autoritären Erziehungsstil noch einen permissiven gefördert wird,
- daß dominant direktive Praktiken Abhängigkeit, Unlust und Aggressivität bedingen können,
- daß ausgeprägt nachgiebiges Erzieherverhalten kindliche Aggressivität, Tyrannei und Willkür begünstigen können,
- daß das Autonom-werden vielmehr am ehesten dann gefördert wird, wenn im Erziehungsstil der Erzieher auf der Basis stabiler emotionaler Beziehung und Zuwendung für das Kind über eine kooperative Kommunikation eine hinreichende normative Klarheit und hilfreiche Kontrolle wirksam werden, und

- daß das Erzieherverhalten sich in der Weise an der Entwicklung des Kindes orientiert, daß mit wachsender Selbständigkeit die erzieherischen Maßgaben zurücktreten, besser gesagt: daß das Selbständigwerden von Stufe zu Stufe durch erzieherisches Vertrauen angeregt und gestützt wird.

Mit Sicherheit kann man sagen, daß ein bloßes Wachsenlassen unter der Sonne bloßer emotionaler Erwärmung nicht nur zur Wüste der Orientierungslosigkeit führen muß, sondern genau genommen eine Schimäre, eine Irrealität, darstellt. Jeder Mensch wird in seiner Ontogenese stets auch von den anderen normativ bestimmt, ob bewußt oder unbewußt, ob er will oder nicht. Unterschiede ergeben sich aus dem Maß der Klarheit und Verbindlichkeit, mit dem Normen vertreten werden. In Anbetracht der hohen Verunsicherung der Eltern sollte keine Unklarheit darüber herrschen, daß normative Kontrolle stets wirksam *ist* und deshalb der Reflexion bedarf.

Dabei ist es erzieherisch nicht gleich-gültig, welche Werte, Normen und Regeln seitens des Erwachsenen zur Geltung gebracht werden. Daß Werten und Normen Geltung verschafft wird, ergibt sich aus der Tatsache, daß der erzieherisch handelnde Erwachsene eben auch ein *autonomer,* also nach selbstbestätigten Normen handelnder Mensch ist. Autonomiebildung des Kindes bedarf der Erfahrung von Autonomie beim Erwachsenen. Auf seinen Respekt vor der werdenden Autonomie des Kindes kommt es dabei an. Die Selbstpreisgabe der eigenen Autonomie zugunsten einer bloßen Bestätigung der kindlichen Gefühle und Belieben kann nicht der normativen Orientierung des Kindes dienen. Es verlangt vielmehr ganz natürlich nach einer normativen Autorität, d. h. Normgültigkeit des Erwachsenen.

Schüler selber klagen, wenn man sie fragt, daß manche ihrer Lehrer keine Autorität haben. "Alles hängt doch vom Lehrer ab!" Zu Respekt, d. h. zur Anerkennung von Autorität, sind sie durchaus bereit, allerdings nicht bedingungslos, sondern eher dann,

- wenn der Lehrer sein Fach wirklich beherrscht,
- wenn er sich gut vorbereitet,
- wenn er gut erklären kann,
- wenn er sich nicht im bloßen sozialen Verständnis für die Schüler ergeht, sondern auch einen konstruktiven Unterricht hält,
- wenn er sich nicht allzu leicht aus der Fassung bringen läßt, und
- wenn er auch einen persönlichen Standpunkt hat und diesen vertreten kann, ohne ihn absolut zu setzen.

Das Kind, das natürlicherweise aktiv die normative Orientierung am Erwachsenen sucht, sich an ihm – psychoanalytisch gesehen – identifiziert, internalisiert externe Kontrolle, damit aus ihr interne Kontrolle werde. Dies hat mit einer Gefahr normativer Einzwängung und Dogmatisierung des "freien" Individuums noch nichts zu tun. Die Natur (die auf Selbstbestimmung angelegte Entwicklung) des Menschen sorgt selber dafür, daß sich das heranwachsende

Kind schon von seiner Geburt an auch seine persönlichen Bedürfnisse und Interessen zur Geltung bringt. Es bedarf darin keiner Nachhilfe sondern der zur Erprobung und Orientierung nötigen Gelegenheiten und Herausforderungen. Ein Großteil des heute beklagten chaotischen Verhaltens von Kindern und Jugendlichen ist im Zusammenhang mit einer tiefen normativen Verunsicherung und Chaotisierung der Erwachsenen, also im Verlust ihrer (eigentlichen) Autonomie zu sehen.

Wir sprechen damit die *Inhaltsfrage* des erzieherischen Verhaltens an, die im allgemeinen in der psychologischen, lediglich prozessual-deskriptiven Erziehungsstil-Forschung ausgeklammert wird oder werden muß. Leitbegriffe wie "entwicklungsförderndes" oder "selbstverantwortliches Handeln" reduzieren die normativ-inhaltliche Wirklichkeit. Sie ist für das Kind immer auch eine erzieherische, nämlich dadurch, daß es immer, d. h. individuell und situativ, um die Inhalte dessen geht, was letztlich als überdauernder Wert gelten soll. – Die bloße Orientierung am Kriterium des Selbstveranwortlichen oder entwicklungsfördernden Verhaltens reicht nicht aus. Solches Kriterium kann schließlich auch für eine kriminelle Familie oder eine "Ellbogen-Familie" bzw. -Gesellschaft gelten.

Erzieherisch wichtig ist das faktenbezogene Minimum einer *wertenden Feststellung* einer Regelüberschreitung, die nicht toleriert werden kann. Gemeint ist: Wenn Regeln gelten, z. B. im Schulzimmer, so ist ihnen auch Geltung zu verschaffen und zwar möglichst prompt, bestimmt und beschränkt auf die inkriminierte Verhaltensweise. Auf jeden Fall können Regelübertretungen nicht regelmäßig hingenommen werden. Dabei bedeutet dieses Nicht-hinnehmen nicht, die Lehrerin oder der Lehrer sollte das Kind moralistisch verurteilen und damit aus der Regelgemeinschaft – in der es immer auch Regelverletzungen geben wird – hinausbefördern, z. B. durch Strafandrohungen oder durch verbale Stigmatisierungen der Schüler-Persönlichkeit ("Du Lümmel!" "Du Lügner!"), durch Beschimpfungen oder durch autoritäres "Brüllen". Schon gar nicht zu empfehlen ist es, sich mit einem aggressiven Schüler "anzulegen". Die Lehrerin, aber auch der Lehrer, wäre letztlich der Schwächere und müßte damit rechnen, angegriffen und verletzt zu werden.

Die physische Unterlegenheit bedeutet an sich keine prinzipielle pädagogische Schwäche. So berichtete mir ein Sonderschullehrer einer Schule zur Erziehungshilfe (übrigens ein ganz und gar nicht "bulliger Typ"!), daß er einen 14jährigen Schüler in seine Klasse bekommen hatte, der wegen seiner schweren Aggressivität aus einer Heimschule hatte herausgenommen werden müssen; er hatte dort seinen Lehrer brutal angegriffen und zum Fenster hinausgehalten. In der neuen Klasse sei es dagegen nicht ein einziges Mal zu einer vergleichbaren Attacke gekommen. Der Lehrer habe sich bewußt jeglicher Herausforderungen enthalten und dem Schüler wohl auch bedeutet, daß er (der Lehrer) bei einem Angriff den kürzeren ziehen würde. Diese Einstellung und diese Zurückhaltung schlossen aber nicht aus, daß der Lehrer regelverletzendes Verhalten als solches auch feststellte und bewertete: "Das ist nicht fair!" "Wir hatten doch ausgemacht, daß keiner den andern beschimpft." Die Wichtigkeit normativer Appelle wird durch deren gelegentliche Unwirksamkeit nicht aufgehoben.

Das pädagogisch Entscheidende an solcher Art sozialer Kontrolle ist deren sachliche und situative Begründetheit und das verbindliche Signalisieren einer Regelüberschreitung bzw. der erinnernde Hinweis auf das, was nach prinzipieller Übereinstimmung gelten soll. Kritisch wird es dann, wenn auf das Geltendmachen von Regeln durchgehend verzichtet wird, d. h. wenn das Kind/der Jugendliche lernt, daß sein Verhalten trotz bestehender Regeln gleich-gültig ist.

Gefährlich kann es werden, wenn schwächere Schüler selber andere auf deren regelverletzendes Verhalten aufmerksam machen. Sie riskieren brutale Racheakte. Wenn ihr eigenes moralisches Bewußtsein aber dadurch nicht geschädigt werden soll, müssen sie wenigstens der moralischen Unterstützung durch die Erwachsenen sicher sein.

10.3. Gesichtspunkte der Erziehungshilfe

Vom hier gestellten Thema her interessieren uns im besonderen die *Schwierigkeiten* und *Hindernisse,* die sich einer Autonomiebildung in den Weg stellen können. Das ins Blickfeld genommene chaotische Verhalten wurde als Ergebnis mißlungener Autonomiebildung gedeutet. Welche Möglichkeiten gibt es nun, hier Hilfe zu bringen? Was vermag Erziehungshilfe? Ist ein pädagogisches oder therapeutisches Eingreifen nicht eigentlich ein Widerspruch zur werdenden Autonomie des Kindes und Jugendlichen? Wie soll es möglich sein, chaotisch, antinomisch, destruktiv agierende Jugendliche auf den Weg einer eigenen Autonomie zu bringen? Daß von einem "Autonom-*machen*" nicht die Rede sein kann, bedarf nach den vorausgegangen Erörterungen keiner näheren Begründung. Man kann nur *selber* autonom *werden,* wenn einem entsprechend geholfen wird.

Erziehungshilfe als professionelles Handlungssystem zur Vorbeugung und zum Abbau von Schwierigkeiten in der Erziehung, also von Erziehungsschwierigkeiten, steht vor der Notwendigkeit, der bisher vernachlässigten Dimension Rechnung zu tragen, und diese in ein neues Gesamtkonzept zu integrieren. Sie steht vor der Aufgabe, die Autonomiebildung zu unterstützen, unzureichende Autonomie aufzuarbeiten, und sich der moralischen Frage im Lebensalltag zu stellen.

Wenn von Erziehungs- und Autonomieschwierigkeiten gesprochen wird, so beziehen sich diese ausdrücklich auf den Erziehungsprozeß und auf das erzieherische *Verhältnis,* nicht also – "ontologisierend" und vereinseitigend – auf das *Kind* allein. Erziehungsschwierigkeiten werden interaktional als Schwierigkeiten gesehen, die bei der Erziehung entstehen, und sich auf beide Seiten, den erziehenden und den zu erziehenden Teil, erstrecken. Zur Diskussion stehen also in erster Linie wechselseitig wirksame Erziehungskomplexe.

So gesehen geht es um kritische Erziehungskonstellationen, bei denen

Erziehungsschwierigkeiten für beide Seiten entstehen und zwar unter dem spezifischen Aspekt erschwerter Autonomiebildung beim Kind. Dabei wird sich zeigen, daß diese in einem Zusammenhang mit Autonomieproblemen steht, die die Erziehenden (Eltern, Lehrer, Heimerzieher) selber haben.

Angesichts der Größe des Problems erscheint es wenig hilfreich, lediglich nach pädagogisch-therapeutischen *Spezialdiensten* zu rufen. Diese haben sich – trotz ihres Ausbaues in den letzten Jahrzehnten – als nicht ausreichend erwiesen, um der wachsenden Erziehungsprobleme Herr zu werden. Ganz offensichtlich handelt es sich nicht um ein Problem der *Reparatur* eingetretener Schäden sondern um ein Wurzelproblem. Wenn dieses bleibt, so droht die Gefahr, daß sich die Erziehungshilfe-Dienste zum Selbstzweck und ihr weiterer Ausbau zur Endlosschraube entwickeln. Gerade das Phänomen zunehmend chaotischen destruktiven Verhaltens zeigt, daß ein Punkt erreicht ist, von dem ab es nicht zu verantworten ist, nur auf die Installation weiterer professioneller Reparaturdienste zu setzen, ohne zugleich das Problem auch an seiner Wurzel anzugehen. Damit ist gemeint, daß es zu einem grundlegenden Wandel in der Erziehung an sich kommen muß, damit von vornherein bessere Grundlagen für die Autonomiebildung gelegt werden.

Wir möchten wie *Giesecke (1987)* davor warnen, eine professionelle Betriebsamkeit in Gang zu setzen, und eine pädagogische Euphorie zu verbreiten: Die Pädagogik, im speziellen die Sozial- oder Heilpädagogik, schaffe das schon! Sie brauche nur entsprechendes Personal, speziell ausgebildet, und entsprechende neue Konzepte und Modelle ("autonomiepädagogische"!), um in die neue Aufgabe voll einzusteigen. Mit aller Klarheit ist vielmehr festzustellen, daß Erziehungshilfe und Therapie eben nicht in der Lage sind, alle Erziehungsschäden zu beseitigen. Es sind nicht alle sozialen Felder, von denen Wirkungen auf Kinder ausgehen, pädagogisierbar oder therapierbar. Die Öffentlichkeit gibt sich einer Illusion hin, wenn sie glaubt, daß sich an Kindern und Jugendlichen alles heilen ließe, was durch die Erwachsenen dieser Gesellschaft ihnen an Schaden zugefügt wird. Schon jetzt drehen sich viele spezielle pädagogisch-therapeutische Dienste weithin um sich selber.

Es sollen Aspekte und Konzepte aufgezeigt werden, die geeignet erscheinen, bei der Erziehungshilfe für Kinder und Jugendliche mit emotionalen und sozialen Entwicklungsstörungen neue Weichenstellungen zu ermöglichen, also Autonomiebildung zu stützen und moralische Erziehung zu integrieren. Im einzelnen soll dargestellt werden,

- wie dem Autonomieprinzip über eine stärkere Lebensweltorientierung in heil- und sozialpädagogischen Institutionen Geltung verschafft werden kann, so daß *haltgebende Lebenswelten* zustande kommen, wobei sowohl auf das Heim als auch auf die Schule Bezug genommen werden soll,
- welche spezielle Bedeutung dem Modell der *"gerechten Gemeinschaft"* nach *L. Kohlberg* zukommt, und
- welche Dienste *therapeutische Interventionen* leisten können.

10.3.1. Haltgebende Lebenswelten

Grundsätzlich behält das Autonomieprinzip als Doppelprinzip auch in der Sozial- und Heilpädagogik seine Gültigkeit. Auch für einen kriminell gewordenen Jugendlichen im Jugendstrafvollzug z. B. gilt, daß er nicht resozialisiert *werden* kann, etwa dadurch, daß ihm vorgegebene Verhaltensmuster beigebracht werden, sondern daß eine soziale Wiedereingliederung davon abhängig ist, daß es zu einem entsprechenden eigenen (internen) Umbauprozeß (*Kratzsch 1989*) und damit zu einem Fortschritt der Autonomiebildung kommt.

Das Autonomieprinzip erhält in der Sozial- und Heilpädagogik eine *andere Gewichtung*: Der Part der externen Hilfe, also die Heteronomie als haltgebende Umwelt, erhält ein stärkeres Gewicht. Es war bereits davon die Rede, daß diese sich generell am Stand der individuellen Autonomiebildung orientiert: Je weiter sie entwickelt ist, desto mehr muß die externe Kontrolle zurücktreten. Zunächst aber bildet die heteronome Zugehörigkeit zu einer Gruppe oder Institution eine stützende und notwendige Größe.

Im Falle einer nötig werdenden Erziehungshilfe liegt eine Unterentwicklung der individuellen Autonomiebildung vor. Es handelt sich also um eine besondere Problem- oder Notlage, die dadurch gekennzeichnet ist, daß ein *externes Helfen,* z. B. in Form des Intervenierens, nötig wird. Diese externe Hilfe läßt sich auch als *subsidiär* bezeichnen (subsiduum = Hilfeleistung, Unterstützung, Förderung) und legitimieren. Subsidiäre Erziehung (vgl. auch *Buchkremer 1982*) bedeutet Erziehungshilfe, auf die der Einzelne als heranwachsender Akteur des gesellschaftlichen Lebens einen Anspruch gegenüber der Sozietät hat, und sie ist darauf gerichtet, daß er von dieser Hilfe unabhängig und fähig wird, in Selbstverantwortlichkeit am gesellschaftlichen Leben zu partizipieren. Erziehungshilfe ist legitimiert als Hilfe zur Selbsthilfe, als Hilfe, um autonom oder autonomer werden zu können.

Da sich Autonomie nicht eindeutig von Nicht-Autonomie unterscheiden läßt, kann jeweils nur von *relativer Autonomie* gesprochen werden. Erziehungshilfe hat es nicht nur mit absoluter Nicht-Autonomie ihrer Klientel zu tun. Sie geht bei jedem hilfebedürftigen oder verwahrlosten Jugendlichen von einer gewissen Eigenbestimmtheit und dem Bedürfnis nach mehr Selbstbestimmtheit des eigenen Handelns aus. Sie versucht, einem weiteren Verfall dieses Status vorzubeugen bzw. ihm zu einer Weiterentwicklung auf konstruktive soziale Partizipation hin zu verhelfen. Ziel der Erziehungshilfe ist ihr Überflüssigwerden zugunsten des selbstverantwortlich handlungsfähigen Menschen.

Eine elementare und nachträgliche Autonomiebildung, wie sie im Falle emotionaler und sozialer Entwicklungsstörungen indiziert ist, ist auf eine haltgebende Umwelt, eine stützende und sichernde Lebensordnung angewiesen (vgl. *Kegan*). Die entsprechenden pädagogischen Dienste können sich dabei auf stützende Maßnahmen für die primäre, d. h. familiäre Lebenswelt des Kindes beziehen oder – wenn diese nur unzureichende Erfolge versprechen – auf eigene, also spezielle Institutionen als Lebenswelten. Es handelt sich um die Bereitstellung eines Systems *protektiver* Entwicklungsfaktoren (vgl. *Werner 1990*).

Pädagogische Lebenswelten (Familie, Schule, Heim, Tagesstätte) können für Kinder und Jugendliche vor allem dann im Sinne der Moral- und Autonomiebildung bedeutsam sein, wenn in ihnen ein bestimmtes Wertesystem, z. B. ein religiöses, eine sinnorientierte Grundlage des Zusammenlebens bildet, vorausgesetzt, daß es eine nach außen auch offene Lebenswelt darstellt.

Der Ansatz bei einer haltgebenden Umwelt für Kinder und Jugendliche mit Schwierigkeiten bei der eigenen normativen Steuerung ist nicht neu. Bei *P. Moor* findet sich das Modell des *inneren* und *äußeren Halts; F. Redl* hat das *Therapeutische Milieu* praktiziert.

1. Äußerer Halt nach Paul Moor

Für *P. Moor* war "das Ziel der Erziehung der Aufbau des inneren Halts" im Kinde und – wo dieser sich nicht vollenden kann – seine Ergänzung durch den äußeren Halt, das heißt durch den Halt am inneren Halt der Umgebung des Kindes *(1958, 13)*. Es braucht hier nicht auf die gesamte Begrifflichkeit im *Moor*schen System eingegangen zu werden. Was die notwendige Kritik betrifft, die sich vor allem auf die Irrationalität und die inhaltliche Überfrachtung des Begriffes Halt bezieht, sei auf *Bleidick 1978, 148ff.*, verwiesen.

Was hier interessiert, ist ein bestimmter Aspekt dessen, was *Moor* mit *"Halt"* zu umschreiben versucht hat im Sinne einer zentralen pädagogischen Aufgabe unter moralischem Aspekt. Im *Moor*schen Haltbegriff wird eigentlich das – in einer erziehungswissenschaftlich sicherlich anfechtbaren Diktion – zum Ausdruck gebracht, was auf Selbständigkeit der Lebensführung hinausläuft, und zwar im Sinne einer sittlichen Autonomie auf der Basis eines sinnerfüllten Lebens. Es sind darin Elemente dessen, was unter offener (und sozialer) Autonomie angesprochen wurde: innere Integriertheit eines von Lebenssinn und Bindung getragenen Konzeptes für die eigene Lebensbewältigung, für die eigene Existenz. Geht man von einer nicht gelingenden Existenz aus, einem Nicht-mündig-Werden, einem Nicht-selbständig-Werden, so liegt der Bezug zu Erziehungsschwierigkeiten und zur Frage nach der Erziehungsaufgabe besonders nahe. *Moor* hat denn auch sein Halt-Modell im besonderen am Phänomen der *Verwahrlosung* zu explizieren versucht *(1963)*, während seine Konstruktion von Kategorien der "Haltschwächen" ohne praktischen heilpädagogischen Anschlußwert blieb. Bei der Verwahrlosung, die *Moor* begrifflich sehr weit faßt, liege eine Gefährdung des inneren Werdeprozesses vor. Die eigene Lebensordnung ist bedroht, wenn die eigenen Antriebe nicht befriedet werden, sondern nach ständig ichabhängig neuer (unstillbarer) Befriedigung verlangen, wenn dem eigenen Wollen kein entsprechendes Können zur Verfügung steht, um das Aufgegebene leisten zu können, wenn statt des Gewissens das Begehren dominiert, wenn kein Sinn gefühlt und erlebt wird, wenn – kurz gesagt – eine moralische "Selbsterziehung" nicht zustande kommt.

Wichtiger als diese allgemeinen inhaltlichen Implikationen des Halt-Begriffes mit der hier angesprochenen Autonomie-Thematik erscheint uns das Verhältnis von innerem und äußerem Halt, von Eigensystem und Umwelt, wie wir heute sagen würden. Der eigene "innere Halt" bedarf der Ergänzung durch einen "äußeren Halt". Wenn wir wiederum vom allzu erweiterten Haltbegriff absehen, so soll doch mit dem Gesagten zum Ausdruck gebracht werden, daß das Eigensystem des Kindes zum Aufbau von Gewissen und zum Finden von Lebensinn des Anderen bedarf, der reif und mündig geworden ist, der sein Verhalten nach seinen moralischen Werten zu orientieren vermag, der sich selber erzieht bzw. erzogen hat, und der zugleich Geborgenheit und Sicherheit zu geben vermag ("Heimat"), also "Halt" oder Unterstützung, wenn der andere dessen bedarf. *Moor* hat differenziert das Gefüge der erzieherisch wirksamen sozialen Koppelung zwischen Erwachsenem und Kind beschrieben, um deutlich zu machen, wie sehr und wie im einzelnen das Menschwerden, das Werden des autonomen Menschen, abhängig ist vom Autonom-Leben (der Selbsterziehung) oder von der inneren Verwahrlosung des Anderen.

Zentrale Begriffe sind dabei Gefühls*bindung* und *Vertrauen* als Voraussetzungen für erzieherische Zumutungen ("Gehorsam") und für die Orientierung und den Aufbau eines eigenen Wollens (Moral) in Teilhabe an der sittlichen Ordnung der Umwelt. Die Bedeutung unserer pädagogischen Orientierungsgröße "Autonomie" kommt im besonderen zum Ausdruck in der Interpretation von *"Autorität"*. Ihre eigentliche Begründung und Legitimation wird im *Vertrauen* des Kindes gesehen, d. h. in der inneren Sicherheit des Kindes, durch seine Einfügung in eine soziale oder sittliche Ordnung, die der Erzieher vertritt, auch teilzuhaben an den Werten und dem Sinn-Reichtum, der hinter ihnen zu erwarten ist. Im Zutrauen, im Sichanvertrauen, liegt also bereits ein moralischer Akt des Kindes, moralische Achtung, die über denjenigen bereits hinausgeht, der moralischen Sinn vertritt, den Erzieher, auf etwas zu, was über den Einzelnen hinaus als moralisches Prinzip Besseres verheißt.

Entscheidend ist dabei, daß diese Art von – stellvertretender – Autorität, die eigentlich das ausmacht, was wir unter (gebundener) Autonomie verstehen, allein durch einen freien Akt des Kindes zustandekommt. Diese (Personautorität) könne der Erziehende nicht selber "machen", im Sinne von Inszenieren und Anmaßen. "Sie kann ihm nur geschenkt werden vom Vertrauen des Kindes. Und . . . sie wird ihm viel häufiger geschenkt, als er sie verdient" *(Moor 1961, 88f.)*. "Nur solche vom Vertrauen des Kindes geschenkte Autorität kann innerlich aufbauende Wirkung haben; sie aber ist notwendige Hilfe auf dem Wege zur inneren Freiheit" *(a.a.O., 91)*. Das Kind braucht dazu die Gewißheit, die Liebe seiner Eltern und Erzieher nicht zur verlieren, was auch immer es selber entscheidet. Autorität dagegen, die auf Furcht vor Strafe oder auf Angst vor Liebesverlust gegründet ist, hätte keine pädagogische Wirksamkeit im Sinne eines befreienden Selbst-Werdens in sozialer Teilhabe.

Mit Hilfe der *Moor*schen Halttheorie sollte hier nur aufgezeigt werden, daß "äußerer Halt", d. h. extern strukturierte Erziehungshilfe, u. U. in einer eigens organisierten Erziehungsumwelt, z. B. im Heim, auf der Basis emotionalen

Rückhalts und notwendiger äußerer Kontrolle bzgl. Regeln und Verpflichtungen keinen Widerspruch zum Autonomwerden darstellt sondern dessen Voraussetzung.

Eine Halttheorie hatte auch der Amerikaner *Reckless* (*1962; 1964,* zit. bei *Klockhaus / Habermann-Morbey 1986, 24f.*) entwickelt. Auch er unterschied einen äußeren und einen inneren Halt (containment) und explizierte dieses Modell u. a. bei delinquenten Personen. Als äußerer Halt im Sinne externer Kontrolle sind primäre und sekundäre Bezugsgruppen maßgebend, die eine konsequente moralische Haltung zeigten und über wirksame Möglichkeiten der Sanktionierung (Kontrolle) verfügten. Der innere Halt wird von Selbst-*Komponenten* wie einem günstigen Selbstbild, Frustrationstoleranz, Innengeleitetheit und Zielbewußtheit, stabil internalisierten Normen und Werten sowie von einem gut entwickelten Ich und Über-Ich bestimmt. In empirischen Untersuchungen konnte aufgezeigt werden, daß bei fehlendem inneren Halt mit relativ hoher Delinquenz zu rechnen sei, auch wenn gleichzeitig eine starke äußere Kontrolle wirksam war. Damit wird die besondere Bedeutung innerer Kontrollen herausgestellt, wobei gleichzeitig zu beachten ist, daß pädagogisch gesehen innerer Halt aus wirksamem äußerem Halt hervorgeht, und daß dieser in dem Maße wegfallen kann, wie sich innerer Halt aufbaut (vgl. auch *Wiswede 1973*). Umgekehrt gesehen ist dieser Aufbau behindert, wenn die Komponenten des äußeren Halts nicht genügend wirksam sind und die Selbst-Komponenten nicht hinreichend angeregt und unterstützt werden.

2. Therapeutisches Milieu nach Fritz Redl

Während *Moor* sich in seinem heilpädagogischen Halt-Modell mehr auf die Bedeutung und die Komponenten des äußeren Halts, z. B. bei verwahrlosten Jugendlichen, bezog, also auf "äußere Bindung" und "äußeren Gehorsam" als Voraussetzungen für das Entstehen inneren Halts, konzentrierte sich *F. Redl* – jedenfalls in seinen Schriften – im besonderen auf die Entwicklung der Ich-Funktionen. Dies hängt auch mit der Verwurzelung seines Ansatzes in der psychoanalytischen Theorie zusammen, in der Ich und Über-Ich eine zentrale Rolle spielen.

Die dabei angestrebte "Rekonstruktion des Ich" kommt bei besonders hartnäckig gestörten (verwahrlosten) Jugendlichen am ehesten in einer neuen Lebensordnung, in einem "therapeutischen Milieu" zustande (vgl. *Otto 1986*). – Man könnte dabei auch an "äußeren Halt" denken; jedenfalls handelt es sich um eine komplexe und differenzierte soziale Koppelung auf der Basis sozialer Verbindlichkeiten, verläßlicher Beziehungen, akzeptabler Normen und eines haltgebenden Tagesrhythmus, bei der es nur dann zur gewünschten Therapiewirkung kommt, wenn das Selbst hinreichend Gelegenheit hat, sich zu festigen und in seiner Lebensumwelt konstruktiv zu erproben. Das therapeutische Milieu, das Heim, die Schule, bietet Sicherheit zur Angstabwehr, aber auch die geschützte Chance, den eigenen Lebensraum nach eigenen Interessen zu gestalten; es erfährt Achtung und Hilfe in seinen emotionalen Nöten. In der

Geborgenheit eines zuverlässigen Beziehungssystems, in dem zugleich seine Intimität und Würde respektiert wird, lernt es, sich und anderen zu trauen.

Redl beschreibt auch einige Techniken, die geeignet sind, das gestörte oder schwache Ich zu unterstützen *(1971, 43ff.)*:

- Eine "psychohygienische Programmplanung", also das Vermeiden unnötiger aufreizender Situationen im Tagesablauf,
- Konflikt-Hilfe als Beistand in kritischen Situationen,
- eine unauffällige affektive Zuwendung vor einer kritischen Situation oder als Zustimmung,
- das Einsetzen beschützender Regelungen und organisatorischer Krücken,
- die Sorge für strukturierte Spielsituationen,
- eine "antiseptische Gruppierung" und eine "Untergruppen-Isolierung",
- die Entgiftung von Erlebnisssen durch Erklären über das Nutzbarmachen von Konfliktsituationen, um das Realitätsprinzip zu unterstützen,
- der Aufbau realistischer Rollen-Erwartungen,
- deutliches Deklarieren "unmöglichen Verhaltens", z. B. gefährlichen Verhaltens im Straßenverkehr oder das Verpetzen von Kameraden als eine Annäherung an elementare Regeln,
- Bereitstellung garantierter Befriedigungen und von Zeichen der Sicherheit, z. B. bestimmte gruppenatmosphärisch unterstützende Aktivitäten (Veranstaltungen) oder Club-Symbole als Zeichen der Zugehörigkeit zu einer Gruppe.

3. Verbundsystem der Erziehungshilfen

F. Redls Modell bezog sich direkt auf die *Heimerziehung* für erheblich dissoziale Jugendliche. Heimerziehung ist nach wie vor erst dann indiziert, wenn das Stützen der häuslichen Lebenswelt nicht hinreichend möglich ist. Auf die entsprechenden *familienstützenden Maßnahmen* braucht hier nicht näher eingegangen zu werden. Es sei verwiesen auf den *Achten Jugendbericht* des Bundesministers für Jugend, Familie, Frauen und Gesundheit (1990), wo eine *"lebensweltorientierte Jugendhilfe"* konzipiert ist. Hervorgehoben wird die Notwendigkeit, daß sich die verschiedenen Erziehungshilfen als "Hilfen in Erziehungs- und Lebensproblemen" in einem *Verbundsystem* ergänzen sollten und je nach Problemlage und nötiger Hilfe-Intensität gestuft wirksam werden sollten, und zwar als

- Unterstützung und Beratung im Alltag,
- Angebote zusätzlicher, besonderer Beratungen,
- Arrangements zur Tagesunterbringung,
- Kurzzeit-Heimunterbringung,
- Vermittlung einer Pflegefamilie und
- Heimerziehung.

Hier vermißt man den Verbund mit *schulischen* Institutionen. Erziehungshilfen verstehen sich als Maßnahmen, mit denen Familien in ihrer Erziehungsarbeit unterstützt bzw. ergänzt werden, soweit sie wegen besonderer Lebensschwierigkeiten ihrer bedürfen. Dieser traditionelle Ansatz im Sinne spezieller, zielgruppenbezogener Hilfe, wie er im bisherigen Jugendwohlfahrtsgesetz (JWG) niedergelegt war, erfährt unter dem Einfluß der zunehmenden Ausdifferenzierung normativ unterschiedlicher Lebenskontexte und der damit verbundenen Orientierungsschwierigkeiten vor allem für Jugendliche eine Ausweitung (Kinder- und Jugendhilfe-Gesetz).

Alle diese Maßnahmen bedeuten, daß eine dritte Instanz auf die Entwicklung und in das Leben des Kindes und Jugendlichen hineinwirkt. Unter dem Aspekt ihrer Autonomiebildung können Erziehungshilfen ambivalent erfahren werden: Zum einen können sie als Sozialisations- und Orientierungshilfe genutzt werden, worin auch ihr eigentlicher Zweck zu sehen ist. Zum anderen können aber *neue Abhängigkeiten* entstehen, die entweder nicht angenommen werden, oder die die Autonomiebildung geradezu erschweren oder gar verhindern können. Schon immer wurde beispielsweise die *Heimerziehung* dahingehend kritisiert, daß sie durch die Organisiertheit des Tagesablaufs im Sinne totaler Versorgung und durch ihre isolierte Randlage die Unselbständigkeit fördere und Erfahrungen in den üblichen sozialen Feldern vorenthalte, die notwendig seien, um sich "draußen" behaupten zu können. Zum rechten Gebrauch der Freiheit könne nicht durch Freiheitsentzug erzogen werden, wurde plakativ geltend gemacht; das letztere Argument wird vor allem in Bezug auf die sogenannte *geschlossene Unterbringung* vertreten.

Dazu ist festzustellen, daß die soziale Realität längst allzu komplex geworden ist, als daß es "doch klar" wäre, auf welchem Weg eine "Erziehung zur Freiheit" sich zu bewegen hätte. Ein Anspruch, der in der sozialen Wirklichkeit zur Farce wird, also keinen Anschlußwert für konkretes Handeln besitzt, ist nicht nur untauglich, sondern er demotiviert auch. Es kann praktisch nur darum gehen, daß Maßnahmen der Erziehungshilfe sich zwar prinzipiell an der Ermöglichung von Autonomie orientieren, daß also z. B. das Selbstentscheidungsrecht beachtet wird, daß das Kind als Subjekt in seiner Lebenssituation gesehen wird, daß die Hilfebedürftigen in *ihrem* Lebenskontext und nicht nur durch die professionelle Optik wahrgenommen werden, daß z. B. Familien oder Heranwachsende so unterstützt werden, daß sie ihre Angelegenheiten selber in die Hand nehmen können, und daß bei den getroffenen Maßnahmen der Bezug zur Lebenswirklichkeit, wie sie der einzelne Beteiligte erfährt, gewahrt wird. Die Krisenlage kann aber so gravierend sein, daß Eingriffe nötig werden, z. B. eine *Fremdunterbringung* in einer Pflegefamilie oder in einem Heim.

Kriseninterventionen dieser Art – sie haben prinzipiell Nachrang gegenüber ambulanten (offenen) Hilfen – bedingen für den betroffenen jungen Menschen zunächst sicherlich einen Umbruch seiner Lebenssituation und damit neue Abhängigkeiten und Orientierungsschwierigkeiten. Sie können (und sollen) aber auch einen neuen Lebensanfang an einem neuen Lebensort ermöglichen. Es können sich neue Lebensperspektiven erschließen; es kann das entstehen, was nicht nur *Moor (1963)* als "Heimat" bezeichnet: eine haltgebende Lebenswelt. (Vgl. auch *Mehringer 1979*).

Diese aber ist, wie oben aufgezeigt worden ist, eine der Bedingungen von Autonomie. Ihre Bedeutung des Halt- und Orientierung-Gebens steigt in dem Maße, in dem die eigene Autonomiebildung erschwert oder behindert ist, also in einem komplementären Verhältnis. Es geht also auch dann, wenn heteronome Erziehungshilfen eingreifen, durchaus um das Konzept der Autonomieförderung. Sie würde erst dann blockiert, wenn Erziehungshilfe sich als Selbstzweck und ihre Klientel als ihr Objekt verstünde. Daraus ergäbe sich auch eine weitere Gefahr, nämlich die, daß Erziehungshilfen, z. B. die Weitererziehung in einem Heim, sozial isolierend wirkt und zwar dann, wenn der offene Austausch mit der Außenwelt, also mit der angestammten Umwelt und den Lebensbereichen des eigenen Interesses, unterbunden wird. Es gilt deshalb heute, daß Erziehungshilfen als *Verbundsysteme* angeboten werden, d. h. daß eine *Kooperation* der verschiedenen Teilsysteme der Hilfe gesucht wird (vgl. *8. Jugendbericht 1990, 130f.*).

Heime und Tagesstätten gewinnen in Anbetracht der Unzulänglichkeiten der Familie zunehmend an Bedeutung und zwar im Sinne der Ergänzung der häuslichen Erziehung und unter der Voraussetzung, daß diese Einrichtungen nicht generell in Mißkredit gezogen werden. Ihr Wert im Sinne der Autonomiegewinnung ist auch in den Chancen zu sehen, die ein subjektiv befriedigendes Zusammenleben in der Gruppe mit Gleichaltrigen bietet *(Flosdorf 1988, Bd. 2, 149f.)*. Auch das Heim kann zur – vorübergehenden – Heimat werden.

4. Herausforderung: Erziehung unter Freiheitsentzug

Dem Zweck der Erziehung oder Nacherziehung, auch der Therapie, dienen bei bestimmten Indikationen Institutionen, in die Kinder und Jugendliche unter Anwendung von *Zwang* eingewiesen und in denen sie – jedenfalls zeitweise – unter (relativ) geschlossenen Bedingungen gehalten und versorgt werden, ihnen also bestimmte persönliche Freiheitsrechte entzogen werden. Zu nennen wären kriminalpädagogische Einrichtungen für jugendliche Straftäter, die "geschlossene Heimerziehung" und kinder- und jugendpsychiatrische Kliniken *(Myschker 1993)*. Es dürfte außer Frage stehen, daß durch den zwangsweisen Aufenthalt in derartigen Institutionen das Autonomieprinzip aufs äußerste herausgefordert wird. Man wird an *Kants* Frage in seiner Vorlesung "Über Pädagogik" erinnert: "Wie kultiviere ich die Freiheit bei dem Zwange?" *Kant* ließ keinen Zweifel: "Zwang ist nötig." Es sei eines der größten Probleme der Erziehung, die Unterwerfung unter gesetzlichen Zwang mit der Bildung der Fähigkeit zu verbinden, sich seiner Freiheit zu bedienen.

Das zwangsweise Einschließen von Kindern und Jugendlichen wird damit gerechtfertigt, daß eine rat- und hilflose Gesellschaft für bestimmte Kinder und Jugendliche wegen ihrer außergewöhnlichen Erziehungs- und Entwicklungsprobleme keine andere Möglichkeit der Erziehung sieht, als sie gänzlich in pädagogischen Gewahrsam zu nehmen. Wenn jemand erzogen werden soll, so müsse er zumindest auch anwesend sein, heißt es.

Wie unleugbar wichtig Zwang für die Therapie sein kann, zeigt das Beispiel der Behandlung von drogensüchtigen Menschen. Die nach übereinstimmender Auffassung einzige erfolgversprechende Therapie besteht im wesentlichen darin, daß der Einzelne sich einer unvergleichlich strengen Hausordnung in strikter Isolierung vom gefährdenden sozialen Umfeld unterwirft, damit sich ein neues Selbst bilden kann.

Auf große Kritik stößt dagegen das Konzept der sog. geschlossenen Heimerziehung *(Flosdorf 1988)*. In diese werden Jugendliche eingewiesen, die extrem sozial gefährdet sind bzw. eine extreme Bedrohung darstellen, und für die ansonsten keine geeigneteren Jugendhilfeangebote vorhanden bzw. nicht wirksam sind, also bisher erfolglos blieben. Damit soll einer weiteren Entsozialisierung und einer Kriminalisierung dieser Jugendlichen vorgebeugt werden. Die rechtliche Grundlage für diesen schwerwiegenden Eingriff in die Freiheitsrechte eines Jugendlichen bildet der § 1631b BGB.

Die sich stellenden Probleme sind auch aus pädagogischer Sicht enorm. "Probleme von Kindern und Jugendlichen lassen sich nicht einsperren", wurde auf einer Tagung der Internationalen Gesellschaft für Heimerziehung (*1980,* zit. b. *Flosdorf 209*) formuliert; sie lassen sich aber auch nicht ignorieren oder ideologisch reduzieren durch Alternativkonzepte, die lediglich auf dem Papier stehen.

Orientiert man sich vergleichsweise an einem Land, in dem delinquente Gewalttätigkeit in gefährlicherem Ausmaß anzutreffen ist und entsprechend intensivere Erfahrungen vorliegen, z. B. an nordamerikanischen Großstädten, so zeigt sich, daß die Forderung nach einer geschlossenen Heimerziehung hier schon seit längerem erhoben und ihr eine größere Effektivität gegenüber bloßem Beraten und Verwarnen und sonstigem Laufenlassen, aber auch frühzeitigen ambulanten Rehabilitationsprogrammen zugesprochen wird *(Strasburg 1980, 85)*. Mit einer sozialen Sanierung der Wurzeln delinquenten gewalttätigen Verhaltens kommt man offensichtlich nicht recht voran. Die größte Gewalttätigkeit sei bei chronischen Delinquenten anzutreffen. *Strasburg* plädierte deshalb für eine geschlossene Heimerziehung als die einzig realistische. Er stützte sich dabei u. a. auf Untersuchungen von *C. A. Murray (1978)*. "Wenn es wahr ist, daß massive Unordnung in dem Leben mancher dieser Kinder ein wichtiger Grund für ihre Gewalttätigkeit ist (und ich glaube, daß das wahr ist), dann trägt ihre Konfrontation mit dem Gesetz nur noch weiter zu ihrer Pathogenese bei. Der wiederholte Kreislauf von Festnahme, Verwarnung, Entlassung und Wiederfestnahme" übermittle dem Kind nur die Information, daß seine kriminellen Handlungen keine schwerwiegenden Konsequenzen nach sich zögen. Wenn es aber dann doch einmal eingesperrt werde, reagiere es mit Feindseligkeit und erneuter Delinquenz *(Strasburg a.a.O., 84)*. Diesen teuflischen Kreislauf gelte es zu durchbrechen und zwar durch eine frühzeitige geschlossene Heimerziehung derjenigen Kinder und Jugendlichen, die als potentiell gewalttätig ausgemacht werden.

Diese These hat plausible Begründungen für sich, die Schwierigkeiten lassen sich aber nicht übersehen, vor allem dann, wenn die Neigung zur Gewalttätigkeit ein Massenphänomen geworden ist, und wenn die Öffentlichkeit ihr Vertrauen in weitere soziale Investitionen in diesem Gebiet immer mehr verliert. "Die Suche nach effektiven Behandlungsstrategien muß fortgesetzt werden" *(Strasburg a.a.O., 86)*.

Es kommt ganz offensichtlich darauf an, den kritischen Punkt in der Ausbreitung gewalttätigen Verhaltens nicht überschreiten zu lassen, und rechtzeitig und entschieden zu intervenieren. *Vorbeugung* muß Vorrang haben.

Die Kontroversen um die "geschlossene Unterbringung" wurden eine zeitlang als kompromißlose Konfrontation geführt, hat aber inzwischen mehr sachliche Züge mit Annäherungscharakter angenommen (vgl. *Bundesjugendkuratorium 1982; Wolffersdorff-Ehlert u. a. 1987; Hartwig / Schrapper 1990*).

Zunächst ist festzustellen, daß sich Freiheitsentzug und Autonomie nicht unbedingt ausschließen. Es gibt Menschen, die auch im Gefängnis, sogar – bedingt – im Konzentrationslager, ihre eigene innere Integration, ihre Selbstachtung und ihre Wertorientierung bewahren können (vgl. *Bettelheim 1980*). Ihre innere Autonomie kann zum Abwehrmechanismus gegen die Zerstörung ihrer Persönlichkeit werden, wie u. a. die Zeugnisse von *Viktor Frankl* und *Bruno Bettelheim* belegen. Es kann aber ebenso kein Zweifel bestehen, daß der Freiheitsentzug zu einer extremen Belastung für die Autonomiebildung werden kann.

Im geschlossenen Heim ist die Situation insofern anders, als es hier nicht um Persönlichkeiten mit einer inneren autonomen Grundordnung geht sondern um Jugendliche, die über eine solche innere Integration vielfach noch nie verfügt haben. Wie können sie über einen geschlossenen Heimaufenthalt zu mehr Autonomie finden? Es ist bereits aufgezeigt worden, daß Autonomie ohne Heteronomie nicht denkbar ist, daß erstere aus Abhängigkeit herausgeht, d. h., diese voraussetzt. Selber-Stehen und Gehalten-Werden ergänzen einander. Das geschlossene Heim stellt für Jugendliche, die nicht – ohne Schaden für sich und andere – selbständig handeln können (weil sie selber bisher nicht ausreichend Halt vorgefungen hatten) eine Extremvariante haltgebender Umwelt dar. Die relative Geschlossenheit dieser (fest-)haltenden Umwelt müsse vorübergehend hingenommen werden, heißt es. Es sei zwar richtig, daß es keine Garantie dafür gibt, daß jeder dissoziale Jugendliche in einer pädagogischen Institution auch erzieherischer Einwirkung zugänglich ist, aber auf der anderen Seite könne nicht ausgeschlossen werden, daß dieses (Fest)Gehaltenwerden, das zugleich ein Ferngehaltenwerden von den bisherigen zerstörerischen Gewalten (Banden, Drogenszene, sexuelle Ausbeutung) darstellt, auch eine Chance für ein mögliches Autonom-Werden enthält. Geschlossene Heimerziehung bestehe ja nicht nur aus Freiheitsentzug und Zwang. Sie sei auch und in erster Linie ein echtes Angebot an neuen Beziehungen und Hilfen. Sie schaffe eine Möglichkeit, für eine gewisse Zeit zu sich selbst zu kommen, und sich unter Hilfestellung neu zu orientieren und ein Stück zu stabilisieren. Daß diese nicht bei jedem Jugendlichen bzw. nicht sofort erkennbar gelingt, sei noch kein Grund, ein solches Unternehmen völlig abzulehnen. Was wäre die reale Alternative? Es bleibt unbestritten, daß der Freiheitsentzug, also die extreme Einschränkung der Freizügigkeit, die Gegenwehr aufs höchste steigern kann. Aber der Hauptsinn des geschlossenen Heimes liege überhaupt nicht im Einsperren und in der Verhinderung jeder Fluchtmöglichkeit. Man kann sicherlich im Gegenteil sagen: Die/der einzelne Jugendliche muß auch eine Fluchtmöglichkeit sehen können.

Natürlich birgt ein Erziehungsversuch, bei dem die Erziehungspersonen ganz eindeutig in der Rolle der Inhaber von Macht und der "auf Kontrollfunktionen festgelegten 'Schließer'" auftreten *(Wolffersdorff-Ehlert u. a. 1987, 46)*, enorme Risiken des Verfehlens von sozialen Annäherungen. Sie können gemildert werden durch die definierte zeitliche Begrenzung des Eingeschlossenseins und durch Anbahnungen des Rück-Kontaktes zur Außenwelt und damit durch die prospektive Inanspruchnahme autonomer Regulationsimpulse und -werte. Es ist nicht abwegig, nachdem alle offenen Formen der Erziehungshilfe wirkungslos bleiben, im helfenden Festhalten den letzten Versuch zu sehen, die Fremd- und Selbstzerstörung einer jugendlichen Persönlichkeit zu stoppen, und der Autonomie eine pädagogische Chance zu geben. Ob sie vertan wird, weiß man vorher nie. (Zum Autonomieprinzip im Jugendstrafvollzug siehe *Kratzsch 1989, 159*).

Welche konstruktive Bedeutung das Autonomieprinzip auch in der "geschlossenen" Heimerziehung haben kann, hat eine Interview-Untersuchung bei entlassenen Mädchen aus einer solchen Einrichtung erbracht *(Pankofer 1996)*. Die Ergebnisse spiegeln zwar die ganze Widersprüchlichkeit dieser Einrichtung und die Divergenz der individuellen Lebensläufe wider; sie zeigen aber auch deutlich, daß in den Fällen, in denen die jungen Frauen ihre eigene Lebensbewährung nach der Entlassung aus dem geschlossenen Heim als insgesamt positiv bewerteten, sie diese Zeit als "unbestritten sehr wichtig" für das eigene Leben ansahen, und daß es "eine unheimlich wichtige Erfahrung" für sie gewesen sei. Diese Selbstbeurteilung kann nicht voreilig als verallgemeinerbare Bestätigung der Geschlossenheit dieser "Maßnahme" gewertet werden; sie läßt aber den Anteil erkennen, der bei diesem Selbstkonstruktions- und Neu-Integrationsprozeß der Persönlichkeit der *Autonomie* zukommt, d. h. der Herausforderung und Chance, aus der eingetretenen Situation vom eigenen Selbst her und für den weiteren Weg das Beste zu machen, und das eigene Leben "auf die Reihe zu bringen". "Die (im Heim) wollten mir nur zeigen, wo's langgeht, nicht aber den Willen brechen".

Es sei abschließend nochmals betont, daß eine Darstellung positiver pädagogischer Möglichkeiten, wie sie in einer geschlossenen Heimerziehung liegen können, nichts mit einer Propagierung dieser Extrem-Institution zu tun hat. Selbstverständlich ist jegliche Form offener Heimerziehung vorzuziehen. Es sollte nur aufgezeigt werden, daß das pädagogische Autonomieprinzip auch hier, also generell für jeden Menschen gilt, und daß auch in den äußersten

Formen unserer Hilfeinstitutionen, die uns unsere gesellschaftliche Hilflosigkeit errichten läßt, die Chance der Selbsteinbindung in das Rechte durch eine haltgebende und Bindungen ermöglichende Lebenswelt angeboten werden muß. Dies gilt auch für den analogen Fall der ausgesprochen repressiven Drogentherapie oder für die erlebnispädagogischen Versuche mit Hochsee-Segelfahrten.

5. Disziplinschwierigkeiten in der Schule
Die Schule im allgemeinen tut sich mit ihrem "Erziehungsauftrag" immer schwerer, seitdem die Pluralität der Erziehungsnormen auch in ihr Raum gegriffen hat. Die einstige Legitimation, auf ein bestimmtes Menschenbild hin, aus einer bestimmten Weltanschauung heraus, auf ein bestimmtes allgemeines Erziehungsziel hin, zu erziehen, ist verblaßt bzw. verloren gegangen. Sie beschränkt sich in der Realität weithin auf jene erzieherischen Aufgaben, die erforderlich sind, damit sie ihren spezifischen Auftrag als Schule erfüllen kann: durch planmäßigen und systematischen Unterricht den Kindern die Welt in ihren vielfältigen Konkretionen zu erschließen, damit das Kind seine eigene Existenz darin aufbauen kann.

Diese Aufgabe hat die Schule über die *Gemeinsamkeit* des Lernens jeweils verschiedener Individuen zu erfüllen. Aus dieser Verschiedenheit ergeben sich – naturgemäß – Schwierigkeiten und Konflikte. Die Schule ist also genötigt, diejenigen Lernbedingungen herzustellen, die zur Erfüllung ihres Auftrages erforderlich sind. Sie muß ihren Schülern ein gewisses Maß an Aufmerksamkeit, sozialer Einordung, Kooperationsfähigkeit und Selbstdisziplin abverlangen. Wenn sie darüber hinaus ein bestimmtes Wertesystem als erzieherisch richtungsweisend vertritt, bedarf sie dazu der Zustimmung aller Beteiligten.

Im Vordergrund des schulischen Erziehungsinteresses stehen jene Probleme und Verhaltensauffälligkeiten, die sich als Erschwerungen des individuellen und gemeinsamen Lernens erweisen, vor allem jene, die als Disziplinschwierigkeiten den Unterricht und das Schulleben belasten (vgl. *Moll-Strobel 1983, Goetze u. Neukäter 1988*).

Generell bleibt pädagogisch gültig: Alle Maßnahmen, die die Autonomiebildung fördern, also die Eigenverantwortlichkeit, die Einsicht, die Selbststeuerung und den eigenen guten Willen stützen, sind solchen Maßnahmen vorzuziehen, die als direkte, u. U. physische Eingriffe nötig werden, um Gefährdungen und Schäden abzuwenden oder zu verhindern. Auch solche direkten "Disziplinierungsmaßnahmen" stellen eo ipso keinen Widerspruch zur Autonomiebildung dar, sondern eine Absicherung der Voraussetzungen für eine besser gelingende Autonomiebildung. Allzu viele negative Erfahrungen mit einer mangelnden Selbststeuerung, mit anomischem Verhalten, behindern den Aufbau gesteuerten Verhaltens ebenso wie das Erleben einer Umwelt, die keine Grenzen setzt, die "sich alles gefallen läßt", an der man sich also nicht orientieren kann, weil "alles möglich ist", weil es nahezu gleich-gültig ist, was man tut.

Fritz Redl hat die verschiedenen von ihm bei schwer aggressiven und ausagierenden Kindern und Jugendlichen erprobten Interventionstechniken als Maßnahmen zur Stärkung der *Ich-Funktion* verstanden. Bei dieser Ich-Unterstützung gegenüber einem Übergewicht der Es-Funktionen, der Triebdominanz, ging es im Grunde um das, was hier als Voraussetzung oder Ausgangspunkt einer Autonomiebildung verstanden wird, um das Erlernen einer minimalen Eigensteuerung. Unter diesem Aspekt gliederte *Redl* die von ihm angewandten "Techniken" hierarchisch, d. h. von behutsamen pädagogischen Signalen bis hin zu Bestrafungen. Da diese "Techniken" leicht mißverstanden werden können, vor allem wenn man sie aus dem Ich-Unterstützungskonzept herauslöst, sollen sie hier nur kurz aufgelistet werden; die Lektüre der Schriften *Redls (1971; 1976)* kann damit nicht ersetzt werden (siehe auch *Dutschmann 1982*).

Redls Listen von Interventionstechniken sind verschieden lang. In seinem Büchlein "Steuerung des aggressiven Verhaltens beim Kind" *(1976)* führt er 17 davon auf:

- Bewußtes Ignorieren
- Eingriff durch Signale
- Kontrolle durch körperliche Nähe und Berührung
- Engagement in einer Interessengemeinschaft
- Affektive Zuwendung
- Spannungsentschärfung durch Humor
- Hilfestellung zur Überwindung von Hindernissen
- Deutung als Eingriff
- Umstrukturierung
- Direkter Appell
- Einschränkung der räumlichen Bewegungsfreiheit und der Verfügbarkeit von Gegenständen
- "Antiseptischer" Hinauswurf
- Physisches Eingreifen
- Erlaubnis und "autoritatives Verbot"
- Versprechen und Belohnungen
- Bestrafungen und Drohungen.

Redl hat eindringlich klargemacht, daß solche Interventionstechniken nicht in ihrer bloßen Anwendung sondern in deren Bezug zum situativen und intersubjektiven Kontext ihren pädagogischen Wert erhalten. Wie dabei letztlich das Kind selber, also seine gewissermaßen ausgeklinkte Ich-Kontrolle abgestützt werden kann, soll hier am Beispiel des "physischen Eingreifens", also auch des Festhaltens kurz aufgezeigt werden.

Redl spricht von einer *antiseptischen* Verhaltenssteuerung durch den Erzieher/Therapeuten und meint damit die situative Eliminierung direkter Gefährdungen, z. B. indem man ein Kind festhält, um ihm in einer gefährlichen Situation ein Messer abzunehmen, oder wenn man es bei einem Wutausbruch gewaltsam in ein anderes Zimmer bringt *(Redl 1976, 85)*. Pädagogisch entscheidend ist bei solchem Festhalten und gewaltsamen Eingreifen, daß der Erwachsene sich Gegenaggressionen enthält, "kein Gramm mehr an Gegenkraft" aufwendet, als unbedingt erforderlich ist, um die gefährliche Situation abzuwenden. Das Kind muß dabei erleben, daß der Erwachsene um des Kindes wegen handelt, dem er helfen will. Es sollte spüren, daß "ich (als Erwachsener) da ansetzen muß, wo dich dein ausgeflipptes Ich im Stich gelassen hat. Da du dein verrücktes Verhalten nicht von innen heraus blockieren kannst, übernehme ich das, bis dein Ich wieder im Dienst ist. Das ist alles" *(a.a.O., 86).*

Redl erklärte seine Interventionstechniken psychoanalytisch, genauer gesagt mit Hilfe der psychoanalytischen Terminologie. Es waren demnach Kinder mit einer ausgeprägten Ich-Störung und Es-Dominanz. Sein Arbeitsfeld war ein Heim für destruktiv aggressive Kinder und Jugendliche. Die genannten "Techniken" lassen sich aber ebenso auf die Schule anwenden.

Auch hier bleiben sie nur "Techniken" oder Eingriffsinstrumente. Erziehung (Moralerziehung) reicht darüber hinaus; sie muß auch Inhaltliches umfassen und zu vermitteln versuchen; sie muß sich auch auf Begründungen und Einsichten in rechtes Verhalten beziehen. Dazu bietet der Schulunterricht gewisse Chancen. Sein Zweck ist auf den Erwerb von Wissen und von Fertigkeiten sowie auf die Befähigung zu regelgerechtem, sozialem Handeln gerichtet.

Ein Wort auch zur *Bestrafung:* Sie ist in *Redls* Liste als letzte Möglichkeit aufgeführt. Er hat differenziert begründet, wann eine Strafe berechtigt ist, und wann sie einen erzieherischen Effekt haben kann. Wenn sie keine erzieherische Wirkung verspricht, verliert sie ihre pädagogische Legitimation. Worin besteht also diese erzieherische Funktion? Wie ist Strafe legitimierbar im besonderen unter dem Anspruch einer Erziehung zur Autonomie? Ist Strafe nicht Anwendung von Gewalt gegen das Kind und Erziehung zur Abhängigkeit? War es nicht das Grundprinzip der "Schwarzen Pädagogik", das Kind durch Strafen, also durch Erniedrigung, Verachtung, Ängstigung, Liebesentzug, Isolierung und Gewaltanwendung zu unterdrücken? Ist Strafe nicht Kindesmißhandlung (vgl. *A. Miller, S. 77*)?

Die Strafe ist das wohl umstrittenste Thema der Erziehung, und das ist gut so: Es wäre schlimm, wenn sie nicht mehr umstritten wäre; denn Realität im Erziehungsalltag wird sie bleiben. Über den Sinn und die gefährlichen Folgen des Strafens ist schon so viel geschrieben worden, daß ich mich hier auf einige Anmerkungen beschränken kann, soweit sie sich auf die Autonomiebildung bzw. auf Probleme des Kindes mit seinem eigenen Selbst beziehen.

Das Strafen kann erzieherisch wirksam sein, aber nur unter bestimmten Bedingungen (vgl. *Schreiner 1983*). Dazu gehört u. a. die Entwicklungsgemäßheit. Eine Übersicht möglicher Strafarten im Bezug zur moralischen Entwicklung bringt die Übersicht von *Schreiner (342).* Sie basiert auf dem Modell der moralischen und sozialen Entwicklung nach *Piaget* und *Kohlberg,* enthält aber nicht alle Bestimmungsgrößen für eine pädagogisch legitime Strafe. Zu diesen gehörten u. a. auch Fragen nach Persönlichkeitseigentümlichkeiten, nach dem situativen Kontext, der Intensität der Strafe, der Grundeinstellung des Strafenden u. ä. Zu beachten ist, daß es keine Berechenbarkeit der Wirkungen gibt. Es ist deshalb größte Vorsicht geboten. Am besten wäre es natürlich, überhaupt nicht zu strafen.

Eine Grundvoraussetzung für das innere positive Verarbeiten einer Strafe ist ein Minimum einer funktionierenden Selbstinstanz, also *Einsicht* in normative Verbindlichkeiten und Unrechtsbewußtsein und damit die Wahrscheinlichkeit, daß die Strafe eine positive Wirkung im Kinde bewirken kann. Mit der Strafe wird der bewußte Versuch unternommen, ein nicht tolerierbares Verhalten eines Kindes dadurch zu steuern, daß es einem Unlusterlebnis oder einer unangenehmen Erfahrung ausgesetzt wird (vgl. *Redl 1971, 208*).

Über den verhaltenspsychologischen Ansatz hinaus, für den es lediglich um einen "aversiven Reiz" geht, der über das Lernen am Mißerfolg Verhaltensänderung bewirken soll, wendet sich die erzieherische Strafe an eine kognitive Instanz, die ein anderes Verhalten wollen soll. Das bedeutet, daß das Subjekt, das der Strafe ausgesetzt wird, und das strafende Subjekt eine zentrale Rolle spielen, damit das Straferlebnis positiv verarbeitet werden kann. Es gibt also Konstellationen, die jedes Strafen verbieten, z. B. Rachsucht oder pathologische Motive beim Strafenden oder eine kognitive und normative Mangelstruktur beim Bestraften, so daß er in jeglicher Unlustzufügung nur einen Angriff auf sich selbst sehen kann, den er wiederum mit Aggressivität, Wut, Feindseligkeit zu beantworten versucht. Bei solchen Kindern, zu denen auch destruktiv aggressive und sozial normativ völlig entwurzelte gehören, die lediglich auf dem normativen Niveau der nackten Selbsterhaltung agieren, können Strafen verheerende Folgen haben. Hier sind Strafen als Mittel zur Verhaltenssteuerung kontraindiziert *(Redl 1976, 110)*. Körperliche Strafen haben als generell ausgeschlossen zu gelten. Damit wird die Berechtigung, physisch einzugreifen, um Schaden zu verhindern, nicht tangiert.

Unter *moralerzieherischem* Aspekt steht die Verletzung einer generell anerkannten *Regel* (*T. Hayden:* "Man darf hier niemandem wehtun.") oder eine nicht tolerierbare Handlung im Vordergrund. Die Strafe soll erkennbar machen, was das nicht hinzunehmende Verhalten "wert" ist, in welchem Maße es das Gleichgewicht des Zusammenlebens gestört hat, und wie dieses und damit die gegenseitige Achtung und die Gerechtigkeit wiederhergestellt werden können. Dazu soll und will das Kind oder der Jugendliche einen Beitrag leisten, wenn es/er darauf wertlegt, wieder eingegliedert zu werden. Voraussetzung ist, daß sein eigenes inneres Gleichgewicht gestört worden ist, von dem wir annehmen, daß es/er es nicht selber wiederherstellen kann. Dem Sich-entschuldigen entspricht das Verzeihen. Man gibt sich wieder die Hand. Die gegenseitige Achtung ist wiederhergestellt und damit auch die Autonomie als Selbsteinbindung in das, was für jeden recht und gut sein soll.

Kinder und Jugendliche brauchen gemäß ihrem moralischen Entwicklungsstand entsprechende Hilfen, um einen solchen nächsten Schritt vollziehen zu können, vor allem Verstehen und die Gewißheit, daß die gegenseitige Achtung tatsächlich wieder in Kraft tritt, daß man sich gern wieder entgegenkommt.

Wie wirksam moralisches Wiedergutmachen für den Wiederaufbau eigener Autonomie sein kann, zeigte das Projekt "Brücke" in München *(Pfeiffer 1983)*. Bei straffällig gewordenen Jugendlichen wurde auf das Einsperren, also den Jugendarrest, verzichtet zugunsten einer Wiedergutmachung in Form einer sozialen Tätigkeit, z. B. durch das Begleiten einer körperbehinderten Person. Im Wiedergutmachen, dem der Einzelne zustimmt, liegt zugleich die Chance, Autonomie wiederherzustellen. Man *wird* nicht einfach – als abhängiger – bestraft; und man lernt, Verantwortung für das eigene Handeln zu übernehmen. Um dies zu lernen, braucht man gerade in dieser kritischen Entwicklungsphase Hilfen.

6. Unterrichtliche Gesichtspunkte

Die Schule verfügt über ein wichtiges Mittel, die eigene Kompetenz des Kindes zu stärken, und damit Autonomie zu initieren: den *Unterricht*. Kinder und Jugendiche mit sozial erschwerten Entwicklungschancen leiden in der Regel darunter, daß sie normativ versagen, daß sie Fehler machen. Natürlich wollen sie etwas können; sie stolpern aber gewissermaßen immer wieder über sich selber und über die vermeintlich zu hohen Schwellen ihres Leistungssolls. Kinder und Jugendliche mit Verhaltensstörungen sind Schüler mit einer niedrigen oder abgebrochenen Lernleistungskurve als Folge der übermäßigen Belastung mit sozio-emotionalen Problemen. Hier kann der Unterricht zur Erziehungshilfe werden, indem er individuell in Lernbereichen ansetzt, die thematisch nicht belastet sind, und für die das Kind Interesse hat. Es wird darauf ankommen, daß der/die Lehrer/in diese individuellen Ansatzstellen und Lerninteressen wahrnimmt und gezielt unterstützt. "Nicht gegen den Fehler, sondern für das Fehlende!" nannte *Moor* eine seiner heilpädagogischen Grundregeln *(1965, 15f.)*.

Es geht – für jegliche Autonomiebildung – darum, ein bestimmtes *Können* zu erwerben, und über es frei zu verfügen. Diese Könnensbereiche erweisen sich als Stützpunkte für den Aufbau eigenen Vermögens an sich. Ich habe es immer wieder erlebt, daß über ganz bestimmte individuelle Fertigkeiten sich das ganze Kind zum Positiven veränderte, bzw. daß sein Können ihm zu einer wichtigen Stütze seines Selbstvertrauens und seiner Selbstachtung wurde. Für den einen ist es die Mathematik (mit ihrer Berechenbarkeit), für die anderen ist es das bildnerische Gestalten; die einen sind "Spitze" in Wissen geschichtlicher Daten, die anderen im Sport.

Mit dem abnehmenden Interesse an Didaktik, d. h. an einem systematisch geplanten und differenzierten Unterricht, das m. E. in der Schule heute zu beobachten ist, drohen solche Chancen zu schwinden. Man hat den Eindruck, als wirke sich die noch aufgestaute Schulüberdrüssigkeit der jungen Lehrer aus der eigenen (Gymnasial)Schulzeit hier aus. Allzu pauschal ist auch das Leistungslernen desavouiert worden zugunsten eines fehlinterpretierten Spaß-

und Selbständigkeitsprinzips des Lernens. Es war vor allem *Wygotski (1977),* der nachgewiesen hat, daß das Kind in der *Zone der nächsten Entwicklung,* die der Unterricht anzubahnen hat, indem er Anreize setzt, "gemeinschaftlich, unter Anleitung, mit Hilfe immer mehr leisten und schwierige Aufgaben lösen kann als selbständig" *(237).* Es ist also ein Irrtum, die Kinder in ihrem Lernen sich im wesentlichen selbst zu überlassen und zu glauben, durch diese – fälschliche – Art von "Selbständigkeit" komme das Kind in seiner Entwicklung am ehesten voran.

Da "die Zone der nächsten Entwicklung", also der Ansatz zum nächsten Lernschritt, bei jedem Kind anders liegt, hat ein pauschal an curricularen Standards (Lernzielen) ansetzender Unterricht, der alle Schüler nach gleichen Maßstäben vergleicht, wenig Chancen, individuell, d. h. tatsächlich den nächsten Lernschritt anzuregen. Gerade bei Kindern mit Entwicklungsstörungen und permanenten Versagenserlebnissen ist deshalb ein individualisierender, also differenzierter Unterricht nötig. Durch wachsende Lernleistungen kann sich die Qualität des Schülers steigern. Selbstbewußtsein – als Grundlage für realtive Autonomie – ist Bewußtsein vom eigenen Können. Das Selbst lebt aus dem Selber-können.

Als *Hilfe zum nächsten Schritt* läßt sich bei sozial-emotionalen Konflikten das *Gespräch im situativen Kontext* verstehen. *Redl* praktizierte es als "Life space interview" als "emotionale Erste Hilfe" *(1971).* Derartige Gespräche – zumeist unter vier Augen – verfolgen im allgemeinen den Zweck, einen Vorfall und die noch hochgeladenen Emotionen aufzuarbeiten. Redl spricht im räumlichen Sinne von einer "Druckausgleichskammer" *(a.a.O., 49).* Es geht um die Wiedergewinnung eines gewissen inneren Gleichgewichts.

Da aber jede aktuelle Situation, die als Belastung erlebt wird, z. B. ein handgreiflicher Konflikt, dem eine verbale Erniedrigung vorausgegangen war, nicht nur in Bezug auf das Abgelaufene verarbeitet wird, sondern auch Überlegungen für das zu Tuende initiiert, geht es pädagogisch immer auch darum, was als *nächster Schritt* ins Auge gefaßt wird, und wie dieser gegangen werden soll. Das erregte Kind befindet sich durchaus in einer "Zone nächster Entwicklung", im psychischen und auch moralischem Sinn. Daß dabei der "moralische Zeigefinger" wirkungslos bleiben dürfte, braucht hier nicht mehr näher erklärt zu werden.

Es besteht im allgemeinen die Gefahr, daß eine Konfliktsituation nun Anlaß für den nächsten Konflikt "bei passender Gelegenheit" wird, oder daß das Kind sich in sich zurückzieht und wieder ein Stück mehr regrediert. Die banalste Formel dem Kind gegenüber könnte lauten: "Damit mußt du selber fertig werden!" Ich beobachte, daß heute immer häufiger Kinder von Erwachsenen mit ihren Problemen allein gelassen werden, seien es verfolgte und gequälte Kinder auf den Massenschulhöfen oder Kinder, deren Eltern zu wenig Zeit haben und zu wenig an den Alltagsproblemen ihrer Kinder interessiert sind.

Erziehung und Erziehungshilfe sind wesentlich *Initiationen* (vgl. *Oelkers*

1985, 79f., nach *Peters*). Zu initiieren wäre der nächste Schritt, den das Kind zu gehen sich anschickt. Dies kann dadurch geschehen, daß, nachdem das Vorgefallene angesprochen und dem Kind Gelegenheit gegeben worden ist, seine Klage und seinen Zorn anzubringen, das Kind vermittelnd gefragt wird, was es nun vorhabe zu tun, oder daß ihm vorgeschlagen wird, was es tun und wie es vorgehen könnte, um das gestörte Verhältnis wieder ins Gleichgewicht zu bringen, z. B. wie eine Wiedergutmachung möglich wäre. Wichtig beim Anbieten solcher Bewältigungstechniken ist der tatsächlich initiative Charakter solcher Vorschläge, aber auch das verläßliche Angebot, sich – wenn das Kind es wünscht – als Vermittler oder als Helfer zur Überwindung von Hindernissen zur Verfügung zu stellen. Das Kind sollte auf der Grundlage von Vertrauen das sichere Gefühl haben können, daß der nächste Schritt im Miteinander, nicht im bloßen Alleingelassen-Sein, zustande gekommen ist, daß es ein vernünftiger Schritt sein könnte, daß es diesen Schritt aber *selber* gehen muß, wenn auch in Begleitung.

Es wird freilich Kinder und Jugendliche geben, deren Ich so schwach oder gestört ist, daß sie sich zu einem solchen nächsten Schritt nicht durchringen können. In solchen Fällen wird sich das Gewicht des ernsthaften Zuredens erhöhen müssen. *Redl* spricht – wiederum sehr bildhaft – vom Einmassieren des Realitätsprinzips *(a.a.O., 55)*. Gemeint sind keine bloßen Appelle. Sie müßten bei Kindern, die nur über minimale normative Ansprechbarkeit und innere Kontrolle verfügen, ins Leere laufen, aber auf der Basis eines gewissen Vertrauens kann der Erzieher auch das Gewicht seiner persönlichen Meinung deutlich in die Waagschale legen.

Redl und Wineman (1976), deren Büchlein ausgezeichnete Beispiele und Vorschläge und wohl die authentischste Darstellung einer Erziehung destruktiv aggressiver Kinder auch für heute vollgültig aufweist, berichten von einem Jugendlichen, der abends gegenüber anderen obszön aggressiv geworden war. Der Erzieher holte ihn aus dem Schlafraum heraus in sein Zimmer, wo der Junge sein Verhalten zunächst fortzusetzen versuchte, bis es dem Erzieher zu viel wurde: “So, Mike, und jetzt hören wir auf damit! Ich bin seit halb acht heute morgen auf den Beinen und hundemüde. Wie wärs, wenn du jetzt nach oben gehst und dich ruhig hinlegst?” Mike stand zunächst still da, dann sagt er ganz nüchtern: “Okay, Dave, ich tu’s für dich.” Er ging still zurück und schlief ein *(57)*.

Die beiden Autoren führen eine ganze Liste situativ passender direkter Appelle an:

- “Das kannst du nicht tun; das ist unfair.”
- “Die anderen Leute werden ein solches Benehmen nicht dulden.”
- “So einer möchtest du doch nicht sein.”
- “Wenn du dabei erwischt wirst, kannst du dir denken, was passiert.”
- “Du kannst nicht erwarten, daß die anderen dich mögen, wenn du ihnen weiterhin den Spaß verdirbst.”

– "Ich kann dich nicht zurückhalten, aber du weißt, daß der Chef dir das nicht durchgehen läßt" *(58)*.

Derartige erste Appelle an das Selbst sind vielfach ein Einstieg für ein längeres Gespräch. Ich erinnere mich an einen Schullandaufenthalt mit meiner Klasse erziehungsschwieriger Kinder. Es kam zu einem offenen Konflikt in der Gruppe, als ein Schüler die anderen dadurch fortgesetzt reizte, daß er absichtlich die Luft verpestete. Die anderen wehrten sich handgreiflich und wollten ihn an die Luft setzen, worauf er wütend den Raum verließ, um "abzuhauen"; er ließe sich das nicht gefallen. – Ich folgte ihm in seinen Schlafraum, wo er seine Sachen packen wollte. Ich zog ihn in ein Gespräch, in dem ich vor allem auf die Folgen seiner Absicht hinwies, aber auch an seine Einsicht appellierte. Im Grunde hatte er, der sonst keinen Freund hatte, die anderen in eine Kommunikation mit sich ziehen wollen und mich auch. Nach etwa einer halben Stunde packte er seine Sachen wieder aus und kehrte friedlich in die Gruppe zurück.

An die falsche Adresse war ich bei einem Jugendlichen geraten, der in so etwas wie eine kleptomanische Phase geraten war und seine Mitbewohner einer Lehrlingsgruppe massiv bestohlen hatte. Es war noch in den fünfziger Jahren und für damalige Verhältnisse eine ungewöhnliche Stehlerei und deshalb für mich als jungen Pädagogen das erste Mal, daß ich ein Gespräch mit einem Menschen führte, der keinerlei Verständnis für Moral und für meinen Versuch hatte, ihm klarzumachen, daß es so nicht weitergehen könne. Völlig unberührt hörte er mir zu, bis er mir bedeutete, mein Gerede könnte ich mir ersparen; es sei völlig zwecklos; es ginge beim linken Ohr rein und beim rechten raus: "Sie reden wie die Lehrer oder Pfaffen, die es mit dem Gewissen haben." Es gibt in der Tat Gespräche, die – momentan – sinnlos sind, und es gibt heute in zunehmendem Maße Kinder und Jugendliche, die das ständige Diskutieren leid sind.

So notwendig die moralische Reflexion und Einsicht generell ist, bleibt doch die Frage offen, wieweit es möglich ist, dadurch zu realem moralischem Handeln zu gelangen, zumal die Schule als Lebenswelt-Segment nur eine begrenzte Wirksamkeit entfalten kann (vgl. *Edelstein 1986, 344*), und wenn es sich um Kinder und Jugendliche handelt, die auf Grund ihrer Erfahrungen in einem haltversagendem Lebenskontext keine generellen Verbindlichkeiten gegenüber sozialen Normen und Regeln entwickeln konnten.

Es gibt auch den Punkt, wo es "Schluß ist", wo der Rubikon der Zumutungen überschritten wird, wo Appelle und Gespräche nichts mehr bringen und eine ganz normale und menschliche Reaktion des Erziehenden darin bestehen kann, das Kind oder den Jugendlichen entschieden zurechtzuweisen, es oder ihn an der Fortsetzung seines provozierenden oder verletzenden Verhaltens physisch zu hindern, oder einen "antiseptischen Hinauswurf" *(Redl)* zu riskieren.

Moralische Erziehung kann sich nicht allein auf funktionales Geschehen im Unterricht beschränken. Es zeigt sich immer dringlicher, daß Werte und Moral auch als intentionale Unterrichtsgegenstände einzuführen sind. Ein Irrtum dürfte darin bestehen, zu meinen, diese Notwendigkeit beziehe sich lediglich auf diejenigen Kinder, die statt des konfessionellen Religionsunterrichts einen "Ethik-Unterricht" zu besuchen haben. Es ist oben ausführlich aufgezeigt worden, wie schwer es jedes Kind angesichts der normativen Pluralität in seiner Umwelt hat, sich zu orientieren.

Die sich stellende pädagogische/unterrichtliche Aufgabe besteht darin, daß den Schülern einerseits Anleitung und Hilfe gegeben wird, die geltenden Wertesysteme kennen und schätzen zu lernen, und andererseits das eigene Handeln und das Handeln anderer bewußt zu beobachten und zu bewerten. Der Wert der Gerechtigkeit, d. h. des fairen Umgangs miteinander, wird dabei in besonderer Weise herausgearbeitet und erfahren werden müssen. Darüber hinaus geht es auch um andere Werte und Tugenden, wie z. B. um Eigentum, Ehrlichkeit, Integrität oder Beziehungen. Lernhilfen und Unterrichtsmodelle hierzu hat *Hall (1979)* in seinem Buch "Unterricht über Werte" zusammengestellt. Religiöse Werte können insbesondere über den Religionsunterricht vermittelt werden.

Herrmann (1987) ging von der wichtigen Einsicht aus, daß als eine Voraussetzung für einen Unterricht über Werte eine Verständigung der *Lehrer* über Erziehungswerte nötig ist. Die von ihm im einzelnen erörterten Werte sind Menschenwürde, Nächstenliebe, Wahrhaftigkeit und Rechtlichkeit, Völkerversöhnung, Tüchtigkeit und Verantwortungsbewußtsein für Natur und Umwelt. Die praktisch gehaltenen Texte sind als Grundlage für Gespräche im Kollegium gedacht.

Werte als Unterrichtsgegenstände kommen selbstverständlich auch für spezielle schulische Einrichtungen für Kinder mit Verhaltensstörungen in Betracht.

Baulig (1982) verwendete in seiner Arbeit mit "ausagierenden" Schülern in einer Kleinklasse für verhaltenstörte Kinder u. a. konfliktorientierte *Geschichten* im Unterricht und praktizierte darüberhinaus einen konfliktverarbeitenden Unterricht und Interaktionsspiele mit psychodramatischem Charakter. Bei diesen Maßnahmen ging es darum, innerpsychische und gruppenbezogene Konflikte ins Gespräch zu bringen, um sie zu dämpfen oder zu einer Lösung zu führen. Sie setzen eine positiv getönte Lehrer-Schüler-Beziehung voraus als Grundlage für das nötige Vertrauen, die eigenen Probleme offen zu legen. Offen bleibt, worin eine "Lösung" solcher Problemlagen zu sehen ist, und ob es genügt, die Schüler lediglich diskutieren zu lassen. Die Frage, wieweit ein Anstieg der moralischen Begründungsführung sich auch in entsprechendes Handeln umsetzen läßt, bleibt offen (vgl. *Ott/Watts 1989*).

10.3.2. L. Kohlbergs Modell der "gerechten Gemeinschaft"

Der bekannteste Vertreter einer empirisch entwicklungspsychologisch begründeten moralischen Erziehung ist *Lawrence Kohlberg (1981; 1984; 1986;* vgl.

auch *Lind / Raschert 1987*). Sein pädagogischer Ansatz, den er zuletzt und am entschiedensten in seinem Modell der *"Just Community"* erprobt hat (vgl. *Oser / Althof 1992; Oser / Fatke / Höffe 1986; Aufenanger u. a. 1981*) beruht auf der Erkenntnis, daß die Entwicklung der moralischen Urteilsfähigkeit durch Denken, d. h. durch moralische Reflexion, also durch Erziehung, vorankommt. Ziel der Moralerziehung ist die stufenweise Weiterentwicklung des moralischen Urteils, das mit einem entsprechenden moralischen Handelnkönnen korrespondiert.

Im Gegensatz zu Sozialisationstheorien (vgl. *Skinner:* "Jenseits von Freiheit und Würde"), die auf die Anpassung an gegebene gesellschaftliche Konventionen und damit auf Abhängigkeit von diesen ausgerichtet sind, ist *Kohlbergs* Theorie im Anschluß an *I. Kant* und *J. Rawls* auf den Freiheitsbegriff und damit auf die Entwicklung von Autonomie gegründet.

In seiner Entwicklungstheorie des moralischen Urteils geht Kohlberg – unter Bezugnahme auf *Piaget* – von sechs aufeinander folgenden, nicht umkehrbaren Stufen aus, wobei er jeweils zwei zu einem Niveau zusammenfaßt:

Vorkonventionelles Niveau: Ich-bezogene Urteile (Furcht vor Strafe, Gehorsam)

1. Fremdbezogene Moral
2. Individualismus, Zweckdenken, Austausch

Konventionelles Niveau: Verpflichtungen gegenüber gegebenen sozialen Ordnungen

3. Gegenseitige Erwartungen im zwischenmenschlichen Bereich, Beziehungen, Konformität mit anderen
4. Soziales System und Gewissen

Nachkonventionelles Niveau: Akzeptanz allgemeiner moralischer Prinzipien (Maximen) unabhängig von sozialen Autoritäten

5. Sozialvertrag oder sozialer Nutzen und individuelle Rechte (Utilitaristische Ethik)
6. Allgemein gültige ethische Prinzipien, Autonomie (Universalistische Ethik)

(Eine Übersicht über Niveaus, Stufen und Einzelheiten des *Kohlbergschen* Modells enthält *Kegan 1986, 79–81*)

Die 6. Stufe hat von verschiedener Seite her Kritik ausgelöst. So halten Utilitaristen diese auf *Kant* und *Rawls* gründende oberste Entwicklungsstufe nicht für notwendig; dagegen erkennen Diskursethiker, wie *Habermas* und *Apel,* diese nicht für ausreichend und forderten deshalb eine 7. Stufe (zur Verteidigung von *Kohlbergs* Position vgl. *Höffe,* in *Oser / Fatke / Höffe 1986, 56–86*).

Der Ansatz der *Kohlbergschen* Moralerziehung als Förderung des moralischen Urteils durch moralische Diskussion gilt auch für die Erziehungshilfe für Kinder und Jugendliche mit emotionalen und sozialen Problemen. Ihre Moralentwicklung ist als zurückgeblieben, ihr moralisches Urteilen und Handeln als unausgereift anzusehen. Sie verhalten sich immer wieder antisozial und verletzen die Rechte anderer und haben Schwierigkeiten, Konflikte vernünftig zu lösen. Um dies nachträglich zu erlernen, brauchen sie entsprechende Hilfen.

Einen Überblick über die Anwendbarkeit solcher pädagogischer Anleitungen und Stützen gibt *Swarthout (1988)*. Er listet sechs Kategorien von Interventionsmöglichkeiten mit aufsteigendem Anspruch auf:

– Die kritische Überprüfung des inoffiziellen Lehrplans, die darauf hinausläuft, die darin vermittelten Werte bewußt zu machen, und nach Wegen zu suchen, ihre Zufälligkeit, antiautoritäre Geltung und Widersprüchlichkeit abzubauen.

– Informelle persönliche Kontakte, z. B. außerhalb des offiziellen Unterrichts, durch die wirkliche Dialoge und damit gegenseitige Annäherungen und Internalisierungen moralischer Gesichtspunkte möglich werden. Durch sokratisches Fragen kann der Erzieher die moralische Struktur, ihren soziokulturellen Kontext und die Grenzen der moralischen Einsicht eines Schülers kennenlernen und bessere Einsichten anbahnen bzw. anbieten. Der Pädagoge wird auch im direkten Kontakt als Anwalt der Moral fungieren und versuchen, moralische Gesichtspunkte zu erklären, und auf die Folgen kindlichen Verhaltens hinzuweisen.

– Die systematische Diskussion moralischer Inhalte im offiziellen Lehrgut. Sie sind z. B. in den Lehrinhalten des Deutsch-, Geschichts- oder Sozialkundeunterricht enthalten. Ihre moralischen Implikationen und moralischen Dilemmata sind bewußt zum Unterrichtsgegenstand zu machen.

– Das direkte Einbringen moralischer Fragen in das Erziehungs- bzw. Lehrprogramm mit dem Ziel, moralische Entscheidungsfindungen anzubahnen, und moralische Einsichten zu verbessern. Dienlich sind dafür Fallstudien (Beispiele), das Rollenspiel und gemeinsame Konfliktlösungsaufgaben.

– Die direkte Diskussion moralisch relevanter Vorfälle im Schulzimmer. Dabei soll deutlich gemacht werden, wie Fairneß und eine vernünftige Begründung zu gerechten Schlußfolgerungen führen können. Dabei kann es unter einem interaktionalen Aspekt vor allem darum gehen, über den Diskurs zu Verhandlungen, zu einem Kompromiß, zur Kooperation oder zu gegenseitigem Respekt zu gelangen. Unter soziokulturellem Aspekt wird der Erzieher als Anwalt und Promotor der moralischen Ordnung fungieren. Der erzieherische Akzent wird im übrigen auf der Erklärung verschiedener Normen und Werte liegen, und es wird aufzuzeigen sein, wie schädlich deren Verletzung und Mißachtung für den Einzelnen und für die Gemeinschaft als ganze sein können.

Shure und Spivack (1981) referierten eine ganze Reihe von Untersuchungsergebnissen in den USA, die aufzeigen, wie bedeutsam für Kinder die Fähigkeit ist, interpersonale Probleme rational zu durchdenken und zu lösen, und daß diese Fähigkeit erlernbar ist. Die beiden Autoren entwickelten selber ein Trainings- und Präventionsprogramm, durch das die Kinder selber angeregt werden, bessere Lösungen für Konflikte mit anderen zu finden. Erziehung wird hier – ganz im Sinne der Autonomiebildung – verstanden als Hilfe zur Selbsthilfe in sozialen Konflikten. Dabei soll das Kind lernen, selbst zu entscheiden, was es tun will und was nicht; es wird aber auch, wenn es etwas getan hat, also z. B. ein anderes Kind geschlagen oder sich ein Spielzeug mit Gewalt angeeignet hat, gefragt, warum es dies getan hat, und ob es nicht auch eine bessere Lösung für den Konflikt gegeben hätte, z. B. eine Lösung ohne Gewaltanwendung. Die Kinder werden also zielbewußt angehalten, ihr eigenes Verhalten zu beobachten, zu bewerten und zu verbessern.

Shure und Spivack berichten von Erfolgen ihrer Trainingsmethode, die sie bereits bei Kindergartenkindern praktizierten: Es habe sich eine Reduzierung der Aggressivität beobachten lassen; die Kinder gingen geduldiger und weniger affektiv miteinander um. Es käme darauf an, bei Konflikten die Kinder in ein helfendes, d. h. von Verständnis und implizierter Orientierung an der besseren Lösung getragenes Gespräch zu ziehen, und ihre Wahrnehmung für die Gedanken und Gefühle anderer Menschen anzuregen und zu fördern. Verhaltensauffälligkeiten könnten auf diese Weise nachweislich abgebaut werden.

Der unter dem Aspekt des Problemlöse-Verhaltens und des Erlernens sozialer Kompetenz angelegte Versuch von *Shure und Spivack* ist zwar nicht explizit auf die moralische Entwicklung und Erziehung bezogen, entspricht ihr aber. Auf *Kohlberg* wird zwar nicht verwiesen, aber es geht wie bei *Kohlberg* um die Unterstützung des moralischen Urteils, um zu besserem (sozialem) moralischem Handeln zu gelangen.

– Schließlich nennt *Swarthout* in seiner Auflistung *Kohlbergs Just Community-Ansatz* als die ohne Zweifel umfassendste und anspruchsvollste, aber auch konsequenteste Methode moralischer Erziehung. Es handelte sich um besonders systematisch ausgeprägte Versuche an mehreren Großstadtschulen in den USA, wobei sich darunter auch zwei Schulen mit gehäuftem Auftreten destruktiven Schülerverhaltens befanden. So verlief ein Versuch innerhalb eines Gefängnisses und einer an einer Schule mit hauptsächlich sozial Benachteiligten und Straßenkindern. *Kohlberg* legte ausdrücklich das Schwergewicht seiner Forschung auf eine *"heilende"* (remedial) *Moralerziehung* für "vorkonventionelle" Jugendliche und junge Erwachsene in einer konventionellen Gesellschaft.

Mit dem Programm einer "gerechten Gemeinschaft" knüpft *Kohlberg* an *Kant* und an *Rawls* Prinzip der Gerechtigkeit an. Der Wert der Gerechtigkeit, also der verbindlichen Orientierung des Zusammenlebens an Maximen des Rechten oder der Fairneß ist in der heutigen normativ pluralen Gesellschaft derjenige geworden, an den sich die Gesamtheit der Menschen noch am ehesten bindet, bzw. auf den sie sich noch am stärksten beruft. Eine solche Gültigkeit beanspruchen die in der Verfassung verbürgten *Grundrechte.* Sie werden bei aller normativen Pluralität von jedermann eingefordert.

Wir haben davon auszugehen, daß der Wert der Gerechtigkeit in einer Gemeinschaft eine entscheidende Rolle spielt. *Kohlbergs* Schule als Just Community, als "gerechte Gemeinschaft", ist so konstituiert, daß sich in ihr eine normative Struktur und Atmosphäre der Gerechtigkeit ausbilden kann.

Die Prinzipien der Gerechtigkeit lassen sich als universelle Maximen pädagogisch so umsetzen, daß sie eine alltägliche Orientierungsgrundlage für ein geregeltes und produktives Zusammenleben und -lernen bilden, daß Rechte und Pflichten allgemein akzeptabel werden, daß Konflikte überwunden werden können, jeder Beteiligte also das erhalten kann, was ihm – gerechterweise – zusteht (vgl. *Aufenanger u. a. 1981*).

Das Konzept der gerechten Gemeinschaft umfaßt alle – oben genannten – Teilansätze und Möglichkeiten moralischer Erziehung in pädagogischen Institutionen. Im besonderen handelt es sich um vier Komponenten:

(1) Direkte Lehrinhalte aus dem offiziellen Lehrplan diskutieren, die sich auf typische, moralische Dilemmata beziehen, ausgewählt aus Geschichte und Literatur,
(2) Gruppenräte von 10–15 Schülern, die sich mit schulpolitisch relevanten Ereignissen befassen, die sich auf die ganze Schulgemeinde oder auf Interessen einzelner Schüler beziehen,
(3) ein Fairneß-Ausschuß, der sich aus einem oder zwei Erwachsenen und einigen Schülern zusammensetzt und sich mit Verletzungen der Normen der Schulgemeinde ebenso befaßt wie mit interpersonellen Konflikten innerhalb der Schulgemeinde,
(4) Vollversammlungen der Schulgemeinde, wo allgemein betreffende Ereignisse diskutiert und Entscheidungen auf der Basis des gleichen Stimmrechts für jeden gefällt werden.

Auf Einzelheiten braucht hier nicht näher eingegangen zu werden. Verwiesen sei auf *Aufenanger u. a. (1981)*. Nur eine kurze Bemerkung zur Integrierung moralischer Inhalte in den Unterricht sei angebracht. Diese wird in der Weise praktiziert, daß die SchülerInnen über narrative Beispiele oder im Anschluß an aktuelle Situationen in moralische Diskussionen eingebunden werden. Ziel solcher "sokratischer Dilemma-Diskussionen" sei es, moralische Urteile zu begründen, und durch vernünftiges Argumentieren in der Schulklasse (Schulgemeinde) eine bessere moralische Einsicht zu entdecken. *Kohlberg* muß zwar einräumen, daß ein effektiver Zusammenhang zwischen Urteil und Handeln, zwischen Reflexion über hypothetische Dilemmata und tatsächliche Dilemmata nicht nachweisbar sei (26), betont aber zugleich auch, daß die Lehrer aus ihrer Erfahrung heraus die Auffassung vertreten, daß moralische Erziehung sich mit *beidem* befassen müsse. Mit fortschreitender Entwicklung werde im Sinne der rationalen Autonomie auch eine rationale Reflexion moralischer Fragen notwendig. Autonom werden bedeute auch, zu wissen, wie man mit guten moralischen Gründen handelt. Dabei sind vor allem zwei Faktoren in der Art ihrer Mitwirkung von besonderer Bedeutung:

- der/die Lehrer/in und
- die Gruppe (Schulklasse).

Der/Die Lehrer/in ist in Bezug auf eine moralische Situation Beteiligte(r); er/sie kann sich nicht wie im psychotherapeutischen Ansatz – z. B. bei *C. Rogers* – heraushalten und sich lediglich auf das Widerspiegeln moralischer Argumente beschränken. Er/Sie muß auch entscheiden. Dabei müsse er/sie sich nach Auffassung *Kohlbergs* jeder Indoktrination enthalten. Er meint damit das mehr formale autoritäre Geltendmachen einer kollektiv definierten Norm oder das mehr implizite, verdeckte Einfiltrieren von Normen, wie sie – z. B. staatsideologisch bedingt – im allgemeinen Sozialisationsprozeß wirksam sind.

Kohlberg vertritt stattdessen einen *"parteinehmenden Ansatz"* (advocacy approach), nach welchem der/die Lehrer/in "ein Anwalt für bestimmte moralische Inhalte ist und sein sollte" *(26)*. In einem moralischen Dilemma sollte er/sie nicht vom Standpunkt seiner/ihrer Autorität und Stärke aus Partei ergreifen, sondern "nur als erster unter Gleichen für eine universelle Norm eintreten, letztlich für das Prinzip (die Maxime) der Gerechtigkeit. Er/Sie ist – hier beruft sich *Kohlberg* auf *Durkheim* – Repräsentant der Gruppen- oder Gemeinschaftsautorität bzw. "des Geistes der Tradition und der Zukunft der Gemeinschaft" *(32)*. Dabei urteilt und handelt er/sie bei jeglicher Parteinahme für Gerechtigkeit aus einer Haltung des Respektes vor dem Schüler als einem moralisch autonom Handelnden.

Kohlberg ist sich der Schwierigkeit des Lehrers bewußt, in der Praxis zwischen moralischer Parteinahme und "Indoktrination" zu unterscheiden. Worauf es ihm ankommt, ist die erkennbare moralische Partizipation und kollektive Verantwortung, nicht das Sich-Verschanzen hinter einer distanzierten moralischen Autorität. Musterbeispiel für eine indoktrinäre Moralerziehung sei das sowjetische, das kubanische und das chinesische System.

Kohlberg versuchte vor allem, über das Gefühl der Zugehörigkeit zu einer Gemeinschaft zu intervenieren, und selber Partei zu ergreifen im Sinne der vereinbarten Normen. Ein Beispiel dafür aus der Cambridge Cluster School sei hier wiedergegeben (aus *Kohlberg 1986, 32f.*):

Im ersten Jahr der Cluster School kam es wiederholt zu Diebstählen. Das Thema wurde in einer Vollversammlung vom Kollegium angesprochen. Die Schüler kamen überein, Diebstahl zu einem Disziplinarvergehen zu machen, obgleich sie die Meinung auf Stufe 2 äußerten, daß, wenn jemand so dumm sei, etwas herumliegen zu lassen, er selber schuld sei, wenn er bestohlen würde. Ich war über diese Entscheidung nicht glücklich und sagte: "Vielleicht kann jemand erklären, warum das Stehlen weitergeht? Denken die Leute nicht, daß es falsch ist und eine Verletzung der Gemeinschaft darstellt?" Die Schüler konnten mit diesem Appell nichts anfangen. Ein Schüler sagte: "Ich denke, Sie sollten sich darüber keine Sorgen machen. Tatsache ist, daß es passierte. Es bringt nichts, sich darüber Gedanken zu machen, warum es passierte." Ich beharrte dennoch: "Ich meine, Stehlen ist keine individuelle Angelegenheit, es ist Sache der Gemeinschaft. Es ist keine Angelegenheit der Disziplin, sondern die eines gewissen Gemeinschaftsgefühls, wonach die Menschen ein bestimmtes Vertrauensniveau haben sollten, das damit unvereinbar ist, daß irgendjemand einen anderen in der Gemeinschaft bestiehlt." Nur ein Schüler verstand meine Absicht. Die anderen glaubten, daß eine Regel gegen Stehlen das Beste wäre, was man tun könnte. Sie stimmten für die Regel, und damit war die Sitzung beendet. Aber das Problem des Stehlens blieb bestehen. Die Diskussionen über die Notwendigkeit, Vertrauen und gegenseitige Fürsorge zu entwickeln, hielten während des ersten Jahres an.

Die Mitglieder der Cluster School begannen das zweite Jahr optimistisch. Im Oktober kam es jedoch zu einem weiteren Diebstahl. Neun Dollar wurden während eines Kurses aus einer Börse entwedet, und keiner wollte sagen, wer das Geld genommen hatte. Eine Vollversammlung wurde einberufen, um den Diebstahl zu diskutieren. Eine Schülergruppe kam zu der Sitzung mit dem Vorschlag, daß jedes Mitglieder der Schule 15 Cent beisteuern sollte, um die neun Dollar, die aus dem Geldbeutel des Mädchens gestohlen worden waren, zusammenzubekommen. Phyllis, ein Mädchen aus dieser Gruppe, gab eine ausführliche Begründung für die Ersetzung des gestohlenen Geldes. "Es ist die Schuld aller, daß sie das Geld nicht mehr hat. Es wurde gestohlen, weil man sich einfach nicht um die Gemeinschaft kümmert. Alle denken, daß sie Individuen sind und nicht in die Gemeinschaft einbezogen werden dürfen. Es sollte jeden angehen, daß ihr Geld gestohlen wurde, und deshalb haben wir entscheiden, ihr das Geld zurückzugeben."

Nicht alle stimmten dem Vorschlag zu. Bob war besorgt, daß bei Annahme des Vorschlags "dann jeder sagen kann; 'Ich habe 10 Dollar verloren'". Jill fragte: "Woher weißt Du, ob Du jemandem glauben kannst, der sagt: 'Mir wurde mein Geld gestohlen'?" Sowohl Bob als auch Jill dachten, daß die Schuld nicht bei der Gemeinschaft lag, sondern bei dem Mädchen, das seinen Geldbeutel unbeaufsichtigt ließ. "Sie gibt euch eine Gelegenheit, das Geld zu stehlen; wenn ihr es in euren Händen hättet, würde ihr dann nicht daran denken, es zu stehlen?" In ihrer Antwort wiederholte Phyllis den springenden Punkt. Sie begann mit der Voraussetzung, daß die Cluster School eine Gemeinschaft sei, deren Mitglieder einander vertrauen sollten. Wenn man den Menschen nicht vertrauen könne, sei dies die Schuld der Gruppe, und alle müßten für den Fehler bezahlen. Sowohl die Mitglieder des Kollegiums als auch die Schüler betonten, daß die Gemeinschaft Druck auf die schuldige Person ausüben solle, das Geld zurückzugeben. Schließlich wählte man einen Kompromiß: "Wenn das Geld bis zu einem bestimmten Zeitpunkt nicht anonym zurückgegeben wird, hat jeder 15 Cents zu zahlen." Der kombinierte Vorschlag wurde angenommen und erwies sich in der Tat als wirksam. Die Person, die das Geld gestohlen hatte, gab es schließlich zu. In den drei Jahren nach der Sitzung kam es in der Schule zu keinen weiteren Diebstählen.

Als weiteren Wirkfaktor in der gerechten Gemeinschaft gilt *die Gruppe,* die Schulgemeinde. Auf die Bedeutung der Gleichaltrigengruppe für die Moralentwicklung ist bereits oben hingewiesen worden (vgl. vor allem *Piaget 1986*). Hier geht es um deren Wirksamkeit im Bereich der Schule. Dazu ist zunächst zu bemerken, daß diese Wirksamkeit wesentlich davon abhängt, was und wieviel die Mitgliedschaft in der Gruppe (Klasse) dem einzelnen bedeutet, und wie sehr sich eine Verbundenheit mit der Gruppe, ein Gemeinschaftssinn, beim einzelnen ausbildet. Ohne Zweifel ist die Wirksamkeit von Gruppennormen in einer Halbtags-Schulklasse schwächer als in dauerhaften Alltagsgruppen außerhalb der Schule.

Wenn sich Gemeinschaftsgeist (freiheitliche Solidarität) bilden soll, so ist eine moralische Atmosphäre nötig, d. h. eine grundsätzliche Akzeptanz von Werten und Normen, die für die Gemeinschaft wichtig sind. Ein solcher "kollektiver normativer Wert" ist z. B. das Respektieren des Eigentums durch jedes Mitglied der Gruppe. Die daraus abgeleitete generelle Erwartung ist nicht nur die, daß nicht gestohlen wird, sondern daß man sich auch aktiv darum sorgt, daß fremdes Eigentum unangetastet bleibt bzw. wieder ersetzt wird, wenn es gestohlen wurde. Verantwortung für fremdes Eigentum ist durchaus nicht etwas Selbstverständliches für Kinder; man denke an Kinder, die im wesentlichen auf der Straße aufwachsen. Sie kann sich erst dann bilden, wenn die Schule für sie wirklich als sozialer Ort bewertet wird, der durch die Partizipation an der Gemeinschaft (moralisch) mehr bedeutet, d. h. mehr Lebensraum verspricht als die Straße. Es müßte das Erleben von Solidarität sein – und seien es nur Ansätze davon.

Die Wirksamkeit verbindlicher Gruppennormen ist auch davon abhängig, daß sie aktiv mit Überzeugung gegen Abweichler verteidigt und zur Geltung gebracht werden. Sie werden zur Rede gestellt und der Gruppenkritik bzw. Gruppensanktionen ausgesetzt. Einem, der entgegen den abgesprochenen Regeln Drogen nimmt, wird eine Verletzung dieser Regeln vorgehalten und ihm klargemacht, daß Drogenkonsum eben nicht eine persönliche Angelegenheit des einzelnen ist.

Es spricht eine Menge traditioneller pädagogischer Plausibilität für *Kohlbergs* Just Community-Ansatz: Moralische Erziehung in der Schule muß auch moralische Reflexion umfassen; Lehrer sollen *aktive* Anwälte für moralische Werte sein; die Gruppe (Klasse) hat auf der Basis von Vertrauen und gemeinsamer Verantwortung und als Kontrollinstanz eine wichtige Funktion für das Erlernen von Maximen des Verhaltens; und es geht dabei ohne Zweifel um die Entwicklung und Forderung moralischer Autonomie, nicht um bloße Einordnung in die Gruppe. *Kohlberg* beruft sich ausdrücklich auf *Kant,* wenn er resümiert: “Wir stellen Normen auf, und wenn wir alle Gesetzgeber dieser Normen sind, müssen wir alle nach ihnen handeln” *(a.a.O., 51).*

Mit dem Ansatz der gerechten Gemeinschaft hat sich *Kohlberg* aus der bloßen Entwicklungtheorie gelöst und unmittelbar pädagogisches Terrain betreten. Er hat damit Grundlagen für eine pädagogische Theorie der moralischen Erziehung gelegt *(Oser/Althof 1992). Herzog (1988)* hat u. a. darauf hingewiesen, daß dabei sowohl die Beziehungen und Regelungsprozesse im sozialen Handlungsfeld als auch die Komplexität der personalen Ganzheit des Kindes, seines Selbst, also nicht nur seine Kognition, von zentraler Bedeutung sind.

Für die pädagogische Praxis wichtig sind aber auch die *Fragen* und *Kritiken,* die *Kohlbergs* Ansatz auslösten: So ist nach der praktischen Wirksamkeit moralischer Prinzipien und Gesichtspunkte zu fragen, die durch Moraldiskussionen gewonnen werden, wenn diese nicht im eigenen Lebenskontext als existierend und gültig erfahren werden, wenn gar die für das Erhalten des “nackten Lebens” nötigen Normen und damit die eigene Lebenswelt infragegestellt werden zugunsten eines abstrakten “guten Lebens”, im Sinne transzendierter kultureller Werte. Der rational motivierenden Kraft von Einsichten mangelt es hier an Schubkraft empirisch wirksamer Motive aus dem eigenen lebensweltlichen Hintergrund *(Habermas 1983, 119).* Die praktische Übertragbarkeit schulisch diskursiv gewonnener Einsichten auf die Normativität des Überlebens in gebrochenen Familienverhältnissen oder in Straßensubkulturen ist begrenzt.

Skeptisch äußert sich auch *Edelstein (1986),* der zwar bestätigt, daß die “gerechte Schulgemeinde” immerhin den konkreten Versuch darstellt, “in didaktischer Absicht jene Strukturen organischer Solidarität zu erzeugen, welche die didaktischen Ziele voraussetzen und allererst fundieren" *(336).* Es bestehe aber doch ein fundamentaler Unterschied zwischen einem praktischen Diskurs, der auf unmittelbare Verständigung über gegenseitig bindende Regeln ausgerichtet sei, und einem strategischen Einsatz von Wissen innerhalb von Unterricht *(337),* wo eigentlich nur "stellvertretende Erfahrung" ins Spiel komme. Es sei sicherlich möglich und nötig, daß die Schule die moralische Sensibilität des Schülers zu schärfen versuche und seine Aufmerksamkeit auf moralische Fragen lenke; es sei aber fraglich, *wieweit* Schule – heute – dadurch wirkliche Performanenzbedingungen für moralisches Urteilen und Handeln schaffen könne. Immerhin sei auch die Rolle des Lehrers eine institutionelle und Schule an sich eine künstliche Umwelt, in die subjektive Erfahrung nur selten einbezogen werde *(342).*

Eine *Segmentierung* des Wissens und damit eine Reduzierung seiner Bedeutung für Tätigkeitsfelder außerhalb der Schule trete ein, wenn keine Beziehung zum Erfahrungswissen wirksam werde, das hier erzeugt werde, und wenn die Schule lediglich eine Schulmoral hervorbringe. Es bestehe die Gefahr, daß die moralische Diskussion in der Schule zu bloßen Diskussionstechniken degeneriere *(345).* Im übrigen sei zu beobachten, daß es Kinder und Jugendliche gibt, bei denen unter dem Druck ihrer (außerschulischen) Lebenswelt ihre Empfänglichkeit für Normen und Werte einer *gerechten* Lösung von Alltagskonflikten längst "verdampft" ist *(343).*

Andere Autoren haben ganz allgemein *Kohlbergs* Konzept einer entwicklungsbestimmten Moralerziehung dahingehend kritisiert, daß es in eine kognitiv abstrakte und psychologisch entleerte Moral der Gerechtigkeit einmünde, daß die sozio-emotionale Komponente der Moralentwicklung (Ich-Entwicklung, Beziehung, Liebe, Solidarität) zu kurz komme, daß es bei der Betonung des kognitiven Anteils (Dilemma-Diskussion) um eine männliche, also geschlechtsspezifische Moral gehe (vgl. *Gilligan 1988*), und daß am Ende solcher Entwicklung der rationale Egoist, also eben nicht Solidarität, stehe (vgl. *Schreiner 1979*).

Hierzu ist zunächst zu bemerken, daß diese Kritiken sich im wesentlichen auf *Kohlbergs* Modell der Moralentwicklung an sich beziehen, nicht also explizit auf seinen Just Community-Ansatz. Sie sind sicherlich nicht zu vernachlässigen, werden aber insgesamt seinem Modell nicht gerecht. Für *Kohlberg* selbst sind Empathie und Rollenübernahme, also die Orientierung am Eigeninteresse und Wohlergehen des anderen, als Vorbedingungen unverzichtbar; denn erst durch sie könne ein moralischer Konflikt als solcher erfahren werden; durch sie allein aber lasse er sich nicht lösen (vgl. *Schreiner a.a.O., 520*).

Im übrigen hat die Praxis der "gerechten Schulgemeinde" gezeigt, daß diese sich durchaus nicht an einer "kalten Idee der Gerechtigkeit" orientiere und Liebe und Solidarität entbehre. Auf den vermeintlichen Widerspruch zwischen Autonomie und Solidarität haben wir bereits oben hingewiesen. Beide können nur als aufeinander bezogen verstanden werden. Ohne solidarische Verbindlichkeit gibt es keine wirkliche Autonomie als kognitiv-emotionale Selbsteinbindung in Gerechtigkeit *und* Liebe.

Higgins (1989) hat diesen Doppelaspekt von Gerechtigkeit und Fürsorge im Modell der gerechten Gemeinschaft besonders hervorgehoben. Deren Schüler hielten ihre Regeln für fairer, hätten eine bessere Beziehung zu ihren Mitschülern und Lehrenden, einen stärkeren Gemeinschaftssinn, zeigten signifikant weniger Fälle von Streitigkeiten und Vandalismus, dafür aber mehr gegenseitige Hilfe als die Schüler der Kontrollgruppen. Vor allem bestätigten die Schüler der Gerechten Gemeinschaft die starke Gültigkeit sozialer Normen, wozu vor allem die Fürsorge füreinander, das gegenseitige Zuhören, das Hineindenken in die Rolle des anderen und der Vorrang des Denkens vor dem Handeln, aber auch die Bereitschaft gehörten, die eigene Meinung zu sagen und an der Gruppe aktiv teilzunehmen *(a.a.O., 115f.)*.

Untersuchungsbefunde liegen aus den USA von *Zimmerman (1983)* darüber vor, wieweit es möglich ist, durch Moralerziehung, "Charaktererziehung" oder Werterziehung das Auftreten von Aggressionen einzudämmen. Die bisher vorliegenden Untersuchungsergebnisse zeigen, daß diese Hypothese insgesamt nur in einem bescheidenen Maße bestätigt werden konnte, d.h. daß ein Lerntransfer von pädagogischen Situationen auf wirkliche Konfliktsituationen nur bedingt stattfindet. Dabei sei freilich zu beachten, daß nicht jede Aggression als unmoralisch zu bewerten ist.

In direktem Bezug zu *Kohlbergs* Ansatz der "gerechten Schulgemeinde" haben *Aufenanger u. a. (1981)* aufgezeigt, in welcher Weise das *Rollenspiel* dazu beitragen kann, die Sensibilität für moralische Situationen und die Fähigkeit zur Rollenübernahme in solchen Situationen zu fördern. Es geht darum, eine moralische Situation als solche zu identifizieren, d. h. zu erkennen (wahrzunehmen), daß es in einem Konflikt unterschiedliche Wertorientierungen gibt, und daß der andere auch eine bestimmte Einstellung hat und bestimmte Normen und Werte vertritt. Das Rollenspiel kann helfen, sensibel für die Position des anderen zu werden, und damit das eigene moralische Urteil und das eigene moralische Handeln zu überprüfen.

Möglichkeiten des "Rollenspiels als sozialen Entscheidungstrainings" hatten *1973 Shaftel und Shaftel* zusammengestellt. Es sind aus heutiger Sicht und in Bezug auf die hier besonders angesprochenen Erziehungsprobleme relativ harmlose Geschichten. – Differenzierte praktische Anregungen enthalten die Lernhilfen und Unterrichtsmodelle von *R. T. Hall (1979)* für einen "Unterricht über Werte". Weitere Anregungen enthält der Bericht von *Lind / Raschert 1987.*

Kohlbergs Ansatz ist m. E. mit Sicherheit auch von substantieller Bedeutung für Konzepte der Erziehungshilfe für Kinder und Jugendliche mit emotionalen und sozialen Schwierigkeiten. Wie er im einzelnen integrierbar ist, müßte praktisch ausgelotet werden. Dabei ginge es nicht primär um den Nachweis von direkten Effekten bei der Eindämmung von Aggressivität, sondern darum, aufzuzeigen und zu erproben, wie das Prinzip der Gerechtigkeit als Fairneß in einer Schulgemeinschaft Gültigkeit haben kann, so daß eine Basis für eine tatsächliche erzieherische Arbeit und Atmosphäre gefunden wird. Die Diskussion über moralische Dilemmata und Urteile ist dabei unverzichtbar (vgl. *Goldstein 1987*).

Kohlbergs Just Community-Versuche nötigen uns – vor allem unter praktischem erzieherischem Aspekt – alle Achtung ab. Sie können nicht allein als distante Objektivationen wissenschaftlichen Forschungsinteresses gesehen werden, sondern als die engagierte Konkretion einer pädagogischen Idee. Die Schule diente dazu nicht primär als künstliches Versuchsfeld zur Stimulation kognitiv moralischer Entwicklung sondern verwandelte sich selber in einen normativ gültigen, virtuellen Lebenskontext. Hier wurden verläßliche emotionale Zuwendung, eine echte Auseinandersetzung mit sozialen Problemen, soziale Annäherungen, Mitbestimmung und Verantwortung für das Gestalten des eigenen Lebens und für das der Gruppenmitglieder wirksam und dies für Menschen, deren üblicher Lebenskontext alles andere als verheißungsvoll erschien, für junge Menschen im Gefängnis oder in sozial gefährdeten Lebensverhältnissen wie den Bronx. *Kohlberg* hat sich gänzlich und konsequent der sozialen Realität und Komplexität von Erziehung und Erziehungshilfe gestellt und die Erfahrung bestätigen müssen, daß Hilfe zum Gewinnen moralischer Autonomie keine bloße Technik ist, auch keine, die sich in ihrer Effektivität planen oder messen läßt. Er war von einem Menschenbild geleitet, das von "apriorischer Würde, Weltoffenheit, Autonomie und tief verstandener Gerechtigkeit" bestimmt war, und er versuchte, diese Werte unter dem Einsatz seiner Existenz zur Geltung zu bringen *(Oser 1988, 76)*, eine bleibende Herausforderung der Erziehung.

10.4. Die Schule als Erfahrungsraum des Moralischen

Es bedarf keiner näheren pädagogischen Begründung, wie notwendig es für Kinder ist, *aus Erfahrungen zu lernen,* nicht nur aus Belehrungen *(Herzog 1991, 406)*. So wichtig das Verbalisieren und Begründen moralischer Urteile auch sein mag, so kommt es vor allem auf das unmittelbare und erzieherisch begleitete Tun in der Praxis an, wenn moralisches Gefühl und moralisches Handeln sich stabilsieren und zu einem "ethischen Können" *(Varela 1994)* integriert werden sollen. Kinder lernen aus Erfahrungen mehr als aus Belehrungen *(Etzioni 1995, 121)*. Da in der heutigen Schule das Verbalisieren und der Diskurs, also kognitive Lernprozesse und Kompetenzen, hoch im Kurs stehen, und da eine Trennung der Sprache und der Fertigkeiten von den Realitäten und den wirklichen Handlungen die Ganzheitlichkeit der Weltsicht, also die Einheit des Denkens und Handelns, zu zerstören droht *(Bruner 1973)*, besteht die Gefahr, daß durch ein bloßes Bereden sozialer und moralischer Konflikte wenig für eine moralische Praxis gewonnen wird. *Bruner* wies auch darauf hin, daß sich durch eine einseitige Entwicklung der Sprache auch die Wahrnehmung verändere, also z. B. die Wahrnehmung moralischer Situationen. Wirkliches moralisches Können ist im besonderen auf Erfahrungen angewiesen, und in dem Maße, in dem z. B. die Familie als Gruppe für moralische Erfahrungen ausfällt, gewinnt die Schule an entsprechender Bedeutung. Bevor näher darauf eingegangen wird, sind zwei Vorbemerkungen zur gegenwärtigen Praxis der Thematisierung sozialer und moralischer Probleme im Unterricht nötig:

Die erste Anmerkung bezieht sich auf die häufige Beobachtung, daß bei der "unterrichtlichen Behandlung" und Diskussion sozialer Konflikte und ihrer Bewältigung generell das eigentlich Moralische ausgeklammert bleibt. Vornehmliche Bezugs- und Orientierungsgrößen für eine ganze Lehrer-Generation und ihre "Sozialerziehung" waren und sind soziales Verstehen, soziales Lernen und "solidarisches Handeln" in einem allgemeinen oder nicht näher geprüften Sinn einer "emanzipatorischen Erziehung". Ethische Grundlagen blieben und werden weithin ausgeklammert. "Moral" galt und gilt mehr oder weniger als Unwort in der pädagogischen Praxis. Man kann geradezu den Eindruck gewinnen, daß sie bewußt herausgehalten werden soll. Dies zeigt sich im besonderen in der Rolle des Lehrers bzw. der Lehrerin bei der unterrichtlichen Thematisierung sozialer und moralischer Probleme. Sie spielen generell die Rolle des pädagogischen Veranstalters oder des nichtwertenden Moderators bzw. Conférenciers, der für Motivation, Offenheit und einen geordneten Diskurs sorgt, die Einstellungen und Urteile der Schüler und Schülerinnen widerspiegelt und eventuell auch Empathie zeigt. – Daß er trotzdem eigene Wertungen einbringt, und daß diese u. U. vom elterlichen Erziehungsprimat her auch zurückgewiesen werden können, zeigte der Beschluß des Bundesverfassungsgerichtes zur Sexualerziehung in der Schule. Er dürfte auch zu einer verallgemeinerten Zurückhaltung der Lehrer in Wertungsfragen beigetragen haben.

Es sollte deutlich geworden sein, daß ein solches Ausblenden der moralischen Dimension aus der Diskussion sozialer Konflikte letztlich niemandem dient. Es ist einfach nicht wahr, wenn behauptet wird, man könne als Pädagoge nicht gegen den Strom der Egoismen, der vorherrschenden Ich-Orientierung angehen. ("Jeder ist sich selbst der Nächste!") Es ist nicht wahr, daß es pädagogisch aussichtslos sei, noch von Moral zu reden, und von allgemein verbindlichen Werten und Normen *für alle* auszugehen oder diese wiederzuentdecken und lebendig werden zu lassen. Die Erziehung zum Umweltschutz, zur Erhaltung der Lebensgrundlagen für alle, ist ein klares Gegenbeispiel.

Kinder und Jugendliche sind nach wie vor dafür ansprechbar, was *für alle* zu gelten hätte. Sie müssen aber auf dieses Verbindende, also auf allgemeine Werte hin angesprochen werden. Die Schwierigkeiten, die bei einem solchen Versuch einem Pädagogen begegnen können, sind enorme. Sie erklären sich aus der vorausgegangenen Phase der Entmoralisierung, dem damit verbundenen Mißtrauen der Kinder und Jugendlichen und ihrer moralischen Entwöhnung. Der pädagogische Weg zu einer Neuverankerung des Moralischen wird mühsam sein. Unterstützung ist vom wachsenden Verantwortungsbewußtsein der Erwachsenen angesichts der konkreten Bedrohungen des Lebens auf der Erde zu erwarten. Eine ökologische Begründung der Moral wird am ehesten pädagogisch praktikabel sein, die Friedenserziehung eingeschlossen.

Eine zweite Vorbemerkung bezieht sich auf den – vor allem in den USA im Anschluß an *Piaget* und *Kohlberg* – einseitig verbalisierenden und vornehmlich rationalisierenden Ansatz von moralischer Erziehung. Klassisches Beispiel sind die bekannten Dilemma-Geschichten, aus denen heraus unterrichtliche Diskussionen erfolgen. Das Fortschreiten der moralischen Entwicklung wird am Fortschreiten der *Begründungen* für moralisches Handeln gemessen.

Auf die Problematik dieser Annahme ist bereits hingewiesen worden. Es geht um die Frage, wie sich Werte und Moral im Menschen wirklich verankern, d. h. zum inneren Besitz werden, der auch das moralische Gefühl umfaßt, und wie sich ein wirkliches moralisches Können ausbildet. Eine scharfe Kritik des bloßen "hochkognitiven Ansatzes" einer moralischen Erziehung findet sich bei *Etzioni (1995)*. Seine Einschätzung ist die, daß sich dabei im wesentlichen ein bloßes "moralisches Räsonnieren" ausbilde. Durch das Reden über Moral würden keine Werte internalisiert. Diese bedürften vor allem der emotionalen Verankerung und damit der Erfahrung. Er wendet sich auch deutlich gegen den vor allem in den USA praktizierten "Wertklärungsansatz", bei dem es darum ginge, moralische Werte in erster Linie zu besprechen und zu ordnen, während sich die Lehrer einer eigenen Bewertung enthielten *(Speck 1996b)*. Es käme dabei zu sinnlosen Debattierstunden, während der Lehrer als aktiver Werteanwalt ausfiele. Das Ganze liefe auf eine bloße "Räsonnierschulung" hinaus, nicht aber auf Charakterbildung. Diese erfordere vielmehr, daß sich der Einzelne auch emotional engagiere, also seine moralischen Gefühle aktiviere und lerne, sich selbst zu steuern.

Die Folgerung daraus ist die, daß das moralische Diskutieren durch moralische Erfahrungen ergänzt bzw. fundiert werden muß. Die Schule ist auch als Raum für moralische Erfahrungen zu sehen. Moralische Erziehung müßte integraler Bestandteil des Schullebens und der Erziehung in der Schulklasse, auch im Heim, werden.

Daß dies eine immerwährende pädagogische Aufgabe ist, zumal wenn sich die Schule als Erziehungsinstitution versteht, hat *Pestalozzi* in seinem Stanzer Brief von *1799* lapidar beschrieben: "Ich habe meinen Kindern unendlich wenig erklärt; ich habe sie weder Moral noch Religion gelehrt" (Sämtl. Werke *1932, Bd. 13, 15*). Dies bedeutet jedoch ganz und gar nicht, daß *Pestalozzi* eine sittliche Erziehung abgelehnt hätte, im Gegenteil! Es ging ihm vielmehr um deren Art und Weise. Was er für pädagogisch untauglich hielt, war eine deduktive und lebensferne Tugendlehre ohne die nötigen Anschauungen. Er hatte es bei seinen Kindern in Stanz mit verwilderten, verrohten und verlassenen Opfern von Kriegswirren zu tun. Die nackte Lebenserhaltung bestimmte ihr Handeln. Gerade aus dieser Situation heraus betonte er die Notwendigkeit einer sittlichen Erziehung über den alltäglichen konkreten Umgang mit den Kindern, über die Gemütsbildung, über die Befriedigung der täglichen Bedürfnisse, über situationsbezogene Selbstüberwindungen und erst *"zuletzt"* komme man mit den Wörtern: "Knüpfe diese an die täglichen häuslichen Auftritte und Umgebungen an und sorge dafür, daß sie gänzlich darauf gegründet seien, um deinen Kindern klarer zu machen, was in ihnen und um sie vorgeht, um eine rechtliche und sittliche Ansicht ihres Lebens und ihrer Verhältnisse in ihnen zu erzeugen" *(a.a.O., 14);* und er ergänzt, daß die sittliche Reifung letztlich nicht aus dem Tugendpredigen hervorgehe, sondern aus dem "Nachdenken und Vergleichen der Rechts- und Sittlichkeitsverhältnisse, in denen das Kind schon durch sein Dasein und seine Umgebungen steht" *(19).*

Die Geschichte der Pädagogik kennt noch eine ganze Reihe anderer beispielhafter Versuche, Kinder Gerechtigkeit, gegenseitige Achtung und Wohlwollen durch Erfahrung und eigenes Handeln unter pädagogischer Begleitung lernen zu lassen. Es sei hier nur auf das außergewöhnliche Beispiel verwiesen, das der polnische Arzt und Pädagoge *Janusz Korczak* mit seinem Waisenhaus gegeben hat *(1978).* Er ließ die Kinder selber urteilen und handeln, wenn es um Verstöße gegen die Regeln des Zusammenlebens im Hause ging. Er hatte eine *Versammlung der Kinder* installiert, die zugleich als Kindergericht fungierte, um Streit- und Beschwerdefälle zu klären und zu ahnden, nachdem er die Erfahrung gemacht hatte, daß bloße pädagogische Autorität unzulänglich bleibt. Er berichtet über seine entnervenden Erfahrungen mit den Kindern, die ihm in seiner Ratlosigkeit oft die Tränen in die Augen trieben. Er mußte aber auch die Erfahrung machen, daß sich die pädagogische Zähigkeit lohnt, daß sich bei den Kindern doch allmählich das gemeinschaftliche Gewissen regte, und daß von Tag zu Tag die Zahl derer größer wurde, die den guten Willen des Erziehers und die verständigere Richtung bejahten *(285).* Die Versammlungen rührten das kollektive Gewissen der Gemeinschaft an und stärkten das Gefühl der gemeinsamen Verantwortlichkeit, bei allen Rückschlägen, die immer dazugehören. Mit dem "Kameradschaftsgericht" wollte *Korczak* sicherstellen, daß Kinder auch Rechte haben und diese auch selbst durchsetzen können. Es sollte "die Stillen beschützen, damit die Starken ihnen nicht das Leben schwermachen"; es sollte "die Gewissenhaften und Arbeitsamen gegen die Nachlässigen und Faulpelze in Schutz nehmen" und "um Ordnung besorgt sein" *(304f.).* Es war ein Unternehmen, bei dem die Autonomie der Kinder in besonderer Weise geachtet und in Anspruch genommen wurde. – Später hat *A. S. Neill (1969)* in seinem Unternehmen "Summerhill" Elemente von *Korczaks* Pionierarbeit übernommen, jedoch nicht dessen Kindergerichtshof *(Bettelheim 1990).*

Die Forderung nach einer Integration der moralischen Erziehung in den Schulalltag gilt nach wie vor, auch wenn es in einer pluralen Gesellschaft schwierig geworden ist, einen Normen- und Wertekonsens im Schulleben und für die einzelne Schulklasse zu finden und durchzuhalten. Wenn die Schule sich nach wie vor als Erziehungsinstitution versteht, muß sie ihren Schülerinnen und Schülern entsprechende Erfahrungen ermöglichen und pädagogisch auswerten. Es ist also nicht gleichgültig, wie es "in der Schule zugeht", wie man miteinander umgeht, ob aufeinander Rücksicht genommen wird, oder ob ein verdeckter oder offener Terror herrscht, ob die Schule als Alltagswelt Gelegenheiten für eine sinnvolle Lebensorientierung in einer Gemeinschaft bietet oder zu einem Ort wird, an dem Egoismen und Selbstdurchsetzung vorherrschen.

Welche Chancen hat die Schule in dieser Beziehung heute? Worauf käme es an, wenn ihr Beitrag zu einer moralischen Erziehung auch über bloße Belehrungen und vornehmliches moralisches Räsonnieren hinausgehen soll? Es sind vor allem zwei Bereiche, die von Bedeutung sind: das *Schulleben* und die *Klassengemeinschaft*.

– Wie steht es um das *Schulleben?* Wie geht es auf den Fluren und Treppen zu? Macht sich ein Vandalismus breit oder kann man sich dort mit relativer Sicherheit miteinander austauschen? Wie steht es um die Toiletten? Sind sie gefährlich, so daß man sie eher scheut? Wie geht es auf dem Schulhof zu? Herrscht hier die Gewalt, das Faustrecht? Werden Schüler mißhandelt? Werden hier Drogen angeboten? Wissen die Lehrer, was auf dem Schulhof vor sich geht? Müssen Schüler für Schäden aufkommen, die sie angerichtet haben, oder wird eher "weggesehen", wenn andere verletzt werden?

– Welche moralischen Erfahrungen macht das Kind in seiner *Klasse?* Hat das Prinzip der Gerechtigkeit hier genügend Geltung? Wird der Einzelne in seiner Eigenart geachtet oder ist er wehrlos Diskriminierungen ausgesetzt? Wie werden soziale und moralische Konflikte behandelt? Sind sie den Lehrern mehr oder weniger unangenehm? Nehmen sie sich Zeit, sie zu klären? Können bedrängte Schüler mit Unterstützung rechnen, oder müssen sie Erpressungen und Gewalttätigkeiten schweigend hinnehmen? Gilt im Sport mehr die Leistung, oder kommen auch Fairplay und Mannschaftsgeist genügend zum Tragen? Ist die Lehrer-Schüler-Beziehung von gegenseitiger Achtung und Verantwortlichkeit bestimmt oder von einem bloßen Nebeneinander oder autoritärer Einseitigkeit? Ist eine hinreichende Disziplin gegeben, so daß ein ersprießlicher Unterricht, wie ihn sich auch die Schüler wünschen, möglich wird?

Die Schwierigkeiten sind bekannt. Allzu unbedenklich hat sich die Versachlichung und Zergliederung des Unterrichts breitgemacht, die menschliche Kontakte und Verbindlichkeiten in den Hintergrund drängen. Das Fach-Spezialisierungs- und das Rotationsprinzip für Lehrer und Schüler hat zur Folge, daß das Persönliche und das gemeinsam Verpflichtende zu kurz kommen. Das, was man einen verbindlichen Klassengeist nennen könnte, kann sich kaum entwikkeln. Die Lehrer haben als Fachlehrer zu wenig Bindung an ihre Schüler. Sie sind mehr für ein Fach, nicht für eine Klasse verantwortlich. Vielfach sind sie selber moralisch überfordert.

Und trotzdem gilt: Wenn das Erziehungsverständnis und der so oft propagierte "Erziehungsauftrag" der Schule keine Farce sein soll, dann muß sie auch zum moralischen Erfahrungsraum für ihre Schüler werden. Eine Ausklammerung der Erziehung kann sie sich auf die Dauer nicht leisten. Sie verliert sonst den Boden, auf dem ihr Restverständnis als Instruktionsanstalt aufruht. Als warnendes Bild sei auf die durch Polizisten (nur mühsam) gesicherten Schulen in den nordamerikanischen Großstädten verwiesen *(Etzioni 1995)*. Im Grunde wünschen sich alle Beteiligten eine lebensnahe Schule, in der man auch für das Leben lernt. Im Augenblick scheinen noch die individualistischen Normensysteme der Vielen ein Hindernis für mehr Verbindlichkeit darzustellen.

Eine Veränderung in dieser Richtung dürfte wesentlich vom normativen Dialog mit den *Eltern* abhängig sein. Eine wichtige Voraussetzung dafür wird auch in der Verlagerung von mehr Autonomie auf die einzelnen Schulen hin liegen müssen. Ebenso ist, um mehr persönliche Nähe herzustellen, ein Abbau der schulischen Mammut-Organisationen erforderlich. Die kleinere Schule wird mit Sicherheit an Attraktivität gewinnen. In Anbetracht der Probleme im sozialen Kontext der Schüler wird die Schule im übrigen nicht umhinkönnen, sich nach Bedarf auch der Schul-Sozialarbeit zu bedienen. Psychologische und kinder- und jugendpsychiatrische Dienste haben ohnehin schon über die Eltern eine enorme Bedeutung als externe Rahmensicherung für die Schule heute erhalten.

10.5. Therapeutische Interventionen

Erziehungshilfe hat die Aufgabe, zur Stabilisierung und Verbesserung der Lebenstüchtigkeit von Kindern mit emotionalen und sozialen Schwierigkeiten beizutragen. Sie ist im wesentlichen auf den Alltag und auf seine Bewältigung bezogen, sei es in der Familie durch Beratung oder sozialpädagogische Familienhilfe, sei es in der Schule durch speziellen Stützunterricht oder mobile schulische Erziehungshilfe *(Hippler 1985)*, sei es im Heim durch das Erleben von Gemeinschaft. Erziehung oder Erziehungshilfe wird erst in der Dimension der Zeit wirksam, also als Dauerprozeß ablaufenden Lebens in Koexistenz.

Um die Komplexität dieser anspruchsvollen Aufgabe zu reduzieren, entwikkelten sich differenzierte Ansätze mit verschiedenen professionell bestimmten Schwerpunkten. Als besonders auffällig gilt hierbei die Verschiebung erzieherischer zu therapeutischen Deutungs- und Handlungsmustern. Aus dem bösen Kind wurde das neurotische, gestörte, verhaltensauffällige Kind, aus dem artigen und lieben Kind das gesunde ungestörte Kind, stellt *Schön (1989, 131)* fest und fügt hinzu, daß damit die Erörterung von Erziehungsmaßnahmen verdrängt wurde, und daß es zu einer tendenziellen Ablösung moralischer Kategorien durch medizinische Diagnostizierung, Bewertung und Therapie gekommen sei.

Therapeutische Elemente (Deutungsmuster) sind für die pädagogische Arbeit nützlich, wenn sie darauf gerichtet sind, das Kind als authentisches Subjekt zu begreifen *(Schön a.a.O., 133)*, das sich in Interaktion mit anderen aktiv Möglichkeiten seiner Weiterentwicklung erschließt. – Durch die zunehmende Professionalisierung und Spezialisierung wird aber die Erfüllung dieses koautonomischen Postulats schwieriger. Es kommt leicht zu Übergewichten der therapeutischen Fachleute und dabei zugleich zu einer aus Arroganz und

Naivität gemischten Herabsetzung der Erziehungspraktiker/innen. Das Übergewicht kann so groß und verbreitet sein, daß Eltern "Therapien" für ihr Kind als einen normalen Bestandteil moderner Kindererziehung ansehen. "Haben Sie Ihr Kind denn nicht in einer Therapie?", fragte überrascht eine Mutter eine andere.

Gegenüber solchen Tendenzen zur Therapeutisierung der Kindheit ist aus pädagogischer Sicht festzustellen, daß bei allen Ähnlichkeiten von Therapie und Erziehung deren Unterschiede nicht vernachlässigt werden dürfen (*Speck 1996a,* aus systemischer Sicht *Rotthaus 1987*).

"Therapie ist immer nur eine Intervention in ablaufendes Leben, aber nicht das Leben selbst. Man kann keine therapeutische Existenz führen" *(Giesecke 1990, 7).* Aus pädagogischer Sicht, d. h. aus der Perspektive gemeinsamen Lebens zum Zwecke der Lebenshilfe und Autonomiegewinnung, muß auf diese Unterscheidung, die nach wie vor in pädagogischen Institutionen, zumal im Heim, zu interprofessionellen Spannungen führt, Wert gelegt werden: Die therapeutische Intervention ist nicht mit Erziehungshilfe gleichzusetzen. Während Erziehungshilfe stets in die Alltagsunmittelbarkeit des Normativen eingebunden ist, kann (und soll) sich die therapeutische Intervention davon abheben ins Lebenstechnische, ins Instrumentelle der Verhaltensregulierung oder in die Aufarbeitung emotionaler Störungen. Das Erlernen von Autonomie kann nur als ein komplexer Vorgang über den Gesamtablauf von Kindheit und Jugend begriffen werden, nicht etwa reduziert werden auf einen "Autonomiekurs" für Kinder mit anomischem Verhalten.

Ich meine, daß die sekundierende Funktion der therapeutischen Intervention im pädagogischen Feld als solche beachtet werden sollte, und ich halte es deshalb für einen Fehlgriff, den Begriff Verhaltensgestörtenpädagogik mit einer *"psychologisch fundierten Beschäftigung mit Verhaltensstörungen"* gleichzusetzen *(Petermann 1987, 1),* und darunter u. a. "sozial-kognitive Interventionen", "Familientherapie", "Aggressionstrainings" oder "Behandlungspakete" für sozial unsichere Kinder zu verstehen.

Um nicht mißverstanden zu werden: Der psychologische Beitrag, auch wie er in der genannten Publikation artikuliert wird, ist sehr wichtig für das Verständnis der immer weniger definierbaren "Verhaltensstörungen" und für deren Behebung; aber "Beschäftigung" mit Störungen bei Kindern trifft noch nicht das, was man als "Erziehung" zu bezeichnen hätte, wenn man sie als spezifisches Phänomen ernstnähme und ihr generelles Erfordernis bestätigte. Im Begriff "Beschäftigung" liegt eindeutig ein Verzicht auf eine irgendwie normativ bestimmte Hin-Orientierung und Initiation menschlichen Werdens, menschlicher Entwicklung. Eine normative Zukunfts- und Sinnorientierung wird aber zunehmend zum existentiellen Problem bei Jugendlichen und Heranwachsenden.

Als eine Möglichkeit, Funktionen zu beleben und einzuüben, die für autonomes Handeln wichtig sind, sei das "Training mit sozial unsicheren Kindern" *(Petermann / Petermann 1989)* kurz angesprochen. Es ist u. a. mit der Theorie der "erlernten Hilflosigkeit" von *Seligmann (1986)* begründet. Sie erlaubt es zu folgern, daß Selbstunsicherheit durch Umlernen behoben werden kann. Selbstunsicheres Verhalten äußere sich in sozialer Angst, mangelndem Selbstvertrauen, fehlender Selbstbehauptung oder sozialer Kompetenz.

Als Zielverhalten des Trainings wird sozial kompetentes Verhalten angestrebt. Teilziele sind u. a. das Durchsetzen der eigenen Ansprüche, aber auch das Erkennen der Ansprüche anderer, der Mut, Gefühle zu zeigen und Kritik zu äußern. Im Training, für das differenzierte Materialien bereitgestellt werden, und das mit dem einzelnen Kind und in Kindergruppen durchgeführt wird, geht es um die Aktivierung des bisher mehr gehemmten, passiven Kindes, also um den Abbau seines Verweigerungsverhaltens, mit dem es aktiv seine Umwelt kontrollieren kann. Die Wirksamkeit dieser Übungen ist wesentlich abhängig von der Zusammenarbeit mit den Eltern.

Zu bemerken wäre, daß diese eigentlich selber in hohem Maße hilflos sind, also unter einer erlernten Hilflosigkeit leiden, und daß solchen Programmen deshalb Grenzen gesetzt sind. Es wäre vermessen anzunehmen, daß mit den – wenigen – vorliegenden Programmen dieser Art das komplexe normative Defizit aufgearbeitet werden könnte, das den Erziehungsproblemen, hier den auffälligen Verhaltensunsicherheiten, zugrundeliegt.

Die ansonsten vorliegenden Interventionsprogramme setzen ganz verschieden an. Ihre Vielfalt reicht vom völlig freien Spiel ("Spieltherapie") bis zu strukturierten Trainings. Letztere werden wegen der Kontrollierbarkeit der erreichten Verhaltensänderung (Verhaltensmodifikation) besonders geschätzt. Dabei sind die ursprünglich einseitigen, mehr mechanistischen Methoden des operanten Konditionierens (bloßen Verstärkens) längst ersetzt worden durch sozial-kognitive Interventionsmethoden.

Eisert (1987) hat ein solches Programm im Sinne eines Selbstinstruktionstrainings für aggressive Kinder dargestellt. Es ist darauf ausgerichtet, daß die Kinder ihr Verhalten in kritischen Situationen besser steuern können. Dazu sollen sie lernen:

- Zwischen berechtigtem Ärger und situationsunangemessener Wut zu unterscheiden; Ziel ist es, das "unsozialisiert-aggressive Verhalten nachhaltig zu ändern" *(8)*.
- Ihr Verhalten in unterschiedlichen Situationen selbst zu steuern; dafür sollen sie lernen, ihre Denkprozesse zu ändern und selbst zu regulieren. Dazu sind neue Strategien zu vermitteln! Sprache soll als Mittler eingesetzt werden.
- Schwierige Situationen erst einmal zu erkennen, unangemessenes Verhalten und einschießende, störende Affekte zu reduzieren, u. U. eigene Sichtweisen und Glaubenssätze über die von ihm anderen zugeschriebenen Intentionen und Handlungen in bestimmten Situationen zu überprüfen, und eventuell zu revidieren, alternative Handlungspläne abzuwägen, die für deren Ausführung notwendigen Fertigkeiten zu erwerben, da es ihm an "Problemlösungsfertigkeiten" fehle; es soll lernen, die Perspektive anderer wahrzunehmen und zu beachten *(12)*.

Was bei diesen aggressiven Kindern vorliege, sei ein "Produktions"- bzw. "Performanz-Defizit" als grundlegendes Defizit: eine Nichtverfügbarkeit verbal vermittelnder Fertigkeiten *(13)*. Weil die Kinder an sich über ein beachtliches Vokabular verfügten, könne es sich u. a. nur um ein Problem des situativen Nicht-verfügen-könnens handeln. Klartext: Sie könnten eigentlich, wenn ... Sie brauchen metakognitive Hilfen.

Defizient sei die Wahrnehmung und Kodierung sozialer Zeichen und Hinweise; nicht das situativ vom anderen Intendierte sei maßgebend und Auslöser für sozial unangepaßtes Verhalten, sondern die dem anderen zugeschriebene "feindselige Absicht", eine hinter seinem Verhalten vermutete Ablehnung, also eine Abwertung *(14)*.

In dem Selbstinstruktionstraining erhält das Kind direkte verbale Instruktionen. Im übrigen soll es am Modell lernen. Für erwünschtes Verhalten wird es materiell oder sozial verstärkt. Negativ definiertes Verhalten wird "durch Verstärkerentzug bestraft". Die erwünschten Verhaltenssequenzen werden im Rollenspiel eingeübt. Das Kind lernt, in handlungsanleitender Weise zu sich selbst zu sprechen. Über eigene Übungsprogramme werden soziale Fertigkeiten eingeübt (Social skills training). In Selbstkontrollprogrammen wird geübt, sich in andere hineinzuversetzen *(16)*.

Als "affektive Erziehung" werden präventive Programme bezeichnet, durch die das Kind lernen soll, seine eigenen Gefühle und die der anderen zu identifizieren: glücklich, traurig, verletzt, stolz, wütend (Rollenspiel, Pantomime, Photographien, Bildersequenzen etc., S. *17*).

Ein solches Selbstinstruktionstraining ist bereits für impulsive Kinder entwickelt worden *(Wagner 1976)*. Man fragt sich, wieweit Aggressivität tatsächlich über Einsicht und bewußte Steuerung behebbar ist, auch, welche Kinder solch anspruchsvollen Programmen gewachsen sind, und kommt zur Vermutung, daß dafür die eigentlich, d. h. schwer aggressiven Kinder kaum in Betracht kommen. Es gibt Lebenslagen und Lebensläufe, aus denen eigene Einsicht allein nicht heraushilft.

Eisert benennt selber unter Bezugnahme auf einschlägige Untersuchungsbefunde anderer Forscher Probleme, die bei einem solchen Training eintreten können:

So können z. B. die Eltern keine weiteren Verstärkermöglichkeiten mehr sehen. "Was sie auch anstellen, wird als negativ, eben als aversiv erlebt" *(12)*. Eine Gefahr besteht darin, "die Probleme des Kindes wiederum gleichsam in dessen Kopf zu lokalisieren und dabei das soziale Bedingungsgefüge auszublenden *(15)*. Es werden Schwierigkeiten gesehen, die spezifischen Defizite zu identifizieren. Es wäre unangemessen, "dem Kind, das sich aggresiv verhält, mit einem vorgefertigten Programm zu kommen, ohne daß zuvor der Versuch unternommen wird, den Bedingungszusammenhang mit anderen Verhaltensweisen ... abzuklären" *(16)*.

Gewarnt wird vor einer "zu mechanischen Anwendung dieser Techniken. Vom Pädagogen-Therapeuten werden beim Training Enthusiasmus und Engagement erwartet" *(18)*. Er dürfe aber nicht werten (!). "Beim Training erfolgt keine Zensur: Der Therapeut tut nicht kund, ob er die vom Kind gegebene jeweilige Lösung für gut oder schlecht erachtet." Das Kind soll durch Erfahrung selber darauf kommen, daß es Lösungen mit "höherer Rendite" gibt *(a.a.O.)*.

Es gibt zahlreiche Beispiele dafür, daß trotz erheblichen Aufwandes sich als positiv eingeschätzte und intendierte Veränderungen beim Kinde nicht einstellen bzw. sich nicht als dauerhaft erweisen. – Bemerkenswert zur Beurteilung des Erfolgs oder Nichterfolgs eines Programms ist folgende Aussage: "Oft wirft jeder Schritt im Rahmen der Programmevaluation mehr Fragen auf, als er zu beantworten in der Lage ist" *(22)*.

Auch wenn im Rollenspiel bestimmte Kompetenzen erworben werden, "garantiert dies noch nicht, daß (die Kinder) sich einen Augenblick später, auf dem Heimweg nämlich, auch so verhalten" *(22)*. Was gelernt werde, ist dann ein angepaßtes Rollensplitting. Es ist im übrigen nicht immer möglich, die Eltern und Lehrerpersonen einzubeziehen. Sie sollen selber Vorbild sein (!). Elterntrainings seien nötig.

Es wäre verfehlt, die sozial-kognitiven Ansätze so zu verstehen, als wolle man "die Probleme aus ihrem systemaren Zusammenhang herauslösen, um sie wieder in die Köpfe der Kinder – als kognitive Defizite oder Fertigkeiten – zu projizieren *(22)*. Eingeräumt wird eine "Multimodalität", die empirische Überprüfung solcher Interventionen schwierig mache.

Es wird auch bestritten, daß kognitive Fertigkeiten überhaupt die Bedeutung im sozialen Umgang haben, wie sie ihnen zugesprochen wird. *Langer (1981)* wird zitiert, der eher "Verhaltensroutinen" vermutet *(23)*. Es läge überhaupt wenig Forschung darüber vor, "wie Kinder in Alltagssitutionen denken" *(a.a.O.)*.

Der Pädagoge-Therapeut, der solche Programme anwendet, ist "gar zu oft ... über Gebühr auf seine Erfahrung und Intuition verwiesen, wenn es um die diagnostische Einschätzung des Kindes geht" *(24)*. Eingeräumt wird, daß die Auswirkungen auf die "Sozialökologie des Kindes" noch weithin ungeklärt seien. Es handle sich um eine "noch grobe Technologie", die sich "bei einem Gutteil der Kinder, als zumindest kurzfristig wirksam erweist" *(24)*.

Daß sich therapeutische Elemente auch in den Unterricht einbauen lassen, um z.B. Lehrer-Schüler-Konflikte gewaltfrei zu lösen, hat aus analytisch-psychologischer Sicht u. a. *Singer (1988)* dargestellt.

Zusammenfassend ergibt sich folgendes Bild:

In ihrer Grundstruktur vorgefertigte strukturierte Behandlungsprogramme für Kinder mit bestimmten Verhaltensstörungen stellen ein therapeutisches Instrument dar, über das eine alternative Kommunikation in Gang gebracht werden kann. Über diese können die Kinder Techniken erlernen, die es ihnen möglich machen, problem- oder konfliktfreier zu agieren. Bei dem Anspruch, unter dem ein professioneller Therapeut steht, ist ein solches Instrument ein willkommenes Mittel. Es wirkt wahrscheinlich im wesentlichen als Medium für die Konstruktion neuer Sichtweisen und Beziehungen. Nicht das Übungsmaterial und -programm selber ist es, das "Erfolge" herbeiführt, sondern die implizite interaktionale Entsprechung, die – über das normierte Programm hinaus – zustandekommt. *Eisert (a.a.O.)* hebt selber hervor, daß die Wirksamkeit ganz erheblich vom Engagement und der Sensibilität des Pädagogen-Therapeuten im Umgang mit dem Kind bestimmt wird, und davon, wieweit es gelingt, das Kind mit seinen Bedürfnissen einzubeziehen und zu engagieren *(24)*.

Die Grenzen der Wirksamkeit sind damit abgesteckt: Die eigentliche Ich-Isolierung, Aggressivität oder Rüpelhaftigkeit, die als erzieherische Unzulänglichkeit den Pädagogen rat- und hilflos macht, ist gerade dadurch gekennzeichnet, daß eine Einbeziehung oder ein Engagement des Kindes kurzfristig nicht zustandekommt. Der Grund dafür liegt im bisherigen Lebenslauf, in der gewissermaßen eingemusterten Unverbindlichkeit und Unsicherheit und im ausgebliebenen, unentwickelten Vertrauen. In diesen Fällen dürfte ein bloßes Anwenden noch so durchstrukturierter Programme unzureichend bleiben.

Es muß deshalb auch die Gefahr gesehen werden, daß durch diese Behandlungsprogramme auch die Therapeuten programmiert werden und ihre Manuale mehr oder weniger mechanisch gebrauchen (vgl. *Eisert a.a.O.*), also "abspulen". Sie könnten u.U. bei bestimmten Kindern damit sogar einen Gegeneffekt erreichen: eine Verstärkung von Abwehrmechanismen gegen beziehungslose Einflußnahme von außen. Wir haben in einem Begleitforschungsprojekt mit einem eingebauten Verstärker-Programm *(Speck u.a. 1978)* sogar von einem 7jährigen Grundschüler abwehrend zu hören bekommen: Ihr wollt mich nur ans Arbeiten bringen! Er verzichtete gewitzt und selbstsicher auf unsere Tokens.

Durch die Publizierung strukturierter Behandlungsprogramme entsteht bedauerlicherweise immer wieder der Eindruck, als käme es primär auf die im Manual vorgeschriebene Anwendungsweise an. Diese Gefahr ergibt sich aus der Sache der Strukturierung selber, vor allem aber dann, wenn die impliziten interpersonalen Begleitprozesse nahezu völlig in den Hintergrund treten. Sie stellen ja in ihrer Unberechenheit einen impliziten Widerspruch zum strukturierten Ansatz dar. Therapeutische Behandlungsprogramme als therapeutisch sorgfältig eingesetzte kommunikative Instrumente können gute Dienste leisten, dem Kind bei der Überwindung von Entwicklungsproblemen zu helfen. Sie können in diesem Sinne auch zur *Erziehung,* genauer gesagt zur Erziehungshilfe beitragen; in ihnen erschöpft sich aber nicht das, was Erziehung als komplexen Prozeß ausmacht. Dafür ist die Therapie-Sitzung als präparierte Wirklichkeit zu randständig, zu sehr zeitlich begrenzt und zu künstlich. Beziehungen, die entstehen können, sind eigentlich nicht eingeplant, denn sie können vom zeitlich begrenzten Programm her nicht durchgehalten werden.

Die begrenzte Gültigkeit dieses Ansatzes gegenüber einem erzieherischen Auftrag, der immer auf einer bestimmten Wertordnung basiert, kommt auch darin zum Ausdruck, daß diese Programme *wertfrei* gehalten sind. Es heißt immer wieder, daß auf das (moralische) Bewerten eines bestimmten Verhaltens zu verzichten sei. Die normative Komponente ist aber im zwischenmenschlichen Verhalten gar nicht eliminierbar. Pädagogisch ist sie eine zentrale Größe. Das Kind kann deshalb in einen normativen Widerspruch geraten. Seine Wertorientierung wird erschwert, wenn es divergente Bewertungen seines Verhaltens erfährt. Dieser Widerspruch kann sich auch auf den einzelnen Therapeuten beziehen, der sich zwar bewußt Wertungen enthält, implizit aber doch wertet, was Kinder im allgemeinen sehr genau registrieren können.

Wir wollen damit abschließend zum Ausdruck bringen, daß Erziehung oder pädagogische Arbeit ein Handeln sui generis ist, das mit psychologischer Beschäftigung oder Beeinflussung nicht gleichgesetzt werden kann (vgl. *S. Freud* im Vorwort zu *A. Aichhorns* "Verwahrloste Jugend"). Die psychologisch oder klinisch-therapeutische Arbeit aber ist ein – möglicherweise zunehmend wichtiger werdendes – Hilfsmittel der Erziehung. Im übrigen gilt nach wie vor als "Kernsatz aller Erfahrung" im Umgang mit dissozialen, aggressiven Kindern und Jugendlichen, was *Redl und Wineman (1970)* am Ende ihres Buches über "Kinder, die hassen" feststellen, daß "auch ein bescheidener Erfolg nur dann denkbar (ist), wenn Erzieher und Therapeut in grundsätzlicher Gleichwertigkeit bereit sind, das tägliche Leben mit diesen Kindern zu teilen" *(148)*.

Mobbing-Therapie:
Einen spezifischen Ansatz für einen therapeutischen Umgang mit "Mobbern", also mit Kindern und Jugendlichen, die absichtlich andere aggressiv verletzen (mobbing, bullying), hat in Schweden *Anatol Pikas (1989)* entwickelt. Er lehrt an der Universität Uppsala Kommunikationspädagogik für Konfliktlösungen. Sein Ansatz zur Bekämpfung des Mobbing stützt sich auf zwei Methoden:

- eine "Suggestive Command method (SCm)",
- eine mehr von pädagogischer Autorität bestimmte Methode, die sich für Kinder bis zu 12 Jahren eignet, und
- eine "Common Concern method (CCm)", die sich auf Jugendliche bezieht.

Uns interessiert hier im besonderen die zweite, die Methode "gemeinsamer Interessen". Sie bezieht sich auf therapeutische Gespräche, die von Schulpsychologen durchgeführt werden und zwar sowohl mit Schülern, die im Verdacht stehen, Mobber zu sein, als auch mit deren "Opfern" und den Lehrern.

Die Gespräche sind sorgfältig strukturiert und individuell vorbereitet. Soweit sie die gewalttätigen Jugendlichen betreffen, werden sie zunächst mit jedem Mitglied einer solchen Gruppe einzeln geführt, in der ersten Woche in mehreren 10–20minütigen Sitzungen, zusammen 60–90 Minuten. Sie sind auf die Situation des Opfers hin gerichtet und haben zum Ziel, ein gemeinsames Gefühl dafür zu erreichen, daß die Situation des Opfers etwas ist, womit man sich zu befassen hat. Der Erfolg dieser Gespräche hängt davon ab, wieweit es dem Therapeuten gelingt, seine eigene Empathie für die Qualen, die das Opfer zu erleiden hatte, auf seine Klienten zu übertragen, so daß sie bereit werden, sich für die Rehabilitation des Opfers zu interessieren, und zu einem konstruktiven Ergebnis zu kommen, d. h. etwas vorzuschlagen, was die Situation des Opfers verbessert. – Es folgen Gespräche mit dem Opfer, die darauf abzielen, Wege zu finden, durch die der angegriffene Schüler seine Situation verbessern kann, durch die er z. B. sich mehr Beliebtheit verschaffen könnte. – Es schließen sich Gruppengespräche mit den Mobbern an, durch die ein konstruktives Gespräch mit dem Opfer vorbereitet werden soll. In diesem soll es zu konkreten Vorschlägen (Versprechungen) kommen, wie künftig Fehler vermieden werden können. Das Ergebnis sollte in der Einsicht bestehen: Wir müssen lernen, die Fehler des anderen zu tolerieren, was konkret heißt, daß die einen (Mobber) den Anderen neben sich leben lassen sollen, und daß der andere (Opfer) den anderen zugestehen muß, daß auch sie Fehler machen *(102)*.

Mit den Lehrern werden Kurse in Mobbing Therapy durchgeführt. Sie werden auch nach Bedarf beraten. Das Interesse an solchen Informationen und Anleitungen sei groß, zumal in Schweden.

Pikas berichtet von seinen Erfolgen mit der Mobbing Therapy und führt diese auf die generelle Bereitschaft der Lehrer zurück, sich auf "das große Abenteuer konstruktiven Kommunizierens mit der anderen Seite" einzulassen, wenn Konflikte in der Luft liegen.

Es könnte eingewandt werden, daß die – hier nur in Umrissen referierte – Methode einer Mobbing Therapy versagen dürfte, wenn bei bestimmten Jugendlichen eine Empathie für das Opfer nicht herstellbar sei. Es könnte auch gefragt werden, ob es zur Verhaltensorientierung für die Jugendlichen ausreiche, daß die Therapeuten eigentlich nur die Funktion haben, Kommunikation zu arrangieren und zu erleichtern, und viele gute Vorschläge – wenn möglich non-verbal – zu machen bzw. zu unterstützen.

Dazu ist zu sagen, daß sicherlich jeder Versuch gemacht werden muß, Empathie anzusprechen, und daß Therapeuten eben keine pädagogisch normative Funktion haben, wie etwa Lehrer. Davon abgesehen wäre zu fragen, ob ein Ansatz über "gemeinsame Interessen" in jedem Fall ein moralisch legitimer ist. Interessen werden stark von Gefühlen, also vom "emotiven Selbst" bestimmt und können auch zu amoralischen Handlungen führen, amoralisch verstanden im Sinne einer normativen Ethik. Es ist sicherlich davon auszugehen, daß der Pädagoge wie auch der Therapeut nicht einfach wertneutral agieren. Es ist nachvollziehbar, wenn es heißt, daß sie nicht als Richter oder als Ankläger auftreten sollen, daß sie vielmehr dazu anregen sollen, daß die Schüler zu eigenen vertretbaren Entscheidungen gelangen und darin gestützt werden. Wir sehen darin eine Unterstützung ihrer Autonomiebildung; es ist aber unwahrscheinlich, daß hinter der verbalen Zurückhaltung die implizit wirksamen moralischen Haltungen von Lehrer und Therapeuten verdeckt bleiben. Die tatsächlich ablaufenden interpsychischen (moralischen) Prozesse sind sicherlich nicht völlig nachvollziehbar. Aber es dürfte auch kein Zweifel bestehen, daß Lehrer in jedem Fall bei solcher Mobbing-Intervention lernen können, sich mit Gegenpositionen konstruktiv zu befassen.

10.6. Fortbildung und Beratung

Wenn Erziehungsschwierigkeiten Schwierigkeiten mit der Erziehung sind, und wenn diese im Zusammenhang mit Autonomieproblemen auch der Erziehenden zu sehen sind, so werden die nötigen Hilfen als *Hilfen zur Selbsthilfe* für *Eltern* und *Pädagogen* zu gelten haben. Ihr Interesse an einer Neuorientierung bezieht sich auf das Beachten und Verstehen der kindlichen und jugendlichen Autonomiebedürfnisse einerseits und auf das Aufbauen und Behaupten der eigenen Autonomie andererseits. Zugleich sind Grundeinsichten in die Zusammenhänge von moralischer Entwicklung und moralischer Erziehung zu vermitteln. Ein erhöhter Bedarf an Beratung und Fortbildung hat sich längst angekündigt, wenn die professionelle Erziehungshilfe noch leistbar sein soll.

Unter *Fortbildung* sind verschiedene Formen der Instruktion, der Kompetenzgewinnung, der Einübung und des Erfahrungsaustausches zu verstehen, die sich berufsbegleitend einrichten lassen. Welche Form gewählt wird, hängt vom Thema, von der aktuellen Bedürfnislage und von der Organisierbarkeit und Praktikabilität ab.

Wieweit *Lehrertrainings* in Betracht kommen, ist offen. *Wittrock (1989)* gibt einen Überblick über einige Verfahren, die geeignet erscheinen, die subjektive Handlungskompetenz des Lehrers zu stärken und zu erhöhen. Dargestellt werden u. a. das Konstanzer Trainingsmodell *(Tennstädt u. a. 1987)* und ein Fortbildungskurs, wie er von *Mutzeck (1987)* zur Prävention und Intervention bei Verhaltensstörungen entwickelt worden ist.

In diesen Konzepten, die z. T., wie z. B. das Konstanzer Trainingsmodell, wegen ihres differenzierten Programms sehr aufwendig sind und deshalb relativ wenig in der Praxis angewandt werden, wird u. a. auf die professionelle Kompetenz und auf möglichste Selbststeuerung abgehoben. Das von *Mutzeck* dargestellte "Problemorientierte Lehrertraining" hat vor allem den Transfer in die Schulsituation im Auge. Mit diesen Zielsetzungen ist wohl implizit auch die Stärkung der eigenen Autonomie angesprochen. Diese Konzepte bedürfen aber auch einer expliziten Einbeziehung von Themen moralischer Dilemmata. Die moralische Dimension kann nicht ausgeklammert werden.

Zunehmende Bedeutung dürften Fortbildungen auf der Basis des eigenen Kollegiums haben (vgl. *Schley 1989*). Sie sind materiell weniger aufwendig und leichter für ein ganzes Kollegium organisierbar. Sie sollten nicht als Selbsterfahrungsgruppen im engeren Sinn verstanden werden sondern dem themenzentrierten Austausch von Erfahrungen und Problemen gelten. Auf die Möglichkeit, dabei auch Themen der moralischen Erziehung im Sinne einer "Verständigung über Erziehungswerte" ist bereits hingewiesen worden (vgl. *Herrmann 1987*).

In Nordrhein-Westfalen sind nach einer Tagung mit *L. Kohlberg* (vgl. *Lind/*

Raschert 1987) Vorschläge für eine Förderung der moralischen Urteils-Kompetenz in der Schule vorgelegt worden. Sie beziehen sich auf

- die Lehrerfortbildung
- die curriculare Entwicklungsarbeit und
- die Erfahrungssicherung.

Im einzelnen sollen

- interessierte Lehrer im Rahmen besonderer Fortbildung mit den Theorien und Methoden der moralischen Erziehung (mit besonderer Akzentuierung der politischen Bildung) eingeführt und bei der Auswertung ihrer praktischen Erfahrungen beraten werden,
- sollen die vorhandenen Materialien und Lehrbeispiele gesammelt, aufgearbeitet und für die Praxis zubereitet werden,
- sollen in einzelnen Schulen Methoden und Materialien zur Förderung der moralisch-demokratischen Urteilskompetenz unter besonderer Berücksichtigung des *Kohlberg*schen Ansatzes praktisch erprobt und systematisch ausgewertet werden.

Ergebnisse dieses Projektes sind bisher nicht bekannt geworden. Die Vorschläge aber machen allein für sich deutlich, wie notwendig und wichtig Informationen und Begleitungen für die LehrerInnen sind. Die moralische Erziehung bedarf ohne Zweifel eigener, systematisierter didaktischer Überlegungen.

Für Lehrer und Erzieher, die es mit vermehrten Erziehungsproblemen zu tun haben, bekommt die *Supervision* eine wachsende Bedeutung. Sie brauchen begleitende Hilfe zum Verstehen und Verarbeiten ihres belastenden Erziehungsalltags, und diese Hilfe wird sich nicht nur auf das Widerspiegeln und Erklären von bloßen Verhaltens- und Interaktionsproblemen sondern auch auf die Einbeziehung der moralischen Komponente beziehen müssen. Die Verunsicherung vieler Lehrer besteht nicht so sehr im mangelnden Wissen um Verhaltens- und Konfliktphänomene als vielmehr in der eigenen inneren Verletztheit, Angst und normativen Hilflosigkeit.

Beratung in Problemlagen erweist sich in steigendem Maße sowohl für Eltern als auch für professionelle Pädagogen als notwendig. Von besonderer Bedeutung für ihre Ergiebigkeit ist das kommunikative Verhältnis zwischen Ratsuchendem und Ratgebendem. Es ist aus heutiger Sicht ausgesprochen aktuell, was schon *Kierkegard* hierzu ausgeführt hatte (zit. bei *Moor 1965, 438*): "Wenn es wirklich gelingen soll, einen Menschen zu einem bestimmten Ziel hinzuleiten, muß man zunächst darauf achten, daß man ihn da finde, wo er ist, und da anfängt. – Das ist das Geheimnis alles Helfens. Wer das nicht kann, ist in einem Irrtum befangen, wenn er meint, jemandem helfen zu können. Um wirklich jemandem helfen zu können, muß ich mehr verstehen als er – aber doch zuallererst das verstehen, was er versteht. Tue ich das nicht, dann hilft ihm mein Mehrverstehen gar nichts."

Wenn solche Beratung zur Autonomiebildung des Erwachsenen beitragen soll, um damit die Erziehung des Kindes zur Autonomie zu unterstützen, so muß sie methodisch gesehen auf der Basis der Begegnung zweier autonomer Personen erfolgen, darf also nicht Verabreichung von Beratungspaketen an abhängige Ratempfänger sein. Nicht jeder Rat ist geeignet, in die eigene Alltagssituation übernommen zu werden; jedes Beratungsgespräch führt erst über die autonome Umsetzung der angebotenen Inhalte zur eigenen Realität (vgl. *Speck 1989*). Pädagogische Beratung hat den Sinn, die Eigenkompetenz zu erzieherischem Handeln, also die Selbsthilfe-, Selbstverarbeitungs- und Selbstregulationsfähigkeit anzuregen, damit sie sich stärke und verbessere.

Stützen läßt sich die eigene Autonomiebildung nicht nur durch eigene Beratungsgespräche mit einem professionell Beratenden, sondern auch durch das kommunikative Eingebettetsein in Gruppen mit gleichen Interessen, also in Elterngruppen oder in Teamgruppen. Solche Gruppen leben vom unverdächtigen Offensein füreinander und vom gegenseitigen Ernstnehmen der eigenen Probleme und Schwierigkeiten, ohne befürchten zu müssen, daß man als Versager abgestempelt wird. Jüngere Lehrerinnen und Lehrer klagen immer wieder, wie groß die Gefahr ist, von den älteren Kollegen verdeckt oder offen dequalifiziert und alleingelassen und überdies als Utopisten diskreditiert zu werden.

Unter den Eltern wächst das Interesse, sich in "autonomen Elterngruppen" als Selbsthilfegruppen zusammenzufinden und sich auszutauschen (vgl. *Möller 1978; Böhm / v. Kardorff 1990*). Ohne Zweifel bieten diese auf Eigenverantwortlichkeit ausgerichteten Gruppen für bestimmte Eltern die Chance, die eigene Position besser abzuklären, und sich gegenüber einer möglichen "Entmündigung durch Experten" *(J. Illich)* zu behaupten. Ziel – neben der eigenen Autonomiegewinnung – ist ein konstruktives Kooperationsverhältnis zu den pädagogischen Institutionen.

11. Pädagogische Hebelpunkte gegen das Chaos?

Was ist im ganzen gesehen von "Interventionsstrategien" *gegen* die Chaotisierung in Erziehungsfeldern, *gegen* die zunehmende Gewalt zu halten? Gibt es wirklich aussichtsreiche Möglichkeiten zur Strukturierung der auseinanderstrebenden und damit gegeneinander laufenden Teile des sozialen "Ganzen"? Handelt es sich überhaupt nur um ein Problem der Erziehung oder sind nicht alle Lebensbereiche involviert?

Bei diesen Überlegungen stieß ich bei der "Reise durch die Chaos-Theorie" von *Briggs und Peat (1990)* auf den Begriff der *"Hebelpunkte" (270)*. Er stammt aus der System-Theorie und meint "Haupteingriffsstellen", an denen man mit einer gewissen Aussicht auf Erfolg ansetzen könne, um *dauerhafte* Veränderungen eines Systems zu bewirken.

Erziehung ist ein solcher Versuch, speziell unter heilpädagogischem Aspekt. Wir fragen also: Gibt es pädagogische Hebelpunkte, die geeignet sind, der Chaotik zu begegnen? Wurden nicht immer schon "Erziehungsmittel" gegen störendes und destruktives Verhalten als probat empfohlen und angewendet?

Es war die simplifizierte Vorstellung einer linear auf Ursache und Wirkung gründenden Lernwissenschaft, einen direkten Hebel gegen unerwünschtes Verhalten gefunden zu haben, und dieses durch Setzen bestimmter Reize verändern zu können.

Die Wissenschaft und auch die pädagogische und therapeutische Praxis sind über derart simple Ansätze hinausgegangen. Ob aber damit der monokausale und lineare Ansatz an sich wirklich überwunden ist, kann bezweifelt werden. Es ist eher davon auszugehen, daß er in neuem Gewande weiter praktiziert wird. Sein Grundmuster ist das direkt oder indirekt gezielte Angehen eines bestimmten Symptoms oder Zustandes, hier also z. B. der fortgesetzten destruktiven Aggressivität, mit einem von außen her definierten und ansetzenden Maßnahmenpaket. Ein Grund dafür, daß ein derartiges Vorgehen nach wie vor praktiziert wird, liegt darin, daß man von einem professionellen, wissenschaftlich begründeten System einen solchen extern, systematisch geplanten und gesteuerten Ansatz von "Interventionen" erwartet. Er entspricht der historisch verwurzelten Methodentradition, begründet durch eine reduktionistische Wissenschaft, die den Menschen von sich aus definiert, und die die auftretenden Abweichungen und Defekte mit entsprechenden Eingriffen zu *reparieren* pflegt.

Natürlich hat *Reparatur* auch ihren Sinn. Sie verspricht und bringt eine momentane Verbesserung eines eingetretenen Mangels oder Fehlverhaltens von Teilen. Selbstverständlich ist Therapie als direkter Hilfeansatz nach wie vor nötig, und sie bringt auch nachweislich individuelle Entlastung.

Lassen sich dadurch aber dauerhafte Veränderungen herbeiführen? Ist die

Formel berechtigt: Je mehr Therapie installiert wird, umso mehr Hilfe? Brauchen wir in der hier aufgezeigten gegenwärtigen kritischen Situation nur *mehr Therapie,* mehr technologisch ausdifferenzierte Methoden? Ist es nur eine Angelegenheit der entsprechenden Spezialisten und Spezialinstitutionen? – ist gefragt. Sie alle sind zweifellos unverzichtbar, aber ihr Forcieren wird zur Endlosschraube, wenn sich nicht zugleich im ganzen etwas ändert. Es ist hier die Rede von *dauerhaften* Veränderungen, nicht also von lediglich momentanen, manipulativen, an Teilen ansetzenden und deshalb nur begrenzt wirksamen Einzelmethoden.

Reparatur ist auf Montage, auf das Kurieren an Symptomen bezogen. Erziehung und Erziehungshilfe wollen mehr: eben möglichst "dauerhafte Veränderungen". Die aber können nur eintreten, wenn sich zugleich die soziale Infrastruktur, der Lebenskontext, ändert. Wieviel Autonomie – als Ziel der Erziehung – sich ausbildet, hängt von seiner Umwelt ab. Es war *Paul Moor,* der den heilpädagogischen Schlüsselsatz geprägt hat: "Nicht gegen den Fehler, sondern für das Fehlende!" *(1965, 317f.)* Heilpädagogik ist *keine Reparaturpädagogik.* Erziehung hat das bereitzustellen, was dem haltlos gewordenen jungen Menschen wieder Halt geben könnte: Können (Kompetenz), Aufgaben in einer sinngetragenen Lebenswelt, Vertrauensangebote, Menschen und Ordnungen, an denen sich zu orientieren ein Stück Zukunft in Aussicht stellt.

Es nützt also wenig oder gar nicht, wenn nur etwas *gegen* die zunehmende Gewalttätigkeit unternommen wird. Sie läßt sich insgesamt dadurch nicht beheben. Man hat vielmehr deren komplexe Bedingungszusammenhänge ins Auge zu fassen.

Ist nicht die destruktive Aggressivität, die wir beklagen, u. a. Folge unseres verzerrten Verständnisses der *Natur* (des Menschen), also der unnatürlichen Bedingungen in der menschlichen Kultur, fragen *Briggs und Peat (1990, 238f.).* Sie finden in der menschlichen Vernichtungstendenz keine Analogie zur tierischen, also natürlichen Aggression, so daß man sagen kann, menschliche Aggression entstamme in entscheidendem Maße dem Ich, d. h. dem menschlichen Bewußtsein und der Kultur *(a.a.O.).*

Das Ich als eine verabsolutierbare Eigengröße sei in gewissem Sinne eine Illusion des hybride gewordenen Menschen, der sich aus der Natur emanzipiert hat. *Briggs und Peat (1990, 250)* sprechen vom "autopoietischen Paradox": "Je größer die Autonomie eines Organismus ist, umso mehr Rückkoppelungsschleifen braucht er offenbar in sich selbst und in seinen Beziehungen zur Umwelt." Individualität sei im Grunde ein Gemeinschaftsunternehmen mit dem Zweck, den scheinbaren Konflikt zwischen individueller Freiheit und kollektiven Bedürfnissen aufzulösen. Die entstandenen ökologischen und sozialen Krisen seien voraussichtlich nur dann zu überleben, wenn wir uns auf dieses völlig neue *Gemeinschaftsunternehmen,* also auf die Kooperation autonomer Systeme, einlassen; wir könnten nur dann von der von uns selbst erzeugten chaotischen Strömung nicht mitgerissen werden, wenn wir lernten, uns miteinander und mit der Umwelt zu verbinden: *"Wirkt zusammen oder geht unter!" (251)* Autopoietische Systeme sind ausgesprochen paradoxe Systeme: Sie sind höchst autonom, erneuern und organisieren sich selbst, sind aber in ihre Umwelt ganz und gar eingebettet und unentwirrbar mit ihr verflochten.

Was hier als Paradoxon zwischen Autonomie und sozialer Einbettung bezeichnet wird, entspricht grundsätzlich dem, was wir als Spannung zwischen Individuum (Selbst) und Gemeinschaft herausgestellt haben. Dabei gingen wir freilich von einem nicht verabsolutierenden Begriff von Autonomie aus. Was *Briggs* und *Peat* als unvereinbar ansehen, ist die naturgegebene Notwendigkeit eines Zusammenwirkens in Gemeinschaften einerseits und ein sich selbst verabsolutierender (fälschlich "autonomer") Mensch andererseits.

Es ist die Frage, wie es zu einem Zusammenfinden und zu einem Einfügen in Gemeinschaften kommen kann, das zugleich vom Selbst der einzelnen Teilhaber und Mitglieder bestätigt und getragen wird. Das autoritäte Einzwingen in Gemeinschaften hat keine Chancen mehr. In Gemeinschaften wird man nicht eingewiesen sondern wird aufgenommen oder von ihnen abgelehnt *(Walzer 1994)*. Der Staat hat generell nur begrenzte Eingriffs- und Regulierungsmöglichkeiten. Ein bloßer technologischer Ausbau der bisherigen Institutionen wird nicht ausreichen angesichts der Globalität der eingetretenen Veränderungen.

Die Wirkzusammenhänge, die für die gegenwärtige Situation mit ihren beunruhigend-chaotischen Erscheinungen auch im Bereich der Erziehung verantwortlich sind, erweisen sich als außerordentlich komplex, so daß es wenig sinnvoll erscheint, an einzelnen Punkten von außen her mit gewohnten pädagogisch-organisatorischen Hebeln anzusetzen, um dauerhafte Veränderungen herbeizuführen, etwa durch staatlich verordnete Wertsetzungen oder durch disziplinarische Anweisungen. So naheliegend und gewohnt es erscheinen mag, angesichts "des Werteverlustes", "der gestiegenen Gewalttätigkeit", "der zunehmenden Disziplinlosigkeit" entsprechende institutionelle Maßnahmen zu fordern, und z. B. neue "Bildungsziele und Werte" in den amtlichen Lehrplänen zu verankern, alle derartige "Maßnahmen" würden nicht den Kern des Problems treffen.

Dieser dürfte im bisherigen *Grundmuster* des modernen Menschen zu suchen sein, der es wissenschaftlichem und technologischem Fortschritt verdankte, die Realisierungsmöglichkeiten seiner Freiheit kulturell auszuweiten und seinen Nutzen zu mehren, ohne viel fragen zu müssen, welche Auswirkungen dies für das Ganze auf die Dauer haben wird, und ob nicht die zu zahlenden Kosten an körperlicher und seelischer Gesundheit zu hoch sein werden. Erzieher und Kinder werden überfordert. Dazu beigetragen hat auch eine nicht mehr überschaubare und deshalb verunsichernde Vielfalt bzw. Chaotik von Theorien, Ideologien und Lebensmodellen.

Was nun ansteht, ist das Finden von *Übergängen* zu einem neuen Denken. In ihm wird es um die Erhaltung des Bewahrenswerten unserer kulturellen Vielfalt gehen, aber auch um die Überwindung von Irrtümern, Auswüchsen und zerstörerischen Partikularismen, also um mehr Toleranz und Kooperation gehen müssen. Damit ist ein Menschenbild angesprochen, das von der gegenseitigen Verantwortung füreinander und von der Sorge für die Zukunft aller getragen ist. *Höffe (1993)* hat diese Notwendigkeit auf den Punkt gebracht: "Der Preis der Moderne ist die Moral." Wenn die menschlichen Errungenschaften der Moderne erhalten bleiben sollen, so ist dafür ein Preis zu zahlen. Er wird viel Kreativität, aber auch Bescheidenheit, Zähigkeit und einen längeren Atem erfordern. Die notwendige Korrektur wird sich dabei nicht gegen die Technik an sich richten – sie ist ebenso unverzichtbar – sondern darauf, daß diese in eine *moralische Praxis* eingebunden wird *(132)*.

Der amerikanische Physiker und Nobelpreisträger *Murray Gell-Mann* hat in seinem der Suche nach einer neuen Erklärung der Welt gewidmeten Buch *(1994)* miteinander verknüpfte "Übergänge" beschrieben, die gefunden werden müssen, um das Bewahrenswerte auch künftig erhalten zu können. Sie beziehen sich auf die verschiedenen Herausforderungen am Wechsel zum dritten Jahrtausend, so auf einen demographischen, einen technologischen, einen ökonomischen, einen sozialen, einen institutionellen, einen ideologischen und einen informatorischen Übergang. Das bisher auf den Zuwachs von Spezialisierung und Teilwissen ausgerichtete Denken müsse durch Anstrengungen um eine Integration des Vielfältigen ergänzt werden. Die nötige Veränderung unserer Denkweisen werde sich vor allem darauf beziehen müssen, daß wir in unseren Beziehungen zueinander dem Ideal der Bewahrung, also der Verständigung und Kooperation, nahekommen und uns in Richtung eines immer umfassenderen Solidaritätsgefühls entwickeln *(496)* und zerstörerische Konkurrenz vermeiden. Dabei wird es vor allem auf Initiativen ankommen, die von unten nach oben entwickelt werden und nicht umgekehrt *(502)*. Mit der Verzahnung der Bemühungen um die genannten Übergänge, bei denen dem ideologischen Übergang eine besondere Bedeutung beigemessen wird, könnte ein großer Schritt in Richtung eines neuen globalen Bewußtseins gemacht werden *(504)*. Das Ganze befinde sich in einem Übergangsbereich zwischen Ordnung und Unordnung, gewissermaßen "Rand des Chaos". Der Versuch sei der Mühe wert, neue Denkhilfen für eine Bewahrung der bewahrenswerten Welt zu entwickeln, vor allem Einstellungen auszuprägen, die der Einheit in der Vielfalt, der Kooperation und dem friedlichen Wettbewerb zwischen den Kulturen und einer zu bewahrenden Koexistenz mit der Natur dienen.

Einen pädagogisch bedeutsamen Faktor für die Sicherung eines menschenwürdigen Zusammenlebens bildet der Schatz der gewachsenen und überlieferten ethischen *Kultur*. Ethik ist nicht neu zu erfinden. Sie ist als Kulturgut überliefert und vorab gegeben. Es genügt nicht, lediglich auf "Konfliktstrategien" und Diskurs zu setzen, um Problemlösungen zu finden. Wenn ein gerechtes und gutes moralisches Urteil gefunden werden soll, wenn ein bestimmtes Verhalten gegenüber anderen bewertet werden soll, weil es nicht gleichgültig ist, wie einer handelt, müssen dem einzelnen auch moralische Werte in erlebten Inhalten und Bedeutungen zur Verfügung stehen, bedarf er eines Fundaments bestätigter moralischer Gefühle und moralischer Intuition. Man könnte auch von moralischen Erinnerungen sprechen, die sich eingeprägt haben, und aus denen der einzelne schöpfen kann. Sie stammen nicht aus ihm allein, sondern sie gehen auf Erfahrungen mit anderen zurück, die verinnert worden sind.

Ein unerschöpfliches Reservoir solcher Erfahrungen und Erinnerungen steht in den Inhalten der eigenen Kultur und der Menschheitskultur zur Verfügung. Es ist u. a. der Schatz des literarisch Überlieferten, der Religion, der Volksmärchen und der Dichtung sowie die lebensnahe und zeitenüberschreitende Gültigkeit von Sitte und praktiziertem Ethos. Derartige Inhalte gewinnen in Zeiten der Unsicherheit an Bedeutung. Sie wären neu zu finden oder wiederzuentdecken. Dieser Schatz ist gefüllt mit erlebten und gewiß gewordenen Wahrheiten, seien es die Zehn Gebote, die Bergpredigt oder der Kategorische Imperativ, das Märchen von Aschenputtel oder Nathan der Weise, *Schillers* "Räuber" oder der "Großinquisitor" von *Dostojewski (v. Hentig 1989)*. Es sind aber auch andere moralische Inhalte, wie sie in bestimmten Haltungen und selbstverständlichen Verpflichtungen und Konventionen gegenüber dem Anderen und in Gemeinschaften seit eh und je für das Handeln gültig und von Generation zu Generation, immer wieder auch abgewandelt, weitergegeben worden sind.

Es mehren sich die Zeichen, daß das Interesse an den Wurzeln der Kultur und damit auch an ethischen Fragen wächst. Es käme nun darauf an, den *ganzen* Schatz, den unsere Kultur in sich aufgebaut hat, wieder als Fundgrube wahrzunehmen und auszuloten. Wie stark und wichtig die Inhalte des Kulturellen sind, wird uns heute insbesondere bei den Migrationsprozessen unserer ausländischen Mitbürger deutlich. Multikulturalität kann bei aller sozialen und teilkulturellen Eingliederung auf das je eigene Kulturerbe nicht verzichten. Sie leben und überleben gerade durch das ihnen in ihrer eigenen Kultur überlieferte Gut. Sie haben inzwischen längst auch entdeckt, wie vergleichsweise traditionsarm ihre deutschen Mitbürger oft dastehen. Es gibt Knotenpunkte in der Zeit, an denen es wichtig wird, auch die zurückliegenden Spuren ein Stück zu erkunden, um den Weg nach vorn zu finden.

Insgesamt wird man sich auf einen längeren Umstrukturierungsprozeß einstellen müssen, wenn es zu dauerhaften Veränderungen im ganzen kommen soll. Aus der Systemtheorie wissen wir, daß bei hochkomplexen und dynamischen Systemen, wie beim Menschen, der Zusammenhang von Ursache und Wirkung raum-zeitlich sehr weit auseinanderliegt, und daß es sehr vieler Rückkoppelungsschleifen bedarf, um zu einer dauerhaften Veränderung des Verhaltens zu gelangen. Abkürzungen gibt es nicht, lautet ein Axiom der Chaos-Theorie. Der durch Rückbezüglichkeit auf sich selbst, also durch unendlich verflochtene Wechselwirkungsprozesse zwischen autonomem System und Umwelt (und deren eigenen Rückkoppelungsprozessen) gesteuerte Veränderungsprozeß macht alle Resultate ungewiß. Sie stehen in der Dimension der Zeit, und diese ist prinzipiell offen.

Damit haben auch die Vorstellungen von einer besseren Welt ihre Chance. *Hoffnung* ist angesprochen. Gerade Kinder erwarten sich ganz selbstverständlich und natürlich, daß "es gut ausgeht", daß die Welt ihnen zur *Heimat* werde. Es liegt an den Erwachsenen, das Nötige dafür zu tun. Sich an der *gehofften Welt* der Kinder zu orientieren, wäre ein ganz natürlicher Wegweiser in die Zukunft. Erschließt nicht gerade das unmittelbare, offene und von gegenseitigem Trauen getragene Umgehen mit Kindern Sinn für die Zukunft? Autonomie gebrauchen bedeutete dann, sich selbst in die Zukunft der Kinder einzubinden – mit allen dazu nötigen Investitionen und Konsequenzen, bedeutet, sich der *Abhängigkeit* allen Lebens bewußt zu stellen, und damit wirklich reif zu werden.

Leitvorstellungen dafür müssen nicht völlig neu entwickelt werden. Wir kennen sie als innere Bilder, etwas also, was vor aller Erfahrung "zutiefst" im Menschen verankert ist und ihn zu allen Zeiten bestimmt hat und bestimmen wird, eine menschliche Uranlage also, mit der er von Anfang an ausgestattet ist, um sich trotz aller Wirrnisse und chaotischen Einbrüche immer wieder behaupten und neu orientieren zu können. Weil es also keine bloßen Projektionen sind, sondern eine apriorische Mitgift und Bestimmung zugleich, etwas Vorprogrammiertes gewissermaßen, erhält unsere *Hoffnung* eine Basis in der Wirklichkeit. Aus ihr geht die Chance hervor, aus Chaos immer wieder neue Ordnungen entstehen zu lassen; und diese Potentialität des Menschen ist es, die in seiner Autonomie ihre jeweilige konkrete Gestalt und Orientierung (Bindung) findet. Und was den Alltag betrifft: Der nächste Tag beginnt morgen früh. Das Nächstliegende ist zu tun. Es ist wichtig. Es ist nicht gleichgültig.

Es könnte eingewandt werden, daß dies alles doch wenig praktikable Hilfe sei im Sinne eines *neuen* und *effektiven* Programms gegen das Chaos in der Erziehung. – Es ist eben kein bloßes pädagogisches Chaos! Wir haben es vielmehr mit einem allgemeinen geistigen Durcheinander zu tun. Es sind nicht einfach "die Verhältnisse" oder "die Gesellschaft" schuld, sondern das Chaos ist auch und in erster Linie in uns selber. Deshalb müßte der Hebel von jedem in sich selber angesetzt werden. Er müßte sich fragen, ob er nur auf die anderen, auf die "Zuständigen", warten wolle, ob das Gemeinwesen als ein bloßer "Selbstbedienungsladen" überhaupt funktionieren könne, ob es nicht eigentlich auf jeden ankomme, ob nicht die Verantwortung jedes einzelnen gefragt sei. Damit ist, wie immer schon in kritischen Phasen der Geschichte, *Selbsterkenntnis* herausgefordert, zumal wenn es um die Erziehung geht. Kultur baut auf mehr als auf bloßer Ich-Orientierung auf, in der immer mehr Kinder vereinsamen, oder an ihr zerbrechen. Die "schleichende Entmoralisierung, die in der Vergangenheit stattgefunden hat, (ist) heute zurückzunehmen", fordert *Höffe (1993, 180)*. Dabei sei keine neue Moral nötig sondern die ernsthafte Anerkennung einer schon immer bekannten Moral. Sie ernstzunehmen, ist Sache des einzelnen aber eben nicht nur *seine* Sache. "Niemand kann sich allein retten" *(Lévinas)*.

Es geht um das Ernstnehmen des Anderen, des Nächsten. Dem könnte entgegnet werden, daß die immer mächtiger, kälter und rücksichtsloser werdenden Großsysteme dafür ein unüberwindliches Hindernis darstellten. Nur die (große) Politik könne dies schaffen. Was ist die große Politik? Sie wird von Menschen gemacht, und bei jedem von ihnen wünschen wir uns, er verfügte auch über die moralische Grundeinstellung der Achtung vor jedem einzelnen Menschen, um die besten Entscheidungen für den Menschen zu finden. Wird nicht durch die Verflochtenheit der Probleme heute gerade die Begegnung und das Ernst-nehmen des Anderen und die Hoffnung auf gemeinsam akzeptierbare Lösungen herausfordert?

Wo wäre im übrigen der zwingende Beweis dafür, daß man "machtlos" sei, daß "alles am Ende sei", daß nichts mehr zu retten sei? Kein Naturwissenschaftler könnte einen solchen absoluten Beleg erbringen! Die Realität ist eher die, daß die Wachsamkeit und Sorge für die Zukunft gewachsen ist. Gegen die Hoffnung auf ein "Fortschreiten zum Besseren", wie es *Kant* nannte ("Über den Gemeinspruch: Das mag in der Theorie richtig sein, taugt aber nicht für die Praxis", Bd. XI, 167) gibt es keinen Beweis. So ungewiß ich immer sein mag, ob für das menschliche Geschlecht das Bessere zu hoffen sei, so wenig könne diese Ungewißheit der Maxime, daß es zu tun sei, Abbruch tun. Die Hoffnung auf bessere Zeiten, habe seit je "das menschliche Herz erwärmt" und die Menschen dazu gebracht, dem allgemeinen Wohl Ersprießliches zu tun. "Empirische Beweisgründe wider das Gelingen dieser auf Hoffnung genommenen Entschließungen richten hier nichts aus. Denn: dasjenige, was bisher noch nicht gelungen ist, darum auch nie gelingen werde, berechtigt nicht einmal, eine pragmatische oder technische Absicht aufzugeben; noch weniger aber eine moralische" *(168)*.

Bateson (1984) zeigte in einem simplen Experiment auf, daß die Zukunft für niemanden verfügbar ist. Er nannte eine Zahlenreihe:

2, 4, 6, 8, 10, 12

und fragte, welches wohl die nächste Zahl in dieser Reihe sei; jeder würde wahrscheinlich antworten: "14"! Dem könnte aber entgegnet werden: "Oh nein! Die nächste Zahl ist 27!" Es habe sich erwiesen, daß die besagte Reihe eben nicht eine bloße Reihe der geraden Zahlen sei. Er setzte die Reihe noch fort:

2, 4, 6, 8, 10, 12, 27, 2, 4, 6, 8, 10, 12, 27, 2, 4, 6, 8, 10, 12, 27.

Wenn nun gefragt würde, welche die nächste Zahl sei, so würde unter dem Eindruck der regelmäßigen Wiederholung der Zahlen ganz im wissenschaftlichen Sinne wahrscheinlich die "2" genannt werden. Im Grunde läge darin die Vorliebe für die einfachsten Annahmen, die den "Tatsachen" entsprächen und damit die nächste Voraussage bedingen. Was aber sind Tatsachen? Jenseits des Endes der vorgelegten Abfolge sind sie "nicht verfügbar" *(37f.)*. Warum soll sich nicht auch das egoistische Nutzen-Maximierungsprinzip unter dem Druck der zu Ende gehenden Ressourcen und des krankmachenden Energieverschleißes totlaufen und das gleiche Schicksal wie das der Dinosaurier erleiden? Daß eine solche Wende einen hohen Preis kosten wird, steht auf einem anderen Blatt.

Dies war im Grunde noch nie anders, wenn die gegenwärtige Bedrohung – nach menschlichem (wissenschaftlichem) "Ermessen" – auch ungemein größer als je zuvor ist. Trotzdem hat jeder seinen Weg zu gehen. Mit der wachsenden Bedrohung wird er vorsichtiger und nachdenklicher; die Zukunft selber aber bleibt unverfügbar. Auch die Erziehung läßt sich nicht so einrichten, daß ein bestimmtes, festes Ziel in der Zukunft erreicht werden könnte. Der Weg selber, genauer gesagt, das Gehen, ist schon ein wichtiger Teil der Gestaltung des Künftigen. Man wird dabei immer wieder neu mit Verantwortlichkeit, mit Rationalität und mit Intuition, abwägen und werten müssen, was das Bessere im ganzen sei. Je weiter aber sich der Zeithorizont der Zukunft dehnt, "desto stärker wird das Prinzip Hoffnung und damit die religiöse Dimension menschlichen Erwartens" *(Oelkers 1989, 76).*

Der Grund für die Hoffnung liegt für *Bateson (1985, 593)* in der Erkenntnis, daß der Einzelne ein Teil eines größeren Geistes sei, und dieser übergreifende Geist sei in dem gesamten in Wechselbeziehung stehenden sozialen System immanent. Das bewußte Selbst ist darin einbezogen; damit sei es zwar in seiner Reichweite begrenzt; dies müsse aber in aller Demut respektiert werden, da es zugleich eine Bestätigung der Würde bedeute, die darin besteht, Teil eines größeren Geistes zu sein.

Wir können uns immer nur erneut daran beteiligen, den Weg für eine bessere Zukunft freizumachen; da es aber nicht in unserer Macht steht zu wissen, wohin das Ganze noch führt, ist auch niemand ermächtigt, anderen die Zuversicht in die eigene Zukunft zu nehmen.

Literaturverzeichnis

Adorno, Th. W. (1971): Erziehung zur Mündigkeit. Frankfurt/Main.

Aichhorn, A. (1971): Verwahrloste Jugend. (7. Aufl.). Bern.

Apel, H.-J. (1973): Antiautoritärer Führungsstil im Umgang mit Verhaltensauffälligen. Neuburgweier, Karlsruhe.

Ariès, Ph. (1975): Geschichte der Kindheit. München, Wien.

Arnold, Ph. (1914): Die Zwangserziehung in Bayern 1904–1913. In: Z. Königl. Bay. Stat. Landesamt, Bd. 46, Nr. 3, 277–339. München.

Aufenanger, S.; Garz, D.; Zutaven, M. (1981): Erziehung zur Gerechtigkeit. Unterrichtspraxis nach *Lawrence Kohlberg*. München.

Bach, H.; Knöbel, R.; Arenz-Morch, A.; Rosner, A. (1984): Verhaltensauffälligkeiten in der Schule. Statistik, Hintergründe, Folgerungen. Mainz.

Backe, L.; Leick, N.; Merrick, J.; Michelsen, N. (1986). Sexueller Mißbrauch von Kindern in Familien. Köln.

Barcai, A.; Rosenthal, M. K. (1974): Fears an Tyranny. Observations on the Tyrannical child. Arch. Gen. Psychiatry 30, March, 392–395.

Bast, Ch. (1991): Weibliche Autonomie und Identität. Untersuchungen über die Probleme von Mädchenerziehung heute. (2. Aufl.) München.

Bateson, G. (1984): Geist und Natur. Eine notwendige Einheit. (3. Aufl.) Frankfurt/Main.

Bateson, G. (1985): Ökologie des Geistes. Frankfurt/Main.

Battegay, R.; Rauschfleisch, U. (Hrsg.) (1990): Menschliche Autonomie. Göttingen.

Baulig, V. (1982): Auffälliges Schülerverhalten. Pädagogische Maßnahmen auf ausagierendes Verhalten. Weinheim, Basel.

Baumann, Z. (1995): Postmoderne Ethik. Hamburg.

Beck, U. (1986): Risikogesellschaft. Auf dem Weg in eine andere Moderne. Frankfurt/Main.

Beck, U.; Beck-Gernsheim, E. (1990): Das normale Chaos der Liebe. Frankfurt/Main.

Berna, J. (1946): Erziehungsfragen. Ein Wegweiser zur Ergründung der Erziehungsschwierigkeiten und ihrer Behebung. Zürich.

Berna, J. (1961): Schulschwierigkeiten als Folge seelischer Störungen. München.

Bettelheim, B. (1973): So können sie nicht leben. Die Rehabilitation emotional gestörter Kinder. Stuttgart.

Bettelheim, B. (1974): A Home for the Heart. New York.

Bettelheim, B. (1980): Erziehung zum Überleben. Stuttgart.

Bettelheim, B. (1987): Ein Leben für Kinder. Erziehung in unserer Zeit. Frankfurt/Main, Wien.

Bettelheim, B. (1990): Themen meines Lebens. Essays über Psychoanalyse, Kindererziehung und das jüdische Schicksal. Stuttgart.

Bingel, E. (1989): Johanna lernt nein sagen. Wie Eltern mit ihren Kindern Autonomie verwirklichen. Salzburg.

Bittner, G. (Hrsg.) (1981): Selbstwerden des Kindes. Ein neues tiefenpsychologisches Konzept. Fellbach.

Bleidick, U. (1978): Pädagogik der Behinderten. Grundzüge eine Theorie der Erziehung behinderter Kinder und Jugendlicher. (3. Aufl.). Berlin.

Böhm, J.; Kardorff, E. v. (1990): Langauer Modell zur Entwicklung und Förderung eigenverantworteter Elternarbeit in der Frühförderung. Abschlußbericht d. wissensch. Begleitforschung. München (Inst. f. Psych.).

Bollnow, O. F. (1947): Einfache Sittlichkeit. Göttingen.

Bollnow, O. F. (1956): Das veränderte Bild vom Menschen und sein Einfluß auf das pädagogische Denken. In: Erziehung wozu? Eine Vortragsreihe des Süddeutschen Rundfunks, 33–47. Stuttgart.

Bondy, C. u. a. (1957): Jugendliche stören die Ordnung. München, Düsseldorf.

Bott, G. (Hrsg.) (1971): Erziehung zum Ungehorsam. Kinderläden berichten aus der

Praxis der antiautoritären Erziehung. (3. Aufl.). Frankfurt/Main.

Bowlby, J. (1952): Mutterliebe und kindliche Entwicklung. München, Basel.

Braunmühl, E. v. (1988): Antipädagogik. Studien zur Abschaffung der Erziehung. (5. Aufl.). Weinheim, Basel.

Brezinka, W. (1974): Grundbegriffe der Erziehungswissenschaft. München, Basel.

Brezinka, W. (1986): Erziehung in einer wertunsicheren Gesellschaft. Beiträge zur Praktischen Pädagogik. München, Basel.

Brezinka, W. (1987): Tüchtigkeit. Analyse und Bewertung eines Erziehungszieles. München, Basel.

Briggs, J.; Peat, F. D. (1990): Die Entdekkung des Chaos. Eine Reihe durch die Chaos-Theorie. München.

Bronfenbrenner, U. (1973): Erziehungssysteme. Kinder in den USA und der Sowjetunion. München.

Bronfenbrenner, U (1981): Die Ökologie der menschlichen Entwicklung. Stuttgart.

Brück, H. (1978): Die Angst des Lehrers vor seinem Schüler. Reinbek.

Bruner, J. (1973): Relevanz der Erziehung. Ravensburg.

Bucher, Th. (1984): Werte im Leben des Menschen. Überlegungen, Orientierung, Erziehungshilfen. Bern, Stuttgart.

Buchkremer, H. (1982): Einführung in die Sozialpädagogik. Darmstadt.

Büchner, P. (1983): Vom Befehlen und Gehorchen zum Verhandeln. Entwicklungstendenzen von Verhaltensstandards und Umgangsnormen seit 1945. In: Kriegskinder, Konsumkinder, Krisenkinder. Hrsg. v. *Preuss-Lausitz, U.* u. a. 196–212. Weinheim, Basel.

Bürgin, D. (1990): Psychoanalytische Aspekte beim Kind und Jugendlichen. In: *Battegay, R.; Rauchfleisch, U.* (Hrsg.). Menschliche Autonomie. Göttingen. 184–196.

Bürli, A. (1995): Esoterische Tendenzen auch in der Heilpädagogik? Schweiz. Z. f. Heilpädagogik, (1), H. 7, 9–15.

Büttner, Chr. (1988): Mit aggressiven Kindern leben. Weinheim.

Bundesjugendkuratorium (BJK) (Hrsg.) (1982): Erziehung in geschlossenen Heimen. Ein Symposion. München.

Bundesminister für Jugend, Familie, Frauen und Gesundheit (Hrsg.) (1990): Achter Jugendbericht. Bericht über Bestrebungen und Leistungen der Jugendhilfe. Bonn.

Buytendijk, F. J. J. (1970): Bildung der Jugend durch lebendiges Tun. In: Montessori. Hrsg. v. *Schulz-Benesch, G.*, 254–273.

Cloer, E. (Hrsg.) (1982): Disziplinkonflikte in Erziehung und Schule. Bad Heilbrunn.

Cramer, F. (1993): Chaos und Ordnung. Die komplexe Struktur des Lebendigen. Frankfurt/Main, Leipzig.

Damon, W. (1989): Die soziale Entwicklung des Kindes. Ein entwicklungspsychologisches Lehrbuch. Stuttgart.

Davies, P. (1988): Prinzip Chaos. Die neue Ordnung des Kosmos. München.

deCharms, R. (1979): Motivation in der Klasse. München.

Deci, E. L., Ryan, R. M. (1987): The Support of Autonomy and the Control of Behavior. In: J. Personality and Soc. Psychology, Vol. 53, No. 6, 1024–1037.

Deci, E. L.; Ryan, R. M. (1993): Die Selbstbestimmungstheorie der Motivation und ihre Bedeutung für die Pädagogik. Z. f. Pädagogik, (39), Nr. 2, 223–238.

Dennison, G. (1971): Lernen und Freiheit. Aus der Praxis der First Street School. Frankfurt/Main.

Dettenborn, H.; Lautsch, E. (1993): Aggression in der Schule aus der Schülerperspektive. Z. f. Pädagogik, (39), H. 5, 745–774.

Dietl, M. (1987): Autonomie und Erziehung im frühen Kindesalter. Weinheim.

Dreitzel, H. P. (1972): Die gesellschaftlichen Leiden und das Leiden an der Gesellschaft. Vorstudien zu einer Pathologie des Rollenverhaltens. Stuttgart.

Drewermann, E. (1989): Kleriker. Olten, Freiburg i. Br.

Durkheim, E. (1977): Über die Teilung der sozialen Arbeit. Frankfurt/Main.

Durkheim, E. (1984): Erziehung, Moral und Gesellschaft. Neuwied, Darmstadt.

Dutschmann, A. (1982): Aggressivität bei Kindern. Handbuch für die pädagogische Praxis. Dortmund.

Edelman, E. M.; Goldstein, A. P. (1981): Moral Education. In *Goldstein, A. P.*, a.a.O., 253–315.

Edelstein, W. (1986): Moralische Intervention in der Schule. Skeptische Überlegungen. In: *Oser/Fatke/Höffe.* 327–349.

Edelstein, W.; Nunner-Winkler, G.; Noam, G. (Hrsg.) (1993): Moral und Person. Frankfurt/Main.

Eibl-Eibesfeldt, J. (1973): Der vorprogrammierte Mensch. Das Ererbte als bestimmender Faktor im menschlichen Verhalten. Wien, München, Zürich.

Eisert, H. (1987): Sozial-kognitive Interventionen bei aggressiven Kindern – eine Übersicht. In: Verhaltensgestörtenpädagogik. Hrsg. v. *Petermann, F.*, 7–29.

Elias, N. (1976): Über den Prozeß der Zivilisation. Frankfurt/Main.

Elkind, D. (1989): Wenn Eltern zu viel fordern. Die Rettung der Kindheit vor leistungsorientierter Früherziehung. Hamburg.

Engfer, A. (1986): Kindesmißhandlung. Stuttgart.

Engler, W. (1993): Das halbierte Gewissen. Kursbuch, H. 113. Deutsche Jugend, 117–128.

Erikson, E. H. (1965): Kindheit und Gesellschaft. Stuttgart.

Erlinghagen, K. (1973): Autorität und Antiautorität. Heidelberg.

Erni, M. (1987): Autonomie wagen. Olten.

Esser, J. (1978): Unterricht über Gewalt. München, Wien, Baltimore.

Etzioni, A. (1994): Jenseits des Egoismus-Prinzips. Ein neues Bild von Wirtschaft, Politik und Gesellschaft. Aus dem Amerikanischen ("The Moral Dimension", 1988). Stuttgart.

Etzioni, A. (1995): Die Entdeckung des Gemeinwesens. Ansprüche, Verantwortlichkeiten und das Programm des Kommunitarismus. Aus dem Amerikanischen ("The Spirit of Community", 1993). Stuttgart.

Eyferth, H. (1950): Gefährdete Jugend. Erziehungshilfe bei Fehlentwicklung. Hannover.

Father Flanagan (1960): Verstehe ich meinen Jungen und erziehe ich ihn richtig? Freiburg/Br.

Fellsches, J. (1978): Disziplin, Konflikt und Gewalt in der Schule. Heidelberg.

Filipp, S. H. (Hrsg.) (1979): Selbstkonzeptforschung. Probleme, Befunde, Perspektiven. Stuttgart.

Flitner, A. (1986): Konrad, sprach die Frau Mama. Über Erziehung und Nicht-Erziehung. (2. Aufl.). München, Zürich.

Flosdorf, P. (Hrsg.) (1988): Theorie und Praxis stationärer Erziehungshilfe. Bd. 1: Konzepte in Heimen der Jugendhilfe. Bd. 2: Die Gestaltung des Lebensfeldes Heim. Freiburg/Br.

Flosdorf, P. (1988): Zur Problematik "geschlossener" Heimerziehung. In *Flosdorf, P.* (Hrsg.): Theorie und Praxis stationärer Erziehungshilfe. Bd. 1: Konzepte in Heimen der Erziehungshilfe, 206–214. Freiburg/Br.

Flosdorf, P. (1990): Therapeutische Heimerziehung. In: *Speck, O.; Martin, K.-R.* (Hrsg.), 353–360.

Forum für Philosophie Bad Homburg (Hrsg.) (1988): Zerstörung des moralischen Bewußtseins: Chance oder Gefährdung. Praktische Philosophie in Deutschland nach dem Nationalsozialismus. Frankfurt/Main.

Frankfurt, H. G. (1988): The Importance of What we Care About. Philosophical Essays. Cambridge, New York.

Frankl, V. E. (1984): Der leidende Mensch. (2. Aufl.). Bern, Stuttgart, Toronto.

Frederking, U. (1975): Häufigkeiten, somatische und soziale Bedingungen von Verhaltensstörungen zehnjähriger Schulkinder. In: Praxis d. Kinderpsychologie u. Kd.psychiatrie, 24, 204–213.

Fromm, E. (1977): Anatomie der menschlichen Destruktivität. Stuttgart.

Gamm, H.-J. (1988): Pädagogische Ethik. Weinheim.

Gell-Mann, M. (1994): Das Quark und der Jaguar. Vom Einfachen zum Komplexen. Die Suche nach einer neuen Erklärung der Welt. München, Zürich.

Gergen, K. (1990): Die Konstruktion des Selbst im Zeitalter der Postmoderne. Psycholog. Rundschau, (41), 191–199.

Gibran, K. (1973): Der Prophet. Olten.

Giesecke, H. (1987): Über die Antiquiertheit des Begriffes "Erziehung"! Z. f. Pädagogik (33), Nr. 3, 401–406.

Giesecke, H. (1988): Das Ende der Erziehung. Neue Chancen für Familie und Schule. (4. Aufl.). Stuttgart.

Giesecke, H. (1990): Neue Sozialisationswege als Reaktion von Jugendlichen auf ihre Lebensbedingungen – Anforderungen an die Heimerziehung. Z. Materialien zur Heimerziehung (IGfH), H. März, 5–8.

Gilligan, C. (1988): Die andere Stimme. Lebenskonflikte und Moral der Frau. (3. Aufl.). München, Zürich.

Göstemeyer, K.-F. (1993): Pädagogik nach der Moderne? Vom kritischen Umgang mit Pluralismus und Dogmatismus. Z. f. Pädagogik, (39), Nr. 5, 858–870.

Goetze, H.; Neukäter, H. (Hrsg.) (1988): Disziplinkonflikte und Verhaltensstörungen in der Schule. Oldenburg (Univ.).

Goetze, H.; Neukäter, H. (Hrsg.) (1989): Pädagogik bei Verhaltensstörungen. Handbuch der Sonderpädagogik. Bd. 6. Berlin.

Goldstein, A. P.; Carr, E. G.; Davidson, W. S.; Wehr, P. (Eds.) (1981): In Response to Aggression. Methods of Control and Prosocial Alternatives. New York, Oxford a.o.

Goldstein, A. P. (1987): Prepare: A Prosocial Curriculum for Aggressive Youth. In: *Rutherford, R. B.; Nelson, C. M.; Forness, S. R.* (Eds.). Basis of Severe Behavioral Disorders in Children and Youth.

Grauer, G.; Umbsen, P.; Wolff, R. (1983): Gewalt in der Schule – Schule als Gewalt. In: *Moll-Strobel*, 144–184.

Gruber, E. (1994): Menschen brauchen Liebe, Menschen brauchen Gott. Was brauchen junge Menschen, um eine Lebensorientierung zu finden? Begegnung und Gespräch, Ausg. 101, 7/8, 221–228.

Gulyga, A. (1985): *Immanuel Kant.* Aus dem Russ. Frankfurt/Main.

Habermas, J. (1983): Moralbewußtsein und kommunikatives Handeln. Frankfurt/Main.

Hall, R. T. (1979): Unterricht über Werte. Lernhilfen und Unterrichtsmodelle. München, Wien, Baltimore.

Hanke, B.; Huber, G. L.; Mandl, H. (1976): Aggressiv und unaufmerksam. München, Berlin, Wien.

Harbin, H. T.; Madden, D. J. (1979): Battered parents: A new syndrome. Amer. J. Psychistry 136, 10, Oct., 1288–1291.

Harnack, G. A. v. (1953): Wesen und soziale Bedingtheit frühkindlicher Verhaltensstörungen. Basel, New York.

Hartwig, L.; Schrapper, Ch. (1990): Von Zwangserziehung bis Geschlossener Unterbringung – die Betreuung "Schwersterziehbarer" in der Heimerziehung. In: *Speck, O.; Martin, K.-R.* (Hrsg.), 392–402.

Haste, H. (1993): Die Moral, das Selbst und der soziokulturelle Kontext. In *Edelstein, W.*, u. a. (Hrsg.), 385–413.

Hayden, T. L. (1982): Bo und die anderen. Bern, München.

Hayden, T. L. (1984): Sheila. München.

Heinelt, G. (1978): Umgang mit aggressiven Schülern. Freiburg/Br.

Henning, K. (1993): Spuren im Chaos. Orientierungspunkte in der komplexen Welt. München.

Hentig, H. V. (1975): Vorwort zur "Geschichte der Kindheit" von Ph. Ariès. München, Wien.

Hentig, H. v. (1989): Werte und Erziehung. In: *Criblez, L.; Gonon, Ph.* (Hrsg.): Ist Ökologie lehrbar? 40–63.

Herrmann, B. (1987): Verständigung über Erziehungswerte. Grundlagen und Praxis für ein Kollegiumsgespräch. Weinheim, Basel.

Herzka, H. S. (1989): Die neue Kindheit. Dialogische Entwicklung – autoritätskritische Erziehung. Basel.

Herzog, W. (1988): Mit *Kohlberg* unterwegs zu einer pädagogischen Theorie der moralischen Erziehung. Neue Sammlung (28) 1988, 16–34.

Herzog, W. (1991): Das moralische Subjekt. Pädagogische Intuition und psychologische Theorie. Bern, Göttingen, Toronto.

Higgins, A. (1989): Das Erziehungsprogramm der Gerechten Gemeinschaft. Die Entwicklung moralischer Sensibilität als Ausdruck von Gerechtigkeit und Fürsorge. In: *Lind, G.; Pollitt-Gerlach* (Hrsg.). Moral in "unmoralischer" Zeit. Heidelberg. 101–127.

Hillmann, K.-H. (1986): Wertwandel. Zur Frage soziokultureller Voraussetzungen alternativer Lebensformen. Darmstadt.

Hinte, W. (1980): Non-direkte Pädagogik. Eine Einführung in Grundlagen und Praxis des selbstbestimmten Lernens. Opladen.

Hippler, B. (1985): Mobile schulische Erziehungshilfe. Birkach.

Höffe, O. (1986): Autonomie und Verallgemeinerung als Moralprinzipien. Eine Auseinandersetzung mit *Kohlberg*, dem Utilitarismus und der Diskursethik. In: *Oser/Fatke/Höffe.* 56–86.

Höffe, O. (1993): Moral als Preis der Moderne. Ein Versuch über Wissenschaft, Technik und Umwelt. Frankfurt/Main.

Hoffmann, J. (1979): Moraltheologische und moralpädagogische Grundlegung. Moralpädagogik. Bd. 1. Düsseldorf.

Holderegger, A. (1990): Selbstbestimmung und Handeln aus dem Glauben. Eine Problemskizze aus moraltheologischer Sicht. In: *Battegay/ Rauchfleisch* (Hrsg.), 65–78.

Hondrich, K. O., Koch-Arzberger, C. (1994): Solidarität in der modernen Gesellschaft. Frankfurt/M.

Hurrelmann, K. (1988): Sozialisation und Gesundheit. Somatische, psychische und soziale Risikofaktoren im Lebenslauf. Weinheim, München.

Jonas, H. (1980): Das Prinzip Verantwortung. Versuch einer Ethik für die technologische Zivilisation. Frankfurt/Main.

Juul, K. D. (1979): Modelle pädagogischer Förderung von Kindern mit Verhaltensstörungen – vornehmlich in den USA. In: *Speck, O.* (Hrsg.), 70–99.

Juul, K. D. (1990): Mobbing in the Schools. Scandinavian Initiatives in the Prevention and Reduction of Group Violence among Children. Oldenburg (Universität).

Kagan, J. (1987). Die Natur des Kindes. München, Zürich.

Kaiser, G. (1959): Randalierende Jugend. Heidelberg.

Kant, I. (1997): Werkausgabe (hrsg. von *W. Weischedel*), Bd. I–XII. Frankfurt/Main.

Kast, V. (1985): Wege zur Autonomie. Märchen psychologisch gedeutet. (2. Aufl.). Olten, Freiburg/Br.

Kautter, H.; Klein, G.; Laupheimer, W.; Wiegand, H.-S. (1988): Das Kind als Akteur seiner Entwicklung. Heidelberg.

Kegan, R. (1986): Die Entwicklungsstufen des Selbst. Fortschritte und Krisen im menschlichen Leben. München.

Kern, W.; Link, Ch. (1982): Autonomie und Geschöpflichkeit. In: Christlicher Glaube in moderner Gesellschaft. Hrsg. v. *F. Böckle u. a.*; Bd. 18, 101–148. Freiburg/Br.

Keupp, H.; Röhrle, B. (Hrsg.) (1987): Soziale Netzwerke. Frankfurt/Main, New York.

Keupp, H. (1989): Auf der Suche nach der verlorenen Identität: In: *Keupp, H. und Bilden, A.* (Hrsg.). 47–69.

Keupp, H..; Bilden, H. (Hrsg.) (1989): Verunsicherungen. Das Subjekt im gesellschaftlichen Wandel. Göttingen, Toronto, Zürich.

Klockhaus, R.; Habermann-Morbey, B. (1986): Psychologie des Schulvandalismus. Göttingen.

Kmieciak, P. (1976): Wertstrukturen und Wertwandel in der Bundesrepublik Deutschland. Göttingen.

Koch, L. (1990): Kant über das moralische Urteil bei Kindern. Z. f. wiss. Pädagogik, H. 2, 169–181.

Köcher, R. (1985): Einstellung zu Ehe und Familie im Wandel der Zeit. Eine Repräsentationsuntersuchung. Stuttgart.

Kohlberg, L. (1981): The Philosophy of Moral Development. Moral Stages and the Idea of Justice. Essays on Moral Development. Vol. 1. San Francisco.

Kohlberg, L. (1984): The Psychology of Moral Development. Essays on Moral Development. Vol. 2. San Francisco.

Kohlberg, L. (1986): Der "Just Community"-Ansatz der Moralerziehung in Theorie und Praxis. In: *Oser, F.; Fatke, R.; Höffe, O.* (Hrsg.). 21–55.

Kohlberg, L. (1987): Moralische Entwicklung und demokratische Erziehung. In: *Lind, G.; Raschert, J.* (Hrsg.), 25–43.

Korczak, J. (1973): Das Recht des Kindes auf Achtung. Göttingen.

Korczak, J. (1978): Wie man ein Kind lieben soll. (6. Aufl.). Göttingen.

Korte, J. (1982): Disziplinprobleme im Schulalltag. Über den unpädagogischen Umgang mit schwierigen Schülern. Weinheim/Basel.

Korte, J. (1993): Faustrecht auf dem Schulhof. (3. Aufl.). Weinheim.

Krappmann, L.; Oswald, H. (1989): Freunde, Gleichaltrigengruppen, Geflechte. Die soziale Welt des Kindes im Grundschulalter. In: Veränderte Kindheit – Veränderte Grundschule. Hrsg. v. *Fölling-Albers, M.*, 94–102. Frankfurt/Main.

Kratzsch, D. (1989): Plädoyer für eine Revision des jugendstrafrechtlichen Subsidiaritätsprinzips und der Zuchtmittel. Zum Spannungsverhältnis zwischen Autonomie und subsidiärer Erziehung. Z. Heilpädagogische Forschung, Bd. XV, H. 3, 155–164.

Kürzdörfer, K. (Hrsg.) (1978): Gewissensentwicklung und Gewissenserziehung. Bad Heilbrunn.

Kupffer, H. (1980): Erziehung – Angriff auf die Freiheit. Weinheim, Basel.

Kupffer, H. (1990): Pädagogik der Postmoderne. Weinheim, Basel.

Kursbuch 113 (1993): Deutsche Jugend.

Lang, A. (1978): Diagnostik und Autonomie der Person. In: Ist Psychodiagnostik verantwortbar? Hrsg. v. *U. Pulver, A. Lang, F. W. Schmid.* Bern, Stuttgart, Wien, 17–29.

Lasch, C. (1980): Das Zeitalter des Narzißmus. München.

Lauth, G. W.; Viebahn, P. (1987): Soziale Isolierung. Ursachen und Interventionsmöglichkeiten. München, Weinheim.

Lempp, R. (Hrsg.) (1987): Reifung und Ablösung. Bern, Stuttgart, Toronto.

Leontjew, A. N. (1975): Probleme der Entwicklung des Psychischen. Berlin.

Lévinas, E. (1989): Humanismus des anderen Menschen. Hamburg.

Lévinas, E. (1992): Ethik und Unendliches. Wien.

Lévinas, E. (1995): Zwischen uns. Versuche über das Denken an den Anderen. München, Wien.

Lickona, Th. (1989): Wie man gute Kinder erzieht! Die moralische Entwicklung des Kindes von der Geburt bis zum Jugendalter und was Sie dazu beitragen können. München.

Lind, G.; Raschert, J. (Hrsg.) (1987): Moralische Urteilsfähigkeit. Eine Auseinandersetzung mit *Lawrence Kohlberg.* Weinheim, Basel.

Lind, G.; Pollitt-Gerlach, G. (Hrsg.) (1989): Moral in "unmoralischer" Zeit. Heidelberg.

Linde, D. (1985): Das Verhalten von Sonderschullehrern bei Normverstößen. Frankfurt/Main.

Lorenz, Kuno (1990): Einführung in die philosophische Anthropologie. Darmstadt.

Luhmann, N. (1973): Vertrauen. Ein Mechanismus der Reduktion sozialer Komplexität. Stuttgart.

Luhmann, N. (1987): Soziale Systeme. Grundriß einer allgemeinen Theorie. Frankfurt/Main.

Luhmann, N. (1988): Ökologische Kommunikation. (2. Aufl.). Opladen.

Luhmann, N.; Schorr, K. E. (Hrsg.) (1996): Zwischen System und Umwelt. Fragen an die Pädagogik. Frankfurt/Main.

Lurija, A. R. (1993): Romantische Wissenschaft. Forschungen im Grenzbereich von Seele und Gehirn. Reinbek.

Lyotard, J.-F. (1993): Das postmoderne Wissen. Wien.

MacIntyre, A. (1987): Der Verlust der Tugend. Zur moralischen Krise der Gegenwart. Frankfurt/Main, New York.

Makarenko, A. S. (1976): Werke. 1. Bd. Berlin (6. Aufl.).

Maubach, B. (1987): Ich kann nicht mehr! Aus: "Brief an mein Kollegium". In: Unterrichtsstörungen. Friedrich Jahresheft V. 40–41. Seelze.

Mann, I. (1978): Die Kraft geht von den Kindern aus. Die stufenweise Befreiung von der Lehrerrolle. Lollar.

Mannoni, M. (1987): "Scheißerziehung", Von der Antipsychiatrie zur Antipädagogik. Frankfurt/Main.

Marti, K. (1978): Der Traum vom Frieden. In *M. Krauss* (Hrsg.): Ich habe einen Traum. Visionen und Wirklichkeiten. Stuttgart, Berlin, 25–44.

Maslow, A. H. (1973): Psychologie des Seins. Ein Entwurf. München.

Masthoff, R. (1981): Antiautoritäre Erziehung. Darmstadt.

Maturana, H. R.; Varela, H. J. (1987): Der Baum der Erkenntnis. Die biologischen Wurzeln des menschlichen Erkennens. Bern, München, Wien.

Mause, L. de (Hrsg.) (1977): Hört ihr die Kinder weinen? Eine psychogenetische Geschichte der Kindheit. Frankfurt/Main.

Mehringer, A. (1979): Eine kleine Heilpädagogik. (6. Aufl.). München, Basel.

Mertens, G. (1989): Von der Heteronomie zur Autonomie. Zur Grundeinstellung der Moralerziehung. Vierteljahresschr. f. Wissenschaftliche Pädagogik (65), 441–469.

Meyer, P. (1982): Soziobiologie und Soziologie. Eine Einführung in die biologischen Voraussetzungen sozialen Handelns. Darmstadt, Neuwied.

Miller, A. (1983): Am Anfang war Erziehung. Frankfurt/Main.

Minden, G. v. (1988): Der Bruchstück-Mensch. Psychoanalyse des frühgestört-neurotischen Menschen der technokratischen Gesellschaft. München, Basel.

Möller, M. L. (1978): Selbsthilfegruppen. Selbstbehandlung und Selbsterkenntnis in eigenverantwortlichen Kleingruppen. Reinbek.

Moll-Strobel, H. (Hrsg.) (1983): Die Problematik der Disziplinschwierigkeiten im Unterricht. Darmstadt.

Montessori, M. (1913): Selbsttätige Erziehung im frühen Kindesalter. Stuttgart.

Montessori, M. (1968): Die Entdeckung des Kindes. Freiburg.

Moor, P. (1958): Heilpädagogische Psychologie. Bd. II. Bern.

Moor, P. (1960): Heilpädagogische Psychologie. Bd. I. Bern.

Moor, P. (1961): Gehorchen und Dienen. Zürich.

Moor, P. (1963): Umwelt, Mitwelt, Heimat. Eine heilpädagogische Studie über die Faktoren der Entwicklungshemmung und über das Wesen der Verwahrlosung. Zürich.

Moor, P. (1965): Heilpädagogik. Ein pädagogisches Lehrbuch. Bern, Stuttgart.

Muchow, H. H. (1956): Zur Psychologie und Pädagogik der Halbstarken I u. II. In: Z. Unsere Jugend (8), 358–394, 442–449.

Muchow, M. (1970): Allgemeine Würdigung des montessorischen Versuchs. Kritik der Hauptforderungen Montessoris und ihrer praktischen Durchführung im System des Kinderhauses. In: *Montessori.* Hrsg. v. *Schulz-Benesch, G.*, 111–154.

Müller-Thurau, G. P. (1983): Laß uns mal 'ne Schnecke angraben. Sprache und Sprüche der Jugendszene. Düsseldorf, Wien.

Myschker, N. (1993): Verhaltensstörungen bei Kindern und Jugendlichen. Stuttgart, Berlin, Köln.

Nave-Herz, R. (1987): Bedeutungswandel von Ehe und Familie. In: *Schulze, H.-J.; Mayer, T.* (Hrsg.). Familie: Zerfall oder neues Selbstverständnis. Würzburg.

Nave-Herz, R. (Hrsg.) (1988): Wandel und Kontinuität der Familie in der Bundesrepublik Deutschland. Stuttgart.

Neidhart, W. (1990): Heteronomie, Anatomie, Theonomie als Leitvorstellungen einer "vita christiana". In: *Battegay, R.; Rauchfleisch, U.* (Hrsg.), 232–244.

Neill, A. S. (1969): Theorie und Praxis der antiautoritären Erziehung. Das Beispiel Summerhill. Reinbek.

Neuhäuser, H.; Rülcker, T. (1990): Moralische Alltagstheorien von Kindern. In: *U. Preuss-Lausitz, T. Rülcker, H. Zeiher* (Hrsg.): Selbständigkeit für Kinder. Weinheim, Basel, 192–205.

Neumann, E. (1964): Tiefenpsychologie und neue Ethik. München.

Neumann, K. (1989): Von der Disziplin zur Autonomie. Über den Wandel von Zielen und Verhaltensmustern in der Kindererziehung. In: Veränderte Kindheit – Veränderte Grundschule, hrsg. v. *M. Fölling-Albers.* 66–74. Frankfurt/Main.

Niebel, G.; Hanewinkel, R.; Ferstl, R. (1993): Gewalt und Aggression in schleswig-holsteinischen Schulen. Z. f. Pädagogik, (39), H. 5, 775–798.

Nietzsche, F. (1988): Zur Genealogie der Moral. Stuttgart.

Nuber, U. (1993): Die Egoismusfalle. Warum Selbstverwirklichung so oft einsam macht. Zürich.

Nucci, L.; Lee, J. (1993): Moral und personale Autonomie. In *Edelstein, W.*, u. a. (Hrsg.), 69–103.

Nunner-Winkler, G. (1993): Die Entwicklung moralischer Motivation. In *Edelstein, W.*, u. a. (Hrsg.), 278–303.

Nunner-Winkler, G.; Edelstein, W. (1993): Einleitung. In *Edelstein, W.*, u. a. (Hrsg.), 7–30.

Oelkers, J.; Lehmann, Th. (1983, 1990): Antipädagogik: Herausforderung und Kritik. Braunschweig.

Oelkers, J. (1985): Erziehen und Unterrichten. Grundbegriffe der Pädagogik in analytischer Sicht. Darmstadt.

Oelkers, J. (1989): Ist Ökologie lehrbar? In: *Criblez, L.; Gonon, Ph.* (Hrsg.), 64–83.

Oeser, E.; Seitelberger, F. (1988): Gehirn, Bewußtsein und Erkenntnis. Darmstadt.

Ohder, C. (1992): Gewalt durch Gruppen Jugendlicher. Berlin.

Olweus, D. (1995): Gewalt in der Schule. Was Lehrer und Eltern wissen sollten – und tun können. (Aus dem Norwegischen), Bern, Göttingen.

Oser, F.; Fatke, R.; Höffe, O. (Hrsg.) (1986): Transformation und Entwicklung. Grundlagen der Moralerziehung. Frankfurt/Main.

Oser, F. (1988): Die gerechte Gemeinschaft und die Demokratisierung der Schulwelt: Der Kohlbergansatz, eine Herausforde-

rung für die Erziehung. Vierteljahresschrift f. wiss. Pädagogik, 56, 79.
Oser, F.; Althof, W. (1992): Moralische Selbstbestimmung. Modelle der Entwicklung und Erziehung im Wertebereich. Stuttgart.
Ott, W. H.; Watts, W. J. (1989): Erziehung zu moralischen Einstellungen bei Kindern und Jugendlichen mit Verhaltensstörungen. In: Pädagogik der Verhaltensstörungen, Hdb. der Sonderpädagogik, Bd. 6, Hrsg. v. *Goetze, H.; Neukäter, H.*, 342–353. Berlin.
Otto, B. (1986): Bruno Bettelheims Milieutherapie. Weinheim.

Packard, V. (1984): Verlust der Geborgenheit. Unsere kinderkranke Gesellschaft. Bern.
Pankofer, S. (1996): Freiheit hinter Mauern. Mädchen im geschlossenen Heim. Diss. Universität München, Fak. 11.
Peccei, A. (1981): Die Zukunft in unserer Hand. Gedanken und Reflexionen des Präsidenten des *Club of Rome.* Wien (4. Aufl.).
Perls, F. (1974): Gestalttherapie in Aktion. Stuttgart.
Pestalozzi, J. H. (1932): Sämtliche Werke, 13. Bd. Berlin, Leipzig.
Pestalozzi, J. H. (1947): Wie Gertrud ihre Kinder lehrt. Baden-Baden.
Peterander, H. (1987): Interaktionsanalyse und Veränderung von Beziehungsmustern bei Mutter-Kind-Paaren. Unveröffentl. Habil.schrift. München, Fak. 11.
Petermann, F. (Hrsg.) (1987): Verhaltensgestörtenpädagogik. Neue Ansätze und ihre Erfolge. Berlin.
Petermann, U.; Petermann, F. (1989): Training mit sozial unsicheren Kindern. (3. Aufl.). München.
Pfeiffer, Ch. (1983): Kriminalprävention im Jugendgerichtsverfahren. Köln, Berlin, Bern, München.
Piaget, J. (1986): Das moralische Urteil beim Kinde. München.
Picard, M. (1955): Ist Freiheit heute überhaupt möglich? Hamburg.
Pieper, A. (1990): Freiheit als philosophisches Problem. Zur Frage der moralischen Selbstbestimmung. In: *Battegay, R.; Rauchfleisch, U.* (Hrsg.)., 52–64.
Pikas, A. (1989): A pure concept of mobbing gives the best results for treatment. Z. School Psychology International. (10), 95–104.
Popper, K. (1973): Objektive Erkenntnis. Ein revolutionärer Entwurf. Hamburg.
Prekop, J. (1990): Der kleine Tyrann. Welchen Halt brauchen Kinder? 12. Aufl. München.
Prekop, I. (1989): Hättest Du mich festgehalten . . . Grundlagen und Anwendung der Festhalte-Therapie. München.
Prenzel, M. (1990): Kindliche Selbstbestimmung aus motivationspsychologischer Sicht und pädagogischer Perspektive. Unveröff. Vortragsmanuskript. München.

Rather, W. (1982): Das unbekannte Phänomen Lehrerangst. Vielfältige Ursachen – weitreichende Folgen. Freiburg/Br.
Rauschenberger, H. (Hrsg.) (1988): "Durch die Kinder lernt man erst die Zeit begreifen" Über den Wandel von Erziehungsvorstellungen im 20. Jahrhundert. Frankfurt/Main.
Rawls, J. (1988): Eine Theorie der Gerechtigkeit. (4. Aufl.): Frankfurt/Main.
Redl, F.; Wineman, D. (1970): Kinder, die hassen. Freiburg/Br.
Redl, F. (1971): Erziehung schwieriger Kinder. München.
Redl, F.; Wineman, D. (1976): Steuerung des aggressiven Verhaltens beim Kinde. München.
Richter, H. E. (1974): Lernziel Solidarität. Reinbek.
Riesman, D. (1958): Die einsame Masse. Hamburg.
Rogers, C. R. (1974): Lernen in Freiheit. Zur Bildungsreform in Schule und Universität. München.
Rogers, C. R. (1976): Entwicklung der Persönlichkeit. Psychotherapie aus der Sicht eines Therapeuten. Stuttgart.
Rolff, H.-G.; Zimmermann, P. (1985): Kindheit im Wandel. Eine Einführung in die Sozialisation im Kindesalter. Weinheim, Basel.
Rose, M. (1990): Healing Hurt Minds. The Peper Harow Experience. London, New York.
Roth, H.-J. (1990): Narzißmus. Selbstwerdung zwischen Destruktion und Produktivität. Weinheim, München.
Rotthaus, W. (Hrsg.) (1987): Erziehung und

Therapie in systemischer Sicht. Dortmund, 2. Auflage.
Rousseau, J. J. (1963): Emil oder über die Erziehung. (3. Aufl.). Paderborn.
Rüggeberg, A. (1985): Autonom-Leben. Gemeindenahe Formen von Beratung, Hilfe und Pflege zu einem selbständigen Leben von und für Menschen mit Behinderungen. Stuttgart.
Rutschky, K. (Hrsg.) (1977): Schwarze Pädagogik. Quellen zur Naturgeschichte der bürgerlichen Erziehung. Berlin, Wien.
Ryan, R. M.; Connell, J. P.; a. Deci, E. L. (1985): A Motivational Analysis of Selfdetermination and Self-regulation. In: Res. on Motivation in Education. Vol. 2, 13–51.
Ryan, R. M.; Deci, E. L. (1987): The Support of Autonomy and the Control of Behavior. In: J. Personality and Soc. Psychology. Vol. 53, No. 6, 1024–1037.
Ryan, R. M. (1991): The Nature of the Self in Autonomy and Relatedness. In *Strauss, J.; Goethals, G. R.* (Eds.): The Self. Interdisziplinary Approaches. New York, Berlin, Heidelberg, 208–238.
Ryan, R. M.; Deci, E. L.; Grolnick, W. S. (1995): Autonomy, Relatedness, and the Self. Their Relation to Development and Psychopathology. In *Cicchetti, D.; Cohen, D. J.* (Eds.): Developmental Psychopathology, Vol. 1. New York, 618–655.

Sartorius, P. (1980): Die schreckliche Automatik einer Katastrophe. Ein Gang durch South Bronx. In: Z. Sozialpädagogik, 22, H. 2, 65–74.
Schäfer, A. (1996): Zur relativen Autonomie des pädagogischen Wirklichkeitszugangs. In *Luhmann, N.; Schorr, K.-E.* (Hrsg.), 75–109.
Schelsky, H. (1954): Wandlungen der deutschen Familie in der Gegenwart. Stuttgart.
Schindler, S. (1994): Kleiner astrologischer Erziehungsberater. München.
Schleiermacher, F. (1983): Pädagogische Schriften I. Die Vorlesungen aus dem Jahre 1826. Frankfurt/Main, Berlin, Wien.
Schley, W. (1989): Sonderpädagogen zwischen Identitätsverlust und Neuorientierung: Präventive und integrative Arbeitsformen als Wege aus der Krise!? In: Offene Sonderpädagogik – Innovationen in sonderpäd. Theorie u. Praxis. Hrsg. v. *O. Sasse, N. Stoellger,* Frankfurt/Main. S. 449–460.
Schmid, P. (1987): Verhaltensstörungen aus anthropologischer Sicht. (2. Aufl.). Bern, Stuttgart.
Schmidtchen, G. (1997): Wie weit ist der Weg nach Deutschland? Sozialpsychologie der Jugend in der postsozialistischen Welt. Opladen.
Schneewind, K. A.; Lukesch, H. (Hrsg.) (1978): Familiäre Sozialisation. Stuttgart.
Schneewind, K. A.; Pfeiffer, P. (1978): Elterliches Erziehungsverhalten und kindliche Selbstverantwortlichkeit. In: Familiäre Sozialisation, hrsg. v. *K. Schneewind und H. Lukesch*, 190–205. Stuttgart.
Schneewind, K. A. (1979): Sozialisation unter entwicklungspsychologischen Perspektiven. In: Brennpunkte der Entwicklungspsychologie, hrsg. v. *L. Montada.* Stuttgart u. a., 288–299.
Schön, B. (1989): Vom erzieherischen zum therapeutischen Deutungsmuster? Chancen und Probleme der Therapeutisierung pädagogischer Arbeit. In: *Geulen, D.* (Hrsg.). Kindheit. Neue Realitäten und Aspekte. 126–145. Weinheim, Basel.
Schoenebeck, H. v. (1984): Unterstützen statt erziehen. Die neue Eltern-Kind-Beziehung. (3. Aufl.). München.
Schoenebeck, H. v. (1989). Antipädagogik im Dialog. Eine Einführung in antipädagogisches Denken. (2. A.). Weinheim, Basel.
Schopenhauer, A. (1988): Gedanken zur Ethik. Vorgest. v. *W. Seelig.* München.
Schreiner, G. (1979): Gerechtigkeit ohne Liebe – Autonomie ohne Solidarität? Versuch einer kritischen Würdigung der Entwicklungs- und Erziehungstheorie von *Lawrence Kohlberg.* Z. f. Pädagogik (25), 505–528.
Schreiner, G. (1983): Muß Strafe sein? Skizze zu einer psychologischen Theorie der Strafe in der Perspektive sozialen Lernens. In: *H. Moll-Strobel,* 326–350. Darmstadt.
Schülein, J. A. (1977): Von der Studentenrevolte zur Tendenzwende oder dem Rückzug ins Private. In: Kursbuch 48, 101–117.
Schulz-Benesch, G. (Hrsg.) (1970): *Montessori.* Darmstadt.
Schulze, H.-J.; Mayer, T. (Hrsg.) (1987): Familie. Zerfall oder neues Selbstverständnis? Würzburg.
Schwarz, K.; Höhn, Ch. (1985): Weniger Kinder – Weniger Ehen – Weniger Zukunft? Ottweiler.

Schweitzer, F. (1980): Moral, Verantwortung und Ich-Entwicklung. Z. f. Pädagogik, (26), 931–942.

Seif, L. (1952): Wege der Erziehungshilfe. (2. Aufl.) München, Basel.

Sensinow, V. (1930): Die Tragödie der verwahrlosten Kinder Rußlands. Zürich, Leipzig.

Shaftel, F. R.; Shaftel, G. (1973): Rollenspiel als soziales Entscheidungstraining. München, Basel.

Shure, M. B.; Spivack, G. (1981): Probleme lösen im Gespräch. Erziehung als Hilfe zur Selbsthilfe. Stuttgart.

Singer, K. (1988): Lehrer-Schüler-Konflikte gewaltfrei regeln. "Erziehungsschwierigkeiten" und Unterrichtsstörungen als Beziehungsschwierigkeiten bearbeiten. Weinheim, Basel.

Sommer, M. (1988): Identität im Übergang: *Kant.* Frankfurt/Main.

Spaemann, R. (1989): Glück und Wohlwollen. Versuch über Ethik. Stuttgart.

Speck, O.; Gottwald, P.; Innerhofer, P.; Havers, N. (Hrsg.) (1978): Schulische Integration lern- und verhaltensgestörter Kinder. München, Basel.

Speck, O. (Hrsg.) (1979): Pädagogische Modelle für Kinder mit Verhaltensstörungen. München, Basel.

Speck, O. (1984): Heimerziehung – ein Dauerproblem. In: Z. Unsere Jugend. 36, H. 11. 434–441.

Speck, O. (1984): Verhaltensstörungen, Psychopathologie und Erziehung. Grundlagen zu einer Verhaltensgestörtenpädagogik. (2. Aufl.). Berlin.

Speck, O. (1987): Auch die Erziehungs-Umwelt ist gefährdet. Z. Unsere Jugend (39), H. 1, 20–25.

Speck, O. (1989): Pädagogische Beratung unter dem Aspekt ökologischer Kommunikation. In: Z. f. Heilpädagogik, 40, 361–370.

Speck, O. (1989 a): Ökologische Aspekte der Heilpädagogik. In: Z. Geistige Behinderung. 28, H. 3, 158–169.

Speck, O. (1989 b): Erziehungsschwierigkeiten – Vorbeugung durch Erziehung. Vortrag Univ. Oldenburg.

Speck, O.; Martin, K.-R. (Hrsg.) (1990): Sonderpädagogik und Sozialarbeit. Hdb. d. Sonderpädagogik, Bd. 10. Berlin.

Speck, O. (1996a): System Heilpädagogik. Eine ökologisch reflexive Grundlegung. 3., völl. überarb. u. erw. A. München, Basel.

Speck, O. (1996b): Erziehung und Achtung vor dem Anderen. Zur moralischen Dimension der Erziehung. München, Basel.

Steffan, W. (Hrsg.) (1989): Straßensozialarbeit. Eine Methode für heiße Praxisfelder. Weinheim, Basel.

Steinvorth, U. (1990): Klassische und moderne Ethik. Grundlinien einer materialen Moraltheorie. Reinbek.

Stone, J.; Church, J. (1978): Kindheit und Jugend. Einführung in die Entwicklungspsychologie. Bd. 1. Stuttgart.

Strasburg, P. A. (1980): Geschlossene Unterbringung von gewalttätigen Jugendlichen? Eine auch in New York aktuelle Frage. In: Z. Sozialpädagogik, 22, H. 2, 83–86.

Strasser, J. (1987): Über eine neue Lust an der Destruktion. Unveröffentlichtes Manuskript, Bayer. Rundfunk. München.

Straus, M. A.; Gelles, R. I.; Steinmetz, S. K. (1981): Behind Closed Doors. Violence in the American Familiy. Beverly Hills, London, New Delhi.

Struck, P. (1994): Erziehung gegen Gewalt. Ein Buch gegen die Spirale von Aggression und Haß. Neuwied.

Strümpell, L. v. (1910): Die pädagogische Pathologie oder die Lehre von den Fehlern der Kinder. (4. Aufl.). Leipzig.

Swarthout, D. W. (1988): Enhancing the Moral Development of Behaviorally/Emotionally Handicapped Students. In: J. Behavioral Disorders. Vol. 14, No. 1, 57–68.

Tausch, R.; Tausch, A.-M. (1970): Erziehungspsychologie. (5. Aufl.). Göttingen.

Thalmann, H.-Ch. (1971): Verhaltensstörungen bei Kindern im Grundschulalter. Stuttgart.

Tenorth, H.-E. (1992): Geschichte der Erziehung. Einführung in die Grundzüge ihrer neuzeitlichen Entwicklung. (2. Aufl.) Weinheim, München.

Ungern-Sternburg, J. (1990): Entstehung und Inhalt des Begriffs "Autonomie" in der griechischen Antike. In: *Battegay, R.; Rauchfleisch, U.* (Hrsg.), 9–24.

Varela, F. J. (1994): Ethisches Können. Frankfurt/Main, New York.

Voß, R. (1987): Anpassung auf Rezept. Die fortschreitende Medizinisierung auffälligen Verhaltens bei Kindern und Jugendlichen. Stuttgart.

Voß, R. (Hrsg.) (1989): Das Recht des Kindes auf Eigensinn. Die Paradoxien von Störung und Gesundheit. München, Basel.

Wagner, I. (1976): Aufmerksamkeitstraining mit impulsiven Kindern. Stuttgart.

Wagner, O. (1959): Ist unsere Schule in Ordnung? Hamburg.

Wahl, K. (1990): Studien über Gewalt in Familien. Gesellschaftliche Erfahrung, Selbstbewußtsein, Gewalttätigkeit. Weinheim, München.

Walzer, M. (1994): Sphären der Gerechtigkeit. Ein Plädoyer für Pluralität und Gleichheit. Frankfurt/Main, New York.

Werner, E. (1990): Protective Factors and Individual Resilience. In: *Meisels, S. J.; Shonkoff, J. P.* (Ed.). Handbook of Early Childhood Intervention. New York 97–116.

Werning, R. (1989): Das sozial auffällige Kind. Lebensweltprobleme von Kindern und Jugendlichen als interdisziplinäre Herausforderung. Münster, New York.

Whitman, H. (1947): Kindheit im Fegefeuer. In: Neue Auslese, Nr. 12, 29–36.

Whyte, W. H. (1958): Herr oder Opfer der Organisation. Düsseldorf.

Wigger, L. (1990): Die praktische Irrelevanz pädagogischer Ethik. Z. f. Pädagogik (36), 309–330.

Winn, M. (1984): Kinder ohne Kindheit, "Laßt Kinder wieder Kinder sein". Reinbek.

Winnicott, D. W. (1984): Kind, Familie und Umwelt. 4. Aufl. München, Basel.

Wiswede, G. (1973): Soziologie abweichenden Verhaltens. Stuttgart u. a.

Wittrock, M. (1989): Lehrertraining. In: *Goetze, H.; Neukäter, H.:* Pädagogik bei Verhaltensstörungen. Handbuch der Sonderpädagogik. Bd. 6. 420–435. Berlin.

Wolff, G. (1978): Kindliche Verhaltensstörungen als sinnvolles Signalverhalten. In: Z. f. Heilpädagogik. 29, H. 3. 145–155.

Wolff, R. (1990): Kindesmißhandlung. In: *Speck, O. und Martin, K. R.* (Hrsg.) 589–596.

Wolffersdorff, Ch. v.; Sprau-Kuhlen, V.; Kersten J. (1987). Geschlossene Unterbringung in Heimen. Zusammenfassende Darstellung von Projektergebnissen. München.

Wouters, C. (1979): Informalisierung und der Prozeß der Zivilisationstheorie. 279–290. Frankfurt/Main.

Wulffen, B. v. (1987): Erziehung im "realen Nihilismus". Unveröffentlichtes Manuskript, Bayer. Rundfunk. München.

Wygotski, L. S. (1977): Denken und Sprechen. Frankfurt/M.

Zante, W. (1981): Therapeutisches Unterrichten. Ein reflektierter Praxisbericht über die Anwendung pädagogisch-psychologischer Prinzipien im Unterricht zur Sozialisierung verhaltensgestörter Schüler. Windesheim.

Zeiher, H. (1983): Die vielen Räume der Kinder. Zum Wandel räumlicher Lebensbedingungen seit 1945. In: Kriegskinder, Konsumkinder, Krisenkinder, hrsg. v. *Preuss-Lausitz, U. u. a.* Weinheim, Basel.

Zimmer, J. (1986): Die vermauerte Kindheit. Bemerkungen zum Verhältnis von Verschulung und Entschulung. Weinheim, Basel.

Zimmerman, D. (1983): Moral Education. In: Goldstein, A. P. (Ed.). Prevention and Control of Aggression. 210–240. New York.

Zinnecker, J. (1979): Straßensozialisation. Versuch, einen unterschätzten Lernort zu thematisieren. Z. f. Pädagogik (25), 727–746.

Zulliger, H. (1958): Schwierige Kinder. (4. Aufl.). Bern, Stuttgart.

Zulliger, H. (1960): Umgang mit dem kindlichen Gewissen. (3. Aufl.) Stuttgart.

Zumkley-Münkel, C. (1984): Freiheit und Zwang in Erziehung und Unterricht. Göttingen.

Sachverzeichnis

Otto Speck

Erziehung und Achtung vor dem Anderen

Zur moralischen Dimension der Erziehung

1996. 228 Seiten. Geb. (3-497-01421-4)

Die Achtung der Menschenwürde gilt als allgemein anerkannter Grundwert. Unsicherheit herrscht dagegen bei der Erziehung zur Achtung vor dem Anderen. Angesichts einer nie dagewesenen Wertepluralität und eines ausgeprägten Individualismus in der postmodernen Gesellschaft steht dem Ruf nach einer verstärkten Werteerziehung oft erzieherische Hilflosigkeit gegenüber. Eine Neuorientierung im Umgang miteinander und Verantwortlichkeit füreinander werden immer dringlicher, wenn ein menschenwürdiges Zusammenleben in unserer Gesellschaft gewährleistet bleiben soll. Anders als frühere bloße moralische Belehrungen muß ein neuer Ansatz auf der Förderung des moralischen Selbst und im Grundprinzip aller Moral, nämlich auf der Achtung vor dem Anderen, basieren. Dabei wird es darauf ankommen, daß in der Erziehung nicht wie bisher einseitig das moralische Denken im Vordergrund steht, sondern daß die grundlegende Bedeutung der moralischen Gefühle beachtet wird. Das Buch zeigt konkret, wie bei aller Vielfalt der Lebenswerte und -formen heute eine von gegenseitiger Achtung getragene Erziehung in Familie und Schule verwirklicht werden kann.

Aus dem Inhalt

Kritische Befunde
Werte und Wertepädagogik
Das moralische Selbst
Moralisch-Werden als Entwicklungsprozeß
- Entwicklungen des moralischen Urteilens (Piaget)
- Stufen der moralischen Entwicklung (Kohlberg)
- Grundlegung der moralischen Entwicklung in den ersten Lebensjahren

Achtung als Grundprinzip von Moral
Eine Ethik vom Anderen her
- Achtung der Menschenwürde
- Achtung des Wertseins des Anderen (Lévinas)

Moralische Erziehung als Erziehung zur Achtung
- Pädagogische Grundeinsichten
- Modelle einer moralischen Erziehung

Erziehung zur Achtung in der Praxis
- Grundlegung im frühen Kindesalter
- Unterstützung des moralischen Reflektierens im Schulalter
- Kinder ohne Achtung – Mißachtete Kinder

Unterstützende pädagogische Möglichkeiten
- Pädagogischer Umgangston
- Empathie und soziales Verstehen anregen und stützen
- Grenzen setzen
- Die Umwelt achten

Ernst Reinhardt Verlag München Basel

Otto Speck

System Heilpädagogik

Eine ökologisch reflexive Grundlegung

3., völlig neubearb. u. erw. Auflage 1996. 580 Seiten, 22 Abb. Geb. (3-497-01411-7)

Ein Standardwerk der Heilpädagogik! Diese völlig neue Bearbeitung berücksichtigt Perspektiven einer neuen Heilpädagogik, die auf einer ethischen Basis der Achtung vor dem Lebenswert jedes Menschen beruht. Die Heil- oder Sonderpädagogik sucht seit langem neue Positionen. Die Überbetonung des an sich unzulänglichen Behinderungsbegriffes verbunden mit einer fortschreitenden Spezialisierung hatte den Blick auf den ganzen Menschen und die Zusammenhänge seiner Lebenssituation zu verstellen gedroht. Spezielle Pädagogik oder Heilpädagogik wird in einem komplementären Verhältnis zur allgemeinen Pädagogik gesehen. Sie legitimiert sich nicht durch Behinderungen, sondern durch spezielle Erziehungsbedürfnisse, soweit diese aus bestimmten Funktionseinschränkungen oder Entwicklungsstörungen hervorgehen.

Otto Speck

Menschen mit geistiger Behinderung und ihre Erziehung

Ein heilpädagogisches Lehrbuch

8. Auflage 1997 (25.–27. Tsd.). 367 Seiten, 30 Abb. Geb. (3-497-01279-3)

Dieses Standardwerk der Heilpädagogik bietet als Kompendium grundlegende und umfassende Erkenntnisse und Erfahrungen des Autors. Es bezieht sich nicht nur auf unmittelbar Pädagogisches sondern auch auf psychologische, medizinische, anthropologische und ethische Implikationen, die für pädagogische Einstellungen und Handlungsansätze wichtig sind. – Das heilpädagogische Lehrbuch stellt eine richtungweisende und zugleich praktisch dienliche Hilfe für alle Berufsgruppen dar, die in den verschiedensten pädagogischen Institutionen für Menschen mit geistiger Behinderung arbeiten. Die Bedeutung und Möglichkeiten ihrer sozialen Eingliederung bilden einen durchgehenden "roten Faden" ebenso wie die sich wandelnden Aufgaben im Ablauf der gesamten Lebensspanne von der Frühförderung bis zum Altern. Neben den Fachleuten sind auch Eltern direkte Adressaten des Buches.